yh 3497

Paris
1855

Schiller, Frederich von

Théatre

Tome 3

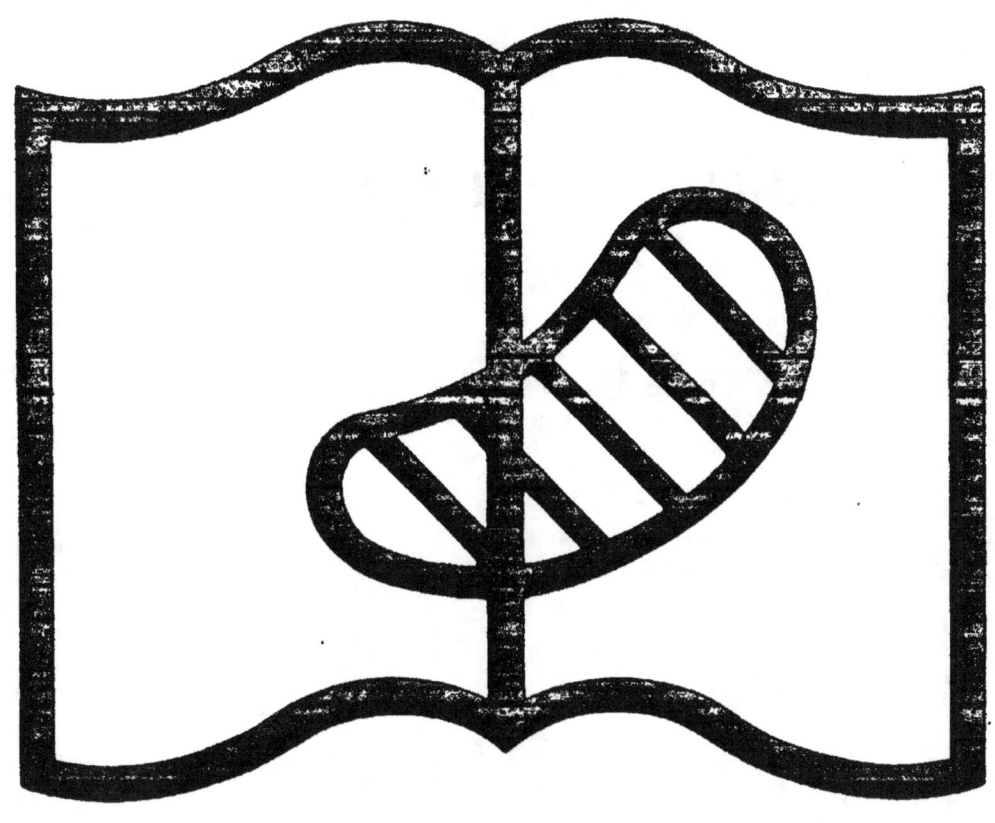

Symbole applicable
pour tout, ou partie
des documents microfilmés

Original illisible

NF Z 43-120-10

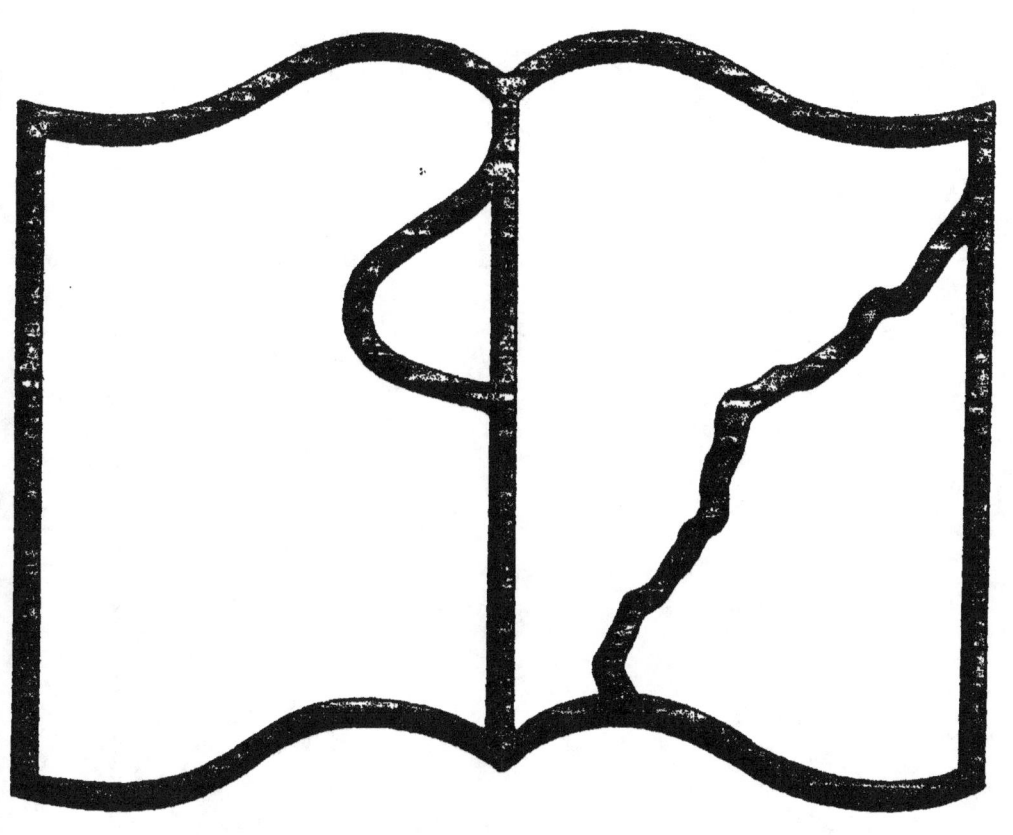

**Symbole applicable
pour tout, ou partie
des documents microfilmés**

Texte détérioré — reliure défectueuse

NF Z 43-120-11

Yh 340

THÉATRE

DE

SCHILLER

Abbeville. — Imp. de T. Jeunet, rue Saint-Gilles, 108.

THÉATRE
DE
SCHILLER

TRADUCTION NOUVELLE
PRÉCÉDÉE D'UNE NOTICE SUR SA VIE ET SES OUVRAGES
PAR M. X. MARMIER.

TROISIÈME ÉDITION
REVUE, CORRIGÉE ET AUGMENTÉE.

TROISIÈME SÉRIE.

Le Camp de Wallenstein.
Les Piccolomini.
La Mort de Wallenstein.
La Fiancée de Messine.
Guillaume Tell.

PARIS.
CHARPENTIER, LIBRAIRE-ÉDITEUR,
39, RUE DE L'UNIVERSITÉ.

1855

PROLOGUE

PRONONCÉ POUR LA RENTRÉE DU THÉATRE DE WEIMAR,

EN OCTOBRE 1796.

Les jeux de théâtre plaisants et sérieux, que vous avez si souvent écoutés et regardés avec complaisance, et auxquels vous avez abandonné votre âme attendrie, nous réunissent de nouveau dans cette salle. Voyez, elle a été renouvelée, les arts l'ont parée comme un temple riant. Un sentiment harmonieux se montre dans la structure de ces nobles colonnes, et dispose l'esprit à de graves émotions. Cependant c'est encore cet ancien théâtre, berceau de plus d'un jeune talent, arène de plus d'une réputation croissante. Nous sommes encore les mêmes qui nous sommes formés sous vos yeux avec zèle et avec ardeur. Un grand maître [1] a paru sur ce théâtre ; il vous a ravis par son génie créateur et vous a transportés dans les hautes régions de son art. Puisse l'éclat nouveau de cet édifice attirer au milieu de nous les talents les plus dignes ! Puisse l'espérance que nous avons longtemps gardée s'accomplir dans tout son lustre ! Un grand modèle éveille l'émula-

---

[1] Iffland, célèbre comme acteur et comme auteur, avait donné quelques représentations sur ce théâtre, et l'on espérait le posséder de nouveau.

tion et dicte des lois élevées à la critique. Que cette enceinte, que ce nouveau théâtre soit témoin du talent accompli! Où pourrait-il mieux essayer ses forces, renouveler, raviver sa gloire déjà établie, que devant ce cercle choisi qui, prompt à s'émouvoir à la magie de l'art, saisit avec un sentiment délicat les traits les plus fugitifs de l'esprit? L'art merveilleux du comédien passe rapidement et sans laisser de trace, tandis que l'œuvre du sculpteur, le chant du poëte vivent pendant des milliers d'années. La magie de l'art du comédien meurt avec l'artiste; sa création éphémère disparaît en un instant, de même que le son de sa voix meurt dans notre oreille, et nul ouvrage durable n'assure sa renommée. Cet art est difficile, et sa récompense dure peu. La postérité ne tresse point de couronnes pour le comédien; il doit donc user du présent; il doit saisir l'instant qui est à lui, subjuguer ceux qui l'environnent et laisser un souvenir vivant dans le cœur des hommes les plus distingués. Il jouit ainsi d'avance de l'immortalité de son nom; car celui qui a assez fait pour les meilleurs esprits de son temps, celui-là a vécu pour tous les temps. L'ère nouvelle qui s'ouvre aujourd'hui sur ce théâtre avec l'art de Thalie donnera aussi de l'audace au poëte. Il quittera l'ancienne voie, il vous tirera du cercle étroit de la vie bourgeoise pour vous transporter sur un théâtre plus élevé qui ne sera pas indigne du caractère imposant de l'époque où nous nous agitons dans nos efforts. Les grands sujets peuvent seuls remuer les profondeurs de l'humanité. Dans un cercle étroit, l'esprit se rétrécit; l'homme grandit en prenant un grand but. Et maintenant que nous touchons à la fin de ce siècle [1] où la réalité est de la poésie, où nous voyons sous nos yeux de puissantes natures combattre pour un prix important, où la lutte est établie entre les deux grands intérêts de l'humanité : le

---

[1] La date de ce prologue (1798) explique suffisamment ce passage.

pouvoir et la liberté; maintenant, l'art du théâtre doit prendre un vol plus élevé et ne doit pas rester au-dessous du théâtre de la vie.

Nous voyons tomber dans ce temps les fermes et anciennes bases sur lesquelles, depuis cent cinquante ans, reposait la paix des royaumes de l'Europe, fruit précieux de la déplorable guerre de trente ans. Laissez encore une fois l'imagination du poëte ramener devant vous ces temps funestes. Regardez d'un œil plus joyeux le présent et le lointain avenir riche en espérances. Le poëte vous place maintenant au milieu de cette guerre. Seize années de dévastation, de pillage, de misère, se sont écoulées; le monde est encore dans le trouble et l'affliction, et nul espoir de paix ne se laisse voir dans le lointain. L'empire est une arène de combats. Les villes sont désertes, Magdebourg est en ruines. L'industrie et le commerce sont anéantis; le citoyen n'est rien, les soldats sont tout. L'impudence sans frein se rit de la morale, et des hordes grossières et dénaturées par une longue guerre campent sur le sol dévasté. Sur ce fond obscur se détache l'entreprise d'une présomption téméraire et d'un caractère audacieux. Vous le connaissez, ce créateur d'une armée hardie, cette idole du camp, ce fléau des royaumes, l'appui et la terreur de son empereur, enfant aventureux de la fortune, qui, porté et favorisé par les circonstances, atteignit rapidement le plus haut degré de la gloire, et qui, dans son cœur insatiable, s'efforçant toujours d'aller plus haut, tomba victime de son indomptable ambition. En proie à la haine et à la fureur des partis, son caractère se présente d'une manière incertaine dans l'histoire. L'art, en dépeignant sa nature humaine, doit maintenant le rapprocher de votre cœur et de vos yeux; car l'art, qui limite et enchaîne tout, doit ramener toutes les apparences à la nature. Il voit l'homme dans le tourbillon de la vie, et rapporte aux astres funestes la plus grande partie de ses fautes. Ce n'est pas cet homme cependant qui paraîtra aujourd'hui sur ce théâtre; mais une ombre de son image vous apparaîtra dans ces troupes hardies que ses ordres gouvernent, que son esprit anime, en attendant que la muse craintive ose vous le présenter sous sa forme vivante. Ce fut sa puissance qui corrompit son cœur; le tableau de son camp explique son crime.

Pardonnez donc au poëte s'il ne vous conduit pas tout d'un coup d'un pas rapide au dénoûment de l'action, s'il se hasarde à dérouler sous vos yeux de grandes circonstances dans une suite de tableaux. Que le spectacle d'aujourd'hui prépare votre oreille et votre cœur à des sons inaccoutumés, qu'il vous ramène vers cette époque passée, sur ce théâtre des guerres étrangères que notre héros remplira bientôt de ses actions. Et si aujourd'hui la muse, cette libre divinité de la danse et du chant, réclame, selon l'ancienne coutume allemande, l'emploi de la rime, ne la blâmez pas; remerciez-la plutôt d'avoir transporté les arides images de la réalité dans le riant domaine de l'art. Elle décèle sincèrement elle-même l'illusion qu'elle produit, et ne sépare point perfidement l'apparence de la vérité. Sérieuse est la vie, riant est l'art.

WALLENSTEIN.

PREMIÈRE PARTIE.
LE CAMP DE WALLENSTEIN.

PERSONNAGES.

UN MARÉCHAL-DES-LOGIS d'un régiment de carabiniers : *Terzky*.
UN TROMPETTE.
UN CANONNIER.
DES CHASSEURS.
DEUX CHASSEURS A CHEVAL du régiment d'Ibolk.
UN DRAGON du régiment de Buttler.
DES ARQUEBUSIERS du régiment de Tiefenbach.
UN CUIRASSIER d'un régiment wallon.
UN CUIRASSIER d'un régiment lombard.
DES CROATES.
DES HOULANS.
UNE RECRUE.
UN BOURGEOIS.
UN PAYSAN.
SON FILS.
UN MAITRE D'ÉCOLE DE RÉGIMENT.
UN CAPUCIN.
UNE CANTINIÈRE.
SA SERVANTE.
DES ENFANTS DE SOLDATS.
DES MUSICIENS.

La scène est devant la ville de Pilsen, en Bohême.

SCÈNE I.

Des tentes de vivandiers. Sur le devant, une échoppe de mercerie et de friperie. Des soldats de toute couleur et de tout uniforme se croisent sur la scène. Toutes les tables sont occupées. Des Croates et des Houlans font la cuisine devant un brasier. Une vivandière verse du vin. Des enfants de soldats jouent aux dés sur un tambour. On chante dans une tente.

UN PAYSAN *et* SON FILS.

LE FILS. Mon père, il ne fait pas bon ici ; éloignons-nous de cette troupe de soldats ; ce sont de rudes camarades. Pourvu qu'ils ne nous tombent pas dessus !

LE PAYSAN. Bah ! ils ne nous mangeront pas, quoiqu'ils soient assez effrontés. Vois-tu, il y a là de nouvelles gens arrivés tout récemment des bords de la Saale et du Mein avec du butin et des choses rares. Cela est à nous, si nous nous y prenons adroitement. Un capitaine, qu'un autre a percé d'un coup d'épée, m'a laissé une paire de dés précieux ; je veux voir, aujourd'hui, s'ils ont encore le même pouvoir. Prends seulement un air piteux ; ce sont de bons et légers compagnons qui se laissent volontiers faire et qui dissipent leur butin comme ils l'ont gagné. Ils nous enlèvent notre bien par boisseaux, et nous, nous le leur reprenons par cuillerées. Ils frappent à grands coups de sabre ; mais nous sommes rusés et nous y allons finement. (*On entend des chants et des cris de joie dans la tente.*) Comme ils se réjouissent ! miséricorde de Dieu ! Tout cela retombe sur le dos des paysans. Voilà huit mois que cette troupe est venue s'emparer des lits et des étables ; à plusieurs lieues à la ronde, dans toute la vallée, il n'y a plus ni plumes ni pattes ; la faim et la misère nous forceront à ronger nos propres os. En vérité, ce n'était pas pis quand les Saxons ravageaient la contrée, et pourtant ceux-là s'appellent les Impériaux.

LE FILS. Mon père, en voilà deux qui sortent de la cuisine ; il me semble qu'il n'y a pas grand chose à gagner avec eux.

LE PAYSAN. Ce sont des gens du pays, de la Bohême, enrôlés dans les carabiniers de Terzky, et depuis longtemps cantonnés ici. Il n'y en a pas de plus mauvais : ils font les arrogants, se redressent ; on dirait qu'ils sont trop grands seigneurs pour boire un coup avec le paysan. Mais je vois là trois chasseurs assis auprès du feu ; il me semble que ce sont des Tyroliens. Viens, Enrich ; allons les trouver ; ceux-là sont de joyeux compères, qui aiment à babiller, qui se conduisent bravement et qui ont de l'argent en poche. (*Ils vont vers la tente.*)

SCÈNE II.

Les précédents; UN MARÉCHAL-DES-LOGIS, UN TROMPETTE, UN HOULAN.

LE TROMPETTE. Que veut ce paysan? Hors d'ici, canaille!

LE PAYSAN. Mes bons messieurs, un morceau de pain et un coup à boire! Nous n'avons encore rien mangé d'aujourd'hui.

LE TROMPETTE. Ça veut toujours boire et manger.

LE HOULAN, *avec un verre.* Tu n'as pas encore déjeûné? alors, bois, chien! (*Il le conduit près de la tente; les autres s'avancent.*)

LE MARÉCHAL-DES-LOGIS, *au trompette.* Crois-tu que ce soit sans motif qu'on nous a donné aujourd'hui double paye, que ce soit seulement pour nous rendre joyeux et nous faire faire bombance?

LE TROMPETTE. La duchesse arrive avec la princesse sa fille...

LE MARÉCHAL-DES-LOGIS. Ce n'est là qu'un prétexte; mais, vois-tu, ces troupes qui viennent des autres provinces se rassembler devant Pilsen, nous voulons les attirer à nous avec de bons morceaux; nous voulons qu'elles soient contentes et qu'elles se lient étroitement avec nous.

LE TROMPETTE. Ah! oui, il y a de nouveau quelque chose sur le tapis.

LE MARÉCHAL-DES-LOGIS. Messieurs les généraux et les commandants...

LE TROMPETTE. Tout cela n'est pas fort agréable, à ce qui me semble.

LE MARÉCHAL-DES-LOGIS. Qui se sont rassemblés ici...

LE TROMPETTE. Ce n'est pas pour s'ennuyer.

LE MARÉCHAL-DES-LOGIS. Et ces pourparlers, et tous ces mouvements...

LE TROMPETTE. Oui, oui.

LE MARÉCHAL-DES-LOGIS. Et cette vieille perruque, arrivée de Vérone, et que l'on voit rôder depuis hier avec sa chaîne d'or ; cela signifie quelque chose, je parie.

LE TROMPETTE. Prenez-y garde, c'est encore un limier qui épie les traces du duc.

LE MARÉCHAL-DES-LOGIS. Vois-tu bien, ils ne se fient pas à nous, ils craignent les secrets desseins de Friedland. Il est monté trop haut, et ils voudraient bien le renverser.

LE TROMPETTE. Mais nous le soutiendrons, nous. Ah ! si chacun pensait comme vous et moi...

LE MARÉCHAL-DES-LOGIS. Notre régiment et les quatre autres commandés par Terzky, le beau-frère du duc, nous sommes le corps le plus déterminé du camp, et nous lui sommes tout dévoués. C'est lui-même qui nous a enrôlés, c'est lui qui a nommé les officiers, et ils sont à lui corps et âme.

SCÈNE III.

Les précédents ; UN CROATE, *avec un collier ;* UN TYROLIEN *le suit.*

LE TYROLIEN. Croate, où as-tu volé ce collier ? Vends-le-moi ; il ne te sert à rien ; je te donne une paire de pistolets.

LE CROATE. Non, non ! Tu veux m'attraper, chasseur.

LE TYROLIEN. Eh bien ! je te donne encore ce bonnet bleu ; je viens de le gagner à une loterie ; vois-tu, il est superbe.

LE CROATE, *faisant briller son collier au soleil.* Ce sont des perles et de beaux grenats, regarde ; comme ça brille au soleil !

LE TYROLIEN, *prenant le collier.* Je te donne encore ma

gourde. (*Il regarde le collier.*) C'est seulement parce qu'il me plaît à voir.

LE TROMPETTE. Voyez donc comme celui-là pille le Croate. Partageons, chasseur ; je ne dirai rien.

LE CROATE, *essayant le bonnet*. Ton bonnet me plaît.

LE CHASSEUR *fait signe au trompette*. Nous changeons ; les camarades sont témoins.

SCÈNE IV.

Les précédents; UN CANONNIER.

LE CANONNIER. Eh bien ! camarade carabinier, comment cela va-t-il ? Resterons-nous encore long-temps à nous chauffer les doigts, tandis que les ennemis rôdent dans la campagne ?

LE MARÉCHAL-DES-LOGIS. Pas tant de hâte, monsieur le canonnier ; les chemins ne sont pas encore praticables.

LE CANONNIER. Je ne me plains pas, je me trouve bien ici ; mais il est arrivé un courrier qui a annoncé que Ratisbonne était pris.

LE TROMPETTE. Alors il faudra bientôt se mettre en route.

LE MARÉCHAL-DES-LOGIS. Bien ! Pour défendre les domaines du Bavarois, qui est l'ennemi de notre prince, nous ne nous échaufferons pas tant.

LE CANONNIER. Croyez-vous ? Ah ! si vous saviez tout.

SCÈNE V.

Les précédents; DEUX CHASSEURS, LA CANTINIÈRE, UN ENFANT DE SOLDAT, LE MAITRE D'ÉCOLE, UNE SERVANTE.

PREMIER CHASSEUR. Voyez ! voyez ! voici une joyeuse compagnie.

LE TROMPETTE. Qu'est-ce que ces habits verts ? Ils sont gentils et de bonne mine.

LE MARÉCHAL-DES-LOGIS. Ce sont des chasseurs d'Iholk ; ils n'ont pas pris leurs tresses d'argent à la foire de Leipzig.

LA CANTINIÈRE *apporte du vin.* Soyez les bienvenus, messieurs !

PREMIER CHASSEUR. Comment ! tonnerre ! c'est Justine de Blaswitz !

LA CANTINIÈRE. Justement ! Et ce beau monsieur, c'est le grand Pierre d'Itzeho, qui, dans une joyeuse nuit à Glückstadt, a mangé avec le régiment le magot paternel.

PREMIER CHASSEUR. Et qui ensuite a troqué la plume contre la carabine.

LA CANTINIÈRE. Eh là ! nous sommes de vieilles connaissances !

PREMIER CHASSEUR. Et nous nous retrouvons en Bohême.

LA CANTINIÈRE. Aujourd'hui ici, et demain là, mon cousin. La guerre est rude ; elle nous pousse et nous balaye d'un endroit à l'autre. Pour moi, j'ai vu bien du pays.

PREMIER CHASSEUR. Je le crois ; on se le figure aisément.

LA CANTINIÈRE. Je suis allée à Temeswar avec les chariots de bagages, quand nous donnions la chasse à Mansfeld. Ensuite j'ai campé avec Friedland devant Stralsund ; là, j'ai perdu tout mon butin, puis je suivis la troupe qui allait au secours de Mantoue. Je rentrai avec Féria, et je fis un crochet jusqu'à Gand avec un régiment espagnol. Maintenant je viens en Bohême ; je veux voir si je pourrai me faire payer mes vieilles dettes, si le prince veut m'aider à recouvrer mon argent ; ma boutique est là.

PREMIER CHASSEUR. Eh bien ! elle trouve le moyen de tout combiner. Mais qu'as-tu fait de cet Écossais avec qui tu courais le monde en ce temps-là ?

LA CANTINIÈRE. Ah ! le scélérat ! il m'a joliment trompée. Il est parti, emportant tout ce que j'avais épargné à la sueur de mon corps, et ne m'a rien laissé que ce petit drôle.

L'ENFANT *vient en sautant.* Maman, parles-tu de papa ?

PREMIER CHASSEUR. Eh bien ! eh bien ! l'empereur le nourrira. Il faut que l'armée multiplie.

LE MAÎTRE D'ÉCOLE. Allons, en classe ! marche, polisson !

PREMIER CHASSEUR. Il a déjà peur d'être enfermé.

LA SERVANTE. Cousine, ils veulent s'en aller.

LA CANTINIÈRE. A l'instant ; j'y vais.

PREMIER CHASSEUR. Qu'est-ce que c'est que cette petite mine friponne ?

LA CANTINIÈRE. C'est la fille de ma sœur, de celle qui est mariée dans l'empire.

PREMIER CHASSEUR. Ma foi ! une gentille nièce !
(*La cantinière sort.*)

SECOND CHASSEUR. (*Il retient la servante.*) Restez avec nous, ma belle enfant.

LA SERVANTE. J'ai du monde à servir. (*Elle se dégage et s'en va.*)

PREMIER CHASSEUR. Ce n'est pas un mauvais morceau que cette petite fille. Et la tante !... Mille tonnerres ! Il y en a dans le régiment qui se sont battus pour ce joli petit masque. Que de gens on connaît ! et comme le temps passe ! Que de choses je verrai encore ! (*Au maréchal-des-logis et au trompette.*) A votre santé, messieurs ! Faites-nous donc une petite place.

SCÈNE VI.

LES CHASSEURS, LE MARÉCHAL-DES-LOGIS, LE TROMPETTE.

LE MARÉCHAL-DES-LOGIS. Je vous remercie. Nous vous ferons place de bon cœur. Soyez les bienvenus en Bohême !

PREMIER CHASSEUR. Vous êtes ici les pieds chauds.

Pendant ce temps, nous étions mal à l'aise en pays ennemi.

LE TROMPETTE. On ne s'en aperçoit pas, vous avez bonne mine.

LE MARÉCHAL-DES-LOGIS. Oui, oui, et dans le district de la Saale et de Meissen, on ne vous loue pas trop, messieurs.

SECOND CHASSEUR. Laissez donc! Qu'est-ce que cela signifie? Les Croates agissent bien autrement; nous ne pouvions que glaner après eux.

LE TROMPETTE. Vous avez pourtant une jolie dentelle à votre jabot, et de belles chaussures, du linge fin, un chapeau à plumes; tout cela est d'un bon effet. Faut-il que le bonheur n'arrive qu'à ces gaillards-là, et jamais à nous!

LE MARÉCHAL-DES-LOGIS. En revanche, nous sommes du régiment de Friedland; on doit nous honorer et nous respecter.

PREMIER CHASSEUR. Ce n'est pas un compliment que vous nous faites là. Nous aussi nous portons son nom.

LE MARÉCHAL-DES-LOGIS. Oui, vous faites aussi partie de la masse.

PREMIER CHASSEUR. Vous figurez-vous être une race à part? Toute la différence est dans l'habit, et moi je me trouve bien dans le mien.

LE MARÉCHAL-DES-LOGIS. Écoutez, chasseurs, j'en suis fâché pour vous; mais vous vivez toujours avec le paysan, et le bon ton et les belles manières, cela ne s'apprend qu'auprès de la personne du général.

PREMIER CHASSEUR. La leçon ne vous a pas profité. Vous avez appris comme il se mouche, comme il crache; mais son génie, son esprit, ce n'est pas à la parade qu'on apprend à le connaître.

SECOND CHASSEUR. Tonnerre de Dieu! partout où nous avons passé, demandez si on ne nous appelle pas les terribles chasseurs de Friedland. Ah! nous ne faisons pas honte à son nom. Nous marchons hardiment à travers les contrées ennemies et amies, à travers les semailles et les moissons. On connaît la trompette des chasseurs d'Ibolk. Tantôt près, tantôt loin, prompts comme le déluge, en un instant nous sommes là. Au milieu de la nuit, quand personne ne veille, nous tombons dans les maisons comme le feu. Il n'y a pas à se défendre ni à fuir ; il ne s'agit plus d'ordre ni de discipline. La guerre n'a point de pitié ; la jeune fille a beau se débattre dans nos bras nerveux. Demandez seulement, je ne dis pas cela pour nous vanter, demandez à Baireuth et en Westphalie ; partout où nous avons passé, les enfants et les petits-enfants parleront dans cent ans et dans cent ans encore d'Ibolk et de sa troupe.

LE MARÉCHAL-DES-LOGIS. Voyez un peu ! mais ce n'est pas cela, le tapage et le tumulte, qui fait le soldat ; c'est le temps, la réflexion, l'habileté, la conception, le coup d'œil.

PREMIER CHASSEUR. C'est la liberté. Avec toutes vos balivernes, je ne devrais pas seulement vous répondre. Est-ce que j'aurais quitté l'école et la leçon pour retrouver dans un camp la corvée, la galère, le bureau et les murailles étroites ? Je veux être libre et ne rien faire, voir tous les jours du nouveau, m'abandonner avec joie au moment, et ne regarder ni en avant ni en arrière. J'ai vendu ma peau à l'empereur, afin de n'avoir plus aucun souci. Conduisez-moi au feu, mettez-moi sur le Rhin, là où sur trois hommes il n'en reviendrait que deux, je ne ferai point de façon ; mais, quant au reste, j'entends ne pas être gêné.

LE MARÉCHAL-DES-LOGIS. Eh bien ! si vous ne désirez rien de plus, cela peut se trouver sous votre casaque...

PREMIER CHASSEUR. Auprès de Gustave, roi de Suède, ce diable d'homme, c'était un tourment et une torture ! Il avait fait de son camp une église. Le matin et le soir, au réveil et à la retraite, il fallait prier, et quand nous étions un peu en train, il nous prêchait lui-même du haut de son cheval.

LE MARÉCHAL-DES-LOGIS. Oui, c'était un homme craignant Dieu

PREMIER CHASSEUR. Les filles, il n'en tolérait pas une; il les faisait conduire immédiatement à l'église. Je n'ai pu supporter cela, et je l'ai quitté.

LE MARÉCHAL-DES-LOGIS. Maintenant, cela va bien autrement.

PREMIER CHASSEUR. Je m'en allai rejoindre les confédérés; ils se préparaient justement à attaquer Magdebourg. Ah! c'était une autre affaire! Le vin, le jeu, les filles en masse, tout allait joyeusement. En vérité, ce n'était pas une petite plaisanterie; car Tilly s'entendait à commander, il n'était dur que pour lui-même. Quant aux soldats, il leur laissait faire tout ce qu'ils voulaient, et pourvu qu'il n'en coûtât rien à sa cassette, sa devise était: Vivre et laisser vivre. Mais le bonheur ne lui resta pas fidèle; à partir de la malheureuse affaire de Leipzig, la chance tourna contre nous, et nous n'obtînmes plus de succès nulle part. Quand nous paraissions et que nous frappions aux portes, les portes étaient fermées et on ne nous saluait pas. Il fallut se retirer de district en district; le respect qu'on avait autrefois pour nous avait disparu. Alors je m'enrôlai parmi les Saxons; je croyais travailler à mon bonheur.

LE MARÉCHAL-DES-LOGIS. Et vous arrivâtes à temps pour piller la Bohême.

PREMIER CHASSEUR. Cela alla mal pour moi. Il fallait suivre une discipline sévère; nous n'osions pas nous comporter tout-à-fait en ennemis. Nous gardions les châteaux de l'empereur; c'étaient des histoires et des compliments; la guerre ressemblait à une plaisanterie. Nous ne faisions les choses qu'à demi, car nous ne voulions rompre entièrement avec personne. Bref, il y avait là peu d'honneur à gagner, et dans mon impatience j'allais retourner à mon bureau, lorsque j'appris que Friedland faisait recruter de tous côtés.

LE MARÉCHAL-DES-LOGIS. Et combien de temps comptez-vous rester ici?

PREMIER CHASSEUR. Vous plaisantez. Aussi longtemps qu'il commandera ; sur mon âme, je ne songe pas à décamper. Où le soldat pourrait-il être mieux ? Tout va dans un bon genre militaire ; tout a le meilleur air, et l'esprit qui gouverne cette grande armée arrive comme un souffle puissant jusqu'au dernier cavalier. Moi, je marche d'un pas assuré, et je passe hardiment sur le bourgeois, comme mon général sur les princes. Les choses vont ici comme dans l'ancien temps, où le sabre décidait de tout. Résister à un ordre, voilà le seul délit et le seul crime ; tout ce qui n'est pas défendu est permis. On ne demande à personne quelle est sa croyance ; il n'y a que deux choses essentielles, ce qui regarde le service et ce qui ne le regarde pas, et je n'ai de devoir qu'envers le drapeau.

LE MARÉCHAL-DES-LOGIS. Maintenant, chasseur, vous me plaisez ; vous parlez comme un brave cavalier de Friedland.

PREMIER CHASSEUR. Ah! celui-là n'exerce pas le commandement comme une charge, comme un pouvoir qui lui a été confié par l'empereur. Peu lui importe le service de l'empereur. Et quel avantage a-t-il procuré à l'empereur? A-t-il employé sa grande armée à défendre et à protéger le pays? Non... Il voulait fonder un empire de soldats, embraser et bouleverser le monde, tout entreprendre et tout subjuguer.

LE TROMPETTE. Silence ! Osez-vous prononcer de telles paroles ?

PREMIER CHASSEUR. Ce que je pense, je le dis. La parole est libre, dit le général.

LE MARÉCHAL-DES-LOGIS. Il l'a dit, je l'ai entendu plus d'une fois, j'étais là ! « La parole est libre, l'action muette, l'obéissance aveugle. » Voilà ses propres expressions.

PREMIER CHASSEUR. Si ce sont là ses expressions, je ne sais ; mais la chose est comme vous la contez.

SECOND CHASSEUR. Le bonheur ne le quitte jamais à la guerre, comme il a coutume de quitter les autres. Tilly survit à sa renommée ; mais, sous la bannière de Friedland, je suis toujours sûr de la victoire ; il ensorcelle la fortune, elle reste avec lui : quiconque combat sous ses drapeaux est sous la protection d'une puissance particulière, car le monde entier sait que Friedland a un diable de l'enfer à sa solde.

LE MARÉCHAL-DES-LOGIS. Oui, il possède un charme. Cela n'est pas douteux ; car à l'affaire sanglante de Lutzen, il courait çà et là de sang-froid sous le feu des batteries. Son chapeau fut percé par les balles, ses bottes et son buffle furent traversés. On voyait distinctement les traces des balles, mais aucune n'a pu lui égratigner la peau, car elle était garantie par un onguent diabolique.

PREMIER CHASSEUR. Pourquoi voir là dedans un miracle ? Il porte une cuirasse de peau d'élan qu'aucune balle ne peut percer.

LE MARÉCHAL-DES-LOGIS. Non, c'est un onguent fait avec des herbes de sorcier, cuites et bouillies avec des paroles magiques.

LE TROMPETTE. Tout cela n'est pas naturel.

LE MARÉCHAL-DES-LOGIS. On dit qu'il lit dans les étoiles les choses futures, celles qui sont près et celles qui sont loin. Mais moi je sais mieux ce qui en est : un petit homme gris vient souvent le trouver au milieu de la nuit, et passe à travers les portes fermées. Les sentinelles lui ont plus d'une fois crié *Qui vive ?* et chaque fois que ce petit homme gris a paru, il est arrivé quelque grand événement.

SECOND CHASSEUR. Oui, il s'est donné au diable ; voilà pourquoi nous menons joyeuse vie.

SCÈNE VII.

Les précédents; UNE RECRUE, UN BOURGEOIS, DES DRAGONS.

LA RECRUE *sort de la tente, un casque sur la tête, une bouteille à la main.* Mes compliments à mon père et à ma famille! Je suis soldat, je ne retournerai plus près d'eux.

PREMIER CHASSEUR. Tiens! voici un nouveau camarade.

LE BOURGEOIS. Oh! Prends-y garde, François, tu t'en repentiras...

LA RECRUE *chante*. « Tambour et trompette! joyeux
» sons de guerre! Voyager et courir à travers le monde,
» monter galment sur un cheval, l'épée au côté; s'en
» aller au loin, joyeux et léger, libre comme le pinson
» sur les arbres, dans les broussailles et dans le vaste
» espace! Bravo! Je suis la bannière de Friedland! »

SECOND CHASSEUR. Voyez-moi ça, il a l'air d'un brave gaillard. (*Ils le saluent.*)

LE BOURGEOIS. Oh! laissez-le; c'est un enfant de bonne maison.

PREMIER CHASSEUR. Et nous donc, on ne nous a pas trouvés sur le grand chemin.

LE BOURGEOIS. Je vous dis qu'il a de la fortune et des moyens. Touchez sa souquenille, elle est de fine toile.

LE TROMPETTE. Le vêtement qui nous vient de l'empereur, voilà le plus beau.

LE BOURGEOIS. Il hérite d'une petite fabrique de bonnets.

SECOND CHASSEUR. C'est la volonté de l'homme qui fait son bonheur.

LE BOURGEOIS. De sa grand'mère, il aura un magasin et une boutique.

PREMIER CHASSEUR. Fi donc! Qui voudrait être marchand d'allumettes?

LE BOURGEOIS. De plus, son parrain lui donnera un cabaret et une cave où il y a vingt pièces de vin.

LE TROMPETTE. Et il les boira avec ses camarades.

SECOND CHASSEUR. Ecoute, nous serons camarades de chambre.

LE BOURGEOIS. Il laisse une fiancée dans les larmes et dans la douleur.

PREMIER CHASSEUR. Très-bien ! Il prouve par là qu'il a un cœur de fer.

LE BOURGEOIS. Sa grand'mère en mourra de chagrin.

SECOND CHASSEUR. Tant mieux ! il héritera plus tôt.

LE MARÉCHAL-DES-LOGIS *s'avance gravement, et pose sa main sur le casque de la recrue.* Écoutez-moi. Vous avez pris un bon parti ; vous voilà devenu un homme nouveau. Avec le casque et l'épée, vous vous associez à une classe honorable. Il faut maintenant montrer un esprit distingué.

PREMIER CHASSEUR. Et surtout ne pas épargner l'argent.

LE MARÉCHAL-DES-LOGIS. Vous voilà prêt à naviguer sur le vaisseau de la fortune ; le monde est ouvert devant vous. Qui ne risque rien ne doit rien espérer. Le bourgeois indolent et nigaud tourne toujours dans le même cercle comme un cheval de brasseur ; mais un soldat peut arriver à tout, car c'est par la guerre que se décide maintenant le sort du monde. Regardez-moi ! Avec cet habit, je porte le bâton de l'empereur, et sachez qu'en ce monde tout gouvernement est sorti d'un bâton. Le sceptre qui est dans la main du roi n'est qu'un bâton, c'est connu. Une fois arrivé au rang de caporal, on a le pied sur l'échelle pour parvenir au plus grand pouvoir et aller aussi loin que possible.

PREMIER CHASSEUR. Pourvu qu'on sache seulement lire et écrire.

LE MARÉCHAL-DES-LOGIS. Je vais vous en donner à l'instant un exemple dont j'ai été récemment témoin. Le chef du corps des dragons s'appelle Buttler. Il y a trente ans, nous étions tous deux simples soldats à Cologne sur le Rhin ; à présent on le nomme général-major. Cela vient de ce qu'il a rempli le monde de sa renommée militaire, tandis que mes services n'ont pas fait de bruit. Et Friedland lui-même, notre chef, notre grand général, qui est maintenant tout-puissant, il n'était dans l'origine qu'un simple gentilhomme ; mais, en se confiant au dieu de la guerre, il est arrivé à cette hauteur. C'est le premier homme après l'empereur ; et qui sait ce qu'il osera et où il arrivera, (*d'un air malin,*) car nous ne sommes pas au bout.

PREMIER CHASSEUR. Oui, il a commencé par être petit, maintenant le voilà grand ; car à Altdorf, quand il portait l'habit d'étudiant, il était, avec votre permission, assez mauvais sujet, et fut sur le point de tuer son serviteur. Là-dessus, messieurs de Nuremberg voulurent le mettre en prison. C'était justement un nid nouvellement construit, et qui devait garder le nom de celui qui entrerait le premier. Que fit Wallenstein ? il laissa passer son chien le premier. Depuis ce temps, le cachot porte le nom du chien. C'est là un tour de bon garçon. De toutes les grandes actions du général, celle-ci m'a toujours plu particulièrement. (*Pendant ce temps, la servante a fini sa tâche. Le second chasseur badine avec elle.*)

UN DRAGON *se jette entre eux.* Allons, camarades, laissez-la...

SECOND CHASSEUR. De quoi diable vous mêlez-vous ?

LE DRAGON. Je vous dirai que cette fille est à moi.

PREMIER CHASSEUR. Il veut avoir le trésor à lui tout seul. Est-il fou, le dragon ? Que dit-il ?

SECOND CHASSEUR. Il veut vivre à part dans le camp. Le minois d'une jolie fille est comme le soleil, il appartient à tout le monde. (*Il l'embrasse.*)

LE DRAGON *tire la jeune fille à lui.* Je vous dis encore une fois que je ne souffrirai pas cela.

PREMIER CHASSEUR. Vive la joie! voici les gens de Prague.

SECOND CHASSEUR. Cherche-t-il querelle? moi j'en suis.

LE MARÉCHAL-DES-LOGIS. Paix, là, messieurs! On est libre d'embrasser les jeunes filles.

SCÈNE VIII.

Les précédents, UN CAPUCIN. *Des ouvriers des mines s'avancent, jouent une valse, d'abord lentement, puis ensuite plus vite. Le premier chasseur danse avec la servante, la cantinière avec la recrue; la jeune fille s'échappe, le chasseur court après elle et embrasse le capucin qui arrive.*

LE CAPUCIN[1]. Tra la la! cela va bien ici, et moi je veux en être. Est-ce une armée de chrétiens? Sommes-nous Turcs? sommes-nous anabaptistes? Se moque-t-on ainsi du dimanche, comme si le bon Dieu avait la goutte aux doigts et ne pouvait plus frapper? Est-ce maintenant le temps de festoyer, de banqueter et de godailler? *Quid hic statis otiosi?* que faites-vous-là, les bras croisés? La furie de la guerre est déchaînée sur le Danube, le boulevard de la Bavière est tombé, Ratisbonne est dans les griffes de l'ennemi, et l'armée reste ici en Bohême, ne s'afflige de rien, prend soin de son ventre, bien plus soucieuse de la bouteille que de la bataille, des poulets que des boulets, court après les filles et dévore les bœufs plutôt qu'Oxenstiern. La chrétienté désolée se couvre de cendres, se revêt d'un sac, tandis que le soldat se remplit la poche. C'est un temps de larmes et de misère. Des signes merveilleux se montrent au ciel; le Seigneur déploie sur les nuages le manteau sanglant de la guerre, et tient à la fenêtre

---

[1] Il y a dans ce discours, dont on a cherché à imiter autant que possible le caractère grotesque, beaucoup de jeux de mots intraduisibles.

du paradis une comète à la main, comme une verge menaçante. Le monde entier est une maison de consternation ; l'arche de l'Église nage dans le sang, et l'empire romain, dont Dieu ait pitié! devrait s'appeler le pauvre romain. Le fleuve du Rhin est un fleuve de peines ; les couvents sont de mauvais lieux, les évêchés sont anéantis, les abbayes et les biens du clergé sont changés en repaires de voleurs, et les terres allemandes, pleines de bonheur, sont devenues un séjour de misère. — Pourquoi cela? Je ne veux pas vous le taire ; cela vient de vos péchés et de vos crimes, de la vie de païens et des scandales de l'officier et du soldat ; car le péché est la pierre d'aimant qui attire le fer dans ce pays. Le malheur suit le mal comme les pleurs suivent l'oignon ; le *P* vient après l'*O*, c'est l'ordre de l'alphabet. *Ubi erit victoriæ spes, si offenditur Deus?* Comment gagner la victoire, si l'on ne veut plus croire aux sermons et à la messe, si l'on ne fréquente que le cabaret? La femme de l'Évangile retrouve le denier qu'elle avait perdu ; Saül retrouve les ânesses de son père ; Joseph retrouve ses frères ; mais celui qui chercherait parmi les soldats la crainte de Dieu, la discipline, la pudeur, ne les trouverait pas, quand même il allumerait cent lanternes. Nous lisons dans l'Évangile que les soldats accouraient aussi près du prédicateur du désert, faisaient pénitence, recevaient le baptême, et lui demandaient : *Quid faciemus nos?* que ferons-nous pour aller dans le giron d'Abraham? *Et ait illis*, et il leur dit : *Neminem concutiatis*, vous ne tourmenterez et vous ne déchirerez personne ; *neque calumniam faciatis*; vous ne calomnierez personne et vous ne mentirez pas. *Contenti estote*, soyez satisfaits ; *stipendiis vestris*, de votre solde, et maudite soit toute méchante habitude! Le commandement dit : Dieu en vain tu ne jureras. Et dans quel lieu entend-on plus de blasphèmes que dans le camp de Friedland? Si à chaque tonnerre et à chaque éclair que lance la pointe de votre langue il fallait sonner les cloches du pays, on ne trouverait bientôt plus de sacristains; et si à chaque mauvaise prière qui sort de votre bouche impure, un seul cheveu tombait de votre tête, elle serait chauve avant la nuit, eussiez-vous une crinière plus épaisse que celle d'Absalon. Josué était aussi un soldat; le roi David a tué Goliath, et où pourrait-on dire qu'ils étaient comme vous des gueules de malédictions? Il ne faut pas, je pense, ouvrir davantage la bouche pour dire : Dieu me soit en aide! que pour proférer un sacrelot. Mais quand le vase est trop plein, la liqueur qu'il renferme déborde et coule de toutes parts. Un autre commandement dit : Bien d'autrui ne déroberas. Oh! vous suivez comme il faut ce précepte, car vous emportez ouvertement tout ce qui tombe sous vos pattes et sous vos griffes de vautour. Rien n'est à l'abri de votre rapacité et de vos méchantes ruses. L'argent n'est pas en sûreté dans le bahut, ni le veau dans le ventre de la vache, et quand vous prenez l'œuf, vous prenez aussi la poule. Que disait le prédicateur? *Contenti estote*, contentez-vous de votre ration. Mais comment les serviteurs se conduiraient-ils sagement, quand le mal vient d'en haut? Tel chef, tels membres. Personne ne sait ici quelle est sa croyance.

PREMIER CHASSEUR. Eh! monsieur le curé, vous pouvez bien nous gourmander, nous autres soldats; mais n'insultez pas notre général.

LE CAPUCIN. *Ne custodias gregem meum*. C'est un Achab et un Jéroboam qui détourne les peuples de la vraie foi pour les conduire vers les idoles.

LE TROMPETTE *et* LA RECRUE. Ne dites pas cela une seconde fois.

LE CAPUCIN. C'est un matamore et un mangeur d'acier qui veut s'emparer de toutes les forteresses. Il se vantait, avec sa bouche impie, de prendre la ville de Stralsund, fût-elle attachée avec des chaînes au ciel.

LE TROMPETTE. Personne ne fermera-t-il cette bouche de vipère?

LE CAPUCIN. C'est un conjureur de diables, un roi Saül, un Jéhu et un Holopherne. Comme Pierre, il a renié son Seigneur et maître, et il ne peut entendre le cri du coq.

LES DEUX CHASSEURS. Prêtre, à présent, c'en est fait de toi.

LE CAPUCIN. C'est un fin renard et un Hérode.

LE TROMPETTE *et* LES DEUX CHASSEURS, *se précipitant sur lui.* Tais-toi! tu es mort!

LES CROATES *se placent entre eux.* Reste là, petit père, et ne crains rien. Poursuis ton sermon, conte-nous cela.

LE CAPUCIN, *criant plus haut.* C'est un orgueilleux Nabuchodonosor, un abîme de péchés, un hérétique racorni. Il se fait appeler Wallenstein, et il a raison, car il est pour nous tous une pierre de douleur et d'achoppement, et aussi longtemps que l'empereur gardera ce Friedland, il n'y aura pas de paix dans le pays. (*En disant ces derniers mots, qu'il a criés à haute voix, il fait sa retraite peu à peu; les Croates le protégent contre les autres soldats.*)

SCÈNE IX.

Les précédents, sans le CAPUCIN.

PREMIER CHASSEUR, *au maréchal-des-logis.* Dites-moi, que veut-il dire avec ce chant du coq que le général ne peut pas entendre? Il n'a sans doute raconté cela que pour le railler et l'insulter.

LE MARÉCHAL-DES-LOGIS. Je puis vous satisfaire. Cela n'est pas sans fondement. Le général est singulièrement organisé; il a surtout les oreilles très-délicates; il ne peut entendre miauler un chat, et le cri du coq lui fait horreur.

PREMIER CHASSEUR. Il a cela de commun avec le lion.

LE MARÉCHAL-DES-LOGIS. Il faut que tout soit paisible autour de lui, c'est la consigne donnée aux sentinelles, car il pense à de grandes choses.

DES VOIX *dans la tente. Tumulte.* Arrêtez le coquin! Tombez dessus, tombez dessus!

LE PAYSAN. Au secours! Miséricorde!

D'AUTRES VOIX. Silence! Paix!

PREMIER CHASSEUR. Le diable m'emporte! on se donne des coups là-dedans.

SECOND CHASSEUR. Il faut que j'en sois. (*Ils courent dans la tente.*)

LA CANTINIÈRE *sort.* Au coquin! au voleur!

LE TROMPETTE. Qui vous met donc si fort en colère?

LA CANTINIÈRE. Le vaurien! le scélérat! le vagabond! Faut-il que cela se passe dans ma tente! Cela me déshonore aux yeux des officiers.

LE MARÉCHAL-DES-LOGIS. Cousine! qu'y a-t-il donc?

LA CANTINIÈRE. Ce qu'il y a? C'est un paysan que l'on vient de surprendre avec de faux dés.

LE TROMPETTE. Ils l'amènent ici avec son fils.

SCÈNE X.

Les précédents; LES SOLDATS *amènent le paysan.*

PREMIER CHASSEUR. Il faut le pendre.

LES TYROLIENS *et* LES DRAGONS. Au prévôt! au prévôt!

LE MARÉCHAL-DES-LOGIS. L'ordonnance a été récemment publiée.

LA CANTINIÈRE. Que dans une heure je le voie pendre!

LE MARÉCHAL-DES-LOGIS. Mauvais métier amène mauvaise fin.

PREMIER ARQUEBUSIER. Cela vient du désespoir; car, voyez-vous, on commence par les ruiner, et cela les pousse au vol.

LE TROMPETTE. Eh bien! eh bien! vous parlez encore pour ce chien-là! Que le diable vous torture!

PREMIER ARQUEBUSIER. Le paysan est aussi un homme. Un homme... pour ainsi dire!

PREMIER CHASSEUR, *au trompette.* Laissez-les faire; ce sont des hommes du régiment de Tiefenbach, des garçons tailleurs et cordonniers. Ils ont été en garnison à Brieg et connaissent bien le genre militaire.

SCÈNE XI.

Les précédents, DES CUIRASSIERS.

PREMIER CUIRASSIER. Paix donc! Que se passe-t-il avec ce paysan?

PREMIER CHASSEUR. C'est un fripon qui a triché au jeu.

PREMIER CUIRASSIER. Il t'a trompé?

PREMIER CHASSEUR. Oui, et il m'a raflé complètement.

PREMIER CUIRASSIER. Comment, toi qui es un soldat de Friedland, as-tu pu t'abaisser et te déshonorer au point d'essayer ta fortune avec un paysan? Qu'il coure tant qu'il pourra courir. (*Le paysan s'enfuit; les soldats se resserrent en groupe.*)

PREMIER ARQUEBUSIER. Il va vite en besogne: c'est un gaillard résolu. On est bien avec de pareilles gens. Mais qui est-ce donc? il n'est pas de la Bohême.

LA CANTINIÈRE. C'est un Wallon. Respect à ces hommes-là! Il est des cuirassiers de Papenheim.

PREMIER DRAGON, *s'avançant.* C'est le jeune Piccolomini qui les commande à présent. Ils l'ont eux-mêmes choisi pour colonel à la bataille de Lutzen, quand Papenheim est tombé mort.

PREMIER ARQUEBUSIER. Ils ont osé faire cela!

PREMIER DRAGON. Ce régiment a des priviléges. Il fut toujours le premier dans la mêlée; il a sa justice à lui, et Friedland lui porte une affection particulière.

PREMIER CUIRASSIER, *à un autre.* Est-ce sûr? De qui vient la nouvelle?

SECOND CUIRASSIER. Je l'ai entendu de la propre bouche du colonel.

PREMIER CUIRASSIER. Comment diable! nous ne sommes pas leurs chiens.

PREMIER CHASSEUR. Qu'ont-ils donc là? Ils sont bien en colère.

SECOND CHASSEUR. Camarades, est-ce quelque chose qui nous concerne?

PREMIER CUIRASSIER. Cela ne peut réjouir personne. (*Les soldats s'avancent.*) Ils veulent nous envoyer dans les Pays-Bas, les cuirassiers, les chasseurs, la cavalerie légère, au nombre de huit mille hommes.

LA CANTINIÈRE. Comment, comment, il faut de nouveau partir! Je suis arrivée seulement hier de la Flandre.

SECOND CUIRASSIER, *aux dragons*. Vous autres du régiment de Buttler, vous monterez aussi à cheval.

PREMIER CUIRASSIER. Et surtout nous autres Wallons.

LA CANTINIÈRE. Ah! ce sont les meilleurs escadrons.

PREMIER CUIRASSIER. Nous devons accompagner le gouverneur de Milan.

PREMIER CHASSEUR. L'infant? voilà qui est curieux!

SECOND CHASSEUR. Le prêtre? le diable est donc déchaîné!

PREMIER CUIRASSIER. Nous quitterons Friedland, qui traite si noblement le soldat, pour entrer en campagne avec ce ladre d'Espagnol que nous haïssons du fond du cœur? non, cela n'ira pas ainsi; nous décamperons.

LE TROMPETTE. Par le diable! qu'avons-nous à faire là? Nous avons vendu notre sang à l'empereur, et non pas à ce chapeau rouge d'Espagnol.

SECOND CHASSEUR. C'est sur la parole et la foi de Friedland que nous sommes entrés au service dans la cavalerie. Si ce n'eût été par amour pour Wallenstein, jamais Ferdinand ne nous aurait eus.

SCÈNE XI.

PREMIER DRAGON. C'est Friedland qui a organisé notre corps, sa fortune doit nous conduire.

LE MARÉCHAL-DES-LOGIS. Laissez-moi vous expliquer. Écoutez-moi : tout cela ne se passera pas en paroles ; je vois plus loin que vous autres. Il y a quelque mauvais piége caché là derrière.

PREMIER CHASSEUR. Paix ! écoutez le livre d'ordonnance.

LE MARÉCHAL-DES-LOGIS. Cousine Justine, donne-moi d'abord un verre d'eau-de-vie pour me refaire l'estomac, ensuite je vous dirai mes idées.

LA CANTINIÈRE *lui verse à boire.* Voilà, monsieur le maréchal-des-logis. Vous m'effrayez ; il n'y a pourtant rien de funeste là-dedans.

LE MARÉCHAL-DES-LOGIS. Voyez, messieurs, c'est une bonne chose d'examiner d'abord ce qui nous touche de plus près. Mais, comme le général a coutume de le dire, il faut aussi saisir l'ensemble. Nous sommes la troupe de Friedland ; le bourgeois nous donne le logement, nous obéit, et nous fait la soupe. Le paysan a beau se plaindre, il faut qu'il attelle ses chevaux et ses bœufs à nos chariots de bagages. Qu'un caporal avec sept hommes se montre seulement de loin à un village, il devient à l'instant l'autorité du lieu, gouverne et commande selon son bon plaisir. Tonnerre ! ces gens-là ne nous aiment guère ; ils préféreraient voir la figure du diable plutôt que nos casaques jaunes. Pourquoi ne nous chassent-ils pas de leurs contrées? Mille bombes! ils sont plus nombreux que nous, et si nous manions l'épée, ils manient le bâton. Pourquoi donc nous moquons-nous d'eux? c'est parce que nous formons une armée redoutable.

PREMIER CHASSEUR. Oui, oui, c'est l'ensemble qui fait la force. Friedland le savait bien, lorsque, il y a huit ou neuf ans, il assembla une grande armée pour l'empereur. On ne voulait d'abord entendre parler que de douze mille hommes. Je ne pourrai pas les nourrir, dit-il, mais je veux en enrôler soixante mille, et je vous réponds qu'ils ne mourront pas de faim. Voilà comme nous sommes devenus soldats de Wallenstein.

LE MARÉCHAL-DES-LOGIS. Par exemple, que quelqu'un me coupe à la main droite le plus petit de mes cinq doigts, croyez-vous qu'il m'enlèverait seulement un doigt? Non, par le diable! je serais privé de ma main; ce ne serait plus qu'un membre mutilé et inutile. Eh bien! ces huit mille chevaux que l'on envoie en Flandre, ce n'est que le petit doigt de l'armée. Qu'on les laisse partir, vous consolerez-vous en disant : Nous n'avons perdu qu'un cinquième de nos troupes? Mille diables! le tout est renversé; la crainte, la déférence, le respect s'en vont. Le paysan commence à relever la tête; la chancellerie de Vienne griffonne des billets de ration et de cantonnement, et l'ancienne misère recommence. Il ne se passera pas beaucoup de temps avant qu'on nous enlève aussi notre général, car à la cour ils ne lui sont pas très-favorables, et alors tout tombe à la fois. Qui nous aidera à nous faire payer notre solde? qui aura soin qu'on tienne les engagements pris avec nous? qui aura l'ascendant, l'intelligence, l'esprit, la force nécessaire pour gouverner et conduire cette masse composée de tant de pièces? Par exemple, dragon, parle, de quel pays es-tu?

PREMIER DRAGON. Je suis d'un pays éloigné, de l'Irlande.

LE MARÉCHAL-DES-LOGIS, *aux deux cuirassiers*. Vous, vous êtes Wallons, je le sais; et vous, Italien, on le reconnaît à l'accent.

PREMIER CUIRASSIER. Qui je suis? Je n'ai jamais pu le savoir. J'ai été volé tout jeune à mes parents.

LE MARÉCHAL-DES-LOGIS. Et toi, tu n'es pas non plus du voisinage?

PREMIER ARQUEBUSIER. Je suis de Buchau, sur le lac Féder.

LE MARÉCHAL-DES-LOGIS. Et vous, mon voisin?

SECOND ARQUEBUSIER. De la Suisse.

LE MARÉCHAL-DES-LOGIS. Et de quelle contrée es-tu, toi, chasseur ?

PREMIER CHASSEUR. Mes parents sont établis à Wismar.

LE MARÉCHAL-DES-LOGIS, *montrant le trompette*. Et toi et moi nous sommes d'Egra. Eh bien ! qui pourrait s'apercevoir que nous avons été chassés et ballottés ensemble du nord et du sud ? Ne paraissons-nous pas tous taillés dans le même bois ? ne sommes-nous pas tous serrés contre l'ennemi, comme si nous eussions été forgés et fondus ensemble ? Tout s'engrène et s'ajuste à un signe, à une parole, comme les rouages d'un moulin. Qui donc nous a façonnés de telle sorte qu'il n'y a plus de différence entre nous ? qui donc, si ce n'est Wallenstein ?

PREMIER CHASSEUR. De ma vie je n'avais pensé à cela, et j'allais mon chemin sans remarquer comme nous sommes bien arrangés.

PREMIER CUIRASSIER. J'applaudis aux paroles du maréchal-des-logis. Ces gens-là voudraient anéantir l'état militaire, terrasser le soldat, pour qu'ils eussent seuls le commandement. C'est un complot, une conjuration.

LA CANTINIÈRE. Une conjuration ! bonté de Dieu ! Alors ces messieurs ne pourraient plus me payer !

LE MARÉCHAL-DES-LOGIS. Assurément, ce serait la banqueroute complète. Beaucoup de commandants et généraux soldent le régiment de leurs propres deniers ; ils veulent se faire remarquer et dépensent au delà de leurs moyens, dans l'espoir que cela leur portera bonheur. Si le chef, si le duc vient à tomber, ils en seront pour leur argent.

LA CANTINIÈRE. Ah ! mon Sauveur ! quelle catastrophe pour moi ! La moitié de l'armée est inscrite sur mon livre de compte. Le comte Isolani, le mauvais payeur, me doit encore à lui seul deux cents écus.

PREMIER CUIRASSIER. Que faire, camarades ? Il n'y a qu'un moyen de nous sauver ; tant que nous serons unis, on ne pourra nous nuire. Continuons à ne faire qu'un ; laissons-les écrire et protocoler, restons fermes plantés en Bohême, ne cédons pas et ne marchons pas. Le soldat maintenant combat pour son honneur.

SECOND CHASSEUR. Ne nous laissons pas promener ainsi à travers le pays. Qu'ils viennent seulement, et qu'ils voient.

PREMIER ARQUEBUSIER. Chers camarades, pensez-y sérieusement ; c'est la volonté et l'ordre de l'empereur.

LE TROMPETTE. Nous nous soucions bien de l'empereur !

PREMIER ARQUEBUSIER. Ne dites pas cela une seconde fois.

LE TROMPETTE. C'est pourtant comme je vous le dis.

PREMIER CHASSEUR. Oui, oui, j'ai toujours entendu dire que c'était à Friedland seul à commander ici.

LE MARÉCHAL-DES-LOGIS. Cela est vrai ; c'est là son droit et son contrat. Il a pouvoir absolu de faire la guerre et de conclure la paix. Il peut confisquer argent et domaines, faire pendre ou faire grâce, nommer les officiers et les colonels ; bref, il a les priviléges souverains, il les tient de la main même de l'empereur.

PREMIER ARQUEBUSIER. Le duc est sans doute puissant et intelligent ; mais, après tout, il n'est comme nous qu'un sujet de l'empereur.

LE MARÉCHAL-DES-LOGIS. Non pas comme nous tous ; vous n'y entendez rien. Il est prince libre et immédiat de l'empire, aussi bien que le Bavarois. N'ai-je pas vu moi-même, quand j'étais de garde à Brandéis, comme l'empereur lui permettait de se couvrir devant lui en sa qualité de prince ?

PREMIER ARQUEBUSIER. Oui, à cause du pays de Mecklembourg que l'empereur lui a donné en gage.

PREMIER CHASSEUR, *au maréchal-des-logis*. Comment ! en présence de l'empereur ? Voilà qui est pourtant singulier.

LE MARÉCHAL-DES-LOGIS, *fouillant dans sa poche*. Si vous

ne voulez pas vous en rapporter à ma parole, je vais vous faire toucher la chose au doigt. (*Il prend une pièce de monnaie.*) Qu'est-ce que c'est que cette empreinte et cette inscription ?

LA CANTINIÈRE. Montrez. Ah ! c'est un wallenstein.

LE MARÉCHAL-DES-LOGIS. Eh bien ! voilà ! Que voulez-vous de plus ? N'est-il pas prince aussi bien qu'un autre ? Ne bat-il pas monnaie comme Ferdinand ? N'a-t-il pas des sujets et un Etat ? Ne s'appelle-t-il pas Altesse ? Il peut donc bien avoir des soldats.

PREMIER ARQUEBUSIER. Personne ne vous conteste cela ; mais nous, nous sommes au service de l'empereur ; et qui nous paye ? c'est l'empereur !

LE TROMPETTE. Pour cela, voyez-vous, je vous le nie en face. Celui qui ne nous paye pas, c'est l'empereur. Depuis dix mois, ne nous promet-on pas toujours inutilement notre solde ?

PREMIER ARQUEBUSIER. Allez ! elle est entre bonnes mains.

PREMIER CUIRASSIER. Paix ! camarades. Voulez-vous finir par vous battre ? Faut-il donc se quereller et se disputer pour savoir si l'empereur est notre maître ? C'est justement parce que nous sommes ses braves cavaliers que nous ne voulons pas être traités comme son troupeau. Nous ne voulons pas nous laisser conduire par la prêtraille. Dites-le vous-mêmes ; n'est-il pas de l'avantage du maître d'avoir des soldats qui sachent se conduire ? Qu'est-ce qui fait de lui un souverain puissant ? c'est son armée. C'est par son armée aussi qu'il agit au loin et exerce l'ascendant dans la chrétienté. Que d'autres reçoivent ses grâces, se rassemblent dans ses salons dorés et dînent à sa table. Pour nous, nous ne retirons de sa gloire et de son éclat que des fatigues et des chagrins ; mais nous tenons à l'honneur.

SECOND CHASSEUR. Tous les grands tyrans et empereurs le savaient et étaient plus sages. Ils ne craignaient pas d'humilier et de tourmenter tout le monde ; mais ils ménageaient avec soin le soldat.

PREMIER CUIRASSIER. Il faut que le soldat sache se juger lui-même. Celui qui ne se conduit pas noblement et fièrement ferait mieux de quitter le métier. Si je risque gaîment ma vie, c'est qu'il y a quelque chose que j'aime mieux ; sinon, il faudrait se laisser égorger comme un Croate, et je me mépriserais.

LES DEUX CHASSEURS. Oui, l'honneur vaut mieux que la vie.

PREMIER CUIRASSIER. L'épée n'est ni une bêche ni une charrue. Vouloir s'en servir pour labourer, ce serait folie. Nul épi, nul grain ne mûrit pour nous. Le soldat n'a point de patrie ; il erre à l'aventure sur la surface de la terre, il ne peut se réchauffer à son propre foyer. Il faut qu'il voie de loin, en passant, la splendeur des villes, la joie des villages, les vertes prairies, les vendanges et les moissons. Dites-moi, si le soldat ne s'honorait pas lui-même, quelle valeur et quel bien aurait-il ? Il faut qu'il ait quelque chose à soi ; autrement il ne serait qu'un meurtrier et un incendiaire.

PREMIER ARQUEBUSIER. Dieu le sait, c'est une misérable vie.

PREMIER CUIRASSIER. Je ne la donnerais cependant pas pour une autre. Voyez, j'ai bien parcouru le monde, j'ai tout essayé, j'ai servi la monarchie espagnole, et la république de Venise, et le royaume de Naples ; mais nulle part la fortune ne me fut favorable. J'ai vu le marchand et le noble, le manœuvre et le jésuite, et nul vêtement au monde ne m'a autant plu que ma cuirasse de fer.

PREMIER ARQUEBUSIER. Non, moi, je ne puis pas en dire autant.

PREMIER CUIRASSIER. Quiconque veut faire son chemin dans le monde doit se donner du mouvement et de la peine. S'il veut s'élever aux honneurs et aux dignités, il faut qu'il se courbe sous un fardeau doré ; s'il veut jouir du bonheur de la famille, vivre au milieu de ses enfants et de ses petits-enfants, qu'il exerce en paix un honnête métier. Moi, je n'ai nul goût pour une telle vie. Je veux vivre et mourir libre, ne piller personne, n'hériter de personne, et du haut de mon cheval regarder avec dédain cette racaille.

PREMIER CHASSEUR. Bravo ! voilà justement comme je suis.

PREMIER ARQUEBUSIER. Vraiment ! c'est assez agréable de marcher ainsi sur la tête des autres.

PREMIER CUIRASSIER. Camarades, les temps sont durs, l'épée n'est plus dans la balance ; mais personne ne peut me blâmer d'avoir choisi l'épée. Je veux bien faire la guerre humainement, mais non pas laisser prendre ma peau pour un tambour.

PREMIER ARQUEBUSIER. Si le bourgeois est malheureux, à qui la faute, si ce n'est à nous autres soldats ? La guerre, la misère, les vexations durent déjà depuis seize ans.

PREMIER CUIRASSIER. Frère, tout le monde ne rend pas en même temps grâce au bon Dieu qui est là-haut. Les uns demandent du soleil qui fait tort aux autres. Celui-ci veut de la sécheresse, celui-là de la pluie. Là où tu ne vois que fléaux et misères, je trouve les beaux jours de ma vie. Nous vivons aux dépens du bourgeois et du paysan ; en vérité, j'en suis fâché pour eux, mais je n'y puis rien changer. Voyez, il en est de ceci comme d'une charge de cavalerie. Les chevaux sont lancés au galop, tombe qui voudra au milieu du chemin, que ce soit mon frère ou mon fils chéri ; quand ses gémissements me déchireraient le cœur, il faut que je lui passe sur le corps ; je ne puis le porter doucement à l'écart.

PREMIER CHASSEUR. Sans doute ; est-ce qu'on s'occupe des autres ?

PREMIER CUIRASSIER. Et, puisque le bonheur sourit au soldat, saisissons-le à deux mains, on ne nous laissera pas longtemps agir ainsi. Un beau matin, viendra la paix qui mettra fin à tout cela. Le soldat débridera, le paysan attellera, et, avant qu'on ait le temps d'y songer, les choses auront repris leur ancien cours. Nous sommes encore rassemblés ici, et nous avons l'instrument à la main ; ne nous laissons pas disperser, car alors on nous tiendra les morceaux de pain plus haut.

PREMIER CHASSEUR. Non, il ne faut pas que cela nous arrive jamais. Venez, restons fermes et unis.

SECOND CHASSEUR. Oui, prenons un parti. Écoutez.

PREMIER ARQUEBUSIER, *tirant une bourse de cuir et parlant à la cantinière.* Ma commère, qu'est-ce que je dois ?

LA CANTINIÈRE. Ah ! ce n'est pas la peine d'en parler. (*Ils comptent.*)

LE TROMPETTE. Vous faites bien de vous en aller ; vous troublez notre société.

(*Les arquebusiers s'éloignent.*)

PREMIER CUIRASSIER. C'est dommage ; ce sont, du reste, de braves gens.

PREMIER CHASSEUR. Mais ça raisonne comme un épicier.

SECOND CHASSEUR. A présent que nous sommes entre nous, voyons comment nous renverserons le nouveau complot.

LE TROMPETTE. Comment ? nous ne marcherons pas.

PREMIER CUIRASSIER. Camarades, rien contre la discipline. Que chacun retourne à son corps et raconte la chose à ses camarades, de façon à ce qu'ils la voient et la comprennent. Nous ne devons pas aller si loin. Je réponds de mes Wallons ; chacun d'eux pense comme moi.

LE MARÉCHAL-DES-LOGIS. Les régiments de Terzky à pied et à cheval sont dans les mêmes dispositions.

SECOND CUIRASSIER. Le Lombard ne se sépare pas du Wallon.

PREMIER CHASSEUR. La liberté est l'élément du chasseur.

SECOND CHASSEUR. La liberté n'existe qu'avec la force. Je veux vivre et mourir pour Wallenstein.

PREMIER TYROLIEN. Le Lorrain suivra le torrent et s'en ira là où il trouvera le plaisir et la joie.

LE DRAGON. L'Irlandais suit l'étoile de la fortune.

SECOND TYROLIEN. Le Tyrolien n'obéit qu'à son général.

PREMIER CUIRASSIER. Que chaque régiment fasse donc mettre au net un mémoire où il sera dit que nous voulons rester ensemble, que ni la force ni la ruse ne nous séparera de Friedland, qui est le père du soldat. On présentera respectueusement ce mémoire à Piccolomini, au fils s'entend; il comprend ces sortes d'affaires, il a du crédit auprès de Friedland, et du poids auprès de l'empereur.

SECOND CHASSEUR. Venez, c'est convenu; touchez-là. Piccolomini sera notre orateur.

LE TROMPETTE, LE DRAGON, LE PREMIER CHASSEUR, LE SECOND CUIRASSIER, LES TYROLIENS, *ensemble*. Piccolomini sera notre orateur. (*Ils veulent s'éloigner.*)

LE MARÉCHAL-DES-LOGIS. Encore un verre, camarades. (*Il boit.*) A la santé de Piccolomini!

LA CANTINIÈRE *apporte une bouteille*. Nous ne ferons pas une marque pour celle-là; je vous la donne volontiers. Bon succès, messieurs!

LE CUIRASSIER. Vivent les militaires!

LES DEUX CHASSEURS. Payent les bourgeois!

LE DRAGON *et* LES TYROLIENS. Que l'armée prospère!

LE TROMPETTE *et* LE MARÉCHAL-DES-LOGIS. Et que Friedland la gouverne!

SECOND CUIRASSIER, *chantant.* » Allons, camarades,
» à cheval, à cheval! courons aux champs, à la liber-
» té! En campagne l'homme vaut encore quelque
» chose; là, son cœur a du poids; là, personne ne peut
» le remplacer; il faut qu'il compte sur lui-même. »

(*Les soldats qui étaient au fond du théâtre se rapprochent et répètent en chœur les deux derniers vers.*)

LE DRAGON. « La liberté a disparu du monde. On ne
» voit plus que des maîtres et des esclaves. La fausseté
» et la ruse règnent parmi la lâche race humaine.
» Celui-là seul qui sait regarder la mort en face, le
» soldat seul est un homme libre. »

LE CHŒUR. « Celui-là seul qui sait regarder la
» mort en face, le soldat seul est un homme libre. »

PREMIER CHASSEUR. « Il rejette loin de lui les anxiétés
» de la vie ; il n'a plus ni craintes ni soucis. Il mar-
» che hardiment au-devant de la destinée ; s'il ne l'at-
» teint pas aujourd'hui, il l'atteindra demain, et puis-
» qu'il l'atteindra demain, jouissons aujourd'hui des
» derniers restes d'un temps précieux. » (*Les verres
sont de nouveau remplis ; les soldats trinquent et boivent.*)

LE CHŒUR. « Et puisqu'il l'atteindra demain, jouis-
» sons aujourd'hui des derniers restes d'un temps pré-
» cieux. »

LE MARÉCHAL-DES-LOGIS. « C'est du ciel que lui vient
» son sort joyeux. Inutile est l'effort, inutile la peine.
» Le manœuvre fouille dans le sein de la terre, croyant
» y trouver un trésor, il bêche, il creuse toute sa vie,
» jusqu'à ce qu'enfin il creuse sa fosse. »

LE CHŒUR. « Il bêche, il creuse toute sa vie, jusqu'à
» ce qu'enfin il creuse sa fosse. ».

PREMIER CHASSEUR. « Le cavalier et son cheval agile
» sont des hôtes redoutés : les flambeaux de l'hymen
» brillent dans le château ; il arrive à la fête sans être
» invité, il ne fait pas la cour longtemps et ne montre
» pas d'or ; il emporte d'assaut le prix de l'amour. »

LE CHŒUR. « Il ne fait pas la cour longtemps et ne
» montre pas d'or ; il emporte d'assaut le prix de l'a-
» mour. »

SECOND CUIRASSIER. « Pourquoi la jeune fille pleure-
» t-elle ? pourquoi se consume-t-elle dans le chagrin ?
» Laisse-le passer, laisse-le courir ; il n'a point de de-

» meure fixe sur la terre, et ne peut conserver un
» amour fidèle. La destinée rapide le pousse sans cesse,
» il ne perd son repos nulle part. »

LE CHŒUR. « La destinée rapide le pousse sans cesse,
» il ne perd son repos nulle part. »

PREMIER CHASSEUR ; *il prend ses deux voisins par la main ; les autres l'imitent. Tous ceux qui ont parlé forment un grand cercle.* « Allons, camarades, bridons les
» chevaux, que nos poumons se dilatent à l'air des
» combats ; la jeunesse fermente, la vie pétille. Allons !
» avant que l'esprit s'évapore ! et si vous n'exposez
» pas votre vie, jamais vous ne jouirez de la vie. »

LE CHŒUR. « Et si vous n'exposez votre vie, non,
» jamais vous n'en jouirez. »

(*La toile tombe pendant que le chœur chante le refrain.*)

DEUXIÈME PARTIE.
LES PICCOLOMINI.

PERSONNAGES.

WALLENSTEIN, duc de Friedland, généralissime des armées de l'empereur dans la guerre de trente ans.
OCTAVIO PICCOLOMINI, lieutenant-général.
MAX PICCOLOMINI, son fils, colonel d'un régiment de cuirassiers.
LE COMTE TERZKY, beau-frère de Wallenstein, commandant de plusieurs régiments.
ILLO, feld-maréchal, confident de Wallenstein.
ISOLANI, général des Croates.
BUTTLER, chef d'un régiment de dragons.
TIEFENBACH,
DON MARADA,   généraux sous Wallenstein.
GOETZ,
COLALTO,
LE CAPITAINE NEUMANN, adjudant de Terzky.
LE CONSEILLER DE GUERRE QUESTENBERG, envoyé de l'empereur.
BAPTISTE SENI, astrologue.
LA DUCHESSE DE FRIEDLAND, femme de Wallenstein.
THÉCLA, PRINCESSE DE FRIEDLAND, sa fille.
LA COMTESSE TERZKY, sœur de la duchesse.
UN CORNETTE.
LE SOMMELIER du comte Terzky.
PAGES ET SERVITEURS DE FRIEDLAND.
SERVITEURS ET MUSICIENS DE TERZKY.
PLUSIEURS GÉNÉRAUX ET COLONELS.

ACTE PREMIER.

Une salle gothique dans l'hôtel de ville de Pilsen ; elle est décorée de drapeaux et d'instruments de guerre.

SCÈNE I.

ILLO, BUTTLER, ISOLANI.

ILLO. Vous arrivez tard ; mais enfin vous arrivez, et la grande distance, comte Isolani, excuse ce délai.
ISOLANI. C'est qu'aussi nous n'arrivons pas les mains

vides. Nous avons appris à Donawert qu'un convoi suédois était en route avec six cents chariots de provisions. Mes Croates s'en sont emparés, et nous l'amenons.

ILLO. Il vient fort à propos pour nourrir les nombreuses troupes rassemblées ici.

BUTTLER. Il y a du mouvement ici, à ce que je vois.

ISOLANI. Oui, oui ; les églises même sont pleines de soldats. (*Il regarde autour de lui.*) Je vois que vous êtes assez bien installés à l'hôtel-de-ville. Quant au soldat, il s'arrange et s'établit comme il peut.

ILLO. Les colonels de trente régiments sont déjà réunis. Vous trouverez ici Terzky, Tiefenbach, Colalto, Goetz, Marada, Ibinersam, Piccolomini père et fils ; — vous reverrez beaucoup d'anciens amis. Il ne nous manque plus que Galas et Altringer.

BUTTLER. N'attendez pas Galas.

ILLO, *surpris.* Comment ? Sauriez-vous ?...

ISOLANI *l'interrompt.* Max Piccolomini est ici. Oh ! conduisez-moi près de lui. Je le vois encore — il y a de cela dix ans — quand nous combattions contre Mansfeld à Dessau. Il lança son cheval du haut du pont pour courir au secours de son père, qu'entraînaient les flots de l'Elbe. Alors un léger duvet couvrait à peine son menton. Maintenant, d'après ce que j'entends dire, il doit être un guerrier achevé.

ILLO. Vous le verrez aujourd'hui même. Il ramène de la Carinthie la duchesse de Friedland et la princesse sa fille ; ils arriveront vers midi.

BUTTLER. Ainsi le prince fait venir sa femme et sa fille. Il rassemble ici beaucoup de monde.

ISOLANI. Tant mieux ; je ne m'attendais à entendre parler ici que de marches, d'attaques, de batteries, et voilà que le duc lui-même prend soin de nous réjouir la vue par des objets agréables.

ILLO, *qui est resté pensif, tire Buttler à l'écart et lui dit* : Comment savez-vous que le comte Galas ne viendra pas ?

BUTTLER, *d'un air significatif.* Parce qu'il a cherché à me retenir aussi.

ILLO, *avec chaleur.* Et vous êtes resté ferme. (*Il lui serre la main.*) Brave Buttler !

BUTTLER. Après les obligations que j'ai encore récemment contractées envers le prince...

ILLO. Oui, général-major, je vous félicite.

ISOLANI. Général-major dans le régiment que le prince vous a donné, n'est-ce pas? C'est celui où vous avez servi comme cavalier. Eh bien! en vérité, cela doit servir d'exemple et d'encouragement au corps entier. On verra par là comment un ancien militaire de mérite fait son chemin.

BUTTLER. Je ne sais si je puis recevoir vos compliments. — La sanction de l'empereur manque encore.

ISOLANI. Allez, allez toujours. La main qui vous a placé là est assez forte pour vous y maintenir en dépit des ministres et des empereurs.

ILLO. Si nous voulions tous y regarder de si près !... L'empereur ne nous donne rien ; tout ce que nous avons, tout ce que nous espérons, tout nous vient du duc.

ISOLANI, *à Illo.* Mon cher ami, vous ai-je déjà raconté que le prince se chargeait de satisfaire mes créanciers? A l'avenir, il veut être mon caissier — faire de moi un homme rangé ! — Et c'est pour la troisième fois.— Songez donc que cette générosité royale me sauve de ma ruine et fait honneur à mes affaires !

ILLO. Ah! si seulement il pouvait toujours agir à son gré, il donnerait à ses soldats des domaines et des vassaux. Mais, à Vienne, on se met en quatre pour lui raccourcir le bras et lui rogner les ailes. Voyez maintenant les nouvelles, les jolies prétentions que nous apporte ce Questenberg.

BUTTLER. J'ai entendu parler aussi de ces prétentions impériales ; mais j'espère que le duc ne fléchira sur aucun point.

ILLO. Non pas sans doute sur ses droits... mais sa place...

BUTTLER, *étonné.* Savez-vous quelque chose? Vous m'effrayez.

ISOLANI. Nous serions tous ruinés.

ILLO. Brisons là-dessus. Je vois venir notre homme avec le général Piccolomini.

BUTTLER, *secouant la tête.* Je crains que nous ne partions pas d'ici comme nous y sommes venus.

SCÈNE II.

Les précédents ; OCTAVIO PICCOLOMINI, QUESTENBERG.

OCTAVIO, *encore dans l'éloignement.* Comment! encore des nouveaux venus? Avouez, amis, qu'il fallait cette guerre désastreuse pour voir rassemblés dans l'enceinte d'un camp tant de héros couronnés de gloire.

QUESTENBERG. Celui qui veut avoir une mauvaise opinion de la guerre ne doit pas venir dans le camp de Friedland. J'ai presque oublié le fléau militaire en voyant cet esprit d'ordre par lequel se recommande ce dévastateur du monde, les grandes choses qu'il accomplit.

OCTAVIO. Et voici deux braves qui complètent dignement ce cercle de héros, le comte Isolani et le colonel Buttler. Vous avez là sous les yeux tout le secret de l'art de la guerre. (*Il présente Buttler et Isolani.*) Voici la force, amis, et voilà la célérité.

QUESTENBERG, *à Octavio.* Et, entre ces deux qualités, le conseil de l'expérience.

OCTAVIO, *présentant Questenberg.* Monsieur le chambellan et conseiller de guerre Questenberg. Nous honorons dans cet hôte illustre le porteur des ordres de l'empereur, le patron et le protecteur zélé des soldats. (*Tous se taisent.*)

ILLO *s'approche de Questenberg.* Ce n'est pas la première fois, monsieur le ministre, que vous honorez le camp de votre visite.

QUESTENBERG. Je me suis déjà trouvé une fois devant ces drapeaux.

ILLO. Et vous rappelez-vous en quel lieu? C'était à Snoym, en Moravie, où vous étiez envoyé par l'empereur pour supplier le duc de reprendre le commandement de l'armée.

QUESTENBERG. Supplier, monsieur le général? Ma mission, autant que je sache, ni mon zèle n'allaient pas si loin.

ILLO. Eh bien! pour le contraindre, si vous le voulez. Je m'en souviens fort bien. Le comte Tilly venait d'être battu sur le Lech; la Bavière était ouverte à l'ennemi; rien ne pouvait l'empêcher de pénétrer jusqu'au cœur de l'Autriche. Alors vous apparûtes, vous et Werdenberg, devant notre général, pour le conjurer, par vos prières et par les menaces, de la disgrâce de l'empereur, s'il n'avait pas pitié de ce triste état de chose.

ISOLANI *s'avance*. Oui, oui, seigneur ministre, on conçoit comment, avec votre mission actuelle, vous n'aimiez pas à vous souvenir de la première.

QUESTENBERG. Pourquoi pas? Il n'y a point entre elles de contradiction. Il s'agissait alors d'arracher la Bohême des mains de l'ennemi; aujourd'hui, je dois la délivrer de ses amis et de ses protecteurs.

ILLO. Jolie commission! Après que nous avons, au prix de notre sang, chassé les Saxons de cette Bohême, on veut, par reconnaissance, nous jeter hors du pays!

QUESTENBERG. A moins que ce malheureux pays ne soit condamné à échanger une calamité contre une autre, il faut qu'il soit également affranchi du joug de ses amis et de ses ennemis.

ILLO. Quoi! l'année a été bonne; le paysan peut bien payer son tribut.

QUESTENBERG. Oui, monsieur le feld-maréchal, si vous parlez des troupeaux et des pâturages...

ISOLANI. La guerre entretient la guerre. Si l'empereur y perd des paysans, il y gagne des soldats.

QUESTENBERG. Et le nombre de ses sujets diminue d'autant.

ISOLANI. Bah ! nous sommes tous ses sujets.

QUESTENBERG. Avec cette différence, monsieur le comte, que les uns, par leur utile labeur, remplissent les coffres, et que les autres s'entendent bravement à les vider. L'épée a appauvri l'empereur ; c'est la charrue qui lui rendra sa force.

BUTTLER. L'empereur ne serait pas si pauvre s'il n'y avait pas tant de sangsues pour sucer la substance du pays...

ISOLANI. La situation n'est pas encore si mauvaise. (*Il s'avance et montre l'habit de Questenberg.*) Je vois que tout l'or n'est pas encore monnoyé.

QUESTENBERG. Grâce à Dieu, il en est encore échappé quelque peu aux doigts des Croates.

ILLO. Eh bien ! qu'un Slawata, qu'un Martinitz, sur lesquels l'empereur, au grand chagrin de la Bohême, accumule ses bienfaits, — qui s'enrichissent de la dépouille des citoyens exilés, — grandissent au milieu d'un désastre général, — moissonnent dans le désordre public, qui, — avec leur luxe royal, se moquent de la misère du pays, — que ceux-là et leurs pareils payent la guerre ruineuse qu'ils ont seuls allumée.

BUTTLER. Joignez-y ces écornifleurs de province qui ont toujours les pieds sous la table de l'empereur, qui courent affamés après les bénéfices, et qui veulent régler la dépense et rogner le pain du soldat qui est en face de l'ennemi.

ISOLANI. Jamais de ma vie je n'oublierai ce qui m'arriva à Vienne, lorsque j'y allai pour les remontes de notre régiment. Comme ils me promenèrent d'antichambre en antichambre, me laissant, pendant des heures entières, au milieu de la valetaille, comme si j'étais venu pour mendier un morceau de pain ! Enfin, ils m'envoyèrent un capucin : je crus qu'il venait me parler de mes péchés ; mais non : c'était l'homme avec qui je devais traiter de l'achat des chevaux. Je m'en allai sans avoir pu rien terminer, et en trois jours le prince m'arrangea ce que je n'avais pu obtenir en un mois à Vienne.

QUESTENBERG. Oui, oui, cet article s'est retrouvé dans les comptes, et je sais qu'il nous reste encore à payer.

ILLO. La guerre est un rude et violent métier ; on ne peut la faire par les moyens de douceur, et il est impossible de tout épargner. S'il fallait attendre que, sur vingt-quatre malheurs, on eût choisi à Vienne le plus petit, on attendrait longtemps. — Traverser bravement les difficultés, voilà le meilleur parti, et sauve qui peut. — Les hommes, en général, s'entendent à rajuster, à rapiéceter, et se trouvent mieux d'une nécessité pénible que d'un choix amer.

QUESTENBERG. Oui, cela est vrai, et le prince nous épargne le choix.

ILLO. Le prince prend un soin paternel des troupes, et nous voyons quels sentiments l'empereur a pour nous.

QUESTENBERG. L'empereur n'a qu'un même cœur pour chaque classe de ses sujets, et ne peut sacrifier l'une à l'autre.

ISOLANI. C'est pourquoi il nous chasse vers les bêtes féroces du désert, afin de mieux conserver ses chères brebis.

QUESTENBERG, *avec ironie*. Monsieur le comte, c'est vous qui faites cette comparaison, et non pas moi.

ILLO. Si pourtant nous étions tels que la cour nous suppose, il serait dangereux de nous donner la liberté.

QUESTENBERG, *avec gravité*. La liberté est usurpée et non donnée. Ce qu'il faut, c'est de lui mettre un frein.

ILLO. On trouvera le cheval farouche.

QUESTENBERG. Un meilleur cavalier saura le dompter.

ILLO. Il ne porte que celui qui l'a apprivoisé.

QUESTENBERG. Quand il est apprivoisé, il obéit à un enfant.

ILLO. L'enfant, je sais qu'on l'a déjà trouvé.

QUESTENBERG. Inquiétez-vous de vos devoirs, et non pas du nom de votre chef.

BUTTLER, *qui jusqu'alors s'est tenu à l'écart avec Piccolomini, en prenant toutefois un intérêt visible à la conversation.* Monsieur le président, l'empereur a une armée considérable en Allemagne : trente mille hommes sont cantonnés dans ce royaume ; seize mille dans la Silésie ; dix régiments sont sur le Weser, le Rhin et le Mein. En Souabe, six mille hommes ; en Bavière, douze mille tiennent tête aux Suédois. Je ne parle pas des garnisons qui défendent les places fortes des frontières. Toutes ces troupes obéissent aux généraux de Friedland. Les commandants ont tous été à la même école ; ils ont tous sucé le même lait, et un même cœur les anime. Étrangers sur ce sol, ils n'ont d'autre foyer, d'autre demeure que le camp. Ce n'est pas l'amour de la patrie qui les fait agir, car des milliers d'entre eux sont, comme moi, nés dans un autre pays. Ce n'est pas non plus l'amour de l'empereur, car la moitié de ses soldats est arrivée en désertant le service étranger, et peu lui importe de combattre sous l'aigle impériale, sous le lion ou sous les lis. Cependant un seul homme les tient par un lien puissant, par l'amour et la crainte, et en forme un seul peuple. De même que la lueur de la foudre parcourt rapidement l'espace, de même son commandement passe, des ports éloignés qui, dans les dunes, entendent mugir les flots du Belt, ou qui voient les fécondes vallées de l'Adige, jusqu'à la sentinelle dont la guérite est placée à la porte du palais de l'empereur.

QUESTENBERG. Et quel est, en deux mots, le sens de cette harangue ?

ACTE I, SCÈNE II.

BUTTLER. C'est que le respect, l'affection, la confiance qui nous font obéir à Friedland n'appartiendront pas au premier commandant qu'il plaira à la cour de Vienne de nous envoyer. Nous nous rappelons encore fort bien comment le commandement est venu aux mains de Friedland. L'empereur lui donna-t-il une armée toute prête? S'agissait-il seulement de chercher un chef pour des troupes réunies? — Non : il n'y avait point d'armée ; c'est Friedland qui a dû la créer ; il ne l'a pas reçue de l'empereur, il la lui a donnée. Ce n'est pas de l'empereur que nous tenons Wallenstein pour général : non, non, ce n'est pas de lui ; c'est de Wallenstein que nous tenons l'empereur pour maître ; c'est lui, lui seul qui nous attache à ces drapeaux.

OCTAVIO *s'avance entre eux*. Souvenez-vous, monsieur le conseiller, que vous êtes dans un camp, parmi des soldats. C'est l'audace, c'est la liberté qui fait le soldat. Pourrait-il agir hardiment s'il n'osait parler hardiment? L'un est la conséquence de l'autre. L'audace de ce digne officier (*montrant Buttler*), qui se méprend aujourd'hui sur son but, a conservé à l'empereur sa capitale de Prague, au milieu d'une violente révolte de la garnison, où l'audace seule pouvait être un moyen de salut. (*On entend au loin une musique guerrière.*)

ILLO. Ce sont elles ; la garde salue. Ce signal nous annonce que la princesse est ici.

OCTAVIO, *à Questenberg*. Mon fils Max est de retour aussi. C'est lui qui est allé les chercher en Carinthie, et qui les a accompagnées jusqu'ici.

ISOLANI, *à Illo*. Allons-nous ensemble les saluer?

ILLO. Oui, allons! Venez, colonel Buttler. (*A Octavio.*) Souvenez-vous que nous devons nous retrouver à midi chez le prince avec M. le conseiller.

SCÈNE III.

OCTAVIO et QUESTENBERG.

QUESTENBERG, *avec surprise*. Qu'ai-je entendu, général? Quelle audace effrénée! Que dois-je penser, si c'est là l'esprit général?

OCTAVIO. C'est celui des trois quarts de l'armée.

QUESTENBERG. Malheur à nous! Où trouver de sitôt une seconde armée pour réprimer celle-ci? Cet Illo, je le crains, pense encore plus mal qu'il ne parle; et ce Buttler aussi ne peut cacher ses méchantes opinions.

OCTAVIO. Susceptibilité, orgueil irrité, rien de plus. Je ne désespère pas encore de ce Buttler; je sais, je connais le moyen de mâter ce mauvais esprit.

QUESTENBERG, *avec inquiétude, se promenant çà et là*. Non, cela est pire, oh! bien pire, ami, que nous ne l'avions imaginé à Vienne. Nous voyions tout cela avec des yeux de courtisans, éblouis par l'éclat du trône; nous n'avions pas encore observé au milieu de son camp ce général tout-puissant. Ici, c'est bien autre chose! ici, il n'y a plus d'empereur, c'est le prince qui est empereur! La promenade que je viens de faire à côté de vous, à travers le camp, renverse mes espérances.

OCTAVIO. Vous voyez maintenant vous-même quelle charge périlleuse vous m'apportez de la part de la cour, — quel rôle épineux je joue ici. — Le plus léger soupçon du général me coûterait la vie ou la liberté, et hâterait l'exécution de ses projets téméraires.

QUESTENBERG. Ah! quelle imprudence nous avons commise, en confiant l'épée à cet audacieux, en remettant une telle force en de telles mains! La tentation était trop forte pour ce cœur pervers; elle aurait été dangereuse même pour un homme vertueux. Je vous le dis, il refusera d'obéir aux ordres de l'empereur; il le peut, et il le fera. — Son arrogance impunie révélera honteusement notre impuissance.

OCTAVIO. Et croyez-vous qu'il fasse venir dans son camp, sans motifs, sa femme et sa fille, juste au moment où nous nous préparons à la guerre? Il soustrait par là à la puissance de l'empereur les derniers gages de sa fidélité, et cela nous annonce l'explosion prochaine de la révolte.

QUESTENBERG. Malheur à nous! Quel orage menaçant s'approche et nous environne de toutes parts! L'ennemi sur les frontières, déjà maître du Danube, s'avançant toujours plus loin; — dans l'intérieur du pays, le tocsin de la rébellion, le paysan en armes, — toutes les classes conjurées, — et l'armée, dont nous attendions du secours, pervertie, intraitable, désaccoutumée de toute discipline, se séparant de l'État, de l'empereur, conduite, égarée qu'elle est, par un homme égaré, — l'armée, effroyable instrument soumis aveuglément au plus audacieux des hommes!...

OCTAVIO. Ne désespérons pas trop tôt, mon ami. Il y a toujours plus de hardiesse dans le langage que dans l'action, et tel, qui dans son zèle aveugle paraît vouloir en venir aux dernières extrémités, sentirait son cœur ébranlé, s'il entendait nommer ouvertement son crime. Du reste, nous ne sommes pas complétement sans défenseurs; le comte Altringer et Galas retiennent, vous le savez, leur petite armée dans le devoir, et chaque jour leur force augmente. Wallenstein ne peut nous surprendre, il est environné de mes espions; je connais ses moindres démarches, et je les apprends même de sa propre bouche.

QUESTENBERG. Il est inconcevable qu'il ne remarque point l'ennemi qui est près de lui.

OCTAVIO. Ne pensez pas, au moins, que par des artifices mensongers, par des complaisances trompeuses, j'aie extorqué sa faveur, ni que j'entretienne sa confiance par des paroles hypocrites; ma prudence, mes devoirs envers l'empire et l'empereur, me commandent de lui cacher mes véritables pensées; mais jamais je n'ai menti pour le tromper.

QUESTENBERG. C'est une visible faveur du ciel.

OCTAVIO. Je ne sais ce que c'est qui l'attire et l'attache si fortement à mon fils et à moi. Nous avons toujours été amis, frères d'armes; l'habitude, les dangers partagés en commun, nous avaient liés de bonne heure; mais je pourrais citer le jour où tout à coup son cœur s'ouvrit à moi, où sa confiance s'accrut. C'était le matin de la bataille de Lutzen; poussé par un rêve funeste, j'allai le chercher pour lui offrir un cheval pour la bataille; je le trouvai éloigné des tentes, endormi sous un arbre. Je le réveillai, et lui racontai ce qui se passait en moi. Alors il me regarda longtemps avec surprise, puis, se jetant à mon cou, me montra une émotion dont ce petit service n'était pas digne. Depuis ce jour, sa confiance s'attacha de plus en plus à moi, à mesure que la mienne diminuait.

QUESTENBERG. Vous mettrez sans doute votre fils dans le secret?

OCTAVIO. Non.

QUESTENBERG. Quoi! vous ne voulez pas lui montrer en quelles mauvaises mains il est tombé?

OCTAVIO. Je veux le laisser livré à son innocence. Son âme confiante est étrangère à la dissimulation; l'ignorance seule peut lui laisser la liberté d'esprit qui maintiendra le duc dans sa sécurité.

QUESTENBERG, *soucieux*. Mon digne ami, j'ai la meilleure opinion du colonel Piccolomini. Cependant, — si, — voyez... réfléchissez...

OCTAVIO. Oui, je penserai à cela. Mais chut! le voici.

SCÈNE IV.

MAX PICCOLOMINI, OCTAVIO PICCOLOMINI, QUESTENBERG.

MAX. Ah! le voilà lui-même. Je suis heureux de vous

revoir, mon père. (*Il l'embrasse. En se retournant, il aperçoit Questenberg, et se retire froidement.*) Vous êtes occupé, à ce que je vois. Je ne veux pas vous troubler.

octavio. Comment, Max? Approchez-vous de notre hôte. Un ancien ami mérite des égards, et le respect convient à l'envoyé de l'empereur.

max, *sèchement*. Monsieur de Questenberg, si quelque bon motif vous amène au quartier général, soyez le bienvenu.

questenberg *lui prend la main*. Ne retirez pas votre main, comte Piccolomini; je ne la prends pas seulement à cause de moi, et je ne veux pas vous faire par là un compliment banal. (*Il prend les mains de l'un et de l'autre.*) Octavio, Max Piccolomini, noms importants et salutaires, jamais le bonheur ne s'éloignera de l'Autriche tant que ces deux astres bienfaisants luiront sur ses armées.

max. Vous sortez de votre rôle, monsieur le ministre. Je sais que vous n'êtes pas venu ici pour distribuer des éloges, mais pour faire entendre le blâme et le reproche. — Je ne veux avoir aucune prérogative sur les autres.

octavio, *à Max*. Il vient de la cour, où l'on n'est pas tout à fait aussi content du duc qu'ici.

max. Qu'a-t-on donc de nouveau à lui reprocher? Est-ce parce qu'il résout lui seul ce que lui seul comprend? Eh bien! il a raison d'agir ainsi. Il faut qu'il persiste de la sorte. Il n'est pas fait pour se soumettre et s'accommoder docilement aux volontés des autres; cela serait contre sa nature. Il ne le peut pas. Il est doué d'une âme de souverain, et il occupe une place de souverain. C'est un bonheur pour nous qu'il en soit ainsi. Peu d'hommes savent se gouverner et user sagement de leur intelligence. C'est donc pour tous un bonheur qu'il se rencontre un homme capable d'être le point central, l'appui de plusieurs milliers d'hommes ; il est là comme une colonne solide à laquelle on s'attache avec joie et confiance. Cet homme, c'est Wallenstein : s'il y en a un autre qui convienne mieux à la cour, l'armée ne veut que de celui-là.

QUESTENBERG. L'armée... Ah ! oui !

MAX. C'est un plaisir de le voir éveiller, animer, fortifier tout ce qui se trouve autour de lui ; de voir comme chaque force se manifeste, comme chaque qualité se révèle sous son influence ! Il fait paraître au grand jour les facultés particulières et les accroît encore. Il laisse chacun valoir ce qu'il vaut, veille seulement à ce que tous soient mis à leur vraie place, s'approprie ainsi les qualités de tout le monde.

QUESTENBERG. Qui lui refuse l'art de connaître les hommes et de les employer? Dans sa puissance, il oublie seulement qu'il est sujet et semble croire que son rang lui a été donné par la nature.

MAX. N'en est-il pas ainsi? Il tient de la nature toute force, et aussi celle d'étendre la nature et de conquérir par ses talents souverains la place souveraine.

QUESTENBERG. Ainsi, ce que nous pouvons valoir encore, tous tant que nous sommes, nous le devons à sa générosité?

MAX. L'homme extraordinaire demande une confiance extraordinaire. Laissez-lui l'espace, il en posera lui-même la limite.

QUESTENBERG. Nous en avons la preuve.

MAX. Oui, vous êtes effrayé de tout ce qui a de la profondeur. Rien ne vous plaît que ce qui offre une surface aplanie.

OCTAVIO, *à Questenberg.* Ami, soyez indulgent ; vous n'êtes pas quitte encore de celui-ci !

MAX. Dans la détresse, on invoque le secours de son génie, et dès qu'il apparaît, on en a peur. Tout ce qui est extraordinaire, sublime, doit marcher de même que ce qui est vulgaire. En campagne, les circonstances sont pressantes ; il faut voir par ses propres yeux et payer de sa personne. Le général a besoin de grandes choses, laissez-le donc vivre dans sa grande sphère. C'est l'oracle de son cœur, la parole vivante qu'il consulte, et non pas la lettre morte, les vieilles ordonnances et les papiers poudreux.

OCTAVIO. Mon fils, permettez-nous, à nous autres vieillards, de ne pas ravaler les ordonnances sévères. Elles ont une valeur inestimable; elles soumettent à leur joug l'impétueuse volonté de l'homme; car l'arbitraire fut toujours redoutable, et le chemin de l'ordre même, lorsqu'il se courbe et se replie, n'égare jamais. La foudre, le boulet suivent en droite ligne leur chemin terrible. Ils vont, sans se détourner, ravager et détruire; mais, mon fils, le chemin que l'homme doit prendre, le sentier où marche le bonheur, ce chemin suit le cours des fleuves et les libres détours de la vallée; il serpente le long des champs et des côteaux de vignes. Il respecte la borne des propriétés, et arrive plus tard, mais sûrement, au but.

QUESTENBERG. Oh! écoutez votre père; écoutez-le, lui qui est tout à la fois un homme et un héros.

OCTAVIO. C'est l'enfant des camps qui parle par ta bouche, mon fils. Tu as été élevé au milieu d'une guerre de quinze années; jamais tu n'as vu la paix. Il y a pourtant, mon fils, quelque chose de meilleur que la guerre, et la guerre elle-même n'est qu'un moyen d'arriver à un autre but. Les grandes, les rapides actions de la force, les miracles étonnants du moment, n'enfantent pas un bonheur réel, paisible, durable. Le soldat construit vivement et à la hâte ses villes de toile légère; le bruit et l'agitation y règnent un instant; des marchés y sont ouverts; des fleuves et des routes y apportent leurs denrées; le commerce les anime; mais, un matin, on voit tout à coup les tentes tomber; la horde passe plus loin: le champ qu'elle a foulé aux pieds reste nu et silencieux comme un cimetière, et c'en est fait de la récolte de l'année.

MAX. Oh! que l'empereur fasse la paix, mon père, et je donne avec joie les lauriers sanglants pour la première violette qui viendra avec le printemps parfumer les sentiers de la terre rajeunie.

OCTAVIO. Que se passe-t-il en toi? Quelle émotion te saisit tout à coup?

MAX. Je n'ai jamais vu la paix!... Oh! oui, mon père, je viens de la voir. Ma route m'a conduit à travers des contrées où la guerre n'a pas encore passé. O mon père! la vie a des charmes que je n'avais jamais connus. Nous n'avons vu que les rives désertes de cette vie si belle, pareils à une troupe errante de pirates qui, dans les lambris sombres et étroits de leur navire, s'égarent, avec des mœurs sauvages, à travers les flots sauvages, et ne connaissent de la vaste terre que les baies où ils se livrent au brigandage. Les trésors que la terre recèle dans des vallées mystérieuses ne nous sont jamais apparus dans nos courses farouches.

OCTAVIO *devient attentif*. Et ce voyage t'a offert un tel spectacle!

MAX. C'était le premier loisir de ma vie. Dites-moi, quel sera le but et la récompense du labeur pénible qui me dérobe ma jeunesse, qui laisse mon cœur vide et inquiet, qui ne donne à mon esprit aucun ornement et aucune culture? Car, dans ce tumulte confus des camps, dans ce hennissement des chevaux, dans ces fanfares de la trompette, dans cette monotone régularité des heures de service, de l'exercice et du commandement, il n'y a rien qui puisse satisfaire un cœur altéré de jouissances. L'âme n'est pour rien dans ces arides occupations.—Il y a un autre bonheur et d'autres joies.

OCTAVIO. Mon fils, tu as appris beaucoup dans ton court voyage.

MAX. Oh! le beau jour que celui où le soldat est enfin rendu à la vie, à l'humanité, où les drapeaux se déploient dans une marche joyeuse, où le doux chant de la paix guide les troupes dans leur patrie! alors les casques et les armures sont ornés de rameaux verts, dernier larcin fait aux champs. Les portes des villes s'ouvrent d'elles-mêmes, il n'est plus besoin d'employer l'artillerie pour les faire sauter. L'enceinte des remparts est couverte d'une foule d'hommes paisibles dont les acclamations joyeuses s'élèvent dans l'air. Du haut des cathédrales, les cloches annoncent dans leurs légères vibrations la fin des jours sanglants; une foule heureuse se précipite hors des villes et des villages, et retarde par l'empressement de son amour la marche de l'armée. Le vieillard, réjoui de voir encore un pareil moment, serre la main de son fils qui rentre sous le toit domestique. Celui-ci s'avance comme un étranger sur son domaine longtemps abandonné, et l'arbre qui se pliait autrefois sous sa main le couvre à présent de ses larges rameaux ; et la jeune fille, qui vient au-devant de lui en rougissant, il l'avait laissée dans les bras de sa nourrice. Oh ! heureux celui qui peut alors être enlacé dans les bras ouverts pour lui avec tendresse !

QUESTENBERG, *ému*. Oh! pourquoi faut-il que vous parliez d'un temps éloigné, hélas ! trop éloigné, et non pas de ce qu'on voit aujourd'hui, de ce qu'on verra demain.

MAX, *se retournant vers lui avec vivacité*. Eh ! qui en est coupable, si ce n'est vous autres fonctionnaires de Vienne? Je vous l'avouerai franchement, Questenberg; en vous apercevant ici, j'ai senti dans mon cœur un violent mécontentement. C'est vous qui mettez obstacle à la paix, oui, vous ; c'est le guerrier qui doit l'obtenir par la force. Vous rendez la vie pénible au prince ; vous entravez toutes ses démarches, vous le noircissez. Pourquoi? parce que le bien-être de l'Europe entière lui tient plus à cœur que quelques arpents de terre que l'Autriche aura de plus ou de moins. Vous le traitez comme un rebelle, et Dieu sait ce que vous méditez encore, parce qu'il ménage les Saxons, et parce qu'il cherche à gagner la confiance de l'ennemi. C'est pourtant là l'unique moyen d'obtenir la paix ; car, si la guerre se poursuit sans relâche, comment aurons-nous la paix? Allez! allez! de même que j'aime le bien, de même je vous hais, et je promets ici de verser pour lui, pour ce Wallenstein, jusqu'à la dernière goutte de mon sang, avant que vous puissiez vous réjouir de sa chute.

(Il sort.)

SCÈNE V.

QUESTENBERG, OCTAVIO PICCOLOMINI.

QUESTENBERG. Oh! malheur à nous! Les choses en sont-elles là? *(Avec empressement et impatience.)* Ami, et nous le laissons sortir dans cette erreur? et nous ne le rappelons pas à l'instant pour lui dessiller les yeux?

OCTAVIO, *sortant d'une profonde rêverie*. Il a ouvert les miens, et j'en vois plus qu'il ne me plaît.

QUESTENBERG. Qu'y a-t-il, ami?

OCTAVIO. Maudit soit ce voyage!

QUESTENBERG. Comment? qu'est-ce donc?

OCTAVIO. Venez ; il faut que je suive ces malheureuses traces, que je voie de mes propres yeux... Venez... *(Il veut l'entraîner.)*

QUESTENBERG. Quoi donc? Où allons-nous?

OCTAVIO. Vers elle.

QUESTENBERG. Vers...?

OCTAVIO, *se reprenant*. Vers le duc. Allons! Oh! je crains tout. Je vois le filet où il a été pris ; il n'est plus ce qu'il était à son départ.

QUESTENBERG. Expliquez-moi seulement...

OCTAVIO. Ne devais-je pas le prévoir, empêcher ce voyage? Pourquoi me taire avec lui? Vous aviez raison ; je devais l'avertir. — Maintenant, il est trop tard.

QUESTENBERG. Comment! trop tard, quoi? Songez donc, mon ami, que vous me parlez par énigmes.

OCTAVIO, *d'un ton plus calme.* Allons chez le duc ; venez, voici l'heure fixée pour son audience ; venez. Maudit, trois fois maudit soit ce voyage ! (*Il l'emmène, la toile tombe.*)

ACTE DEUXIÈME.

Une salle chez le duc de Friedland.

SCÈNE I.

DES DOMESTIQUES *placent des siéges et étendent des tapis de pied ; puis vient* SENI, *astrologue italien, vêtu de noir, d'une façon bizarre. Il s'avance au milieu de la salle, une baguette blanche à la main, qu'il dirige vers le ciel.*

UN DOMESTIQUE, *tenant une cassolette à la main.* Prenez ceci ; allez et finissez. La sentinelle crie aux armes ; ils vont bientôt paraître.

SECOND DOMESTIQUE. Pourquoi donc a-t-on quitté l'appartement rouge qui donne sur le balcon et qui est si bien éclairé ?

PREMIER DOMESTIQUE. Demande cela au mathématicien. Il dit que c'est une chambre funeste.

SECOND DOMESTIQUE. Sornettes ! c'est se moquer du monde. Une chambre est une chambre. Quelle importance peut avoir cet endroit ?

SENI, *avec gravité.* Mon enfant, il n'y a rien d'insignifiant dans le monde ; mais la première et la plus importante de toutes les choses terrestres, c'est le lieu et l'heure.

TROISIÈME DOMESTIQUE. Ne lui réplique pas, Nathaniel ; notre maître lui-même se conforme à ce qu'il ordonne.

SENI *compte les chaises.* Onze, mauvais nombre ! Mettez douze siéges. Le zodiaque a douze signes : cinq et sept; douze contient les nombres sacrés.

SECOND DOMESTIQUE. Qu'avez-vous contre onze? dites-le-moi?

SENI. Onze, c'est le péché. Onze outre-passe les dix commandements de Dieu.

SECOND DOMESTIQUE. Bien! Et pourquoi le nombre cinq est-il sacré?

SENI. Cinq, c'est l'âme de l'homme ; et de même que l'homme est composé de bien et de mal, cinq est formé d'un nombre pair et impair.

PREMIER DOMESTIQUE. Le fou!

TROISIÈME DOMESTIQUE. Laissez-le donc. Moi, je l'écoute volontiers, car ses paroles font penser à plusieurs choses.

SECOND DOMESTIQUE. Sortez, les voici. Sortons par la porte de côté. (*Ils s'en vont ; Seni les suit lentement.*)

SCÈNE II.

WALLENSTEIN, LA DUCHESSE.

WALLENSTEIN. Eh bien! duchesse, vous avez passé à Vienne? vous avez vu la reine de Hongrie?

LA DUCHESSE. Et l'impératrice aussi. Nous avons été admises à l'honneur de baiser la main de Leurs Majestés.

WALLENSTEIN. Que dit-on de me voir faire venir ma femme et ma fille au camp pendant l'hiver?

LA DUCHESSE. Selon vos instructions, j'ai fait entendre que vous vouliez marier notre fille, et que vous désiriez la présenter à son futur époux avant l'ouverture de la campagne.

WALLENSTEIN. Soupçonnait-on le choix que j'ai fait?

LA DUCHESSE. On désirait beaucoup qu'elle ne tombât en partage ni à un étranger ni à un luthérien.

WALLENSTEIN. Et vous, Élisabeth, que désirez-vous?

LA DUCHESSE. Votre volonté, vous le savez, a toujours été la mienne.

WALLENSTEIN, *après un moment de silence.* Bien! Et du reste, comment avez-vous été reçue à la cour? (*La duchesse baisse les yeux et se tait.*) Ne me cachez rien. Comment cela s'est-il passé?

LA DUCHESSE. O mon époux! ce n'est plus comme autrefois; il est arrivé un changement.

WALLENSTEIN. Quoi! ne vous a-t-on pas témoigné la même considération...

LA DUCHESSE. Oui, la considération. J'ai été reçue avec apparat et cérémonie; mais la confiance, l'abandon ont été remplacés par des formes solennelles. Hélas! et les tendres ménagements que l'on employait envers moi ressemblaient plus à la pitié qu'à la faveur. Non, l'épouse du duc Albert, la noble fille du comte Harrach n'aurait pas dû être reçue ainsi.

WALLENSTEIN. On critiquait sans doute ma conduite récente.

LA DUCHESSE. Oh! que ne l'a-t-on fait! Je suis habituée depuis longtemps à vous justifier, à persuader, à apaiser les esprits irrités. Non, personne ne vous a critiqué. On s'est renfermé dans un silence cérémonieux et pesant. Hélas! ce n'est plus cette fois un malentendu ordinaire, une susceptibilité passagère; — il s'est passé quelque chose de fatal, d'irréparable. Jadis la reine de Hongrie avait coutume de m'appeler sa chère cousine, de m'embrasser en me quittant.

WALLENSTEIN. Et cette fois elle ne l'a pas fait?

LA DUCHESSE, *essuyant ses larmes, après un moment de silence.* Elle m'a embrassée, mais pour la première fois seulement lorsque j'ai pris congé; puis, lorsque j'allais vers la porte, elle a couru à moi, comme en se ravisant, et m'a pressée sur son sein, mais avec une émotion plus triste que tendre.

WALLENSTEIN, *lui prenant la main.* Remettez-vous...

Et comment avez-vous trouvé Eggenberg, Lichtenstein et nos anciens amis?

LA DUCHESSE, *secouant la tête.* Je n'en ai vu aucun.

WALLENSTEIN. Et l'ambassadeur espagnol, qui avait coutume de parler pour moi avec tant de chaleur?

LA DUCHESSE. Il n'avait plus un mot pour vous.

WALLENSTEIN. Ainsi le soleil ne brille plus pour nous; il faut briller de notre propre lumière.

LA DUCHESSE. Serait-il vrai, cher duc, serait-il vrai que ce que l'on murmure à voix basse à la cour se raconte ici hautement... Quelques mots du père Lamormain...

WALLENSTEIN, *vivement.* Lamormain! que dit-il?

LA DUCHESSE. On vous accuse d'outre-passer avec audace le pouvoir qui vous est confié, de mépriser les ordres suprêmes de l'empereur. Les Espagnols, l'orgueilleux duc de Bavière, se plaignent hautement de vous; — un orage se rassemble sur votre tête, plus terrible que celui qui vous frappa à Ratisbonne. On parle, dit-il... Ah! je ne puis répéter...

WALLENSTEIN, *impatient.* Eh bien?

LA DUCHESSE. Une seconde... (*Elle s'arrête.*)

WALLENSTEIN. Une seconde?

LA DUCHESSE. Et plus injurieuse disgrâce.

WALLENSTEIN. Dit-on cela? (*Il se promène avec agitation.*) Oh! ils veulent m'y forcer; ils m'y poussent violemment contre mon gré.

LA DUCHESSE, *d'une voix humble et suppliante.* O mon époux! s'il en est temps encore... si, par votre condescendance, votre soumission, vous pouvez en détourner le coup, soumettez-vous, surmontez l'orgueil de votre cœur; c'est à votre maître, à votre empereur que vous cédez. Ne laissez pas plus longtemps la perversité noircir vos nobles desseins par des insinuations envenimées et odieuses. Levez-vous avec le pouvoir victorieux de la vérité pour confondre la calomnie et le mensonge! Nous avons si peu de vrais amis, vous le savez. Notre rapide prospérité nous a mis en butte à la haine des hommes ; que sommes-nous, si la faveur de l'empereur se retire de nous ?

SCÈNE III.

Les précédents ; LA COMTESSE TERZKY, *conduisant* LA PRINCESSE THÉCLA *par la main.*

LA COMTESSE. Comment, ma sœur ! il est déjà question d'affaires, et, autant que je puis le voir, d'affaires pénibles, avant que la vue de sa fille l'ait réjoui ! Les premiers moments appartiennent à la joie. Friedland, voici votre fille. (*Thécla s'approche timidement et veut lui baiser la main. Il la reçoit dans ses bras et reste un moment absorbé dans le plaisir de la contempler.*)

WALLENSTEIN. Oui, ma douce espérance s'est réalisée ; je la reçois comme le gage d'un bonheur plus grand.

LA DUCHESSE. Ce n'était encore qu'une tendre enfant lorsque vous partites pour organiser la grande armée de l'empereur. Plus tard, quand vous revintes de votre campagne de Poméranie, elle était au couvent, où elle est restée jusqu'à ce jour.

WALLENSTEIN. Oui, pendant que par la guerre je travaillais à sa grandeur, pendant que je conquérais pour elle les biens de la terre, la nature bienfaisante donnait à mon enfant chéri, dans les murs d'un cloître, ses libres et célestes faveurs, et l'embellissait au gré de mes vœux pour sa brillante destinée.

LA DUCHESSE, *à la princesse.* Tu n'aurais pas reconnu ton père, mon enfant ; à peine avais-tu huit ans quand tu l'as vu pour la dernière fois.

THÉCLA. Cependant, ma mère, je l'ai reconnu au premier coup-d'œil. Mon père n'a pas vieilli, et il apparaît florissant à mes yeux, pareil à l'image qui vivait dans mon cœur

WALLENSTEIN, *à la duchesse.* L'aimable enfant ! quelle grâce et quelle raison ! Voyez, j'accusais le destin de m'avoir refusé un fils qui eût hérité de mon nom, de ma fortune, qui eût continué par une noble lignée de princes mon existence bientôt achevée. J'étais injuste envers le sort. Sur cette tête riante de jeune fille je déposerai la couronne de la vie guerrière, et je ne la regarderai pas comme perdue si je puis un jour la changer en un ornement royal pour parer ce beau front. (*Il la tient dans ses bras au moment où Piccolomini entre.*)

SCÈNE IV.

Les précédents; MAX PICCOLOMINI, *puis* LE COMTE TERZKY.

LA COMTESSE. Voici le paladin qui nous a protégées.

WALLENSTEIN. Sois le bienvenu, Max. Tu as toujours été pour moi le messager de quelque douce joie, et, de même que l'étoile riante du matin, tu précèdes pour moi le soleil de la vie.

MAX. Mon général !

WALLENSTEIN. Jusqu'à présent, c'est l'empereur qui t'a récompensé par ma main ; aujourd'hui, comme père, j'ai contracté envers toi de tendres obligations, et Friedland doit lui-même acquitter cette dette.

MAX. Mon prince, vous vous êtes trop empressé de l'acquitter. Je me présente devant vous, confus, presque chagrin ; car, à peine suis-je arrivé ici, à peine ai-je remis entre vos bras votre fille et sa mère, que l'on m'amène de vos écuries un magnifique équipage de chasse pour me récompenser de la peine que j'ai eue ; oui, oui, pour me récompenser ! Était-ce donc une peine, une charge? N'était-ce pas plutôt une faveur que j'acceptais avec empressement, et dont mon cœur, plein de reconnaissance, devait vous remercier? Eh quoi ! n'avez-vous point pensé que cette mission devait être mon plus grand bonheur? (*Terzky entre et remet au duc des lettres que celui-ci ouvre à la hâte.*)

LA COMTESSE, *à Max.* Veut-il payer votre peine ? Non, il veut vous témoigner sa joie. S'il vous convient d'être si délicat, il sied à mon frère de se montrer toujours grand et magnifique.

THÉCLA. Je devrais donc aussi douter de son amour, car ses mains généreuses m'ont parée avant que son cœur paternel m'eût exprimé sa tendresse.

MAX. Oui, il faut toujours qu'il donne et qu'il rende les autres heureux. (*Avec une chaleur croissante, prenant la main de la duchesse.*) Ne lui dois-je pas tout ? Oh ! tout n'est-il pas pour moi dans ce nom chéri de Friedland? Tant que ma vie durera, je serai l'esclave de ce nom. C'est lui qui renferme pour moi chaque joie et chaque espérance. Le sort me tient comme par un pouvoir magique enchaîné à ce nom.

LA COMTESSE, *qui pendant ce temps a observé le duc avec attention, remarque que ces lettres le préoccupent.* Mon frère veut être seul ; laissons-le.

WALLENSTEIN *se retourne, paraît plus tranquille, et dit à la duchesse d'un ton calme.* Encore une fois, princesse, soyez la bienvenue dans le camp; vous êtes ici chez vous. Toi, Max, continue encore cette fois les fonctions que je t'ai confiées, pendant que je vais m'occuper des affaires du commandement. (*Max Piccolomini offre le bras à la duchesse; la comtesse emmène Thécla.*)

TERZKY, *rappelant Max.* Ne tardez pas à vous rendre à l'assemblée.

SCÈNE V.

WALLENSTEIN, TERZKY.

WALLENSTEIN, *dans une profonde rêverie, se parlant à lui-même.* Elle a bien tout observé; cela s'accorde parfaitement avec mes autres renseignements. Ainsi, ils ont pris à Vienne leur dernière décision, il m'ont déjà donné un successeur. Le roi de Hongrie, le jeune fils de l'empereur, est maintenant celui dont ils attendent leur salut. C'est le nouvel astre qui se lève. Avec nous on pense déjà en avoir fini, et l'on hérite de nous comme d'un homme qui est mort. Dès lors il n'y a pas un moment à perdre ! (*Il se retourne, aperçoit Terzky et lui donne la lettre.*) Le comte Altringer se fait excuser et Galas aussi. Cela ne me plaît pas.

TERZKY. Traînez davantage en longueur, ils vous abandonneront l'un après l'autre.

WALLENSTEIN. Altringer garde les défilés du Tyrol ; il faut que je lui envoie quelqu'un pour qu'il n'aille pas me laisser sortir les Espagnols du Milanais... Eh bien, Sesin, notre ancien négociateur, a reparu de nouveau. Que dit-il de la part du comte Thurn?

TERZKY. Le comte vous mande qu'il a été trouver le chancelier de Suède à Halberstadt ; le chancelier lui a dit qu'il était las de traiter avec vous et ne voulait plus entrer dans aucune affaire.

WALLENSTEIN. Comment?

TERZKY. Que l'on ne peut s'en rapporter à vos paroles, que vous voulez vous jouer des Suédois, vous réunir contre eux avec les Saxons, et à la fin vous en délivrer avec un misérable subside.

WALLENSTEIN. Ah! vraiment! croit-il donc que je lui livrerai comme une proie quelque belle contrée d'Allemagne, que nous cesserons nous-mêmes de régner sur notre propre sol? Il faut qu'ils partent, qu'ils partent ; nous n'avons pas besoin de pareils voisins.

TERZKY. Je leur accorderais pourtant ce petit coin de terre ; il ne s'agit pas de celle qui vous appartient ; et que vous importe celui qui paye au jeu, quand c'est vous qui gagnez !

WALLENSTEIN. Non, il faut qu'ils s'éloignent. Vous ne me comprenez pas. Il ne faut pas qu'on puisse dire de moi que j'ai morcelé l'Allemagne, que je l'ai vendue à l'étranger pour en dérober une portion. Je veux que l'empire honore en moi son protecteur, et, montrant une âme noble et élevée, je veux prendre dignement ma place parmi les princes de l'empire. Nulle puissance étrangère ne doit s'enraciner dans la patrie, et moins que tout autre ces Goths, cette race affamée qui contemple avec le regard de l'envie et de la rapacité les riches moissons de notre terre allemande. Il faut qu'ils me secondent dans mes projets, mais sans en rien retirer.

TERZKY. Et avec les Saxons agirez-vous plus loyalement? Ils perdent patience à vous voir employer tant de détours... Où en viendrez-vous avec tous ces déguisements? Parlez; vos amis doutent et ne savent que penser. Oxenstiern, Arnheim, personne ne comprend plus vos retards; à la fin, je passe pour un imposteur. Je réponds de tout, et je n'ai pas même un écrit de vous.

WALLENSTEIN. Je ne donne jamais un écrit de moi, vous le savez.

TERZKY. Et à quoi reconnaîtra-t-on votre sincérité, si les actions ne suivent pas les paroles? Dites-le vous-même : depuis que vous êtes entré en négociation avec les ennemis, tout ne s'est-il pas passé comme si vous vouliez seulement vous jouer d'eux?

WALLENSTEIN, *après un moment de silence, le regarde fixement*. Et comment savez-vous que mon but n'est pas de me jouer d'eux et de vous tous? Me connaissez-vous donc si bien? Autant que je sache, je ne vous ai pas ouvert le fond de mon âme. L'empereur, il est vrai, a mal agi envers moi, et si je voulais, je pourrais lui porter un grand préjudice. Je me réjouis de voir que je le puis ; mais si réellement j'en viens là, c'est ce que vous ne savez, je pense, pas plus qu'un autre.

TERZKY. Ainsi, vous n'avez fait que vous jouer de nous?

SCÈNE VI.

Les précédents, ILLO.

WALLENSTEIN. Que se passe-t-il là-bas ? sont-ils prêts ?

ILLO. Vous les trouverez dans la disposition que vous souhaitez. Ils connaissent les exigences de l'empereur, et sont furieux.

WALLENSTEIN. Quel est le langage d'Isolani ?

ILLO. Il est à vous corps et âme depuis que vous avez relevé son crédit.

WALLENSTEIN. Quel parti prend Colalto ? vous êtes-vous assuré de Déodati et Tiefenbach ?

ILLO. Ils feront ce que fera Piccolomini.

WALLENSTEIN. Ainsi vous croyez que je puis compter sur eux !

ILLO. Si vous êtes sûr des Piccolomini.

WALLENSTEIN. Comme de moi-même. Ils ne m'abandonneront jamais.

TERZKY. Cependant, je voudrais que vous n'accordassiez pas tant de confiance à ce renard d'Octavio.

WALLENSTEIN. Apprenez à connaître mes hommes. Seize fois j'ai été au combat avec lui. De plus, j'ai tiré son horoscope ; nous sommes nés sous le même astre, et bref (*mystérieusement*) cela doit vous suffire. Si donc vous me répondez des autres...

ILLO. Ils ne forment tous qu'une voix. Vous ne devez pas abandonner le commandement ; j'entends dire qu'ils veulent vous envoyer une députation.

WALLENSTEIN. Si je dois m'engager envers eux, il faut qu'ils s'engagent aussi envers moi.

ILLO. Cela va sans dire.

WALLENSTEIN. Qu'ils me promettent par écrit, par serment, de se consacrer à mon service sans réserve.

ILLO. Pourquoi pas ?

TERZKY. Sans réserve ? Ils en feront toujours une pour leur devoir envers l'Autriche, envers l'empereur.

WALLENSTEIN, *secouant la tête.* Je veux avoir cette promesse sans réserve. Je n'accepte aucune condition.

ILLO. Il me vient une idée. Le comte Terzky ne nous donne-t-il pas un souper ce soir?

TERZKY. Oui, et tous les généraux y sont invités.

ILLO, *à Wallenstein.* Dites-moi, voulez-vous me laisser plein pouvoir? Je vous procurerai la promesse des généraux telle que vous la désirez.

WALLENSTEIN. Apportez-moi leur engagement par écrit. Quant à la manière dont vous l'obtiendrez, c'est votre affaire.

ILLO. Et si, d'une façon ou de l'autre, je vous prouve, le papier en main, que tous les chefs rassemblés ici s'abandonnent à vous aveuglément, voulez-vous agir alors sérieusement et tenter la fortune avec audace?

WALLENSTEIN. Procurez-moi cet engagement.

ILLO. Pensez à ce que vous faites. Si vous ne voulez pas que le pouvoir s'échappe à jamais de vos mains, vous ne devez point satisfaire aux ordres de l'empereur, laisser affaiblir votre armée, et les régiments se joindre aux Espagnols; d'un autre côté, si vous ne voulez pas rompre ouvertement avec la cour, vous ne pouvez plus résister aux dispositions de l'empereur, chercher de nouveaux subterfuges et temporiser. Décidez-vous : choisissez, ou d'agir avec résolution et de prévenir la cour, ou bien, en différant encore, attendez-vous à ce qu'on en vienne aux dernières extrémités.

WALLENSTEIN. On y réfléchira avant d'en venir aux dernières extrémités.

ILLO. Oh! saisissez l'occasion favorable avant qu'elle ne s'échappe. Elle arrive si rarement dans la vie, l'heure vraiment importante et décisive. Lorsqu'il est temps de prendre une résolution, un grand nombre de circonstances heureuses se rapprochent, se rejoignent; puis les occasions, les ressorts du destin, après s'être réunis sur un point de la vie pour former un germe difficile, se séparent et se dispersent un à un. Voyez comme autour de vous tout à présent est grave et décisif ! — Les premiers, les meilleurs chefs de l'armée, rassemblés autour de vous, leur royal commandant, n'attendent que votre signal. Oh! ne les laissez pas se disperser l'un après l'autre ; vous ne pourriez pas, dans tout le cours de la guerre, les réunir ainsi une seconde fois. C'est la marée haute qui emporte le pesant navire loin du rivage. Le courage de chacun s'accroît dans le torrent de la foule. Maintenant ils sont à toi, maintenant encore. Bientôt la guerre les dispersera, les jettera çà et là. — L'intérêt général se perdra dans les intérêts particuliers et les soucis vulgaires. Tel, qui aujourd'hui s'oublie, entraîné par le torrent, revenu de son ivresse, lorsqu'il se verra seul, ne sentira que son impuissance, et reviendra rapidement dans la vieille route battue du commun devoir, pour y trouver un abri et une sauvegarde.

WALLENSTEIN. Le temps n'est pas encore venu.

TERZKY. C'est toujours là ce que vous dites. Mais quand le temps viendra-t-il ?

WALLENSTEIN. Quand je le dirai.

ILLO. Oui, et c'est ainsi qu'en attendant que l'heure des étoiles sonne, celle de la terre vous échappera. Croyez-moi, l'astre de votre destin est dans votre cœur, fiez-vous à vous-même ; votre résolution, voilà votre étoile. La seule influence funeste que vous ayez à redouter, c'est l'hésitation.

WALLENSTEIN. Vous parlez selon vos idées. Que de fois pourtant ne vous ai-je pas donné cette explication ! A l'heure de votre naissance, Jupiter, le dieu de la lumière, était à son déclin. Vous ne pouvez observer les choses mystérieuses, vous ne pouvez que rester plongé dans les ténèbres de la terre. Vos regards aveugles ne connaissent qu'une lueur pâle, terne, souterraine. Vous pouvez voir les choses terrestres, vulgaires, et allier dans votre prudence celles qui se touchent de près. Pour cela, j'ai confiance en vous et je vous crois. Mais les choses mystérieuses qui se développent dans les profondeurs de la nature ; mais l'échelle des esprits, qui, par mille degrés, s'élève de ce monde de poussière jusqu'à l'empire des astres, et que les puissances célestes montent et descendent ; mais ces cercles renfermés dans d'autres cercles, et qui se rapprochent toujours de plus en plus du soleil qui est leur centre ; pour les apercevoir, il faut avoir les yeux dessillés ; il faut être l'enfant habile et clairvoyant de Jupiter. (*Après avoir fait quelques pas dans la salle, il s'arrête, puis continue.*) Les astres célestes ne servent pas seulement à marquer le jour et la nuit, le printemps et l'été, à indiquer aux laboureurs le temps des semailles et de la moisson. Les actions des hommes sont aussi une semence féconde répandue sur les champs obscurs de l'avenir, confiée avec espérance aux divinités fatales. Il faut donc connaître le temps de la semence, lire dans les étoiles l'heure propice, interroger les signes du ciel, afin de savoir si l'ennemi du succès et de la prospérité ne se cache point dans une retraite pour exercer sa nuisible influence. Laissez-moi donc du temps, et cependant faites de votre mieux. Je ne puis vous dire à présent ce que je veux faire, mais je ne céderai pas, non, je ne céderai pas, et ils ne me déposeront pas. Ainsi, réglez-vous là-dessus.

UN VALET DE CHAMBRE *entre*. Messieurs les généraux !

WALLENSTEIN. Faites entrer.

TERZKY. Voulez-vous que tous les chefs soient admis ?

WALLENSTEIN. Cela n'est pas nécessaire. Les deux Piccolomini, Mareda, Buttler, Forgatsch, Déodati, Caraffa et Isolani peuvent entrer.

WALLENSTEIN, *à Illo*. Avez-vous fait surveiller Questenberg? N'a-t-il parlé à personne en particulier ?

ILLO. Je l'ai observé avec soin. Il n'a vu personne qu'Octavio.

SCÈNE VII.

Les précédents ; QUESTENBERG, *les deux* PICCOLOMINI, BUTTLER, ISOLANI, MARADA, *et trois autres généraux entrent. Sur un signe du général,* Questenberg *se place juste vis-à-vis de lui, et les autres suivent selon leur rang. Il se fait un moment de silence.*

WALLENSTEIN. J'ai bien compris le sujet de votre mission, Questenberg ; j'ai fait mes réflexions, mon devoir est arrêté, et rien ne peut plus le changer. Cependant il convient que les généraux entendent de votre bouche la volonté de l'empereur. Vous plairait-il d'expliquer devant ces nobles capitaines les ordres dont vous êtes chargé ?

QUESTENBERG. Je suis prêt. Cependant je vous prie de réfléchir que je parle au nom de la puissance souveraine et de la dignité de l'empereur, et non point par ma propre impulsion.

WALLENSTEIN. Épargnez-nous les préambules.

QUESTENBERG. Lorsque Sa Majesté l'empereur donna à ses braves armées, dans la personne du duc de Friedland, un chef couronné de gloire et expérimenté, c'était dans l'espérance de voir bientôt le sort de la guerre changer et prendre une tournure plus favorable. Dans le commencement, ses vœux semblaient devoir se réaliser. La Bohême fut délivrée des Saxons et protégée contre l'invasion victorieuse des Suédois. Ce pays parut respirer lorsque le duc de Friedland eut contraint les armées ennemies dispersées à travers l'Allemagne à se réunir sur un seul point, lorsqu'il eut forcé le rhingrave et Bernard, et Bauer, et Oxenstiern, et ce roi invincible jusqu'alors, à se rassembler devant Nuremberg, et à terminer la lutte par un grand combat.

WALLENSTEIN. Au fait, s'il vous plaît.

QUESTENBERG. Un nouvel esprit annonça bientôt la présence d'un nouveau chef. Ce n'était plus une rage aveugle combattant contre une rage plus aveugle encore. On vit alors dans des batailles sagement ordonnées la fermeté résister à l'audace, et la prudence habile fatiguer la bravoure. En vain essayait-on de l'attirer au combat, il se fortifiait de plus en plus dans son camp, comme s'il eût voulu y fonder à jamais sa demeure. Le roi, désespéré, veut enfin entraîner à un assaut sanglant ses soldats, que la faim et la contagion décimaient lentement dans son camp plein de cadavres. Jusqu'alors irrésistible dans sa marche, il veut s'ouvrir par la violence un chemin au milieu de ces retranchements, du haut desquels mille bombes lancent la mort. Alors éclata une audace et une résistance telles qu'on n'en avait jamais vu. Enfin le roi ramène son armée taillée en pièces, et ce terrible sacrifice d'hommes ne lui a pas fait gagner un pouce de terrain.

WALLENSTEIN. Dispensez-vous de nous rapporter en style de gazette ce que nous avons vu nous-même avec horreur.

QUESTENBERG. Ma mission, mon devoir est de blâmer; mais mon cœur s'attarde volontiers à la louange. Le roi de Suède laissa sa gloire dans les champs de Nuremberg, et sa vie dans les plaines de Lutzen. Qui ne fut pas alors surpris de voir, après cette grande journée, le duc de Friedland s'enfuir en Bohême comme s'il avait été vaincu, abandonner le théâtre de la guerre, tandis que le jeune héros de Weimar s'avançait sans obstacle dans la Franconie, s'ouvrait un chemin jusqu'au Danube, et paraissait tout-à-coup devant Ratisbonne, au grand effroi des fidèles catholiques? Soudain, le digne prince de Bavière nous demande un prompt secours dans sa détresse. L'empereur envoie successivement sept messagers au duc de Friedland, le prie, le conjure, quand il pouvait le commander en maître; mais en vain; le duc ne veut écouter en ce moment que sa vieille haine, sa rancune. Il sacrifie le bien public au plaisir de se venger d'un ancien ennemi, et Ratisbonne succombe!

WALLENSTEIN. De quel temps parle-t-on, Max ? je ne m'en souviens plus.

MAX. Il parle du temps où nous étions en Silésie.

WALLENSTEIN. Ah! oui, oui! Et qu'avions-nous à faire là ?

MAX. Nous allions battre les Suédois et les Saxons.

WALLENSTEIN. Bien : la description me fait oublier les événements. (*A Questenberg.*) Continuez.

QUESTENBERG. Peut-être allait-on regagner sur l'Oder ce qu'on venait de perdre honteusement sur le Danube. Chacun espérait voir éclater des faits merveilleux sur ce nouveau théâtre de la guerre, où Friedland en personne, Friedland le rival de Gustave, se trouvait en face d'un Thurn et d'un Arnheim. En effet, ils se sont approchés l'un de l'autre, mais comme amis, et pour se rendre mutuellement les devoirs de l'hospitalité. L'Allemagne gémissait sous le poids de la guerre, mais la paix régnait dans le camp de Wallenstein.

WALLENSTEIN. Un jeune général qui a besoin d'une victoire livre souvent sans motif mainte bataille sanglante. L'avantage d'un général éprouvé, c'est qu'il n'est pas obligé de combattre pour montrer au monde l'art de vaincre. A quoi m'aurait servi d'exercer l'ascendant de ma fortune sur un Arnheim ! ma modération devenait bien plus utile à l'Allemagne, si je réussissais à rompre l'alliance funeste des Saxons et des Suédois.

QUESTENBERG. Mais vous n'y êtes point parvenu, et cette guerre sanglante recommença de nouveau. Ici enfin le prince justifia son ancienne réputation. Une armée suédoise fut obligée de déposer les armes dans les champs de Steinau, sans coup férir. Et cette fois la justice du ciel livrait aux mains de la vengeance Mathias de Thurn, celui qui avait allumé de sa main maudite les brandons de cette guerre ; mais il tomba au pouvoir d'un homme généreux ; au lieu d'être puni, il fut récompensé : le prince renvoya, comblé de ses dons, l'ennemi mortel de son empereur.

WALLENSTEIN, *souriant.* Je sais, je sais qu'à Vienne on avait déjà loué d'avance des fenêtres et des balcons pour le voir passer sur la fatale charrette. — J'aurais pu honteusement perdre la bataille, mais les gens de Vienne ne me pardonnent pas de les avoir privés de ce spectacle.

QUESTENBERG. La Silésie était délivrée, et tout appelait le duc dans la Bavière, soumise à une cruelle oppression. Il se met réellement en marche, et traverse doucement la Bohême par la route la plus longue. Puis tout à coup, et avant d'avoir vu l'ennemi, il revient à la hâte, prend ses quartiers d'hiver, et opprime les terres de l'empereur avec l'armée de l'empereur.

WALLENSTEIN. L'armée était à faire pitié, elle endurait tous les besoins, toutes les privations ; puis l'hiver approchait. Quelle idée Sa Majesté se fait-elle donc de ses troupes? Ne sommes-nous pas des hommes soumis, comme tous les mortels, à l'influence du froid, de la pluie et à la souffrance? Damné sort du soldat! Partout où il se présente, on fuit devant lui ; dès qu'il s'éloigne, on le maudit. Il faut qu'il prenne tout de force; on ne lui donne rien, et, forcé de dépouiller chacun, il est pour chacun un objet d'horreur. Voici mes généraux, Caraffa, comte Déodati, Buttler, dites-lui depuis combien de temps la solde n'a pas été payée aux troupes.

BUTTLER. Nous ne l'avons pas reçue depuis un an.

WALLENSTEIN. Il faut pourtant que le soldat reçoive sa solde : c'est de là que lui vient son nom.

QUESTENBERG. Ce n'est pas là le langage que le prince de Friedland faisait entendre il y a huit ou neuf ans.

WALLENSTEIN. Oui, je le sais, c'est ma faute; j'ai moi-même gâté l'empereur. Il y a neuf ans, à l'époque de la guerre de Danemark, je lui donnai une armée de quarante ou cinquante mille hommes sans qu'il lui en coûtât un denier. — La furie de la guerre se déchaîna sur les cercles de la Saxe, et porta jusqu'au bord du Belt la terreur du nom de l'empereur. Alors c'était le bon temps; dans tous les États de l'empereur, il n'y avait pas un nom aussi vanté, aussi honoré que le mien. Albert de Wallenstein était le troisième diamant de la couronne impériale. Mais à la diète des Princes, à Ratisbonne, tout cela cessa. Là, on vit clairement dans quelle bourse j'avais puisé. Quelle fut ma récompense pour avoir, en fidèle serviteur de l'empire, attiré sur moi la malédiction des peuples, et fait payer aux princes les frais d'une guerre qui n'agrandissait que l'empereur? Je fus sacrifié à leurs plaintes, je fus disgrâcié.

QUESTENBERG. Votre Excellence sait combien l'empereur eut peu de liberté dans cette malheureuse diète.

WALLENSTEIN. Mort et malédiction! j'avais, moi, ce qu'il fallait pour lui procurer la liberté. Non, monsieur, depuis que j'ai été si mal récompensé de servir le trône aux dépens de l'empire, j'ai appris à avoir une autre opinion de l'empire. Je tiens, il est vrai, ce bâton de commandement de l'empereur; mais je l'emploie, comme général de l'empire, pour le bien, pour le salut de tous, et non plus pour l'agrandissement d'un seul. — Mais au fait, que demande-t-on de moi?

QUESTENBERG. D'abord Sa Majesté veut que l'armée quitte sans délai la Bohême.

WALLENSTEIN. Dans cette saison? Et de quel côté veut-on que nous nous dirigions?

QUESTENBERG. Du côté de l'ennemi. Car Sa Majesté veut que Ratisbonne soit purgée d'ennemis avant les fêtes de Pâques, que le sermon luthérien ne retentisse pas plus longtemps sous la voûte des cathédrales, et que les abominations de l'hérésie ne profanent pas la sainteté des fêtes.

WALLENSTEIN. Généraux! cela est-il possible?

ILLO. Non, cela n'est pas possible.

BUTTLER. Non, cela n'est pas possible.

QUESTENBERG. L'empereur a aussi envoyé au colonel Suys l'ordre de s'avancer vers la Bavière.

WALLENSTEIN. Qu'a fait Suys?

QUESTENBERG. Ce qu'il devait faire : il a marché.

WALLENSTEIN. Il a marché! Et moi, son chef, je lui avais expressément donné l'ordre de ne pas quitter son poste. N'est-il pas sous mon commandement? Est-ce là l'obéissance qui m'est due, et sans laquelle il ne faut pas songer à la guerre? Généraux, soyez-en juges : Que mérite l'officier qui viole ses ordres et ses serments?

ILLO. La mort.

WALLENSTEIN, *voyant les autres réfléchir, élève la voix.* Comte Piccolomini, que mérite-t-il?

MAX, *après un long silence.* D'après la loi, la mort.

ISOLANI. La mort.

BUTTLER. D'après le droit militaire, la mort. (*Questenberg se lève, Wallenstein aussi, puis tous les autres.*)

WALLENSTEIN. C'est la loi qui le condamne et non pas moi. Si je lui fais grâce, c'est par la déférence que je dois à mon empereur.

QUESTENBERG. S'il en est ainsi, je n'ai plus rien à dire ici.

WALLENSTEIN. Je n'ai pris le commandement qu'avec des conditions : la première était qu'aucun homme, pas même l'empereur, ne pût, à mon préjudice, donner un ordre dans l'armée. Quand je réponds de tout sur mon honneur et sur ma tête, je dois au moins être le maître. Pourquoi ce Gustave était-il irrésistible et invincible? C'est parce qu'il était roi de son armée, et un homme qui est réellement roi ne peut être vaincu que par un de ses égaux. Mais, au fait, ce n'est pas là ce que vous avez à nous dire de mieux.

QUESTENBERG. Le cardinal infant quittera Milan au printemps pour conduire une armée espagnole dans les Pays-Bas, en traversant l'Allemagne. Pour assurer sa route, l'empereur veut le faire accompagner par huit régiments de cavalerie.

WALLENSTEIN. Je comprends, je comprends... Huit régiments ? Bien ! bien imaginé, père Lamormain ! Si ce projet n'était pas une ruse maudite, on serait tenté de le trouver bien inepte. Huit mille chevaux ! Oui, oui, cela est juste... je vous vois venir...

QUESTENBERG. Il n'y a rien de caché là dedans : c'est la prudence, c'est la nécessité qui l'ordonne.

WALLENSTEIN. Comment, monsieur l'envoyé ! Je ne dois pas remarquer que l'on est las de voir entre mes mains le glaive de la puissance, que l'on saisit avidement ce prétexte, que l'on emploie le nom espagnol pour diminuer le nombre de mes troupes, pour amener dans l'empire une nouvelle force qui ne me soit pas soumise ? Je suis encore trop fort pour que vous puissiez me mettre complétement de côté. Mon contrat porte que toutes les armées de l'empereur me seront soumises dans toute l'étendue du territoire allemand ; mais il n'est pas question de troupes espagnoles et des infants qui traversent l'empire comme des voyageurs. C'est ainsi qu'on travaille en secret et dans le silence à m'affaiblir de plus en plus, à me rendre inutile, jusqu'à ce qu'on me fasse plus brièvement mon procès. — Mais pourquoi ces détours, monsieur le ministre ? Parlez ouvertement : le pacte que l'empereur a conclu avec moi lui pèse ; il voudrait que je me retirasse. Je lui ferai ce plaisir. C'était un parti pris avant votre arrivée. (*Il s'élève parmi les généraux un mouvement qui va toujours croissant.*) J'en suis fâché pour mes capitaines, car je ne vois pas encore comment ils obtiendront l'argent qu'ils ont avancé, et les récompenses qu'ils ont si bien méritées. Un nouveau chef amène des hommes nouveaux, et les anciens services sont bien vite oubliés. Il y a beaucoup d'étrangers dans l'armée. Pour moi, si le soldat était brave et habile, je ne m'informais pas de sa généalogie ni de son catéchisme. A l'avenir il en sera autrement ; mais cela ne me concerne plus. (*Il s'asseoit.*)

MAX. Dieu nous garde d'en venir jusque-là ! Toute l'armée va se soulever dans un effroyable tumulte. On abuse du nom de l'empereur. C'est impossible.

ISOLANI. Cela est impossible ; tout s'écroulerait à la fois.

WALLENSTEIN. Cela sera, fidèle Isolani : tout ce que nous avions élevé prudemment s'écroulera. Cependant on trouvera bien un autre général et une autre armée pour se réunir autour de l'empereur, quand le tambour battra.

MAX, *agité, passionné, court de l'un à l'autre pour les apaiser.* Écoutez-moi, mon général ; écoutez-moi, colonels. Laisse-toi fléchir, prince ; ne résous rien avant que nous ayons tenu conseil, avant que nous t'ayons fait nos représentations. — Venez, amis ; j'espère qu'il est encore temps de tout réparer.

TERZKY. Venez, venez, nous trouverons les autres officiers près d'ici. (*Ils sortent.*)

BUTTLER, *à Questenberg.* Si vous voulez suivre un bon conseil, évitez de vous montrer en public dans le premier moment ; votre clef d'or pourrait bien ne pas vous préserver de quelques mauvais traitements. (*On entend du bruit au dehors.*)

WALLENSTEIN. Le conseil est sage. — Octavio, tu me réponds de la sécurité de notre hôte. Je vous salue, monsieur de Questenberg. (*Celui-ci veut parler.*) Non, non, rien de cet odieux sujet. Vous avez fait votre devoir, et je sais distinguer l'homme d'avec son emploi. (*Questenberg et Octavio veulent se retirer, Gœtz, Tiefenbach, Colalto entrent, suivis de plusieurs autres officiers.*)

GŒTZ. Où est-il, celui qui ose dire à notre général...?

TIEFENBACH, *en même temps.* Que venons-nous d'apprendre ? Tu veux...

COLALTO. Nous voulons vivre et mourir avec toi.
WALLENSTEIN, *montrant Illo*. Le feld-maréchal connait ma volonté. (*Il sort.*)

ACTE TROISIÈME.

Un appartement.

SCÈNE I.

ILLO, TERZKY.

TERZKY. Eh bien! dites-moi, que voulez-vous faire ce soir au banquet avec les commandants?

ILLO. Écoutez. Nous rédigeons un acte par lequel nous nous engageons conjointement à rester attachés au duc à la vie, à la mort, et à verser pour lui jusqu'à la dernière goutte de notre sang, sauf pourtant le serment de fidélité que nous avons prêté à l'empereur. Remarquez que cette clause sera expressément réservée pour l'acquit de nos consciences. Maintenant, voyez-vous, l'écrit ainsi conçu sera présenté à tout le monde avant le repas, et ne pourra choquer personne. Suivez-moi bien, après le repas, quand les vapeurs du vin troubleront les yeux et les esprits, on leur présentera un autre contrat dépourvu de cette clause, et ils signeront.

TERZKY. Comment pensez-vous qu'ils se croiront liés par un serment que nous leur aurons surpris par supercherie?

ILLO. Nous les tiendrons toujours; ils pourront tant qu'ils le voudront crier contre cette tromperie; à la cour, on ajoutera plus de foi à leurs signatures qu'à leurs protestations ardentes; et si une fois ils passent pour traîtres, il faudra bien qu'ils le deviennent; et c'est ainsi qu'ils feront de nécessité vertu.

terzky. Eh bien! cela me plaît. Que le coup réussisse, et nous pourrons enfin aller de l'avant.

illo. Et puis, ce qui nous importe surtout, ce n'est pas tant de réussir auprès des généraux que de persuader au maître qu'ils sont à lui. Qu'il agisse seulement avec résolution comme s'ils lui appartenaient, ils lui appartiendront, et il les entraînera avec lui.

terzky. Souvent je ne sais plus où j'en suis avec lui. Il prête l'oreille à l'ennemi, il me fait écrire à Thurn, à Arnheim ; il ne se contient plus au sujet de Sesine, il me parle des heures entières de ses projets ; je crois alors le tenir, puis tout à coup il m'échappe. Il me semble qu'il n'a plus d'autre désir que de rester en place.

illo. Lui, renoncer à ses anciens projets? Je vous dis que, soit qu'il veille ou soit qu'il dorme, il n'est pas occupé d'une autre pensée, et que chaque jour il interroge là-dessus les astres.

terzky. Oui, vous savez que, dans la nuit qui va venir, il doit se renfermer avec le docteur dans la tour astronomique, et observer avec lui ; car ce doit être, à ce que j'entends, une nuit importante, et il doit se passer au ciel de grandes choses attendues depuis longtemps.

illo. Si seulement il en était de même ici-bas! Les généraux sont à présent pleins de zèle, et feront tout pour ne pas perdre leur chef. Voyez ; l'occasion est là devant nous ; nous formons une alliance étroite contre la cour pour lui garder le commandement. Le prétexte est innocent, il est vrai ; mais vous le savez, dans la chaleur de l'action on perd bientôt de vue son point de départ. Je pense que si le prince les trouve bien disposés, disposés à une entreprise audacieuse, l'occasion le séduira. Une fois qu'il aura fait le grand pas, que Vienne ne pourra lui pardonner, la force des événements l'entraînera de plus en plus. Ce qu'il y a de difficile pour lui, c'est de se décider. Dès que le moment presse, il reprend sa vigueur et son habileté.

TERZKY. C'est là aussi ce que les ennemis attendent pour nous amener une armée.

ILLO. Venez, il faut conduire demain les choses plus loin que nous ne l'avons fait pendant des années entières; et si tout va bien ici-bas, croyez que les astres favorables ne tarderont pas à se montrer. Venez près des commandants, battons le fer pendant qu'il est chaud.

TERZKY. Allez, Illo. Moi, j'attends ici la comtesse Terzky. Tenez pour certain que nous ne serons pas oisifs. Si une corde casse, nous en avons une autre toute prête.

ILLO. Oui, j'ai vu la comtesse sourire finement. Qu'y a-t-il?

TERZKY. C'est un secret. Chut! elle vient. (*Illo sort.*)

SCÈNE II.

LE COMTE *et* LA COMTESSE TERZKY, *sortant d'un cabinet; ensuite* ILLO.

TERZKY. Vient-elle? Je ne puis le retenir plus longtemps.

LA COMTESSE. Elle sera bientôt ici. Envoyez-le seulement.

TERZKY. Je ne sais, il est vrai, si le prince nous saura gré de ce que nous faisons; il n'a jamais manifesté sa pensée à cet égard. Vous m'avez persuadé, et vous devez savoir jusqu'où vous pouvez aller.

LA COMTESSE. Je prends tout sur moi. (*A part.*) Je n'ai pas besoin de plein pouvoir... Sans nous parler, mon frère, nous nous comprenons. N'ai-je pas deviné pourquoi vous avez fait venir ici votre fille? Pourquoi vous avez justement choisi Piccolomini pour l'accompagner? Ces prétendus engagements avec un fiancé que personne ne connaît peuvent en éblouir d'autres; mais moi je vous devine. Il ne vous convient pas de prêter la main à de telles négociations. Non, sans doute; tout est abandonné à ma perspicacité. Eh bien! vous verrez que vous ne vous êtes pas mépris sur votre sœur.

UN DOMESTIQUE *entre*. Les généraux! (*Il sort.*)

TERZKY, *à la comtesse*. Songez seulement à lui exalter la tête, à lui donner à penser... Quand il viendra à table, qu'il n'hésite pas à signer.

LA COMTESSE. Occupez-vous de vos convives. Allez, et me l'envoyez.

TERZKY. Tout dépend de sa signature.

LA COMTESSE. Allez rejoindre vos convives, allez.

ILLO *revient*. Que faites-vous, Terzky? La salle est pleine, et tout le monde vous attend.

TERZKY. J'y vais, j'y vais. (*A la comtesse.*) Et qu'il ne tarde pas trop longtemps; son père pourrait concevoir quelques soupçons.

LA COMTESSE. Inutile sollicitude! (*Terzky et Illo sortent.*)

SCÈNE III.

LA COMTESSE TERZKY, MAX PICCOLOMINI.

MAX, *regardant d'un air timide*. Madame, oserai-je?... (*Il s'avance jusqu'au milieu de la chambre, et regarde autour de lui avec inquiétude.*) Elle n'est pas là; où est-elle?

LA COMTESSE. Cherchez bien; voyez derrière le paravent, peut-être y est-elle cachée?

MAX. Voici ses gants. (*Il veut les prendre, la comtesse l'en empêche.*) Méchante tante! vous me refuseriez?... Vous prenez plaisir à me tourmenter.

LA COMTESSE. C'est là le remercîment de mes soins?

MAX. Oh! comprenez mes inquiétudes. Depuis que nous sommes ici, être ainsi retenu, ne pas hasarder un mot, un regard... Je ne puis me faire à cela.

LA COMTESSE. Il faudra bien vous habituer à d'autres rigueurs, mon bel ami. Je dois mettre à l'épreuve votre docilité; c'est à cette condition seulement que je puis me mêler de tout cela.

MAX. Mais où est-elle? pourquoi ne vient-elle pas?

LA COMTESSE. Il faut que vous remettiez toute cette affaire entre mes mains. Et qui pourrait avoir de meilleures intentions que moi à votre égard? Aucun homme, pas même votre père, ne doit savoir...

MAX. Cette recommandation n'est pas nécessaire. Il n'y a pas ici une physionomie qui réponde à ce qui se passe dans mon âme ravie.—Oh! tante Terzky, sont-ils donc ici tous changés, ou le suis-je moi seul? Je me vois au milieu d'eux comme parmi des étrangers ; je ne retrouve plus aucune trace de mes anciens désirs ni de mes anciennes joies. Qu'est-ce que tout cela est devenu? Autrefois, pourtant, j'aimais assez ce monde ; mais comme à présent tout m'y paraît vide et vulgaire! Mes compagnons me sont insupportables, je ne trouve plus rien à dire à mon père lui-même ; le service, les armes, tout m'importune. J'éprouve ce qu'éprouverait une âme bienheureuse qui, du séjour des joies éternelles, reviendrait à ses jeux et à ses préoccupations puériles, à ses penchants, à ses liaisons, et à toute cette pauvre humanité.

LA COMTESSE. Je vous prie pourtant de jeter encore quelques regards sur ce monde vulgaire, où il se passe juste à l'heure qu'il est beaucoup de choses importantes.

MAX. Il se passe quelque chose autour de moi ; je le vois à ce mouvement, à cette activité inaccoutumée. Quand tout sera fini, je le saurai sans doute. Où croyez-vous, comtesse, que j'aie été? Ne me raillez point ; le tumulte des camps, cette foule importune de gens de connaissance, ces fades plaisanteries, ces vaines conversations, m'oppressaient ; je me sentais à l'étroit ; j'ai cherché le silence pour mon cœur qui déborde et un asile pour mon bonheur. Ne riez pas, comtesse, j'étais à l'église. Il y a près d'ici un cloître ; je me suis approché du sanctuaire, et je me suis trouvé seul. Au-dessus de l'autel est une image de la Vierge, un mauvais tableau ;

mais c'était l'amie que je cherchais en ce moment. Combien de fois j'ai vu la Divinité dans son éclat, et observé la ferveur des fidèles ! Ce spectacle ne m'avait point ému, et voilà que tout d'un coup je comprends la dévotion aussi bien que l'amour.

LA COMTESSE. Jouissez de votre bonheur. Oubliez le monde qui est autour de vous. L'amitié agira et veillera pendant ce temps pour vous. Soyez seulement docile quand on vous montrera le chemin du bonheur.

MAX. Mais où est-elle donc ? Oh ! heureux temps du voyage, où chaque aurore nous réunissait, où la nuit avancée seule nous séparait ! Il n'y avait point de sablier et point de cloches. On eût dit que le temps avait suspendu, pour nous, comme pour les bienheureux, sa course éternelle. Ah! l'on est déjà déchu du ciel, quand il faut songer à la succession des heures. La cloche ne sonne pas pour les cœurs heureux.

LA COMTESSE. Combien y a-t-il de temps que vous lui avez ouvert votre cœur ?

MAX. Ce matin, j'ai osé hasarder le premier mot.

LA COMTESSE. Quoi ! ce matin seulement, pendant ces vingt jours ?

MAX. C'était dans ce pavillon de chasse où vous nous avez rencontrés, entre ce lieu et Népomuce, à la dernière station du chemin. Nous étions debout, en silence, dans une embrasure de fenêtre, les yeux fixés sur les vastes campagnes ; et devant nous galopaient les dragons, envoyés par le duc pour nous servir d'escorte. L'angoisse de cette séparation m'oppressait le cœur. Enfin j'osai hasarder ces paroles. « Tout ceci m'avertit, mademoiselle, que je dois dire adieu à mon bonheur. Dans quelques heures vous allez retrouver un père, vous serez entourée de nouveaux amis, et moi je ne serai pour vous qu'un étranger perdu dans la foule. » — « Parlez à ma tante Terzky, » dit-elle rapidement. Sa voix tremblait, je vis une rougeur brûlante empourprer son beau visage, et ses regards, se relevant lente-

ment, rencontrèrent les miens... Je ne fus plus maître
de moi... (*La princesse paraît à la porte et s'arrête. La
comtesse la voit, mais non pas Piccolomini.*) Je l'enlaçai
audacieusement dans mes bras ; sa bouche rencontra
la mienne... Nous entendîmes du bruit dans la salle
voisine, c'était vous. Maintenant vous savez ce qui est
arrivé.

LA COMTESSE, *après un moment de silence, jetant à la
dérobée un regard sur Thécla.* Êtes-vous donc si réser-
servé ou si peu curieux que vous ne demandiez pas
à connaître aussi mon secret.

MAX. Votre secret ?

LA COMTESSE. Mais, oui. Je suis entrée dans la chambre immédiatement après que vous en fûtes sorti, et
j'y ai trouvé ma nièce, et son cœur surpris dans ce premier moment...

MAX, *avec vivacité.* Eh bien ?

SCÈNE IV.

Les précédents ; THÉCLA, *qui s'est avancée rapidement.*

THÉCLA. Épargnez-vous ce soin, ma tante ; il l'entendra encore de ma bouche.

MAX *recule.* Mademoiselle... Que m'avez-vous fait
dire, comtesse Terzky ?

THÉCLA, *à la comtesse.* Y a-t-il longtemps qu'il est ici ?

LA COMTESSE. Oui, et il n'a plus que peu d'instants à
y passer. Où êtes-vous donc restée si longtemps ?

THÉCLA. Ma mère pleurait de nouveau. Je la vois
souffrir, et pourtant je ne puis m'empêcher d'être heureuse.

MAX, *occupé à la contempler.* Maintenant je puis de
nouveau vous voir. Ce matin je ne le pouvais pas ;
l'éclat des pierreries dont vous étiez parée me cachait
ma bien-aimée.

THÉCLA. C'étaient donc vos yeux qui me regardaient,
et non pas votre cœur ?

MAX. Oh! ce matin, lorsque je vous ai vue au milieu des vôtres, dans les bras de votre père, et que je me suis senti étranger dans ce cercle, quel violent désir j'ai éprouvé de me jeter à son cou, de le nommer mon père! Mais son regard sévère imposait silence aux sensations vives et ardentes, et ces diamants qui vous entouraient comme une couronne d'étoiles m'effrayaient. Oh! pourquoi, en vous recevant, votre père semblait-il tracer autour de vous un cercle magique? Pourquoi parer l'ange comme une victime, et imposer à votre cœur riant le triste fardeau de votre rang? L'amour ose bien parler à l'amour, mais un roi seul aurait osé s'approcher de vous dans cette splendeur.

THÉCLA. Ne parlons plus de ce travestissement. Vous voyez comme je me suis hâtée d'en rejeter le poids. (*A la comtesse.*) Il paraît soucieux. Pourquoi donc, chère tante? Est-ce vous qui l'avez affligé? Il était tout autre pendant le voyage. Il avait tant de calme, tant de sérénité. C'est ainsi que je voudrais toujours le voir et jamais autrement.

MAX. Vous vous trouvez dans les bras d'un père, dans un monde nouveau qui vous rend son hommage, et vos yeux sont éblouis, ne fût-ce que par la nouveauté de ce spectacle.

THÉCLA. Oui, je l'avoue, bien des choses me charment ici. J'aime à voir ce théâtre mobile et guerrier qui renouvelle en moi des idées favorites, qui anime et réalise ce qui ne m'était encore apparu que comme un beau rêve.

MAX. Et moi, au contraire, je vois s'évanouir comme un rêve mon bonheur réel. De la région éthérée où j'ai vécu pendant ces derniers jours, je suis retombé sur la terre, et le chemin qui me ramène à mon ancienne vie me sépare du ciel.

THÉCLA. Les révolutions de la vie nous semblent plus douces, quand nous portons dans le cœur un trésor assuré. Pour moi, lorsque j'ai regardé au dehors, je reviens toujours avec plus de satisfaction au bien charmant que je possède. (*Avec un ton douloureux.*) Que de choses nouvelles et inouïes j'ai vues ici en peu d'instants! et pourtant tout cela doit être encore loin des prodiges que renferme ce mystérieux château.

LA COMTESSE, *réfléchissant*. Qu'est-ce donc? Je connais les parties les plus obscures de cette habitation.

THÉCLA, *en souriant*. Celle-là est protégée par les esprits; deux vieillards sont en sentinelle à la porte.

LA COMTESSE. Ah! oui. C'est la tour astronomique. Et comment ce sanctuaire qui est si sévèrement gardé s'est-il dès le premier moment ouvert pour vous?

THÉCLA. Un petit vieillard à la chevelure blanche et à la physionomie bienveillante m'a tout de suite montré une sorte de prédilection, et m'a ouvert la porte.

MAX. C'est Seni, l'astrologue du duc.

THÉCLA. Il m'a fait beaucoup de questions : quand je suis née, le jour, le mois, si c'était de jour ou de nuit.

LA COMTESSE. C'est qu'il voulait tirer votre horoscope.

THÉCLA. Puis il a regardé mes mains et a secoué la tête d'un air pensif. Il m'a semblé que les lignes ne lui plaisaient guère.

LA COMTESSE. Comment vous-êtes vous trouvée dans cette salle? Je ne l'ai jamais aperçue qu'en passant.

THÉCLA. J'ai éprouvé une étrange émotion en quittant tout à coup la lumière du ciel, et en me voyant entourée d'une nuit profonde, traversée seulement par quelques lueurs faibles et singulières. En cercle autour de moi étaient rangées six ou sept grandes figures de rois, le sceptre à la main. Sur la tête de chacune d'elles il y avait une étoile, et toute la clarté de la tour semblait venir de ces étoiles. Ce sont les planètes, me dit mon guide; elles gouvernent le destin des hommes; voilà pourquoi on les représente comme des rois. Celui qui est là-bas, ce vieillard sombre et chagrin, qui porte une étoile d'un jaune sombre, c'est Saturne! Celui qui est en face avec cette clarté rougeâtre, et qui est revêtu d'une armure guerrière, c'est Mars. Tous deux sont peu propices aux hommes. A côté est une belle femme, une étoile brille d'un doux éclat sur sa tête; c'est Vénus, l'astre du plaisir. A gauche vous voyez Mercure aux pieds ailés. Au milieu, une figure au front serein, avec un maintien royal, et entourée d'une lumière argentée; c'est Jupiter, le père des astres, et le soleil et la lune sont à ses côtés.

MAX. Oh! je ne veux pas lui reprocher sa croyance aux étoiles et à la puissance des esprits. Ce n'est pas seulement par orgueil que l'homme peuple l'espace de forces mystérieuses et d'esprits : pour un cœur qui aime, la nature ordinaire est trop étroite, et les contes que j'apprenais pendant mon enfance renferment un sens plus profond que la réalité des leçons de la vie. Le monde des merveilles est le seul qui donne une réponse à mon cœur ravi. Il m'ouvre les espaces infinis, il étend de tous côtés mille rameaux féconds sur lesquels mon esprit enivré se berce avec extase. Le monde des merveilles est la véritable patrie de l'amour; l'amour aime à habiter parmi les fées, au milieu des talismans; il croit aux divinités parce qu'il est lui-même divin. Les dieux de la fable antique ne sont plus; leur race charmante s'est évanouie; mais quand le cœur parle, ces noms anciens reparaissent de nouveau; ces dieux qui jadis s'associaient doucement à la vie humaine sont maintenant placés dans la région des étoiles; de là ils communiquent avec ceux qui aiment : Jupiter nous donne encore la puissance, et Vénus la beauté.

THÉCLA. Si telle est la science astrologique, je veux me convertir avec joie à cette aimable croyance. Il est doux de penser que là-haut, dans ces sphères infinies, les étoiles brillantes formaient déjà la couronne de notre amour au moment où nous commencions à exister.

LA COMTESSE. Ces couronnes célestes ne sont pas toutes pleines de roses ; il s'y trouve aussi des épines. Heureux si celles-ci ne vous blessent pas. Ce que Vénus, l'astre du bonheur, a formé, peut être brisé par Mars, planète fatale.

MAX. Son règne sinistre va bientôt finir! Béni soit le noble zèle du prince! il unira la branche d'olivier au laurier, et rendra la paix au monde heureux, car son grand cœur n'a plus rien à désirer. Il a maintenant assez fait pour sa gloire, il peut vivre pour lui et pour les siens. Il retournera dans ses domaines; il a un beau séjour à Gitschin, et Reichenberg et le château de Friedland sont magnifiques, ses parcs et ses forêts s'étendent jusqu'au pied du Riesenberg. Là, il peut vivre en liberté dans la splendeur et dans de grandes occupations. Il peut encourager royalement les arts et protéger tout ce qui est digne d'un puissant seigneur. Il peut construire, planter, observer les astres, et, s'il ne parvient pas à dompter son incessante activité, il peut combattre avec les éléments, détourner les fleuves, renverser les rochers et ouvrir au commerce des routes faciles. Dans nos longues soirées d'hiver, nous raconterons nos aventures guerrières...

LA COMTESSE. Je vous conseille pourtant, cher cousin, de ne pas déposer si vite le glaive. Une épouse comme Thécla est bien digne d'être conquise par l'épée.

MAX. Oh! que ne puis-je la conquérir ainsi!

LA COMTESSE. Qu'est-ce donc! N'entendez-vous rien? Il me semble que j'entends un tumulte et un violent débat dans la salle du festin.   (*Elle sort.*)

SCÈNE V.

THÉCLA *et* MAX PICCOLOMINI.

THÉCLA, *dès que la comtesse s'est éloignée, s'approche de Piccolomini et lui dit à voix basse :* Ne vous fiez pas à eux. Ils sont faux.

MAX. Ils pourraient...

THÉCLA. Ne vous fiez à personne qu'à moi. Ils ont un projet, je m'en suis aussitôt aperçue.

MAX. Un projet ? mais lequel ? Est-ce pour cela qu'ils auraient encouragé nos espérances ?

THÉCLA. Je ne sais ; mais croyez-moi, ils ne pensent pas sérieusement à nous unir, à nous rendre heureux.

MAX. Mais pourquoi aussi cette comtesse Terzky ?... N'avons-nous pas ta mère ? elle est bonne, elle mérite que nous ayons en elle une tendre confiance.

THÉCLA. Elle t'aime, elle t'estime par-dessus tous ; mais elle n'aurait jamais le courage de cacher un tel secret à mon père. Par amour pour son repos, il faut le lui taire.

MAX. Pourquoi toujours ce mystère? Sais-tu ce que je veux faire? Je veux me jeter aux genoux de ton père ; il décidera de mon bonheur. Il est vrai, sans dissimulation, et il abhorre les chemins tortueux ; il est si bon, si noble.

THÉCLA. C'est toi qui es noble et bon.

MAX. Tu le connais seulement depuis aujourd'hui ; mais moi, j'ai vécu sous ses yeux pendant dix années. Serait-ce la première fois qu'il aurait fait une chose surprenante, inespérée ? Il est dans son caractère d'apparaître d'une façon merveilleuse comme un Dieu, il faut qu'il produise toujours l'étonnement et l'admiration. Qui sait si dans ce moment il n'attend pas ton aveu et le mien pour nous unir ? Tu te tais ? tu me regardes d'un air de doute ? Qu'as-tu donc contre ton père ?

THÉCLA. Moi ? rien. Seulement je le trouve trop occupé pour qu'il puisse avoir le temps de songer à notre bonheur. (*Elle lui prend la main avec tendresse.*) Imite-moi, n'ayons pas trop de confiance aux hommes ; soyons reconnaissants envers Terzky et sa femme pour le bien qu'ils nous feront, et, du reste, abandonnons-nous à notre cœur.

max. Ne serons-nous donc jamais heureux?

thécla. Ne le sommes-nous pas? Ne suis-je pas à toi? n'es-tu pas à moi? Le noble courage qui est dans ton âme, l'amour me le donne aussi. — Je devrais être moins franche, je devrais te cacher le secret de mon cœur; les usages l'ordonnent ainsi. Mais où trouverais-tu la vérité ici, si tu ne l'entends de ma bouche? Nous nous sommes rencontrés, tenons-nous étroitement, éternellement unis. Crois-moi! c'est beaucoup plus qu'ils ne veulent faire pour nous. Cachons donc notre bonheur au fond de notre âme, comme un larcin sacré. Ce bonheur nous est venu du ciel, c'est au ciel que nous devons en rendre grâces; peut-être fera-t-il pour nous un miracle?

SCÈNE VI.

Les précédents, LA COMTESSE TERZKY.

la comtesse, *précipitamment.* Mon mari m'envoie ici... Voici le moment important... il faut que vous alliez dans la salle du festin. (*Ils ne font pas attention à ce qu'elle dit; elle s'avance au milieu d'eux.*) Séparez-vous.

thécla. Oh! pas encore. Il y a à peine un instant qu'il est ici.

la comtesse. Le temps passe bien vite pour vous, ma nièce.

max. Rien ne presse, madame.

la comtesse. Partez, partez. On a remarqué votre absence. Votre père a déjà demandé deux fois où vous étiez.

thécla. Eh bien! son père...

la comtesse. Vous comprenez, ma nièce,

thécla. Doit-il être toujours avec ce monde? Ce n'est pas là sa place. Ce sont peut-être des hommes honorables, expérimentés; mais il est trop jeune pour eux, et il ne convient pas à leur société.

LA COMTESSE. Vous voudriez donc bien le retenir ici ?

THÉCLA, *vivement.* Vous l'avez deviné ; c'est là ma pensée. Oui, laissez-le ici. Faites dire aux généraux...

LA COMTESSE. Avez-vous perdu la tête, ma nièce ? Comte, vous savez nos conditions.

MAX. Il faut que j'obéisse, mademoiselle ; adieu. (*Thécla se détourne vivement de lui.*) Que dites-vous ?

THÉCLA, *sans le regarder.* Rien, allez.

MAX. Le puis-je, si vous êtes irritée contre moi ? (*Il s'approche d'elle ; leurs yeux se rencontrent ; elle se tait un instant, puis se jette dans ses bras et le presse sur son cœur.*)

LA COMTESSE. Partez. Si quelqu'un venait... J'entends du bruit, des voix étrangères... (*Max s'arrache des bras de Thécla et sort. La comtesse l'accompagne. Thécla le suit d'abord des yeux, ensuite elle se promène avec agitation dans la salle, puis s'arrête, absorbée dans ses pensées. Une guitare est sur la table ; elle la prend, et après avoir prélude tristement, elle chante.*)

SCÈNE VII.

THÉCLA *joue et chante :* « Le vent mugit dans la forêt ; » les nuages s'amassent sur le ciel ; la vague orageuse » se brise sur les rochers. La jeune fille s'avance le » long du rivage, et, les yeux pleins de larmes, elle » chante au milieu de la nuit sombre.

» Mon cœur est mort, le monde est vide ; il ne me » donne plus aucun désir. Mon Dieu ! rappelle ton en- » fant. J'ai goûté le bonheur de la terre ; j'ai vécu, » j'ai aimé. »

SCÈNE VIII.

LA COMTESSE, THÉCLA.

LA COMTESSE. Comment, ma nièce ! est-ce ainsi que

vous vous jetez à sa tête ? J'aurais pensé que vous feriez moins bon marché de votre personne.

THÉCLA *se lève*. Que voulez-vous dire, ma tante ?

LA COMTESSE. Vous ne devez pas oublier qui vous êtes et qui il est. Vous n'y avez pas pensé, je crois.

THÉCLA. Quoi donc ?

LA COMTESSE. Vous êtes la fille du prince de Friedland.

THÉCLA. Eh bien ! qu'en résulte-t-il ?

LA COMTESSE. Comment ! Singulière question !

THÉCLA. Le destin lui a donné ce que nous avons acquis. Il est d'une antique race lombarde, fils d'une princesse.

LA COMTESSE. Rêvez-vous ? Vraiment ! Il faudra peut-être le prier humblement de vouloir bien rendre heureuse, par le don de sa main, la plus riche héritière de l'Europe.

THÉCLA. Cela ne sera pas nécessaire.

LA COMTESSE. Non, et l'on ne s'y exposera pas.

THÉCLA. Son père l'aime ; le comte Octavio n'aurait rien à objecter.

LA COMTESSE. Son père ! son père ! Et le vôtre, ma nièce ?

THÉCLA. Eh bien ! il me semble que vous craignez son père, puisque vous agissez si mystérieusement envers lui et envers le fils.

LA COMTESSE, *la regardant d'un air inquisiteur*. Ma nièce, vous n'êtes pas franche.

THÉCLA. Vous êtes sensible, ma tante ; vous êtes bonne.

LA COMTESSE. Vous croyez déjà avoir gagné la partie. Ne vous réjouissez pas si vite.

THÉCLA. Soyez bonne.

LA COMTESSE. Vous n'êtes pas encore si avancée.

THÉCLA. Je le crois bien.

LA COMTESSE. Pensez-vous qu'il ait consacré aux travaux de la guerre son importante vie, qu'il ait renoncé à tout bonheur paisible, banni le sommeil de sa couche, abandonné sa noble tête aux inquiétudes, pour assortir seulement un couple heureux? Pensez-vous qu'il vous ait fait sortir de votre couvent pour vous amener en triomphe à l'homme qui plaît à vos regards? Il pouvait arriver plus facilement à un tel but. Il n'a pas travaillé pour que votre main enfantine brisât dans sa fleur la plante qu'il avait cultivée et en fît un vain ornement.

THÉCLA. Je puis pourtant recueillir les fruits de ce qui n'a pas été semé pour moi ; et si ma bonne destinée voulait que cette existence terrible et prodigieuse enfantât pour moi la joie de la vie...

LA COMTESSE. Tu parles comme une jeune fille qui aime. Regarde autour de toi ; songe au lieu où tu es. — Tu n'es pas entrée dans le séjour de la joie ; ces murailles ne sont pas décorées pour une noce, et les convives n'ont pas de couronnes de fleurs sur la tête. Il n'y a ici d'autre éclat que celui des armes. Tu crois peut-être que ces milliers d'hommes sont rassemblés pour former le cortége de ta noce? Vois le front soucieux de ton père, les yeux pleins de larmes de ta mère. Le destin de notre maison est dans la balance. Laisse là ces sentiments puérils de jeune fille, et ces humbles désirs ; montre que tu es la fille d'un grand homme. La femme ne s'appartient pas à elle-même, elle est liée aux destins d'un autre, et elle vaut d'autant mieux qu'elle sait mieux choisir celui qu'elle doit soigner avec dévoûment et amour.

THÉCLA. C'est là ce que l'on me disait dans le cloître. Je ne formais aucun désir, je ne voyais en moi que la fille de cet homme puissant, et le bruit de sa gloire arrivant jusqu'à moi me faisait seulement penser que j'étais destinée à souffrir pour lui, à me dévouer à lui.

LA COMTESSE. C'est là ton sort ; accepte-le volontairement, ta mère et moi nous te donnons l'exemple.

THÉCLA. Le sort m'a montré celui auquel je dois me consacrer, je veux le suivre avec joie.

LA COMTESSE. C'est ton cœur, mon enfant, qui te l'a montré, et non pas le sort.

THÉCLA. La voix du cœur est la voix du destin. Je suis à lui, c'est de lui seul que je tiens cette nouvelle existence, c'est par lui que je vis ; il a des droits sur sa créature. Qu'étais-je avant d'avoir été animée par son amour? Je ne puis m'estimer moins qu'il ne m'estime lui-même. Non, elle ne saurait être une âme vulgaire, celle qui possède ce bien inestimable. Avec le bonheur, la force m'est venue. La vie apparaît sérieuse aux âmes sérieuses. Je m'appartiens à moi-même, je le sais maintenant. J'ai appris à connaître la ferme, l'inébranlable volonté qui existe en moi, et je puis tout consacrer à mon but suprême.

LA COMTESSE. Tu voudrais donc résister à ton père, s'il avait autrement disposé de toi? Penses-tu pouvoir le contraindre? Sais-tu, enfant, que son nom est Friedland?...

THÉCLA. C'est aussi le mien, et il trouvera en moi une fille digne de lui.

LA COMTESSE. Quoi! son souverain, son empereur ne peut le subjuguer, et toi, sa fille, tu voudrais lutter contre lui!

THÉCLA. Ce que personne n'ose, sa fille peut l'oser.

LA COMTESSE. Certes, il n'est pas préparé à de telles choses. Quoi! il aurait surmonté toutes les entraves, et il serait forcé d'engager un nouveau combat contre la volonté de sa fille? Enfant! enfant! tu ne connais encore que le sourire de ton père, tu n'as pas encore vu la colère de son regard. Ta voix tremblante osera-t-elle à son aspect le contredire? Tandis que tu es seule, tu peux bien former au dedans de toi de grands projets, préparer des discours fleuris, et armer d'un courage de lion ton âme de colombe ; mais essaie seulement, avance-toi devant lui, et, lorsque son regard sera fixé sur toi, tâche de dire : Non. Tu seras sans force devant lui comme la fleur délicate devant les rayons enflammés du soleil. — Je ne veux pas t'effrayer, mon enfant, j'espère que nous n'en viendrons pas à cette extrémité ; et, du reste, j'ignore ce qu'il veut. Peut-être son but est-il d'accord avec tes désirs ; mais son intention ne sera jamais que toi, l'altier enfant de sa fortune, tu te conduises comme une amante éperdue, et te jettes au-devant de l'homme qui, s'il reçoit jamais cette haute récompense, doit s'en rendre digne par l'amour le plus dévoué. *(Elle sort.)*

SCÈNE IX.

THÉCLA, *seule.* Je te remercie de cet avis ; il change en certitude mes sinistres pressentiments. Ainsi c'est donc vrai ; nous n'avons ici pas un ami, pas un cœur fidèle ; nous n'avons que nous-mêmes, et de rudes combats nous menacent. Amour, divin amour ! donne-nous des forces. Oh ! oui, elle m'a dit la vérité ; ce ne sont pas des signes favorables, ceux qui ont présidé à l'union de nos cœurs ! L'espérance n'habite point en ce lieu ; on n'entend que le tumulte confus de la guerre, et l'amour même ne s'avance que cuirassé et comme armé pour une lutte à mort. Un esprit funeste plane sur notre maison, et le sort semble avoir hâte d'en finir avec nous. Il m'a tiré de ma retraite paisible, il a charmé mon âme par une douce magie, il me séduit par de célestes apparences. Je les vois voltiger et s'approcher de moi de plus en plus ; il m'entraîne vers l'abîme avec une force surnaturelle, je ne puis résister. *(On entend dans l'éloignement la musique du festin.)* Oh ! quand une maison doit périr par le feu, les nuages se rassemblent sur le ciel, la foudre éclate du haut des régions orageuses, les flammes s'élancent hors des gouffres terrestres, et les dieux de la joie eux-mêmes, dans leur aveugle fureur, excitent les flammes de l'embrasement. *(Elle sort.)*

ACTE QUATRIÈME.

Une grande salle pompeusement illuminée. Au milieu, dans le fond, est dressée une table richement servie où sont assis huit généraux, parmi lesquels Octavio Piccolomini, Terzky et Maradas. A droite et à gauche, et plus en arrière, sont deux tables : six convives sont placés à l'entour de chacune. En avant est le buffet ; le devant de la scène reste libre, et on y voit les pages et les domestiques occupés à servir. Les musiciens du régiment de Terzky sont dispersés sur le théâtre autour des tables. Pendant qu'ils se retirent, on voit paraître Max Piccolomini : Terzky tenant un papier, Isolani, une coupe à la main, viennent à sa rencontre.

SCÈNE I.

ISOLANI, COLALTO, GOETZ, TERZKY, et MAX.

ISOLANI *à* MAX. Camarade de mon cœur, où étiez-vous donc caché ? allons ! vite en place ! Terzky nous a donné son meilleur vin. On boit ici comme au château de Heidelberg. Vous avez déjà perdu le meilleur. Ils ont déjà partagé à table les principautés d'Eggenberg, de Slawata, de Lichtenstein ; les biens de Sternberg, ainsi que les plus grands fiefs de la Bohême, sont adjugés. Si vous vous hâtez, vous aurez aussi votre part. Allons ! asseyez-vous.

COLALTO *et* GOETZ *crient à la seconde table.* Comte Piccolomini !

TERZKY. Il est à vous tout à l'heure. Lis cette formule de serment, et vois si la manière dont nous l'avons rédigée te plaît. Tous l'ont déjà lue, et chacun y apposera son nom.

MAX *lit :* « *Ingratis servire nefas.* »

ISOLANI. Cela ressemble à un axiome latin. Camarade, comment dit-on cela en allemand ?

TERZKY. Un honnête homme ne doit pas servir les ingrats.

MAX. Notre très-puissant général, Son Altesse le prince de Friedland, nous ayant fait connaître que des contrariétés nombreuses lui donnaient le désir de quitter le service de l'empereur, puis s'étant laissé émouvoir par nos prières unanimes, et ayant consenti à rester encore à l'armée et à ne pas se séparer de nous sans notre assentiment, nous nous engageons tous conjointement, et chacun en particulier, par un serment personnel, à lui rester fidèlement soumis, à ne nous éloigner de lui en aucune façon et à verser pour lui jusqu'à la dernière goutte de notre sang, autant toutefois que le permettrait le serment que nous avons prêté à l'empereur. (*Ces derniers mots sont répétés par Isolani.*) Et si l'un ou l'autre de nous, manquant à ce contrat, se séparait de la cause commune, nous nous engageons à le déclarer traître et à nous venger de sa déloyauté sur lui et sur ses biens. En foi de quoi nous avons signé le présent écrit. »

TERZKY. Veux-tu signer le papier?

ISOLANI. Pourquoi ne signerait-t-il pas? Chaque officier qui a de l'honneur le peut, le doit. De l'encre et une plume.

TERZKY. C'est bien; après le repas.

ISOLANI, *entraînant Max.* Venez, venez. (*Tous deux vont à table.*)

SCÈNE II.
TERZKY, NEUMANN.

TERZKY *fait signe à Neumann qui est auprès du buffet, et qui s'avance.* Apportes-tu ce papier, Neumann? Donne; il est écrit de manière à ce qu'on puisse facilement le substituer à l'autre.

NEUMANN. Je l'ai copié ligne pour ligne, et je n'en ai retranché que la phrase sur le serment, ainsi que Votre Excellence me l'avait ordonné.

TERZKY. Bien ! pose-le là, et que celui-ci aille au feu ; il a rempli sa destination. (*Neumann pose la copie sur la table, puis va se remettre près du buffet.*)

SCÈNE III.

ILLO, sortant de la seconde chambre ; TERZKY.

ILLO. Que se passe-t-il avec Piccolomini ?
TERZKY. Cela va bien. Il n'a pas fait d'objections.
ILLO. Il est le seul avec son père auquel je ne me fie pas. Veillez sur tous deux.
TERZKY. Comment cela va-t-il à votre table ? J'espère que vous échauffez la tête de vos convives.
ILLO. Ils sont tout cœur. Je pense que nous les tenons, et, comme je vous le disais d'avance, il ne s'agit déjà plus de conserver le duc par un simple sentiment d'honneur. Pourvu qu'on soit uni, dit Montecuculli, on peut aller à Vienne poser des conditions à l'empereur. Croyez-moi, n'était les Piccolomini, nous eussions pu nous épargner cette supercherie.
TERZKY. Paix ! Que veut Buttler ?

SCÈNE IV.

Les précédents, BUTTLER.

BUTTLER, *quittant la seconde table.* Ne vous dérangez pas. Je vous ai bien entendu, feld-maréchal. Bon succès à votre entreprise ; et quant à ce qui me touche, (*mystérieusement*) vous pouvez compter sur moi.
ILLO, *vivement.* Le pouvons-nous ?
BUTTLER. Avec ou sans clause, peu m'importe ; me comprenez-vous ? Le prince peut mettre ma fidélité à toute épreuve ; dites-lui cela. Je suis officier de l'empereur aussi longtemps qu'il lui plaira de rester général de l'empereur, et serviteur de Friedland dès qu'il voudra être son propre maître.

ACTE IV, SCÈNE IV.

TERZKY. Vous faites là un bon échange. Ce ne sera pas un avare, un Ferdinand que vous servirez.

BUTTLER, *gravement*. Je ne vends pas ma fidélité, comte Terzky ; il y a six mois, vous n'auriez pas obtenu ce que je vous offre maintenant volontairement. Je me donne donc au duc, moi et mon régiment, et cet exemple, je l'espère, ne sera pas sans conséquences.

ILLO. Qui ne sait que le colonel Buttler est le modèle de toute l'armée ?

BUTTLER. Est-ce là votre opinion, feld-maréchal ? Eh bien ! je ne me repens pas de la fidélité que j'ai gardée pendant quarante ans, puisqu'à l'aide de cette bonne renommée si bien ménagée, je me procure à soixante une si complète vengeance. Ne vous choquez pas, messieurs, de mes discours. Peu vous importe de quelle manière vous m'attirez à vous : vous ne croirez pas vous-mêmes, je l'espère, que votre artifice trompe mon jugement, ni que la légèreté, la colère subite ou quelque motif frivole fasse dévier un vieillard du chemin de l'honneur qu'il a suivi pendant si longtemps. Venez, je n'en suis pas moins résolu, car je sais par quel motif je me détermine.

ILLO. Dites-nous franchement pour qui nous devons vous tenir.

BUTTLER. Pour un ami. Voilà ma main, je suis à vous avec tout ce que je possède. Le prince n'a pas seulement besoin d'hommes, il lui faut de l'argent. Tout ce que j'ai acquis à son service, je le lui prête, et, s'il me survit, il sera mon héritier ; il y a longtemps que cela est ainsi réglé. Je suis seul au monde et ne connais pas les sentiments qui attachent un homme à une femme et à des enfants chéris ; mon nom meurt avec moi, mon existence ne va pas plus loin.

ILLO. Votre argent n'est pas nécessaire : — un cœur comme le vôtre vaut des tonnes d'or et des millions.

BUTTLER. Je suis venu d'Irlande à Prague, pauvre valet d'un maître que j'enterrai. Du service de l'écurie, le hasard de la guerre m'a porté jusqu'au rang élevé que j'occupe, jouet d'une fortune étrange ; Wallenstein est aussi l'enfant de la fortune, j'aime une route qui ressemble à la mienne.

ILLO. Il y a une parenté entre toutes les âmes fortes.

BUTTLER. Nous vivons dans une grande époque, favorable à ceux qui ont de la bravoure et de la résolution. Les villes et les châteaux passent en un instant de main en main comme une monnaie vulgaire. Les héritiers des plus anciennes maisons sont dépossédés ; de nouveaux noms surgissent avec de nouvelles armoiries, et un peuple du Nord essaye de s'approprier par la force la terre allemande. Le prince de Weimar se prépare à former sur le Mein une puissante principauté. Il n'a manqué à Mansfeld, à Halberstadt qu'une plus longue vie pour conquérir bravement par leur épée des domaines indépendants. Lequel d'entre eux s'élève jusqu'à notre Friedland ? Il n'est point de but si élevé auquel le brave ne puisse appliquer l'échelle pour y arriver.

TERZKY. Voilà ce qui s'appelle parler en homme !

BUTTLER. Assurez-vous des Espagnols et des Italiens ; moi je me charge de l'Écossais Lessly. Allons rejoindre nos camarades, allons.

TERZKY. Où est le sommelier ? Donne ce que tu as, les meilleurs vins ; l'occasion est importante, nos affaires vont bien. (*Chacun retourne à sa table.*)

SCÈNE V.

LE SOMMELIER *et* NEUMANN, *sur le devant de la scène ;* DES LAQUAIS *vont et viennent.*

LE SOMMELIER. Le meilleur vin ! Si mon ancienne maîtresse, sa bonne mère, voyait un pareil désordre, elle se retournerait dans son tombeau. — Oui, oui, monsieur l'officier, cela va mal dans cette noble maison. — Il n'y a ni bornes ni mesure, et cette brillante alliance avec le duc ne nous rapporte pas grand profit.

NEUMANN. Que Dieu vous bénisse ! C'est maintenant que la prospérité va commencer.

LE SOMMELIER. Croyez-vous ? Il y a bien des choses à dire là-dessus.

UN DOMESTIQUE, *survenant*. Du vin de Bourgogne pour la quatrième table !

LE SOMMELIER. C'est la soixante-dixième bouteille, monsieur le lieutenant.

LE DOMESTIQUE. C'est pour Tiefenbach, ce seigneur allemand, qui est là-bas. (*Il s'en va.*)

LE SOMMELIER, *à Neumann*. Ils veulent monter trop haut, ils veulent égaler en magnificence les électeurs et les rois. Ce que le prince fait, le comte veut le faire; mon cher maître ne peut pas rester en arrière. (*Aux domestiques.*) Eh bien ! pourquoi êtes-vous là à écouter ? Allons, mettez-vous en action ; veillez au service des tables, aux bouteilles. Tenez, voilà le comte Palfy qui a son verre vide devant lui.

DEUXIÈME DOMESTIQUE. Sommelier, on demande la grande coupe en or aux armes de Bohême ; le maître dit que vous savez bien laquelle.

LE SOMMELIER. Celle qui a été faite par maître Guillaume pour le couronnement du roi Frédéric : la plus belle pièce du butin de Prague.

DEUXIÈME DOMESTIQUE. Oui, celle-là; on veut boire dedans à la ronde.

LE SOMMELIER, *secouant la tête, tandis qu'il prend la coupe et l'essuie*. Ceci sera raconté à Vienne.

NEUMANN. Montrez-moi ce vase. Il est magnifique. C'est de l'or massif, et la main habile de l'artiste y a représenté d'intéressantes choses. Laissez-moi voir ce premier écusson. Voilà une fière amazone à cheval qui foule aux pieds la mitre et la crosse épiscopale. Elle porte un chapeau au bout d'une lance et un étendard où l'on voit un calice. Pouvez-vous me dire ce que tout cela signifie ?

LE SOMMELIER. Cette femme que vous voyez à cheval

est le symbole de la libre élection du royaume de Bohême. Cela est indiqué par le chapeau rond et par le cheval fougueux qu'elle monte. Le chapeau est l'ornement de l'homme, car tout homme qui n'ose pas se couvrir devant les empereurs et les rois n'est pas un homme libre.

NEUMANN. Mais que signifie le calice représenté sur le drapeau?

LE SOMMELIER. Il signifie la liberté de l'église de Bohême, telle qu'elle existait du temps de nos pères. Pendant la guerre des hussites, nos pères avaient conquis le privilége de se servir du calice, privilége que le pape ne veut pas accorder aux laïques. Pour les utraquistes, rien ne l'emporte sur le calice, c'est leur trésor précieux; c'est pour cela que la Bohême a versé son sang dans maintes batailles.

NEUMANN. Que veut dire ce rouleau de papier?

LE SOMMELIER. C'est la lettre de majesté de notre nation, que nous avons obtenue par force de l'empereur Rodolphe; cette chère et estimable charte qui assure à la nouvelle croyance comme à l'ancienne le droit de sonner les cloches et de chanter en public. Mais, depuis que l'archiduc de Gratz nous gouverne, tout cela est fini. Après la bataille de Prague, où le palatin Frédéric perdit la couronne de l'empire, nous avons été privés de nos chaires, de nos autels; nos pères ont abandonné la patrie, et l'empereur a lui-même coupé avec ses ciseaux notre lettre de majesté.

NEUMANN. Comme vous savez tout cela! Vous connaissez bien les chroniques de votre pays, maître sommelier?

LE SOMMELIER. Mes aïeux étaient taborites et servaient sous Ziska et Procope. Que la paix soit avec leurs cendres! ils combattaient pour une bonne cause. Mais, emportez ce vase.

NEUMANN. Laissez-moi voir encore le second écusson. Regardez, il me semble voir les conseillers de l'empe-

ACTE IV, SCÈNE V.

reur, Martinitz, Slawata, précipités du haut du château de Prague. Oui, c'est juste ; voilà le comte de Thurn qui en donne l'ordre. (*Un domestique emporte le vase.*)

LE SOMMELIER. Ah! ne parlons pas de ce jour. C'était le 23 mai de l'année 1618. Il me semble que j'y suis encore. Ce jour malheureux a été le commencement des calamités de notre pays. Il y a de cela seize ans, et la paix n'est pas encore revenue sur la terre.

(*On crie à la seconde table.*) Au prince de Weimar!

(*A la troisième et à la quatrième table.*) Vive le duc Bernard! (*La musique cesse.*)

PREMIER DOMESTIQUE. Entendez-vous ce tumulte?

DEUXIÈME DOMESTIQUE, *accourant précipitamment*. Avez-vous entendu? Ils crient : Vive Weimar!

TROISIÈME DOMESTIQUE. L'ennemi de l'Autriche!

PREMIER DOMESTIQUE. Le luthérien!

DEUXIÈME DOMESTIQUE. Tout-à-l'heure Déodati a porté la santé de l'empereur ; tout le monde est resté muet.

LE SOMMELIER. L'ivresse fait faire beaucoup de choses. En pareil cas, un fidèle serviteur ne doit pas avoir d'oreilles.

TROISIÈME DOMESTIQUE, *tirant le quatrième à l'écart*. Observe bien tout ce qui se passe, Jean ; nous irons le raconter au père Quiroga, qui pour cela nous donnera de bonnes indulgences.

QUATRIÈME DOMESTIQUE. Je me tiens, autant que je peux, derrière le siége d'Illo, qui tient d'étranges discours. (*Ils retournent aux tables.*)

LE SOMMELIER, *à Neumann*. Qui est ce seigneur habillé de noir et portant une croix, qui cause si confidemment avec le comte Palfy?

NEUMANN. On peut se fier à celui-là. Il se nomme Maradas ; c'est un Espagnol.

LE SOMMELIER. Il n'y a pas à compter sur les Espagnols. Ces étrangers, croyez-moi, ne valent rien.

NEUMANN. Bah! vous ne devriez pas parler ainsi,

sommelier ; ce sont justement les généraux auxquels le duc tient le plus. (*Terzky vient, tenant un papier ; tous les convives se lèvent.*)

LE SOMMELIER, *aux domestiques.* Le lieutenant-général se lève. Faites attention. On sort de table ; allez, retirez les siéges. (*Les domestiques vont vers le fond du théâtre ; une partie des convives s'avancent.*)

SCÈNE VI.

OCTAVIO PICCOLOMINI *arrive, parlant avec Maradas. Ils se placent tous deux sur un des côtés de l'avant-scène. Du côté opposé,* MAX PICCOLOMINI *s'avance tout seul, pensif et sans prendre part au mouvement général. Au milieu, mais quelques pas en arrière, on voit, groupés deux à deux,* BUTTLER, ISOLANI, GOETZ, TIEFENBACH, COLALTO, *et un instant après,* LE COMTE TERZKY.

ISOLANI, *pendant que les généraux viennent en avant.* Bonne nuit, bonne nuit, Colalto ; bonne nuit, lieutenant-général, ou pour mieux dire bonjour.

GOETZ, *à Tiefenbach.* Camarade, quel dîner !

TIEFENBACH. C'était un royal festin.

GOETZ. Oh ! la comtesse s'y entend ; elle a appris cela de sa belle-mère. Dieu veuille avoir son âme ! C'était là une maîtresse de maison !

ISOLANI *veut s'en aller.* De la lumière ! de la lumière !

TERZKY *vient avec un papier.* Camarade, encore deux minutes ; il y a quelque chose à signer.

ISOLANI. Signer ? Tant que vous voudrez. Faites-moi seulement grâce de la lecture.

TERZKY. Je ne veux pas vous en donner l'ennui ; c'est le serment que vous connaissez déjà. Seulement un trait de plume. (*A Isolani, qui présente le papier à Octavio.*) Il ne s'agit pas ici de rang. Que chacun signe comme cela se présentera. (*Octavio parcourt le papier avec un air d'indifférence ; Terzky l'observe de loin.*)

GOETZ, *à Terzky.* Monsieur le comte, permettez-moi de prendre congé de vous.

TERZKY. Ne vous en allez pas si vite... Encore un coup. Holà! (*Il appelle ses domestiques.*)

GOETZ. Je ne le puis.

TERZKY. Une goutte.

GOETZ. Excusez-moi.

TIEFENBACH *s'assied.* Pardonnez-moi, messieurs, mais debout je suis mal à mon aise.

TERZKY. A votre aise, monsieur le grand-maître.

TIEFENBACH. La tête est libre, l'estomac dispos; ce sont les jambes qui refusent le service.

ISOLANI, *montrant sa corpulence.* C'est que vous leur avez fait la charge trop lourde. (*Octavio a signé; il donne le papier à Terzky, qui le présente à Isolani. Celui-ci va près de la table pour signer.*)

TIEFENBACH. C'est la guerre de Poméranie qui m'a mis dans cet état; il fallait marcher sur la glace et dans la neige; jamais je ne m'en remettrai.

GOETZ. Ah! oui, les Suédois ne s'inquiétaient pas de la saison. (*Terzky présente le papier à don Maradas. Celui-ci s'approche de la table pour signer.*)

OCTAVIO *s'avance vers Buttler.* Vous n'aimez pas beaucoup à fêter Bacchus, monsieur le colonel. Je l'ai bien remarqué, et il me semble que le tumulte d'une bataille vous plairait mieux que celui d'un banquet.

BUTTLER. Je dois avouer que les festins ne me conviennent pas beaucoup.

OCTAVIO, *s'approchant plus près.* Ni à moi non plus, je puis vous l'assurer. Je me réjouis, digne colonel Buttler, de penser à cet égard comme vous. Une demi-douzaine, tout au plus, de bons amis autour d'une petite table ronde, un verre de tokay, le cœur ouvert, et une conversation sensée, — voilà ce qui me plaît.

BUTTLER. Oui, si l'on pouvait avoir de telles réunions, j'en serais. (*Le papier vient à Buttler, qui va le signer.*)

L'avant-scène reste vide, de sorte que les deux Piccolomini sont seuls, chacun d'un côté.)

OCTAVIO, *après avoir regardé son fils en silence, s'approche de lui.* Tu as tardé bien longtemps à venir, mon ami ?

MAX *se retourne d'un air embarrassé.* Moi ? des affaires pressantes m'ont retenu.

OCTAVIO. Et à ce qu'il me semble, ta pensée n'est pas encore ici.

MAX. Vous savez que le grand bruit me rend toujours muet.

OCTAVIO *s'approche encore de lui.* Je ne puis savoir ce qui t'a retenu si longtemps? (*Avec finesse.*) Terzky le sait pourtant.

MAX. Que sait Terzky ?

OCTAVIO, *d'un air significatif.* Il était le seul qui ne s'occupât pas de ton absence.

ISOLANI *s'avance.* Bien ! respectable père, montrez-lui ses torts, mettez-le aux arrêts. Il n'a pas bien agi.

TERZKY *revient avec le papier.* Ne manque-t-il personne? Ont-ils tous signé ?

OCTAVIO. Tous.

TERZKY, *à haute voix.* Quelqu'un doit-il encore signer?

BUTTLER. Comptez. Il doit y avoir trente noms.

TERZKY. Voici une croix.

TIEFENBACH. La croix, c'est moi.

ISOLANI. Il ne sait pas écrire, mais sa croix est bonne et sera respectée des juifs comme des chrétiens.

OCTAVIO, *à Max.* Allons-nous-en, colonel ; il est tard.

TERZKY. Un seul Piccolomini a signé.

ISOLANI, *montrant Max.* Prenez garde. Celui qui manque, ce convive de pierre, dont nous n'avons pas pu tirer parti toute la soirée.

(*Max prend le papier des mains de Terzky et le parcourt avec distraction.*)

SCÈNE VII.

Les précédents ; ILLO *sort de la chambre du fond ; il tient en main la coupe d'or, et il est fort animé par le vin.* GOETZ *et* BUTTLER *le suivent et essayent de le retenir.*

ILLO. Que voulez-vous? Laissez-moi.

GOETZ *et* BUTTLER. Ne buvez pas davantage, Illo.

ILLO *s'approche d'Octavio en buvant, et l'embrasse.* Octavio, je bois à ta santé. Que toute colère soit noyée dans ce verre que nous allons vider ensemble. Je sais bien que tu ne m'as jamais aimé, et Dieu me punisse! je ne t'ai pas aimé non plus. — Oublions le passé. — Je t'estime infiniment. (*Il l'embrasse de nouveau.*) Je suis ton meilleur ami, et sachez que celui qui le traitera d'hypocrite aura affaire à moi.

TERZKY, *le tirant à part.* Es-tu fou? Songe donc, Illo, où tu es?

ILLO, *d'un air cordial.* Que voulez-vous? ce sont tous de bons amis. (*Il parcourt le cercle d'un air satisfait.*) Il n'y a pas un coquin parmi nous, voilà ce qui me réjouit.

TERZKY, *à Buttler.* Emmenez-le avec vous, je vous en prie, Buttler. (*Buttler le conduit vers le buffet.*)

ISOLANI, *à Max, qui regarde immobile et distrait le papier.* Sera-ce bientôt fini, camarade? L'avez-vous assez étudié?

MAX, *comme s'il sortait d'un songe.* Que dois-je faire?

ISOLANI *et* TERZKY, *en même temps.* Ecrire là votre nom. (*Octavio attache sur son fils un regard inquiet.*)

MAX *rend le papier.* Laissons cela jusqu'à demain. C'est une affaire. Aujourd'hui je suis mal disposé. Envoyez-moi cela demain.

TERZKY. Songez-donc...

ISOLANI. Allons, vite! signez. Comment! il est le plus jeune de la société, et il voudrait être plus prudent que nous tous à la fois. Voyez donc, voyez, votre père et nous, nous avons tous signé.

TERZKY. Employez donc votre ascendant, persuadez-le.

OCTAVIO. Mon fils est majeur.

ILLO, *posant le verre sur le buffet.* De quoi parle-t-on?

TERZKY. Il refuse de signer le serment.

MAX. Je dis que je veux attendre jusqu'à demain.

ILLO. Cela ne peut se remettre. Nous avons tous signé, et toi aussi il faut que tu signes.

MAX. Illo, bonne nuit.

ILLO. Non, tu ne m'échapperas pas. Il faut que le prince connaisse ses amis. (*Tous se rassemblent autour d'eux.*)

MAX. Le prince sait quels sont mes sentiments pour lui; tout le monde le sait aussi, et ces niaiseries sont inutiles.

ILLO. Voilà comme le prince est récompensé de la préférence qu'il a toujours eue pour les Italiens.

TERZKY, *dans le plus grand trouble, s'adresse aux chefs en tumulte.* C'est le vin qui parle par sa bouche. Ne l'écoutez pas, je vous en prie.

ISOLANI, *riant.* Le vin n'invente rien, il ne fait que bavarder.

ILLO. Celui qui n'est pas avec moi est contre moi. Quelle conscience délicate! Parce qu'on ne lui laisse pas une porte de derrière, une clause...

TERZKY, *l'interrompant vivement.* Il est dans le délire; ne faites pas attention à lui.

ILLO, *criant plus fort.* Une clause pour se sauver! Pourquoi cette clause? Que le diable l'emporte!

MAX *devient attentif, et regarde de nouveau le papier.* Qu'y a-t-il donc ici de si dangereux? Vous me donnez envie d'y regarder de plus près.

TERZKY, *à part, à Illo.* Que fais-tu, Illo? Tu nous perds.

TIEFENBACH, *à Colalto.* J'ai bien remarqué qu'avant le repas on avait lu autrement.

ACTE IV, SCÈNE VII.

GOETZ. Je l'ai remarqué aussi.

ISOLANI. Que m'importe ? Les autres noms y sont, le mien peut y rester.

TIEFENBACH. Avant le repas, il y avait une certaine réserve, une clause relative au service de l'empereur.

BUTTLER, *à un de ses commandants*. Fi donc ! messieurs. Songez où nous sommes. La question, maintenant, c'est de savoir si nous conserverons notre général, ou si nous le laisserons partir. On ne doit pas, en pareil cas, y regarder de si près.

ISOLANI, *à l'un des généraux*. Le prince s'est-il aussi renfermé dans des clauses, quand il vous a donné votre régiment ?

TERZKY, *à Goetz*. Et quand il vous a donné, à vous, cette fourniture qui vous a rapporté mille pistoles en un an.

ILLO. J'appelle scélérat quiconque nous accuserait de parjure. Que celui qui n'est pas content le dise ! je suis là !

TIEFENBACH. Bah ! bah ! On cause seulement.

MAX, *après avoir lu le papier, le rend*. Ainsi donc, à demain.

ILLO, *hors de lui, étouffant de colère, lui présente d'une main l'écrit, et de l'autre son épée*. Ecris, Judas !

ISOLANI. Fi donc ! Illo.

OCTAVIO, TERZKY, BUTTLER, *à la fois*. A bas les épées.

MAX *prend Illo dans ses bras, le désarme, puis dit au comte Terzky*. Faites-le porter sur son lit. (*Il sort. Illo, jurant et furieux, est arrêté par quelques-uns des généraux. Pendant ce tumulte, le rideau tombe.*)

ACTE CINQUIÈME.

Un appartement dans la maison de Piccolomini. Il fait nuit.

SCÈNE I.

OCTAVIO PICCOLOMINI ; UN DOMESTIQUE *l'éclaire* ; *un instant après,* MAX PICCOLOMINI.

OCTAVIO. Dès que mon fils sera rentré, dites-lui que je veux le voir. Quelle heure est-il ?

LE VALET DE CHAMBRE. Le jour va bientôt venir.

OCTAVIO. Posez là cette lumière. Nous ne nous coucherons pas. Vous pouvez aller dormir. (*Le valet de chambre sort ; Octavio se promène pensif dans la chambre. Max Piccolomini entre, et regarde un instant son père en silence.*)

MAX. Êtes-vous irrité contre moi mon père ? Dieu sait que je n'ai pas eu tort dans cette odieuse querelle. J'ai bien vu que vous aviez signé.... Ce qui est convenable pour vous doit l'être aussi pour moi. Mais, vous savez, dans de telles affaires je ne puis suivre que mes propres lumières et non pas celles d'autrui.

OCTAVIO *va à lui et l'embrasse.* Suis toujours tes lumières, mon cher fils ; elles t'ont mieux guidé aujourd'hui que l'exemple de ton père.

MAX. Expliquez-vous clairement.

OCTAVIO. Je vais le faire. Après ce qui s'est passé cette nuit, il ne doit plus y avoir de secret entre nous. (*Tous deux s'asseyent.*) Max, dis-moi, que penses-tu de ce serment qu'on a présenté tantôt à notre signature ?

MAX. Je le regarde sans danger, quoique je n'en aime pas la formule.

OCTAVIO. N'as-tu pas eu d'autre motif pour refuser d'y mettre ta signature ?

MAX. C'était une affaire sérieuse : je me sentais distrait ; la chose ne me paraissait, du reste, pas si pressante.

OCTAVIO. Sois franc, Max : tu n'avais aucun soupçon ?

MAX. Un soupçon ? Sur quoi ? Pas le moindre.

OCTAVIO. Remercie ton bon ange, Piccolomini. Sans que tu le saches, il t'a sauvé de l'abîme.

MAX. Je ne sais ce que vous voulez dire.

OCTAVIO. Je veux dire que tu aurais associé ton nom à une action coupable, que tu aurais, d'un trait de plume, renié tes devoirs et ton serment.

MAX. Octavio !

OCTAVIO. Reste : j'ai encore beaucoup de choses à dire. Ami, tu as vécu, pendant de longues années, dans un inconcevable aveuglement. Le plus noir complot se trame sous tes yeux ; une puissance infernale trouble tes sens. — Je ne puis me taire davantage : il faut que le bandeau tombe de tes yeux.

MAX. Avant de parler, songez-y bien ! si vos paroles ne sont que des conjectures ; — et je crains bien que ce ne soit rien de plus. — Épargnez-les-moi ; je ne suis pas dans une disposition d'esprit à les écouter tranquillement.

OCTAVIO. Si tu as des motifs sérieux pour fuir la lumière ; j'en ai, moi, de plus pressants pour te la montrer. Je pourrais t'abandonner à l'innocence de ton cœur et à ton propre jugement ; mais ton cœur lui-même peut être pris au piége. Le secret (*il fixe sur lui un regard pénétrant*) que tu me caches m'oblige à te révéler le mien. (*Max essaye de répondre, puis s'arrête et fixe à terre ses regards troublés. Octavio continue après un moment de silence.*) Apprends-le donc, on te trompe, on se joue indignement de toi et de nous tous. Le duc feint de vouloir quitter l'armée, et, dans ce moment, on travaille à enlever l'armée à l'empereur pour la conduire à l'ennemi.

MAX. Je connais ces histoires de sacristains ; mais je ne m'attendais pas à les entendre de votre propre bouche.

OCTAVIO. Si ma bouche te les répète, tu peux être sûr que ce ne sont pas des mensonges de sacristains.

MAX. Quelle folie prête-t-on au duc! Peut-il penser que trente mille soldats éprouvés, que des hommes honorables, parmi lesquels on compte plus de mille nobles, seraient capables d'abjurer honneur, serment, devoir, pour commettre une trahison ?

OCTAVIO. Il ne sollicite pas une telle infamie. Ce qu'il demande de nous est caché sous un nom moins effrayant. Il ne veut que donner la paix à l'empire, et comme cette paix est odieuse à l'empereur, — il veut l'y contraindre. Il veut apaiser tous les partis, et prendre, pour prix de ses peines, la Bohême, où il est déjà installé.

MAX. A-t-il mérité de nous, Octavio, que nous ayons de lui une aussi indigne opinion ?

OCTAVIO. Il n'est pas ici question de notre opinion. La chose parle d'elle-même, les preuves sont claires. Mon fils, tu n'ignores pas combien la cour est mécontente de nous ; cependant tu ne te doutes pas de tant de ruses, d'artifices mensongers mis en usage pour semer la révolte dans le camp. Tous les liens qui attachent l'officier à l'empereur, et le soldat à la vie civile, sont rompus. Dégagé de tout devoir, de toute loi, il se fortifie contre l'État qu'il devrait protéger, et menace de tourner le glaive contre lui. Les choses en sont venues à ce point, que l'empereur tremble en ce moment devant sa propre armée, redoute dans sa capitale, dans son château, le poignard des traîtres, et songe à dérober sa famille chérie, non pas aux Suédois, non pas aux luthériens, mais à ses propres soldats.

MAX. Cessez! vous me faites mal, vous me tourmentez. Je sais que l'on peut être le jouet d'une vaine crainte ; mais de fausses idées annoncent des malheurs réels.

OCTAVIO. Ceci n'est pas une illusion. La guerre civile, la plus cruelle de toutes, est prête à s'allumer, si nous ne nous hâtons de la prévenir. Les colonels sont gagnés depuis longtemps ; la fidélité des subalternes vacille ; des régiments entiers, des garnisons s'ébranlent. Les forteresses sont gardées par des étrangers. On a confié au suspect Schafgotsch les troupes de la Silésie, à Terzky cinq régiments d'infanterie et de cavalerie, à Illo, à Kinsky, à Buttler, à Isolani les troupes les mieux équipées.

MAX. Et à nous donc aussi.

OCTAVIO. Parce qu'on se croit sûr de nous, parce qu'on pense nous séduire par des promesses brillantes. Il me donne les principautés de Glatz et de Sagan, et je vois bien à quel hameçon il compte te prendre.

MAX. Non, non, non, vous dis-je.

OCTAVIO. Oh ! ouvre donc les yeux ! Pourquoi penses-tu qu'on nous a rassemblés à Pilsen ? Est-ce pour délibérer avec nous ? Quand Friedland a-t-il eu besoin de nos conseils ? Nous avons été appelés pour nous vendre à lui, et, si nous refusons, pour rester ses otages. Voilà pourquoi le comte Galas n'est pas venu ; et tu ne verrais pas ici ton père, si des devoirs plus élevés ne le tenaient enchaîné.

MAX. Il ne dissimule pas que nous avons été appelés ici pour lui : — il avoue qu'il a besoin de notre bras pour se maintenir. Il a tant fait pour nous, que notre devoir est de faire maintenant quelque chose pour lui.

OCTAVIO. Et sais-tu ce que c'est que nous devons faire pour lui ? Dans le transport de son ivresse, Illo a trahi le secret. Songe donc à ce que tu as vu et entendu ? Cet écrit falsifié, cette clause décisive que l'on raye, n'est-ce pas là une preuve que l'on ne voulait nous conduire à rien de bon ?

MAX. Je n'ai regardé que comme une méchante manœuvre d'Illo ce qui est arrivé cette nuit avec cet écrit.

Cette race d'intrigants veut toujours se mettre à la tête de toutes les affaires. Ils voient que le duc est en mésintelligence avec la cour, et ils pensent le servir en élargissant la plaie jusqu'à ce qu'elle devienne incurable. Croyez-moi, le duc ne sait rien de tout cela.

OCTAVIO. Il m'en coûte de renverser une confiance si bien établie. Mais ici je ne dois employer aucun ménagement ; il faut prendre des mesures promptes et agir sans délai. — Je t'avouerai donc que tout ce que je t'ai confié, tout ce qui te paraît si incroyable, je le tiens de sa propre bouche, de la bouche du prince.

MAX, *dans une violente agitation*. Jamais !

OCTAVIO. Lui-même m'a confié ce que j'avais déjà, il est vrai, appris par une autre voie : qu'il voulait passer du côté des Suédois, et, à la tête des armées conjurées, forcer l'empereur...

MAX. Il est violent ; la cour l'a gravement offensé ; peut-être que dans un moment d'humeur il aura pu s'oublier.

OCTAVIO. Il était de sang-froid quand il m'a fait cet aveu ; et, comme il prenait ma surprise pour de la crainte, il m'a montré en secret des lettres de Suédois et de Saxons qui lui faisaient espérer un secours certain.

MAX. Cela ne peut être ; non, cela ne peut être, cela ne peut être ! Voyez-vous, cela ne peut être ! Vous lui auriez nécessairement témoigné votre horreur, il se serait laissé persuader, ou vous, vous ne seriez plus en vie.

OCTAVIO. Je lui ai bien manifesté ma pensée ; j'ai employé des instances sérieuses pour le détourner de son projet, mais je lui ai caché mon horreur et le fond de mes sentiments.

MAX. Vous auriez eu cette fausseté ? Cela n'est pas dans votre nature, mon père. Je ne vous croyais pas quand vous me parliez mal de lui, je vous crois encore moins quand vous vous calomniez vous-même.

octavio. Je n'ai pas cherché à pénétrer son secret.

max. Sa confiance méritait votre sincérité.

octavio. Il n'était pas digne de ma franchise.

max. Et la trahison était encore moins digne de vous.

octavio. Mon cher fils, il n'est pas toujours possible dans la vie d'agir avec cette innocence d'enfant que notre conscience nous conseille. Dans la nécessité continuelle de se défendre contre la ruse, le cœur le plus droit perd sa sincérité. Il y a une malédiction attachée à tout ce qui est mal, d'où il résulte que le mal se multiplie et engendre le mal. Je n'épilogue pas, je fais mon devoir. L'empereur m'a tracé ma ligne de conduite. Sans doute il vaudrait mieux suivre toujours la voix de son cœur, mais il faudrait pour cela renoncer plus d'une fois à un but honorable. Il s'agit ici, mon fils, de bien servir l'empereur; que m'importe alors ce que mon cœur en pense!

max. Je ne puis aujourd'hui ni saisir ni comprendre vos paroles. Le prince vous a révélé franchement le secret de son cœur dans un mauvais dessein, et vous, dans un bon dessein, vous l'avez trompé. Cessez, je vous en prie; vous ne pouvez m'enlever un ami, ne me faites pas perdre un père.

octavio, *réprimant son émotion.* Tu ne sais pas encore tout, mon fils; j'ai encore quelque chose à te révéler. (*Après un moment de silence.*) Le duc de Friedland a fait ses préparatifs, il se fie à son étoile, il croit nous surprendre à l'improviste et tenir déjà la couronne d'une main assurée. Il se trompe. Nous avons agi de notre côté, et il arrive à son mystérieux et funeste destin.

max. Ne hâtez rien, mon père, je vous en conjure par tout ce qui vous est cher! Point de précipitation!

octavio. Il s'avance silencieusement dans sa voie perverse; la vengeance le suit avec les mêmes précautions. Déjà, sans qu'il la voie, elle se tient derrière lui, cachée dans l'obscurité; encore un pas, et elle va l'atteindre. Tu as vu près de moi Questenberg; tu ne connais encore que sa mission ostensible ; il en a apporté une secrète qui n'est que pour moi.

MAX. Puis-je la connaître?

OCTAVIO. Max, d'un mot je vais mettre entre tes mains le salut de l'empire et la vie de ton père. Wallenstein est cher à ton cœur, un lien puissant d'amour, de vénération, t'attache à lui dès ta première jeunesse... Tu nourris le désir... oh! laisse-moi aller au-devant de ton aveu tardif..... tu nourris l'espérance de lui appartenir encore de beaucoup plus près.

MAX. Mon père!

OCTAVIO. Je me fie à ton cœur, mais puis-je être sûr que tu te contiendras? Pourras-tu paraître devant cet homme avec un front tranquille, quand je t'aurai révélé tout son destin?

MAX. Vous m'avez déjà révélé son crime. (*Octavio prend des papiers dans une cassette et les lui présente.*) Quoi! comment! une lettre de l'empereur?

OCTAVIO. Lis.

MAX, *après y avoir jeté un regard.* Le prince jugé et proscrit?

OCTAVIO. Cela est ainsi.

MAX. Oh! que les choses sont avancées! O déplorable erreur !

OCTAVIO. Lis encore. Remets-toi.

MAX, *après avoir lu, regarde son père avec surprise.* Quoi! vous êtes... vous?

OCTAVIO. Pour un moment seulement, — et jusqu'à ce que le roi de Hongrie puisse paraître à l'armée, — le commandement m'est confié.

MAX. Et croyez-vous pouvoir le lui arracher? Non, n'ayez pas cette pensée. Mon père, mon père! on vous a donné une malheureuse fonction. Prétendez-vous faire valoir cet ordre, désarmer ce général puissant au milieu de ses troupes, de ses milliers de braves? Vous êtes perdu, et nous sommes tous perdus avec vous.

octavio. Je sais à quoi je m'expose. Je suis dans la main du Tout-Puissant; il couvrira de son bouclier la pieuse maison impériale et anéantira l'œuvre des ténèbres. L'empereur a encore de fidèles serviteurs. Il y a encore dans le camp assez de braves qui combattront avec fermeté pour la bonne cause. Les sujets fidèles sont avertis, les autres sont surveillés; j'attends seulement le premier pas, et soudain!...

max. Voulez-vous donc agir à la hâte sur un soupçon?

octavio. Loin de l'empereur toute mesure tyrannique! C'est le fait qu'il veut punir et non pas la volonté. Le prince tient encore sa destinée dans ses mains; qu'il n'accomplisse pas son crime, on lui retirera sans bruit son commandement, il cédera la place au fils de son empereur, et un exil honorable dans ses domaines sera pour lui un bienfait plutôt qu'un châtiment. Mais à la première démarche apparente...

max. De quel démarche parlez-vous? Il n'en fera aucune qui soit criminelle; mais vous pourriez, et déjà vous l'avez fait, donner une funeste interprétation aux plus innocentes.

octavio. Quelque coupable que fût le projet du prince, les démarches qu'il a faites publiquement jusqu'à ce jour peuvent encore être innocemment expliquées: aussi ne ferai-je usage de cet écrit que lorsqu'une action décisive prouvera sa trahison et le condamnera.

max. Et qui en sera juge?

octavio. Toi-même.

max. Oh! alors vous n'emploierez jamais cet ordre! Donnez-moi votre parole de ne pas agir avant de m'avoir moi-même convaincu.

octavio. Est-il possible? Après tout ce que tu sais, peux-tu croire encore à son innocence?

max, *vivement*. Votre jugement peut se tromper, et non pas mon cœur. (*Avec un ton plus modéré.*) Le génie n'est pas facile à comprendre comme les esprits ordinaires. Il cherche sa destinée dans les astres, et, comme eux, il s'avance dans des routes mystérieuses, inconcevables. Croyez-moi, on lui fait tort. Tout s'expliquera, et nous le verrons sortir pur et brillant de ces noirs soupçons.

octavio. J'attendrai.

SCÈNE II.

Les précédents, UN DOMESTIQUE ; *un instant après,*
UN COURRIER.

octavio. Qu'y a-t-il?

le domestique. Un courrier attend à la porte.

octavio. De si bonne heure! Qui est-il? d'où vient-il?

le domestique. Il n'a pas voulu me le dire.

octavio. Faites-le entrer. N'en parlez pas. (*Le domestique sort. Un cornette entre.*) C'est vous, cornette? Vous venez de la part du comte Galas? Donnez-moi la lettre.

le cornette. Je n'ai qu'une commission verbale. Le général a craint...

octavio. Qu'est-ce?

le cornette. Il vous fait dire... Puis-je parler ici librement?

octavio. Mon fils sait tout.

le cornette. Nous le tenons!

octavio. Qui donc?

le cornette. L'entremetteur Sesine.

octavio, *vivement.* Vous l'avez?

le cornette. Le capitaine Mohrbrand l'a saisi avant-hier dans la forêt de la Bohême, comme il était en route pour porter à Ratisbonne des dépêches aux Suédois.

octavio. Et ces dépêches?...

le cornette. Le général les a sur-le-champ envoyées à Vienne avec le prisonnier.

OCTAVIO. Enfin, enfin ! Voilà une grande nouvelle. Cet homme est pour nous une capture précieuse qui peut amener des événements importants. A-t-on trouvé beaucoup de choses sur lui ?

LE CORNETTE. Six paquets scellés des armes de Terzky.

OCTAVIO. Rien de la main du prince ?

LE CORNETTE. Non pas, que je sache.

OCTAVIO. Et Sesine ?

LE CORNETTE. Il a paru très-effrayé lorsqu'on lui a dit qu'il irait à Vienne. Mais le comte Altringer a cherché à lui faire concevoir de bonnes espérances s'il voulait tout révéler.

OCTAVIO. Altringer est-il auprès de votre général ? On m'avait dit qu'il était malade à Lintz.

LE CORNETTE. Depuis trois jours il est à Frauenberg, chez le général. Ils ont déjà rassemblé soixante drapeaux, des troupes choisies, et vous font savoir qu'ils n'attendent plus que vos ordres.

OCTAVIO. En peu de jours il peut arriver bien des choses. Quand devez-vous partir ?

LE CORNETTE. J'attends vos ordres.

OCTAVIO. Restez jusqu'à ce soir.

LE CORNETTE. Bien. (*Il veut sortir.*)

OCTAVIO. Personne ne vous a-t-il vu ?

LE CORNETTE. Personne. Les capucins m'ont, comme d'habitude, introduit par la petite porte du cloître.

OCTAVIO. Allez, reposez-vous et tenez-vous caché. Je pense pouvoir vous expédier ce soir même. Les affaires touchent à leur dénoûment : le jour qui se lève est un jour fatal. Avant qu'il soit fini, une destinée doit être résolue.

(*Le cornette sort.*)

SCÈNE III.

LES DEUX PICCOLOMINI.

OCTAVIO. Eh bien ! mon fils, la question sera bientôt

éclaircie, car, je le sais, tout se tramait au moyen de Sesine.

MAX, *qui, pendant tout ce temps, a été en proie à une violente lutte intérieure, dit d'une voix décidée.* Je veux savoir ce qu'il en est par la voie la plus prompte. Adieu.

OCTAVIO. Où vas-tu ? Arrête.

MAX. Je vais trouver le prince.

OCTAVIO, *effrayé.* Quoi !

MAX, *revenant.* Si vous avez cru que j'accepterais un rôle dans votre jeu, vous vous êtes mépris sur moi. Ma route doit être droite. Je ne puis être vrai dans mes paroles et faux dans mon cœur. Je ne puis voir un homme se fier à moi comme à son ami, et abuser ma conscience en me disant qu'il agit à ses risques et périls, et que ma bouche ne le trompe pas. Tel il me suppose et tel je dois être. Je vais trouver le duc. Aujourd'hui même je le sommerai de se purger aux yeux du monde des calomnies portées contre lui, et de rompre par une franche démarche vos trames artificieuses.

OCTAVIO. Quoi ! tu voudrais...

MAX. Sans aucun doute, je le veux ainsi.

OCTAVIO. Oui, je me suis mépris sur toi. Je te regardais comme un fils prudent qui bénirait la main bienfaisante étendue vers lui pour le retirer de l'abîme, et je ne vois qu'un homme aveugle dont deux beaux yeux troublent la raison, que la passion égare et que la lumière du jour ne peut éclairer. Va donc, interroge-le ; sois assez irréfléchi pour lui livrer le secret de ton père et de ton empereur ; contrains-moi à éclater ouvertement avant le temps. Et maintenant, après que par un miracle du ciel mon secret a été gardé jusqu'à ce jour, après que les yeux clairvoyants du soupçon ont été endormis, donne-moi la douleur de voir mon propre fils anéantir, par une démarche imprudente et folle, l'œuvre pénible de la politique.

max. Oh! cette politique, combien je la maudis! C'est par votre politique que vous le pousserez à une action décisive. Oui, puisque vous voulez qu'il soit coupable, vous pouvez le rendre coupable. Oh! tout ceci finira mal, et, quelle que soit la décision du sort, je pressens un dénoûment prochain et déplorable. — Car, si ce cœur royal succombe, il entraînera un monde dans sa chute. Tel qu'un vaisseau embrasé tout à coup au milieu de la pleine mer éclate et lance entre le ciel et les vagues les hommes dont il est chargé, tel il nous entraînera dans sa ruine, nous tous qui sommes attachés à sa fortune. Agissez comme vous voudrez, mais souffrez que je me conduise aussi à ma manière. Il faut que tout soit net entre lui et moi, et, avant la fin du jour, il faut que je sache si j'ai perdu un père ou un ami.

(*Il sort, la toile tombe.*)

FIN DES PICCOLOMINI.

TROISIÈME PARTIE.
LA MORT DE WALLENSTEIN.

PERSONNAGES.

WALLENSTEIN.
OCTAVIO PICCOLOMINI.
MAX PICCOLOMINI.
TERZKY.
ILLO.
ISOLANI.
BUTTLER.
LE CAPITAINE NEUMANN.
UN ADJUDANT.
LE COLONEL WRANGEL, envoyé suédois.
GORDON, commandant d'Égra.
LE MAJOR GÉRALDIN.
DEVEREUX, } capitaines dans l'armée de Wallenstein.
MACDONALD, }
UN CAPITAINE SUÉDOIS.
LE BOURGMESTRE D'ÉGRA.
SENI.
LA DUCHESSE DE FRIEDLAND.
LA COMTESSE TERZKI.
THÉCLA.
MADEMOISELLE DE NEUBRUNN, dame } de la princesse.
ROSENBERG, écuyer }
UNE DÉPUTATION DES CUIRASSIERS.
DRAGONS.
DOMESTIQUES, PAGES, PEUPLE.

La scène est à Pilsen pendant les deux premiers actes, à Égra pendant les deux derniers.

ACTE PREMIER.

Un appartement disposé pour des opérations astrologiques; il est garni de sphères, de cartes, de cadrans et autres instruments d'astronomie. Un rideau tiré laisse voir une salle ronde dans laquelle la figure des sept planètes sont renfermées dans des niches éclairées obscurément. Seni observe les étoiles. Wallenstein est devant une grande table noire sur laquelle est dessiné l'aspect des étoiles.

SCÈNE I.

WALLENSTEIN, SENI.

WALLENSTEIN. C'est bien, Seni, descendez. Le jour se

lève, et cette heure est sous l'influence de Mars. Le moment n'est plus convenable pour opérer. Venez, nous en savons assez.

SENI. Que votre altesse me permette seulement d'observer encore Vénus. La voilà qui se lève et qui brille à l'Orient comme un soleil.

WALLENSTEIN. Oui, elle est maintenant proche de la terre et agit de toute sa force. (*Regardant les figures tracées sur la table.*) Spectacle fortuné ! Ainsi se dessine le grand triangle auquel est attachée une puissance mystérieuse. Ces deux astres bienfaisants, Jupiter et Vénus, renferment entre eux le perfide Mars, et forcent l'antique artisan de malheur à me servir. Longtemps il m'a été hostile, et, tantôt dans une position directe et oblique, tantôt par l'aspect quadrate ou par le double reflet, il lançait ses rayons de feu sur mes astres et détruisait leur influence favorable. Maintenant ils ont vaincu mon ancien ennemi, et ils le tiennent prisonnier dans le ciel.

SENI. Et ses deux grands astres n'ont à redouter aucun maléfice. Saturne, incapable de nuire, touche à son déclin.

WALLENSTEIN. Le règne de Saturne est passé. C'est lui qui préside à la connaissance des choses cachées dans le sein de la terre ou dans les profondeurs de l'âme. Il règne sur tout ce qui craint la lumière. Ce n'est plus le temps de réfléchir et de méditer, car le brillant Jupiter domine et attire par sa puissance dans l'empire de la lumière les œuvres préparées dans l'obscurité. Maintenant, il faut agir à la hâte avant que ces signes de bonheur cessent de luire sur ma tête ; car il s'opère à la voûte du ciel des changements perpétuels. (*On frappe à la porte.*) On frappe ; voyez qui c'est.

TERZKY, *au dehors.* Ouvrez.

WALLENSTEIN. C'est Terzky. Qu'y a-t-il donc de si pressant ? Nous sommes occupés.

TERZKY. Mettez toutes les affaires de côté, je vous en prie ; ceci ne souffre aucun retard.

WALLENSTEIN. Ouvre, Seni. (*Pendant que celui-ci ouvre, Wallenstein tire le rideau sur les images.*)

SCÈNE II.

WALLENSTEIN, LE COMTE TERZKY.

TERZKY *entre*. Le savez-vous déjà? Il a été pris, il a été livré par Galas à l'empereur.

WALLENSTEIN, *à Terzky*. Qui a été pris? qui a été livré?

TERZKY. Celui qui sait notre secret, qui a été chargé de toutes nos négociations avec les Saxons et les Suédois, par les mains de qui tout a passé.

WALLENSTEIN, *se reculant*. Ce n'est pas Sesine? Dis-moi que ce n'est pas lui, je t'en prie.

TERZKY. Comme il allait trouver les Suédois à Ratisbonne, des hommes apostés par Galas, et qui l'épiaient depuis longtemps, l'ont arrêté. Il avait avec lui mes dépêches pour Kinsky, Mathéas, de Thurn, Oxenstiern, Arnheim; tout est entre leurs mains; ils ont maintenant la révélation de tout ce qui a été fait.

SCÈNE III.

Les précédents, ILLO.

ILLO, *à Terzky*. Le sait-il?

TERZKY. Il le sait.

ILLO, *à Wallenstein*. Pensez-vous maintenant encore à faire votre paix avec l'empereur, à regagner sa confiance? Voudriez-vous maintenant renoncer à vos projets? On sait quel a été votre dessein. Il faut marcher en avant, car vous ne pouvez plus reculer.

TERZKY. Ils ont entre les mains, contre nous, des documents irrécusables.

WALLENSTEIN. Rien de ma main. Je l'accuserai d'imposture.

ILLO. Vainement! Croyez-vous que, lorsque votre beau-frère a négocié en votre nom, on ne mettra pas ces négociations sur votre compte ? Les Suédois ont accepté sa parole comme venant de vous ; vos ennemis de Vienne n'en feront-ils pas autant ?

TERZKY. Vous n'avez pas donné d'écrit ; mais songez jusqu'où vous êtes allé dans vos entretiens avec Sesine. Se taira-t-il ? et s'il faut se sauver en révélant votre secret, ne le révélera-t-il pas ?

ILLO. Vous le voyez bien vous-même. Et puisqu'ils savent maintenant jusqu'où vous êtes allé, parlez, qu'attendez-vous ? Vous ne pouvez conserver plus longtemps le commandement, et vous êtes perdu sans ressource si vous le déposez.

WALLENSTEIN. L'armée est ma sécurité, l'armée ne m'abandonnera pas. Qu'importe ce qu'ils ont appris ? La force est de mon côté, il faut qu'ils en passent par là. Et si je leur donne une garantie de ma fidélité, il faudra qu'ils s'en contentent.

ILLO. L'armée est à vous ; oui, pour le moment elle est à vous. Mais craignez l'action lente et sourde du temps. La faveur des troupes vous protége encore aujourd'hui, demain, contre un acte de violence ; mais, si vous leur accordez un délai, ils mineront à votre insu cette faveur sur laquelle vous vous appuyez ; ils vous enlèveront chaque soldat l'un après l'autre, jusqu'à ce qu'enfin, lorsque arrivera le tremblement de terre, l'édifice trompeur et vermoulu s'effondre de toutes parts.

WALLENSTEIN. C'est un malheureux événement !

ILLO. Oh ! je le nommerais heureux, s'il pouvait exercer sur vous l'action qu'il doit avoir, s'il pouvait vous décider à agir promptement... Le colonel suédois...

WALLENSTEIN. Est-il arrivé ? Savez-vous quelle est sa mission ?

ILLO. Il ne veut la confier qu'à vous seul.

WALLENSTEIN. Malheureux, malheureux événement ! Oui, Sesine en sait trop, et il ne se taira pas.

TERZKY. C'est un rebelle de la Bohême, un déserteur

déjà condamné à mort ; s'il peut se sauver à vos dépens, il n'y mettra pas tant de façons ; et si on le soumet à la torture, aura-t-il assez de force pour la supporter?

WALLENSTEIN, *absorbé dans ses réflexions.* Non, je ne puis leur rendre la confiance, et, quoi que je fasse, je passerai toujours pour un traître à leurs yeux. Si ouvertement que désormais je retourne à mon devoir, cela ne me servira plus à rien.

ILLO. Cela vous perdra, car ils attribueront cette conduite à votre impuissance et non pas à votre fidélité.

WALLENSTEIN, *vivement agité et marchant à grands pas.* Quoi ! faut-il donc sérieusement accomplir ce qui avait servi de jouet à mes pensées ? Oh ! maudit soit celui qui joue avec le diable !

ILLO. Si ce n'était là qu'un jeu pour vous, croyez-moi, il vous faut l'expier au sérieux.

WALLENSTEIN. Et je devrais exécuter les choses aujourd'hui ? Aujourd'hui, tandis que le pouvoir m'appartient encore ! Faut-il en venir là ?

ILLO. Oui, s'il est possible, avant qu'ils soient revenus, à Vienne, du coup qui les a frappés, avant qu'ils puissent vous prévenir.

WALLENSTEIN, *regardant les signatures.* J'ai la promesse des généraux par écrit. Le nom de Max n'est pas là ; pourquoi ?

TERZKY. Il était... Il a cru...

ILLO. Pure singularité ! Cela n'est pas nécessaire entre vous et lui.

WALLENSTEIN. Cela n'est pas nécessaire ? Il a raison... Les régiments ne veulent pas aller en Flandre ; ils m'ont adressé une requête, et se refusent positivement à obéir. Le premier pas vers la révolte est fait.

ILLO. Croyez-moi, il vous sera plus aisé de les conduire à l'ennemi que sous les ordres de l'Espagnol.

WALLENSTEIN. Je veux pourtant savoir ce que le Suédois vient me dire.

ILLO, *avec empressement.* Appelez-le, Terzky; il est près d'ici.

WALLENSTEIN. Attendez encore un peu. J'ai été surpris... Tout cela est arrivé si vite... Je ne suis pas habitué à me laisser maîtriser et conduire aveuglément par le hasard.

ILLO. Écoutez-le d'abord, puis réfléchissez ensuite.

(*Ils sortent.*)

SCÈNE IV.

WALLENSTEIN.

WALLENSTEIN, *se parlant à lui-même.* Serait-il possible? Ne pourrais-je plus faire ce que je veux, revenir en arrière, si tel est mon plaisir? Faut-il que j'accomplisse un fait parce que j'y ai pensé, parce que je n'ai pas éloigné de moi la tentation, parce que mon cœur s'est nourri de ces songes, parce que je me suis ménagé les moyens d'une exécution incertaine, parce que j'ai simplement, à toute occasion, tenu la route ouverte devant moi? Dieu du ciel! Mais ce n'était pas une pensée sérieuse, mais ce ne fut jamais un plan résolu; l'idée en souriait à mon esprit, voilà tout. La liberté et le pouvoir avaient de l'attrait pour moi, était-ce donc un crime de me récréer par l'image d'une espérance royale? Ma volonté n'était-elle pas libre dans ma poitrine, et ne voyais-je pas près de moi la bonne route toujours ouverte pour le retour? Où donc me vois-je tout à coup conduit? Toute route est fermée derrière moi, et mes propres œuvres ont élevé un mur dont l'enceinte m'interdit toute retraite. (*Il demeure profondément pensif.*) Je parais coupable, et, quelque effort que je fasse, je ne puis écarter le crime de moi: car ma vie se montre sous un double aspect qui m'accuse, et le soupçon qui s'attache à moi empoisonnerait des actions innocentes provenant d'une source pure. Si j'étais ce que je parais être, traître, j'aurais conservé des apparences meilleures, je me serais entouré d'un voile épais, et je n'aurais jamais fait entendre une parole de mécontentement. Mais j'étais sûr de mon innocence, de la droiture de ma volonté, et je donnais un libre cours à mes caprices, à mes passions. La parole était hardie parce que l'action ne l'était pas. Maintenant, ils feront de tout ce qui est arrivé sans dessein un plan combiné. Ce que la colère, ce qu'une disposition violente me faisait dire dans l'abondance de mon cœur sera pour eux une trame habile ; il en résultera une accusation terrible devant laquelle il faudra que je reste muet. C'est ainsi que je me suis moi-même, pour ma perte, enveloppé dans mes propres filets, et un acte énergique peut seul m'en retirer ! (*Il s'arrête de nouveau.*) Et comment pourrais-je faire autrement ? la libre impulsion du courage m'a porté à des actions hardies ; la nécessité les commande, ma conservation les exige. L'aspect de la nécessité est sévère ; ce n'est pas sans effroi que la main de l'homme plonge dans l'urne mystérieuse du destin. Renfermées dans mon âme, mes actions m'appartenaient encore ; une fois échappées de l'asile certain du cœur, de la retraite où elles sont nées, une fois lancées dans le torrent de la vie, elles appartiennent à ces divinités méchantes qu'aucun art humain n'attendrit. (*Il marche à grands pas à travers la chambre, puis tout à coup s'arrête.*) Et quel est ton projet ? Le connais-tu toi-même ? Tu veux ébranler un pouvoir paisible, affermi sur le trône, dont l'habitude, l'ancienneté de possession, ont consacré les droits, et qui a jeté mille tendres racines dans la pieuse et candide croyance des peuples. Ce ne peut plus être là le combat de la force contre la force ; celui-là, je ne le crains pas. J'attaquerai tout adversaire que je ne puis regarder en face, et dont le courage enflamme mon courage ; mais ce que je redoute, c'est l'invincible ennemi qui combat contre moi dans le cœur des hommes ; c'est celui-là qui est terrible et qui me rend timide. Ce qui se montre avec force, avec vivacité, n'est pas dangereux ; ce qui l'est réellement, c'est le train ordinaire et éternel des choses, ce qui a toujours été, ce qui sera toujours, ce qui subsistera demain parce qu'il subsiste aujourd'hui : car l'homme est façonné par la coutume, la coutume est sa nourrice. Malheur à celui qui vient le troubler dans son affection pour les anciennes choses, précieux héritage de ses aïeux ! Le temps exerce une sorte de consécration ; ce qui était respectable pour les vieillards prend un caractère divin aux yeux des enfants. Si tu as la possession, tu as le droit ; le respect du vulgaire te servira de sauvegarde. (*Au page qui entre.*) Le colonel suédois est-il là ? Qu'il vienne. (*Le page sort. Wallenstein fixe un regard pensif sur la porte.*) Elle n'est pas encore profanée... pas encor... Le crime n'a pas franchi ce seuil. Qu'elle est étroite la limite qui sépare les deux lignes d'une vie !

SCÈNE V.

WALLENSTEIN et WRANGEL.

WALLENSTEIN, *après avoir fixé sur lui un regard pénétrant*. Vous vous appelez Wrangel ?

WRANGEL. Gustave Wrangel, colonel du régiment de Sudermanie.

WALLENSTEIN. C'est un Wrangel qui, par sa courageuse défense, me fit beaucoup de mal devant Stralsund, et fut cause que la ville ne se rendit pas.

WRANGEL. C'est la puissance des éléments qui luttait contre vous, monsieur le duc, et non pas ma valeur. La ville fut sauvée par la violente tempête du Belt : la mer et la terre ne pouvaient obéir à un seul homme.

WALLENSTEIN. Vous enlevâtes de ma tête le chapeau d'amiral.

WRANGEL. Je viens y placer une couronne.

WALLENSTEIN *lui fait signe de prendre place, et s'as-*

sied. Vos lettres de créance? venez-vous avec de pleins pouvoirs?

WRANGEL. Il y a encore quelques doutes à éclaircir.

WALLENSTEIN, *après avoir lu la lettre.* Cette lettre est en règle. Seigneur Wrangel, le maître que vous servez est un homme sage. Le chancelier écrit qu'il veut accomplir les projets de votre défunt roi, et m'aider à prendre la couronne de Bohême.

WRANGEL. Il dit ce qui est vrai. Le roi, de glorieuse mémoire, a toujours eu une grande opinion de l'esprit distingué et des talents militaires de Votre Excellence. Il aimait à dire que celui qui s'entend le mieux à commander doit être dominateur et roi.

WALLENSTEIN. Il lui appartenait de parler ainsi. (*Il lui prend la main avec confiance.*) Franchement, colonel Wrangel, j'ai toujours été au fond du cœur bon Suédois; vous l'avez bien éprouvé en Silésie et devant Nuremberg. Souvent je vous ai tenu en mon pouvoir, et toujours je vous ai laissé une porte de derrière pour vous échapper. Voilà ce qu'ils ne peuvent me pardonner à Vienne, voilà ce qui me pousse maintenant à cette démarche; et, puisque nos intérêts sont les mêmes, ayons l'un pour l'autre une entière confiance.

WRANGEL. La confiance viendra; il faut d'abord que chacun prenne ses garanties.

WALLENSTEIN. Le chancelier, à ce qu'il me semble, ne se fie pas encore complétement à moi. Oui, je l'avoue, ma position ne me montre pas à mon avantage. Son Excellence pense que si j'ai pu tromper l'empereur mon maître, je puis bien tromper aussi l'ennemi, et cette trahison serait plus pardonnable que la première. N'est-ce point aussi là votre opinion, seigneur Wrangel?

WRANGEL. Je suis ici pour remplir une mission, et non pas pour exprimer une opinion.

WALLENSTEIN. L'empereur m'a poussé à la dernière extrémité; je ne puis plus le servir honorablement.

C'est pour ma sûreté, pour ma juste défense que je fais ce pas difficile, réprouvé par ma conscience.

WRANGEL. Je le crois. Personne ne va si loin sans y être forcé. (*Après un moment de silence.*) Il ne nous convient pas d'interpréter, de juger ce qui soulève Votre Excellence contre votre empereur et maître. Le Suédois combat pour sa bonne cause avec sa bonne épée et sa conscience. Une circonstance favorable se présente ; à la guerre on tire parti de chaque avantage, nous saisissons indistinctement celui qui s'offre à nous, et si tout s'arrange bien...

WALLENSTEIN. De quoi doute-t-on encore? De ma volonté, de mes forces? J'ai promis au chancelier que s'il me confiait seize mille hommes, en les réunissant à dix-huit mille hommes de l'armée de l'empereur, je pourrais...

WRANGEL. Votre Excellence est connue pour un guerrier de premier ordre, pour un second Attila, pour un Pyrrhus. On raconte encore avec admiration comment, il y a quelques années, contre l'attente de tout le monde, vous avez su tirer une armée pour ainsi dire du néant. Cependant?...

WALLENSTEIN. Cependant?...

WRANGEL. Son Excellence pense qu'il est plus facile de fonder sans aucuns moyens une armée de soixante mille hommes, que d'en entraîner la soixantième partie...

WALLENSTEIN. Eh bien! parlez librement.

WRANGEL. A commettre un parjure.

WALLENSTEIN. Est-ce là sa pensée? Il juge comme un Suédois et comme un protestant. Vous autres luthériens vous combattez pour votre bible, vous vous préoccupez de la cause ; vous suivez de cœur vos étendards, et celui qui les déserterait pour passer à l'ennemi briserait le lien qui l'attache à un double devoir ; chez nous, il n'est pas question de tout cela.

WRANGEL. Dieu tout-puissant! n'a-t-on dans ce pays ni patrie, ni famille, ni Eglise?

WALLENSTEIN. Je veux vous dire ce qu'il en est. — Oui, l'Autrichien a une patrie, et il l'aime, et il a des motifs pour l'aimer. Mais cette armée qui se nomme l'armée impériale, qui stationne en Bohême, n'en a aucune, c'est le rebut des nations étrangères, l'écume des peuples, qui ne possède rien que sa part à la lumière du soleil : et cette terre de Bohême, pour laquelle nous combattons, elle n'a aucune affection pour son maître ; c'est le sort des armes, et non pas son propre choix, qui le lui a donné. Elle supporte en murmurant la tyrannie d'une autre croyance ; la force l'a subjuguée, mais ne l'a pas soumise. Le souvenir des cruautés commises dans ce pays est encore vivant et entretient dans les esprits un sentiment de vengeance. Le fils peut-il oublier que c'est en lui mettant les chiens aux trousses qu'on a mené son père à la messe ? Un peuple qui a éprouvé de pareilles souffrances est terrible, soit qu'il supporte ses mauvais traitements, soit qu'il veuille s'en venger.

WRANGEL. Mais la noblesse et les officiers ? Une telle désertion, une telle félonie, prince, est sans exemple dans l'histoire du monde.

WALLENSTEIN. Ils sont à moi sans réserve. Si vous ne voulez m'en croire, vous en croirez du moins vos propres yeux. (*Il lui donne la formule du serment. Wrangel la lit, et après l'avoir lue, la remet en silence sur la table.*) Eh bien ! comprenez-vous, maintenant ?

WRANGEL. Le comprenne qui pourra. Prince, je laisse tomber le masque ; — oui, j'ai plein pouvoir pour tout conclure. Le rhingrave n'est qu'à quatre journées de marche d'ici, avec quinze mille hommes, et n'attend qu'un ordre pour se joindre à votre armée. Cet ordre, je puis le donner dès que nous serons d'accord.

WALLENSTEIN. Que demande le chancelier ?

WRANGEL, *d'un ton plus sérieux.* Il s'agit de douze régiments suédois. J'en réponds sur ma tête. Tout ceci pourrait bien n'être à la fin qu'un jeu trompeur...

WALLENSTEIN. Seigneur suédois!...

WRANGEL *continue tranquillement.* Il faut donc que le duc de Friedland rompe formellement et sans aucune possibilité de retour avec l'empereur ; autrement, on ne lui confiera pas un seul soldat suédois.

WALLENSTEIN. Mais que demande-t-on? Soyez bref et net.

WRANGEL. Que l'on désarme les régiments espagnols dévoués à l'empereur, que l'on s'empare de Prague, que cette ville, ainsi que la forteresse d'Égra, soit remise aux Suédois.

WALLENSTEIN. C'est beaucoup demander. Prague! passe pour Égra, mais Prague! cela ne se peut. Je vous donnerai toutes les garanties que vous pouvez raisonnablement demander ; mais Prague!... la Bohême! je puis moi-même la défendre.

WRANGEL. On n'en doute pas. Aussi ne songeons-nous pas seulement à la défendre ; nous ne voulons pas avoir sacrifié en vain des hommes et de l'argent.

WALLENSTEIN. C'est juste.

WRANGEL. Et tant que nous ne serons pas indemnisés, Prague restera en gage.

WALLENSTEIN. Vous fiez-vous si peu à nous?

WRANGEL *se lève.* Les Suédois doivent être en garde contre les Allemands. On nous a appelés de l'autre côté de la mer Baltique, nous avons sauvé l'empire de sa ruine, nous avons scellé de notre sang la liberté des consciences, le saint enseignement de l'Évangile. Maintenant, on ne songe déjà plus aux bienfaits de notre présence, on n'en sait que le poids. On regarde d'un œil malveillant ces étrangers campés au milieu de l'empire, et on serait tout disposé à nous renvoyer dans nos forêts avec une poignée d'or. Non, ce n'est pas pour le salaire de Judas, pour un peu d'or et d'argent que nous aurons laissé notre roi sur le champ de bataille! Le noble sang de tant de Suédois n'a pas coulé pour de l'or et de l'argent! Nous ne voulons point retourner dans notre patrie avec un stérile laurier ; nous voulons rester citoyens de cette terre que notre roi a conquise en succombant.

WALLENSTEIN. Aidez-moi à terrasser l'ennemi commun, et la terre que vous désirez ne pourra vous manquer.

WRANGEL. Et quand l'ennemi commun sera abattu, quel sera le lien de la nouvelle alliance? Nous savons, prince, — quoique les Suédois ne doivent rien en savoir — que vous êtes en négociation secrète avec les Saxons. Qui nous garantit que nous ne serons pas la victime du traité que l'on juge à propos de nous cacher?

WALLENSTEIN. Le chancelier sait choisir ses hommes ; il ne pouvait m'en envoyer un plus tenace. (*Il se lève.*) Cherchez une autre condition, Gustave Wrangel, mais qu'il ne soit plus question de Prague.

WRANGEL. Mon plein pouvoir ne va pas plus loin.

WALLENSTEIN. Vous remettre ma capitale! J'aimerais mieux retourner à l'empereur.

WRANGEL. S'il en est temps encore.

WALLENSTEIN. Je le puis maintenant encore, à chaque instant.

WRANGEL. Peut-être encore il y a peu de jours, mais aujourd'hui non ; non, non, depuis que Sesine est pris. (*Wallenstein se tait et paraît frappé.*) Prince, nous croyons que vous agissez sincèrement, depuis hier nous en sommes sûrs ; et puisque cette feuille nous répond de l'armée, rien ne doit plus arrêter notre confiance. Prague ne sera pas pour nous un sujet de désunion. Monseigneur, le chancelier se contentera de la vieille ville ; il laisse à Votre Excellence le Hratshin et le petit quartier. Mais, avant tout, Égra doit nous être livrée ; jusque-là, il ne faut penser à aucune jonction.

WALLENSTEIN. Ainsi, je dois me fier à vous, et vous ne vous fieriez pas à moi! Je réfléchirai à cette proposition.

WRANGEL. N'y réfléchissez pas trop longtemps, je vous prie. Voilà deux ans que cette négociation traîne ; si cette fois elle n'amène aucun résultat, le chancelier la déclarera rompue pour toujours.

WALLENSTEIN. Vous me pressez beaucoup : une telle résolution doit être bien pesée.

WRANGEL. Oui, il faut y réfléchir, prince ; mais une prompte exécution peut seule la faire réussir.

(*Il sort.*)

SCÈNE VI.

WALLENSTEIN, TERZKY, ILLO.

ILLO. Est-ce fini ?

TERZKY. Etes-vous d'accord ?

ILLO. Ce Suédois est parti d'un air très-content. Oui, vous êtes d'accord.

WALLENSTEIN. Ecoutez. Il n'y a encore rien de fait, et, tout bien considéré, j'aime mieux ne pas agir.

TERZKY. Comment ? Qu'y a-t-il ?

WALLENSTEIN. Vivre par la grâce de ces Suédois, de ces arrogants ! Je ne puis le supporter.

ILLO. Allez-vous comme un fugitif mendier leur secours ? Vous leur apportez plus que vous ne recevez.

WALLENSTEIN. Qu'est-il arrivé à ce connétable de Bourbon qui se vendit aux ennemis de sa nation, et tourna ses armes contre son propre pays ? La malédiction fut sa récompense, et l'horreur des hommes a puni sa conduite coupable et dénaturée.

ILLO. Etes-vous dans le même cas ?

WALLENSTEIN. Croyez-moi, chaque homme respecte la fidélité comme la plus étroite parenté, et se croit né pour châtier ceux qui l'outragent. La haine des sectes, la fureur des partis, l'envie enracinée et les rivalités se réconcilient ; tous ceux qui cherchent avec rage à se détruire s'apaisent, se réunissent pour poursuivre l'ennemi commun de l'humanité, la bête féroce qui viole l'enceinte paisible où l'homme s'est retiré pour être à l'abri : car la propre sagesse d'un seul individu ne suffit pas pour le protéger; la nature a placé sur son front les yeux pour le protéger; en arrière, c'est la pieuse bonne foi qui lui sert de sauvegarde.

TERZKY. Ne vous jugez pas plus mal que vos ennemis, qui, pour agir avec vous, vous tendent joyeusement la main. Il n'avait pas tant de scrupules, ce Charles, l'aïeul et l'oncle de cette maison impériale ; il reçut Bourbon à bras ouverts, car c'est l'intérêt qui régit le monde.

SCÈNE VII.

Les précédents, LA COMTESSE TERZKY.

WALLENSTEIN. Qui vous a appelée? Il n'y a point ici d'affaires pour les femmes.

LA COMTESSE. Je viens vous offrir mes félicitations. Serais-je entrée trop tôt? J'espère que non.

WALLENSTEIN. Employez votre ascendant, Terzky. Dites-lui de se retirer.

LA COMTESSE. Je voulais voir le roi de Bohême.

WALLENSTEIN. Cela n'est pas décidé.

LA COMTESSE, *aux autres*. Eh bien! où en est-on? Parlez.

TERZKY. Le duc ne veut pas.

LA COMTESSE. Il ne veut pas? Il doit le vouloir.

ILLO. C'est à vous maintenant à faire l'épreuve; pour moi je n'ai plus rien à dire; on me parle de fidélité et de conscience.

LA COMTESSE. Comment! lorsque tout se montrait dans l'éloignement, lorsque le chemin s'étendait encore à l'infini sous vos yeux, vous aviez du courage et de la résolution... et maintenant, quand le rêve devient une réalité, quand l'exécution approche, quand le résultat est certain, vous commencez à trembler!... Êtes-vous donc seulement brave dans vos projets, et lâche dans l'action? Eh bien! donnez raison à vos ennemis; c'est là qu'ils vous attendent. Ils sont sûrs d'un projet dont ils peuvent vous convaincre par des lettres et par les armoiries dont elles sont scellées; mais ils ne croient pas à la possibilité de l'exécution de ce projet, car alors ils devraient vous craindre et vous estimer. Est-il possible? Après avoir été si loin, lorsqu'on sait ce qu'il y a de plus coupable, lorsqu'on vous accuse déjà d'avoir commencé l'entreprise, voulez-vous reculer et perdre le fruit de vos combinaisons? Former un projet n'est qu'un crime vulgaire, l'accomplir est une œuvre immortelle; si elle réussit, elle est légitime, car tout succès est un jugement de Dieu.

UN VALET DE CHAMBRE *entre*. Le colonel Piccolomini!

LA COMTESSE, *vivement*. Qu'il attende.

WALLENSTEIN. Je ne puis le voir maintenant. Une autre fois.

LE VALET DE CHAMBRE. Il demande à vous voir seulement un instant; il a une affaire pressante.

WALLENSTEIN. Qui sait ce qu'il veut nous dire? Je veux pourtant le voir.

LA COMTESSE *sourit*. Cela peut être pressant pour lui; mais vous, vous pouvez attendre.

WALLENSTEIN. Qu'est-ce?

LA COMTESSE. Vous le saurez plus tard; maintenant, pensez à expédier Wrangel.

(*Le domestique sort.*)

WALLENSTEIN. Si un choix était encore possible, s'il se trouvait une issue moins cruelle, je voudrais encore la prendre et éviter les moyens extrêmes.

LA COMTESSE. Si vous ne demandez rien de plus, cette issue vous est ouverte. Renvoyez Wrangel, oubliez vos anciennes espérances, abdiquez votre vie passée et décidez-vous à en commencer une nouvelle. La vertu a ses héros, comme la gloire et la fortune. Allez à Vienne vous jeter aux pieds de l'empereur, prenez avec vous vos trésors, et déclarez que vous vouliez seulement éprouver la fidélité de ses serviteurs, et vous jouer des Suédois.

ILLO. Même pour prendre ce parti, il est trop tard. Maintenant on en sait trop. Il porterait sa tête sur l'échafaud.

LA COMTESSE. Je ne crains pas cela. Les preuves manquent pour le juger selon les lois, et l'on évitera l'arbitraire. On laissera donc le duc se retirer tranquillement. Je vois comment tout cela ira. Le roi de Hongrie apparaît, et il va sans dire que, le duc se retirant, on n'aura pas besoin d'explication. Le roi fait prêter serment aux troupes, et tout reste dans l'ordre accoutumé. Un matin, le duc s'éloigne, maintenant ses châteaux s'animent : il chasse, il bâtit, il a de beaux haras, il se forme une cour, distribue des clefs de chambellans, donne des repas somptueux ; en un mot, il est un grand roi... en petit ! et comme il a été assez sage pour se résoudre à n'avoir aucune importance réelle, on le laisse briller tant qu'il veut ; le voilà donc grand prince jusqu'à son dernier jour. Eh bien ! quoi ? Le prince est aussi un des hommes nouveaux qui doivent à la guerre leur élévation ; c'est une de ces récentes créations de la cour, qui fait avec les mêmes frais des généraux et des ducs.

WALLENSTEIN *se lève, vivement agité.* Dieu de miséricorde ! montre-moi un chemin pour sortir de cette angoisse, un chemin que je puisse suivre. — Je ne puis pas, comme un rêveur de vertu, m'exalter sur ma volonté et mes pensées. Je ne puis pas dire, en jouant le cœur magnanime, je ne puis pas dire au bonheur qui me tourne le dos : Va, je n'ai pas besoin de toi. Si je n'agis plus, je suis anéanti. Ce n'est pas le danger, ce n'est pas le sacrifice qui m'effraye, qui m'éloigne du dernier pas, du pas décisif. Mais plutôt tomber dans le néant, plutôt devenir petit après avoir été si grand, plutôt être confondu par le monde avec tous ces misérables que le même jour élève et renverse, plutôt tout, que de me figurer mon nom prononcé par l'univers, par la postérité, avec horreur, et ce mot de Friedland employé comme expression de toute action maudite!

LA COMTESSE. Qu'y a-t-il donc là de si contraire à la nature? Je ne puis le voir, dites-le moi. Oh! ne laissez pas ces fantômes sinistres de la superstition étouffer les lueurs de votre esprit. Vous êtes accusé de haute trahison; à tort ou à raison, il ne s'agit pas de cela maintenant. Vous êtes perdu, si vous n'employez pas promptement le pouvoir que vous possédez. Eh bien! où donc est la paisible créature qui n'use pas de toutes ses forces pour défendre sa vie? Qu'y a-t-il de si audacieux qui ne soit justifié par la nécessité?

WALLENSTEIN. Autrefois le Ferdinand a été si bon pour moi! Il m'aimait, il m'estimait; nul n'était plus que moi près de son cœur. Quel prince a-t-il honoré autant que moi?... Et finir ainsi!...

LA COMTESSE. Si vous gardez un si fidèle souvenir de chaque légère faveur, ne vous souvenez-vous pas aussi des offenses que vous avez reçues? Faut-il vous rappeler comment vos loyaux services ont été récompensés à Ratisbonne? Pour agrandir l'empereur, vous aviez froissé tous les princes de l'empire, vous aviez attiré sur vous la haine et la malédiction du monde entier, et parce que vous étiez uniquement dévoué à l'empereur, vous n'aviez pas un seul ami dans toute l'Allemagne. Au milieu de cette tempête qui s'éleva contre vous à Ratisbonne, vous ne pouviez vous appuyer que sur lui, et il vous a laissé succomber! Il vous a laissé succomber! Il vous a sacrifié à l'orgueilleux Bavarois! Ne dites pas qu'en vous rendant votre dignité il a réparé cette cruelle injure; ce n'est pas sa volonté qui vous a replacé à votre rang, c'est l'impérieuse loi de la nécessité qui vous a rendu ce poste qu'on voudrait vous enlever.

WALLENSTEIN. Il est vrai, ce n'est ni à sa bonne volonté ni à son affection que je dois ce commandement : si j'en abuse, je n'abuse d'aucune confiance.

LA COMTESSE. Confiance ! affection !... On avait besoin de vous. La nécessité, ce rude despote qui ne se soucie point de figurants et de vains noms, qui veut des faits et non pas des apparences, qui cherche partout le plus grand, le meilleur pour le placer au gouvernail, dût-elle le prendre parmi la populace, la nécessité vous a mis à votre poste et de sa main a signé vos brevets. Pendant longtemps, aussi longtemps que cela est possible, cette race appelle à son aide les vains efforts de ses artifices, emploie des cœurs d'esclaves. Mais, quand les circonstances extraordinaires s'approchent, quand les fantômes creux se montrent impuissants, tout tombe alors dans les puissantes mains de la nature et de ces esprits gigantesques qui n'obéissent qu'à eux-mêmes, qui n'acceptent aucune convention et n'agissent que d'après leur propre impulsion et non point d'après celles qu'on veut leur donner.

WALLENSTEIN. Il est vrai qu'ils m'ont toujours vu tel que je suis ; je ne les ai point trompés dans notre marché, je n'ai jamais pris la peine de leur cacher l'audace de mon caractère.

LA COMTESSE. Bien plus, si vous vous êtes toujours montré terrible, si vous êtes constamment resté fidèle à vous-même, ils ont eu tort ceux qui vous redoutaient et qui pourtant remettaient le pouvoir entre vos mains. Le caractère qui est toujours d'accord avec lui-même ne mérite point de reproche ; il n'a de torts que lorsqu'il se contredit. N'êtes-vous pas le même qu'il y a huit ans, lorsque vous parcouriez l'Allemagne avec le fer et le feu, lorsqu'on vous voyait passer comme un fléau à travers toutes les contrées, rire des ordonnances de l'empire, exercer le terrible droit de la force, fouler aux pieds toute domination pour agrandir celle de votre despote ? C'était alors qu'il fallait rompre votre altière volonté, et vous rappeler à l'ordre. Mais cette conduite était utile à l'empereur, elle lui plaisait, et il sanctionnait en silence ces actes violents par son sceau impérial. Ce qui était juste alors, parce que vous agissiez pour lui, deviendrait-il tout à coup honteux, parce que vous le tournerez contre lui ?

WALLENSTEIN, *se levant.* Je n'ai jamais envisagé la chose sous ce point de vue. — Oui, cela est vrai, tout ce que mon bras a exécuté dans l'empire pour l'empereur était contraire à l'ordre, et ce manteau de prince que je porte, je le dois à des services qui sont des crimes.

LA COMTESSE. Avouez donc qu'entre vous et lui il ne peut plus être question de justice ni de devoir ; songez seulement à la force et à l'occasion ! Le moment est venu où vous devez arrêter les grands calculs de votre vie ; les signes célestes vous sont propices, les planètes vous annoncent le succès et vous disent que le temps est venu. Auriez-vous donc en vain pendant toute votre carrière mesuré le cours des étoiles, tracé des cercles et des cadrans, dessiné sur ce mur des zodiaques et des sphères, placé autour de vous les images muettes et mystérieuses des sept dominateurs du destin ? Tout cela ne serait-il qu'un vain jeu ? Tous ces apprêts ne vous conduiraient-ils à aucun résultat ? Et n'y aurait-il rien d'efficace dans cette science, qui ne pourrait vous servir, qui ne pourrait exercer sur vous aucune influence dans un moment décisif ?

WALLENSTEIN, *pendant ces derniers mots, s'est promené avec agitation, puis il s'arrête tout à coup et interrompt la comtesse.* Appelez Wrangel, et que trois courriers soient prêts sur-le-champ.

ILLO. Que Dieu soit loué !

(Il sort.)

WALLENSTEIN. C'est son mauvais génie et le mien. Il se sert de moi pour le punir ; de moi, l'instrument de de son ambition ! Et, quant à moi, il me semble que le fer de la vengeance qui doit percer mon sein est déjà aiguisé. Celui qui sème les dents du dragon ne peut espérer une heureuse récolte. Chaque mauvaise action porte avec elle un esprit de vengeance, un mauvais espoir. Il ne peut plus se fier à moi, et moi je ne peux plus reculer. Advienne donc que pourra. C'est le destin qui décide tout ; c'est notre cœur qui exécute impérieusement ses décisions. (*A Terzky.*) Fais entrer Wrangel dans mon cabinet ; je veux moi-même parler aux courriers. Qu'on fasse chercher Octavio. (*A la comtesse, qui triomphe.*) Ne vous réjouissez pas tant, car les puissances du destin sont jalouses et s'offensent d'une joie prématurée. Déposons la semence entre leurs mains ; si elle croît pour notre bonheur ou pour notre perte, c'est ce que la suite nous apprendra.

(*Il sort. La toile tombe.*)

ACTE DEUXIÈME.

Un appartement.

SCÈNE I.

WALLENSTEIN, OCTAVIO PICCOLOMINI ; *bientôt après,* **MAX PICCOLOMINI.**

WALLENSTEIN. Il m'écrit de Lintz qu'il est malade, et moi j'ai l'avis certain qu'il est caché à Frauenberg chez le comte Galas. Tu les arrêteras tous deux et tu me les enverras ici. Prends le commandement des régiments espagnols ; tu feras toujours des préparatifs et tu ne seras jamais prêt. Si l'on veut te forcer à agir contre moi, tu diras : Oui, et tu continueras à ne rien faire. Je sais que dans tout ceci il te convient d'avoir un rôle qui ne t'oblige à aucune action ; tu voudrais bien sauver autant que possible les apparences. Les résolutions extrêmes ne sont pas ton fait ; aussi t'ai-je choisi ce rôle ; ton inaction me sera cette fois très-utile. Pendant ce temps, si le destin se déclare pour moi, tu sais ce qu'il y a à faire. (*Max Piccolomini entre.*) Maintenant va, mon vieil ami, pars cette nuit même, prends mes propres chevaux... Je garde ici ton fils. Hâte-toi de revenir. Nous nous reverrons tous, je pense, joyeux et satisfaits.

OCTAVIO, *à son fils.* Nous avons encore à nous parler !

(*Il sort.*)

SCÈNE II.

WALLENSTEIN, MAX PICCOLOMINI.

MAX *s'approche de lui.* Mon général.

WALLENSTEIN. Je ne le suis plus, si tu te nommes encore officier de l'empereur.

MAX. Ainsi, c'est décidé, vous voulez abandonner l'armée.

WALLENSTEIN. J'ai renoncé au service de l'empereur.

MAX. Et vous voulez abandonner l'armée ?

WALLENSTEIN. Au contraire, j'espère me l'attacher par des liens plus étroits et plus durables. (*Il s'assied.*) Oui, Max, je n'ai pas voulu m'ouvrir à toi avant que le moment de l'action fût venu. Heureusement douée, la jeunesse a l'instinct rapide du juste, et c'est une joie d'exercer son propre jugement, lorsqu'il s'agit de donner un honorable exemple. Cependant, lorsque nous avons à prononcer entre deux malheurs certains, où le cœur n'aurait pas l'avantage dans la lutte du devoir, c'est un bonheur que de n'avoir pas à choisir, et la nécessité est en ce cas une faveur du sort.... La nécessité est là. Ne regarde pas en arrière, ce serait un soin inutile ; regarde en avant. N'examine pas, prépare-toi à agir ; la cour a résolu ma perte, je veux la prévenir. — Nous allons nous réunir aux Suédois ; ce sont de braves soldats et de bons alliés. (*Il s'arrête, attendant la réponse de Piccolomini.*) Je te surprends. Ne me réponds pas, je veux te donner le temps de te remettre. (*Il se lève et va au fond du théâtre. Max reste longtemps immobile, plongé dans une violente douleur; il fait un mouvement, et Wallenstein revient se poser devant lui.)*

MAX. Mon général, aujourd'hui vous m'affranchissez de la tutelle ; car, jusqu'à ce jour, vous m'aviez épargné la peine de me choisir mon chemin et ma direction. Je vous suivais sans réflexion. Je n'avais besoin que de vous regarder, et j'étais sûr d'être dans la bonne voie. Aujourd'hui, pour la première fois, vous me faites rentrer en moi-même, vous me forcez à choisir entre vous et mon cœur.

WALLENSTEIN. Jusqu'à ce jour tu as été doucement bercé par le destin, tu pouvais remplir ton devoir en te jouant, satisfaire chacune de tes nobles impulsions, agir toujours avec un cœur sans partage. Maintenant cela ne peut plus être ; des chemins opposés s'ouvrent devant toi, les devoirs combattent contre les devoirs. Il te faut prendre un parti dans la guerre qui s'allume à présent entre ton ami et ton empereur.

MAX. La guerre ! est-ce là le nom qu'il faut lui donner ? La guerre est terrible comme un fléau de Dieu ; mais comme les fléaux, elle peut être juste et utile. Est-ce une guerre juste que celle que vous vous préparez à faire à l'empereur avec l'armée même de l'empereur ? Dieu du ciel ! quel changement ! Me convient-il de vous tenir un tel langage, à vous qui m'êtes toujours apparu comme l'étoile invariable du pôle, comme la règle de ma vie ? Oh ! comme vous me bouleversez le cœur ? faut-il donc que je renonce à attacher à votre nom le sentiment enraciné du respect et la sainte habitude de l'obéissance ? Non, ne détournez pas votre visage de moi ; il fut toujours pour moi comme la face de Dieu et ne peut perdre tout à coup sa puissance. Mon âme s'affranchit par un effort sanglant, mais mes sens sont encore retenus par leurs anciens liens.

WALLENSTEIN. Max, écoute-moi.

MAX. Oh ! n'agis pas ainsi, n'agis pas ainsi. Vois, ta

noble et pure physionomie n'est pas encore impressionnée par cette fatale résolution. Ton imagination seule en a été souillée ; l'innocence refuse à se laisser chasser de ton front qui respire l'honneur. Rejette cette noire pensée, cette pensée ennemie. Un mauvais rêve est venu seulement troubler ton austère vertu ; l'humanité est soumise à ces influences passagères, mais un noble sentiment doit les surmonter. Non, tu ne finiras pas ainsi ; ce serait décrier parmi les hommes les grandes natures et les facultés puissantes ; ce serait donner raison à cette opinion du vulgaire qui ne veut point s'abandonner à ces caractères élevés quand ils ont leur liberté, qui ne se fie à eux que dans leur impuissance.

WALLENSTEIN. Le monde me blâmera sévèrement, je m'y attends. Je me suis déjà dit moi-même tout ce que tu peux te dire. Qui n'éviterait pas les partis extrêmes, quand il peut s'en dispenser? Mais ici il n'y a plus à choisir ; il faut employer la violence ou la supporter. Voilà où j'en suis, il ne me reste pas une autre alternative.

MAX. Eh bien ! soit. Restez à votre poste par la force, résistez à l'empereur s'il le faut, placez-vous dans un état de rébellion ouverte ; je n'approuverai point ce parti, mais je l'excuserai, et tout en le blâmant je m'y associerai. Seulement ne devenez pas traître, le mot est prononcé ; ne devenez pas traître, car ceci n'est plus un emportement démesuré, ce n'est plus une faute où le courage s'égare dans sa force. Non, c'est tout autre chose ; c'est une action noire, noire comme l'enfer.

WALLENSTEIN, *avec un visage sombre, mais en se modérant.* La jeunesse a la parole prompte, et ne songe pas que ses discours doivent être maniés avec prudence comme le tranchant du glaive. Elle mesure avec son ardente imagination les choses qui ne sont pas de sa juridiction ; elle prononce à la hâte les mots de honte et de dignité, de bien et de mal, et applique aux hommes et à leurs œuvres les idées fantastiques attachées à ces mots imposants. Le monde est étroit et l'esprit est vaste. Les pensées habitent facilement l'une près de l'autre, mais les choses se heurtent dans l'espace. Pour que l'une prenne une place, il faut que l'autre se retire. Celui qui ne veut pas être repoussé doit repousser les autres ; la lutte domine et le plus fort l'emporte. Oui, celui qui marche sans désirs à travers la vie, qui ne veut atteindre aucun but, peut vivre pur dans un élément pur et habiter au sein des flammes légères, comme la salamandre. La nature m'a fait d'une étoffe plus rude ; les désirs m'attachent à la terre ; cette terre appartient au méchant esprit et non pas au bon. Les biens que les dieux nous envoient d'en haut ne sont que des biens communs à tous les hommes ; leur lumière nous réjouit, mais ne nous enrichit pas, et dans leur domaine on n'acquiert aucune possession. L'or et les pierreries, il faut les arracher aux divinités fausses et perverses qui habitent l'empire souterrain. On ne peut se les rendre favorables que par des sacrifices, et nul mortel ne quitte leur service avec une âme pure.

MAX, *avec expression*. Oh ! redoute, redoute ces fausses divinités, infidèles à leurs paroles. Ce sont des esprits de mensonge, qui, par leurs artifices, t'entraînent dans l'abîme. Ne te fie pas à elles, je te dis. Oh ! rentre dans la ligne de ton devoir. Oui, certes, tu le peux encore : envoie-moi à Vienne. Oui, laisse-moi, laisse-moi faire ta paix avec l'empereur. Il ne te connaît pas ; mais moi je te connais ; il apprendra à te voir tel que tu es à mes yeux, et te rendra sa confiance.

WALLENSTEIN. Il est trop tard. Tu ne sais pas ce qui est arrivé.

MAX. Et s'il est trop tard, et si les choses en sont venues à ce point, qu'un crime puisse seul te préserver de la chute, oh ! tombe, tombe dignement comme tu as vécu. Abandonne le commandement ; quitte le théâtre. Tu le peux avec gloire, que ce soit aussi avec innocence.

Tu as tant vécu pour les autres, vis enfin pour toi-même ; je t'accompagnerai, je ne séparerai pas ma destinée de la tienne !

WALLENSTEIN. Il est trop tard ! Pendant que tu perds tes paroles, mes rapides courriers, chargés de mes ordres, voient fuir derrière eux le chemin de Prague et d'Égra. — Mets-toi de mon côté, nous agissons comme nous le devons ; marchons avec dignité et d'un pas ferme dans le chemin de la nécessité. En quoi suis-je plus coupable que ce César dont le nom a jusqu'à présent retenti dans le monde avec tant d'éclat ? Il conduisit contre Rome les légions que Rome lui avait données pour sa défense. S'il eût quitté le glaive, il était perdu, comme je le serais si je me désarmais. Je sens en moi quelque chose de son génie. Donne-moi sa fortune, je veux faire le reste. (*Max, qui jusqu'alors a été dans une vive agitation, s'éloigne rapidement. Wallenstein le regarde avec surprise et reste absorbé dans ses pensées.*)

SCÈNE III.

WALLENSTEIN, TERZKY ; puis ILLO.

TERZKY. Max Piccolomini vient de vous quitter ?
WALLENSTEIN. Où est Wrangel ?
TERZKY. Il est parti.
WALLENSTEIN. Si vite !
TERZKY. Comme si la guerre l'avait englouti. Il venait à peine de vous quitter ; quand je suis allé le chercher, je voulais lui parler, il était déjà parti, et personne n'a pu me dire où il était. Je crois que c'est le diable lui-même qui est venu vous trouver ; un homme ne peut disparaître aussi subitement.

ILLO *arrive.* Est-il vrai que vous ayez donné une mission au père ?

TERZKY. Comment ! à Octavio ? Y pensez-vous ?

WALLENSTEIN. Il va à Frauenberg conduire les régiments espagnols et italiens.

TERZKY. Dieu veuille que vous n'accomplissiez pas ce projet !

ILLO. Voulez-vous confier vos troupes à ce perfide, le laisser s'éloigner juste au moment décisif ?

TERZKY. Ne faites pas une telle chose, pour tout au monde ne la faites pas !

WALLENSTEIN. Vous êtes des hommes singuliers.

ILLO. Oh ! pour cette fois seulement écoutez nos avis, ne le laissez point partir !

WALLENSTEIN. Et pourquoi ne me fierais-je pas à lui cette fois, comme je l'ai toujours fait ? Qu'est-il arrivé qui doive détruire la bonne opinion que j'avais de lui ? Faut-il, selon votre fantaisie, et non pas selon mon expérience, changer de sentiment à son égard ? Ne pensez pas que j'aie une légèreté de femme. C'est parce que je me suis confié à lui jusqu'à ce jour, que je veux m'y confier encore.

TERZKY. Mais pourquoi choisir précisément celui-là ? Envoyez-en un autre.

WALLENSTEIN. Non, ce sera celui que j'ai choisi. Il convient à cet emploi ; voilà pourquoi je le lui ai confié.

ILLO. C'est un Italien, voilà pourquoi il vous convient.

WALLENSTEIN. Je sais bien que vous n'avez jamais aimé ni le père ni le fils. Parce que je les estime, que je les aime, que je les préfère visiblement à vous et à d'autres, comme ils le méritent, ils offusquent votre vue ; mais qu'importe à mes intérêts votre jalousie ? Vous les haïssez, cela ne leur nuit point à mes yeux. Aimez-vous, haïssez-vous les uns les autres, comme vous voudrez ; je laisse chacun libre de ses sentiments et de ses inclinations, mais je sais très-bien ce que vaut pour moi chacun de vous.

ILLO. Il n'ira pas, dussé-je faire briser les roues de sa voiture.

WALLENSTEIN. Modère-toi, Illo.

TERZKY. Tant que Questenberg est resté ici, il a constamment été avec lui, ils ne se quittaient pas.

WALLENSTEIN. Je le savais et je l'avais permis.

TERZKY. Et les messagers secrets qu'il a reçus de Galas... je sais aussi cela, moi !

WALLENSTEIN. Cela n'est pas vrai.

ILLO. Oh ! que vous êtes aveugle avec vos yeux clairvoyants !

WALLENSTEIN. Vous n'ébranlerez pas ma confiance, car elle est fondée sur la science la plus élevée. S'il me trompe, la connaissance des astres est un mensonge ; car sachez que j'ai un gage du destin même qui me répond qu'Octavio est le plus fidèle de mes amis.

ILLO. Et qui vous répond que ce gage ne vous trompe pas ?

WALLENSTEIN. Il y a des moments dans la vie de l'homme où il se rapproche de l'esprit qui gouverne l'univers, où il peut librement interroger le sort. Dans un de ces moments, pendant la nuit qui précéda la bataille de Lutzen, j'étais appuyé, pensif, contre un arbre, les yeux errant sur la plaine. Les feux du camp jetaient un sombre éclat à travers le brouillard ; le bruit sourd des armes, le cri monotone des sentinelles interrompaient seuls le silence. En ce moment ma vie entière, avec son passé et son avenir, était concentrée dans une contemplation intérieure, et mon esprit rêveur attachait aux événements du lendemain l'avenir le plus reculé. Je me disais à moi-même : « Combien d'hommes qui sont là placés sous ton commandement et qui suivent ton étoile ! Ils ont uni toutes leurs chances de fortune sur ta tête, comme sur un numéro de loterie, et ils se sont embarqués avec toi sur le navire de ton destin. Cependant, s'il venait un jour où tous ces hommes fussent dispersés par le sort, bien peu te resteraient fidèles. Je voudrais savoir celui de tous les hommes renfermés dans ce camp qui me serait le plus fidèle. Fais-le-moi connaître par un signe, ô destin.

Que ce soit celui qui viendra à moi demain matin pour me donner une preuve d'attachement. » Et je m'endormis dans cette pensée. Et je fus transporté en esprit au milieu de la bataille ; la mêlée était rude. Une balle tua mon cheval, je tombai; cavaliers et chevaux passaient sur moi sans y prendre garde ; j'étais là étouffé, mourant, foulé aux pieds. Tout à coup un bras secourable me saisit, c'était Octavio; je m'éveillai, il était jour, et Octavio était devant moi. « Frère, dit-il, ne monte pas aujourd'hui le cheval pie dont tu te sers habituellement; monte plutôt ce cheval que j'ai choisi pour toi. Fais cela pour l'amour de moi ; un songe m'a donné cette idée. » Et la vitesse de ce cheval me déroba aux dragons de Banner, qui me poursuivaient. Le jour même, mon cousin monta le cheval pie, et jamais je n'ai revu le cheval ni le cavalier.

ILLO. C'est un hasard.

WALLENSTEIN, *gravement*. Il n'y a point de hasard ; ce qui nous semble un accident aveugle provient directement des sources les plus profondes. J'ai l'assurance sacrée qu'Octavio est mon bon ange ; maintenant, pas un mot de plus.   (*Il se retire.*)

TERZKY. Ce qui me console, c'est que Max nous reste comme otage.

ILLO. Et celui-là ne sortirait pas vivant d'ici.

WALLENSTEIN *revient à eux*. Vous êtes comme les femmes, qui en reviennent constamment à leur premier mot quand on leur a parlé raison pendant des heures entières. — Sachez que les actions et les pensées des hommes ne ressemblent pas aux vagues de la mer qui s'agitent aveuglément; elles ont leur monde intérieur, d'où elles découlent sans cesse comme d'un puits profond ; elles se développent nécessairement comme le fruit des arbres, le jeu du hasard ne peut les dénaturer. J'ai pénétré jusqu'au fond de l'âme humaine et je connais ses volontés et ses actions.

(*Ils sortent.*)

SCÈNE IV.

Un appartement dans la demeure de Piccolomini.

OCTAVIO PICCOLOMINI, *prêt à partir ;* **UN ADJUDANT.**

OCTAVIO. Les hommes que j'ai commandés sont-ils là?

L'ADJUDANT. Ils attendent en bas.

OCTAVIO. Ce sont des hommes sûrs, n'est-ce pas, adjudant? Dans quel régiment les avez-vous pris?

L'ADJUDANT. Dans le régiment de Tiefenbach.

OCTAVIO. Ce régiment est fidèle. Qu'ils se tiennent tranquillement dans la cour de derrière, que personne ne se montre avant que j'aie sonné ; alors la maison sera fermée et sévèrement gardée. Toute personne qui entrerait sera arrêtée. (*L'adjudant sort.*) J'espère, il est vrai, n'avoir pas besoin de leurs services, car je suis sûr de mon calcul. Mais il s'agit ici des intérêts de l'empereur ; nous jouons gros jeu, et il vaut mieux prendre trop de précaution que d'en manquer.

SCÈNE V.

OCTAVIO PICCOLOMINI, ISOLANI.

ISOLANI. Me voici. Viendra-t-il encore quelqu'un des autres?

OCTAVIO, *d'un air de mystère.* D'abord, un mot avec vous, comte Isolani.

ISOLANI, *aussi d'un air de mystère.* S'agit-il de l'entreprise du prince? Vous pouvez vous fier à moi ; mettez-moi à l'épreuve.

OCTAVIO. Cela pourra bien arriver.

ISOLANI. Camarade, je ne suis pas de ceux qui ne sont braves qu'en paroles, et qui, lorsqu'on en vient au fait, prennent honteusement le large. Le duc s'est comporté, à mon égard, en ami ; Dieu sait que cela est, je lui dois tout. Il peut compter sur ma fidélité.

OCTAVIO. C'est ce que l'on verra.

ISOLANI. Mais, prenez garde, tous ne pensent pas ainsi. Il y en a encore ici beaucoup qui sont du parti de la cour, et qui pensent que les signatures surprises récemment ne les engagent à rien.

OCTAVIO. Ah! nommez-moi ceux qui pensent ainsi.

ISOLANI. Par le diable! tous les Allemands parlent de la sorte. Et tenez, Esterhazy, Kaunitz, Déodati, déclarent maintenant qu'il faut obéir à la cour.

OCTAVIO. Cela me réjouit.

ISOLANI. Cela vous réjouit?

OCTAVIO. Oui, je me plais à voir que l'empereur a encore de si bons amis et de si braves serviteurs.

ISOLANI. Ne plaisantez pas, ce ne sont pas des hommes de peu d'importance.

OCTAVIO. Certainement non. Dieu me garde de plaisanter! Je me réjouis très-sérieusement de voir la bonne cause si forte.

ISOLANI. Comment diable? qu'est-ce que cela signifie?... N'êtes-vous donc pas... Pourquoi suis-je ici?

OCTAVIO, *d'un air imposant.* Pour déclarer nettement et franchement si vous voulez être l'ami ou l'ennemi de l'empereur.

ISOLANI, *fièrement.* Je donnerai cette explication à celui qui a le droit de me la demander.

OCTAVIO. Ce papier vous apprendra si j'en ai le droit.

ISOLANI. Comment! c'est la main et le sceau de l'empereur? (*Il lit.*) « Tous les commandants de notre armée obéiront aux ordres de notre féal et amé lieutenant-général Piccolomini, comme aux nôtres mêmes. » Ah!... ah!... vraiment!... Oui!... oui!... Je vous fais mon compliment, monsieur le lieutenant-général.

OCTAVIO. Vous soumettez-vous à cet ordre?

ISOLANI. Moi?... Mais vous me surprenez si subitement... On m'accordera bien, j'espère, le temps de la réflexion...

OCTAVIO. Deux minutes.

ISOLANI. Mon Dieu, la circonstance est pourtant...

OCTAVIO. Claire et simple. Il s'agit de savoir si vous voulez trahir votre maître, ou le servir fidèlement.

ISOLANI. Le trahir? Mon Dieu! qui parle donc de trahir?

OCTAVIO. Voici le fait. Le prince est un traître, il veut conduire l'armée à l'ennemi. Expliquez-vous donc nettement et sans délai. Voulez-vous abjurer la foi que vous devez à l'empereur? Voulez-vous vous vendre à l'ennemi? le voulez-vous?

ISOLANI. Quelle idée! Moi! me parjurer envers l'empereur? Ai-je dit cela? Quand l'aurais-je dit?

OCTAVIO. Vous n'avez encore rien dit, rien encore. J'attends pour savoir ce que vous direz.

ISOLANI. Remarquez une chose qui me fait plaisir, c'est que vous êtes vous-même témoin que je n'ai rien dit de semblable.

OCTAVIO. Vous dites donc que vous vous séparerez du prince?

ISOLANI. S'il a ourdi une trahison... La trahison brise tous les liens.

OCTAVIO. Êtes-vous résolu à combattre contre lui?

ISOLANI. Il a été généreux envers moi; mais si c'est un traître, que Dieu le punisse : je suis quitte envers lui.

OCTAVIO. Je me réjouis de vous voir embrasser la bonne cause. Cette nuit même vous partirez en silence avec toutes les troupes légères... Vous agirez comme si l'ordre venait du duc lui-même. Le lieu du rendez-vous est Frauenberg; là, Galas vous donnera de nouvelles instructions.

ISOLANI. Cela sera fait ainsi. Mais souvenez-vous de moi auprès de l'empereur. Qu'il sache que vous m'avez trouvé bien disposé.

OCTAVIO. Je ferai votre éloge. (*Isolani se retire. Un domestique entre.*) Le colonel Buttler! bien.

ISOLANI, *revenant*. Pardonnez-moi aussi, mon vieux

camarade, mes façons un peu rude. Seigneur Dieu ! pouvais-je savoir devant quel grand personnage je me trouvais ?

OCTAVIO. C'est bon.

ISOLANI. Je suis un vieux et joyeux compagnon, et si quelques mots un peu vifs sur la cour m'ont échappé dans la gaîté du vin, vous savez que je n'avais pas mauvaise intention. (*Il sort.*)

OCTAVIO. N'ayez, à cet égard, aucune inquiétude. Voilà qui est terminé. Puissions-nous aussi bien réussir avec l'autre !

SCÈNE VI.

OCTAVIO PICCOLOMINI, BUTTLER.

BUTTLER. Je suis à vos ordres, général.

OCTAVIO. Soyez le bienvenu, comme digne camarade et comme ami.

BUTTLER. C'est trop d'honneur pour moi.

OCTAVIO, *après qu'ils se sont assis tous deux.* Vous n'avez pas répondu aux avances que je vous ai faites hier ; vous les avez regardées comme de vaines formalités. Les souhaits que je vous exprimais étaient pourtant sérieux et partaient du cœur, car voici le moment où les braves gens doivent se lier étroitement.

BUTTLER. Ceux qui ont la même opinion peuvent seuls se lier.

OCTAVIO. Et j'avise que tous les braves gens ont la même opinion. Je ne juge les hommes que par les actions où les porte librement leur caractère ; car la violence et la mésintelligence aveugle jettent souvent les meilleurs hors du vrai chemin. Vous avez passé par Frauenberg : le comte Galas ne vous a-t-il rien confié ? Dites-le moi : il est mon ami.

BUTTLER. Il ne m'a dit que des paroles perdues.

OCTAVIO. J'en suis fâché ; ses conseils étaient sages, et j'aurais à vous en donner de pareils.

BUTTLER. Épargnez-vous cette peine, et à moi l'embarras de me montrer indigne de votre bonne opinion.

OCTAVIO. Les moments sont précieux ; parlons franchement : vous savez où en sont les choses. Le duc médite une trahison, et je puis vous dire plus : il l'a accomplie. Depuis quelques heures, le traité d'alliance est conclu avec les ennemis ; déjà des courriers sont partis pour Prague et pour Égra. Demain on veut nous conduire aux ennemis. Cependant il se trompe, car la Providence veille, et l'empereur a encore ici de fidèles amis, une ligue puissante et ignorée. Cet acte proscrit le duc, délie l'armée du devoir d'obéissance, et appelle tous les hommes bien intentionnés à se réunir sous mon commandement. Maintenant, choisissez : voulez-vous défendre avec nous la bonne cause, ou partager avec lui le malheureux sort des coupables ?

BUTTLER. Son sort sera le mien.

OCTAVIO. Est-ce là votre dernière résolution ?

BUTTLER. Oui.

OCTAVIO. Songez à vous, colonel Buttler ; il en est encore temps. Le mot que vous avez trop vite prononcé est encore enseveli dans ma fidèle poitrine. Reprenez-le ; choisissez un meilleur parti : celui que vous avez adopté n'est pas bon.

BUTTLER. N'avez-vous rien de plus à m'ordonner ?

OCTAVIO. Regardez vos cheveux blancs ; revenez en arrière.

BUTTLER. Adieu !

OCTAVIO. Quoi ! voulez-vous employer dans un tel combat votre bonne et brave épée ? Voulez-vous changer en malédiction la reconnaissance que l'Autriche vous doit pour quarante années d'un fidèle service ?

BUTTLER, *avec un rire amer.* La reconnaissance de la maison d'Autriche !... (*Il veut sortir. Octavio le laisse aller jusqu'à la porte, puis le rappelle.*)

OCTAVIO. Buttler !

BUTTLER. Que vous plaît-il ?

OCTAVIO. Comment se passa l'affaire du comté?
BUTTLER. Du comté? Quoi?
OCTAVIO. Oui, je veux parler de ce titre de comte.
BUTTLER, *en colère*. Mort et damnation!
OCTAVIO, *froidement*. Vous le sollicitiez? on vous l'a refusé?...
BUTTLER. Vous ne m'insulterez pas impunément : en garde!...
OCTAVIO. Rengaînez votre épée, et dites-moi tranquillement comment cette affaire s'est passée; — ensuite je ne vous refuserai pas satisfaction.
BUTTLER. Eh bien! soit. Que tout le monde sache une faiblesse que je ne puis pas moi-même me pardonner. Oui, général, je suis ambitieux, et je n'ai jamais pu supporter le mépris. Je souffre de voir que la naissance et les titres l'emportent à l'armée sur le mérite. Je ne veux pas être moins bien traité que mes égaux. Dans un malheureux moment je me suis laissé aller à cette démarche : c'était une folie; mais je n'aurais pas dû l'expier si durement; on pouvait me donner un refus. Pourquoi rendre le refus plus cruel par un mépris offensant? fouler aux pieds, avec une amère raillerie, un vieillard, un fidèle serviteur? Pourquoi lui rappeler si durement la bassesse de son extraction? Parce qu'il s'est oublié dans une heure de faiblesse; mais la nature a donné un dard au reptile pour se venger de celui qui l'écrase dans son orgueil.
OCTAVIO. Il faut que vous ayez été calomnié. Devinez-vous quel ennemi vous a rendu ce mauvais service?
BUTTLER. Qu'importe? Ce doit être quelque misérable, un courtisan, un Espagnol, le descendant peut-être d'une ancienne famille dont j'aurai offusqué les regards; un envieux coquin, chagriné de voir le rang auquel je m'étais élevé par mes services.
OCTAVIO. Dites-moi : le duc approuva-t-il cette démarche?

BUTTLER. Il m'y poussa lui-même, et s'employa pour moi avec une noble et chaleureuse amitié.

OCTAVIO. Vraiment! En êtes-vous certain?

BUTTLER. J'ai lu la lettre.

OCTAVIO. Moi aussi ; mais elle était d'une tout autre nature. (*Buttler est surpris.*) Le hasard m'a mis en possession de cette lettre : vous pouvez la parcourir de vos propres yeux. (*Il lui donne la lettre.*)

BUTTLER. Ah ! qu'est-ce que ceci ?

OCTAVIO. Je crains, colonel Buttler, qu'on ne se soit honteusement joué de vous. Le duc vous a, dites-vous, poussé à cette démarche... — et, dans cette lettre, il parle de vous avec dédain, et conseille au ministre de châtier votre imprudence, comme il l'appelle. (*Buttler a lu la lettre, ses genoux tremblent, il prend un siége et s'assied.*) Aucun ennemi ne vous poursuit ; personne ne vous veut de mal. Attribuez au duc seul l'offense que vous avez reçue. En cela son dessein est clair : il voulait vous détacher de votre empereur, il espérait obtenir de votre vengeance ce qu'il n'aurait jamais pu attendre de votre fidélité éprouvée, dans une tranquille situation d'esprit. Il faisait de vous un instrument aveugle, et voulait vous employer à ses projets coupables. Il n'a seulement que trop bien réussi à vous éloigner de la bonne voie que vous aviez suivie pendant quarante ans.

BUTTLER, *d'une voix tremblante.* L'empereur peut-il me pardonner ?

OCTAVIO. Il fait plus : il répare l'injuste affront fait à un digne soldat. Il confirme de lui-même la faveur que le prince vous avait accordée dans des vues criminelles. Le régiment que vous commandez est à vous. (*Buttler veut se lever et retombe ; dans son agitation, il essaye en vain de parler. Enfin il prend son épée et la présente à Piccolomini.*) Que voulez-vous ? Remettez-vous.

BUTTLER. Prenez.

octavio. Pourquoi? Remettez-vous.

buttler. Prenez cette épée : je ne suis plus digne de la porter.

octavio. Recevez-la de nouveau de ma main, et servez-vous-en d'abord pour défendre la bonne cause.

buttler. J'ai manqué de fidélité envers mon empereur si généreux.

octavio. Réparez votre faute : séparez-vous du duc.

buttler. Me séparer de lui?

octavio. Comment! A quoi pensez-vous?

buttler, *d'un ton terrible*. Seulement me séparer de lui? Oh! il doit périr.

octavio. Suivez-moi à Frauenberg, où tous les fidèles sujets se rassemblent près de Galas et d'Altringer. J'en ai ramené beaucoup d'autres à leur devoir, et cette nuit ils quittent Pilsen.

buttler, *très-agité, se promène çà et là, puis s'avance vers Octavio avec un regard assuré.* Comte Piccolomini, l'homme qui a violé sa foi peut-il vous parler d'honneur?

octavio. Il le peut, quand il se repent aussi sérieusement.

buttler. Eh bien! laissez-moi ici sur ma parole d'honneur.

octavio. Que méditez-vous?

buttler. Laissez-moi ici avec mon régiment.

octavio. Je me fie à vous. Pourtant dites-moi ce que vous méditez.

buttler. La suite vous l'apprendra. Pour le moment, ne m'en demandez pas davantage. Fiez-vous à moi : vous le pouvez. Par le ciel! ce n'est pas à son bon ange que vous le livrez. Adieu.

(*Il sort.*)

un domestique *apporte un billet*. Un inconnu a apporté ceci et a disparu de suite. Les chevaux du prince sont en bas.

(*Il sort.*)

OCTAVIO *lit.* « Faites en sorte de partir. Votre fidèle Isolani. » Oh! que cette ville n'est-elle déjà loin de moi! Si près du port, faudrait-il échouer? Partons, partons! il n'y a plus de sécurité ici pour moi. Mais où est mon fils?

SCÈNE VII.

LES DEUX PICCOLOMINI. *Max est dans la plus violente agitation; ses regards ont une expression farouche, sa démarche est incertaine; il paraît ne pas voir son père, qui le regarde de loin avec compassion. Il s'avance à grands pas dans la chambre, s'arrête de nouveau, se jette sur un siége, puis reste là l'œil fixe et immobile.*

OCTAVIO *s'approche de lui.* Je pars, mon fils. (*Il ne reçoit point de réponse. Il lui prend la main.*) Mon fils, adieu!

MAX. Adieu!

OCTAVIO. Tu me suivras bientôt.

MAX, *sans le regarder.* Moi! vous suivre? Votre chemin est tortueux, et ce n'est pas le mien. (*Octavio retire sa main et se recule.*) Oh! si vous aviez été droit et sincère, jamais les choses n'en seraient venues là; elles seraient tout autres à présent. Il n'aurait pas pris cette terrible décision; les bons auraient conservé l'empire sur lui, et il ne serait pas tombé dans les piéges des méchants. Pourquoi vous êtes-vous, comme un voleur ou comme un malfaiteur, glissé secrètement et avec astuce derrière lui pour l'épier? Fatale fausseté! mère de tous les maux, c'est toi qui nous jettes dans la désolation, qui nous perds. La noble vérité, protectrice de l'homme, nous aurait tous sauvés. Mon père, je ne puis vous excuser, non, je ne le puis. Le duc m'a cruellement trompé, mais vous, vous n'avez guère mieux agi.

OCTAVIO. Mon fils, hélas! je pardonne à ta douleur.

ACTE II, SCÈNE VII.

MAX *se lève et le regarde d'un air soupçonneux.* Serait-il possible, mon père? Auriez-vous conduit tout ceci avec préméditation? C'est par sa chute que vous vous élevez? Octavio, cela m'afflige.

OCTAVIO. Dieu du ciel!

MAX. Malheur à moi! La nature est bouleversée pour moi, et le soupçon est resté dans mon âme heureuse. Confiance, croyance, espoir, tout est perdu, car tout ce que je vénérais le plus m'a menti. Non, non, pas tout. Elle vit encore pour moi, celle qui est vraie et pure comme le ciel. Partout règne la trahison, l'hypocrisie, le meurtre, le poison, le parjure, la fausseté. Notre amour est le seul sentiment pur, l'unique sanctuaire dans l'humanité qui n'ait pas été profané.

OCTAVIO. Max, viens avec moi tout de suite, cela vaut mieux.

MAX. Quoi! avant de lui avoir dit encore adieu, le dernier adieu! jamais!

OCTAVIO. Épargne-toi les douleurs d'une séparation nécessaire. Viens avec moi, viens, mon fils. (*Il veut l'entraîner.*)

MAX. Non, aussi vrai que Dieu existe.

OCTAVIO, *d'un ton plus pressant.* Viens avec moi, je te l'ordonne, moi, ton père.

MAX. Ordonnez-moi ce qui est humainement possible. Je reste.

OCTAVIO. Au nom de l'empereur, suis-moi.

MAX. L'empereur n'a pas d'ordre à donner à mon cœur. Et voulez-vous donc m'enlever la seule consolation qui me reste, sa pitié? Faut-il accomplir cruellement une décision cruelle? Faut-il prendre honteusement mon parti, me dérober à ses yeux par une fuite lâche et indigne? Non. Elle verra mes regrets, mes douleurs; elle entendra les plaintes de mon âme déchirée et versera des larmes sur moi. — Oh! les hommes sont cruels: mais elle, c'est un ange. Elle sauvera mon âme du désespoir terrible et furieux; elle apaisera par des paroles compatissantes, par de douces consolations, ces douleurs mortelles.

octavio. Tu ne te sépareras pas d'elle, tu ne le pourras. Viens, mon fils, sauve ta vertu.

max. N'employez pas en vain vos paroles. J'obéis à la voix de mon cœur, la seule à laquelle je puisse avoir confiance.

octavio, *tremblant et hors de lui-même.* Max ! Max ! si cet affreux malheur devait m'atteindre, si toi, mon fils, mon propre sang... non, je n'ose y penser... si tu t'abandonnais à une telle honte, si tu imprimais cette flétrissure à l'honneur de notre maison, le monde verrait avec effroi, dans un épouvantable combat, le sang du père ruisseler sous le glaive du fils !

max. Ah ! si vous aviez eu toujours meilleure opinion des hommes, vous eussiez mieux agi. Maudit soupçon ! déplorable méfiance ! Il n'y a rien de ferme, rien d'assuré, tout vacille aux yeux de celui qui n'a point de confiance.

octavio. Et si je me fie à ton cœur, sera-t-il toujours en ton pouvoir de suivre ses inspirations ?

max. Vous n'avez pu étouffer la voix de mon cœur, le duc ne le pourra pas plus que vous.

octavio. O Max ! je ne te reverrai jamais.

max. Vous ne me reverrez jamais indigne de vous.

octavio. Je vais à Frauenberg ; je te laisse ici pour te défendre les régiments de Pappenheim, de Lorraine, de Toscane et de Tiefenbach. Ils t'aiment, ils sont fidèles à leurs serments, et ils préféreront succomber bravement dans un combat plutôt que de manquer à leur chef et à l'honneur.

max. Soyez sûr que je perdrai la vie en combattant, ou que je les emmènerai hors de Pilsen.

octavio. Mon fils, adieu !

max. Adieu !

octavio. Quoi ! pas un regard d'affection, pas un serrement de main en nous quittant ! Nous marchons à une guerre sanglante dont le résultat est incertain. Ce n'était pas ainsi que nous avions coutume de nous séparer autrefois. Il est donc vrai, je n'ai plus de fils !

(*Max se jette dans ses bras. Tous deux se tiennent longtemps serrés l'un contre l'autre en silence, puis ils s'éloignent chacun d'un côté différent.*)

ACTE TROISIÈME.

L'appartement de la duchesse de Friedland.

SCÈNE I.

LA COMTESSE TERZKY, THÉCLA, MADEMOISELLE DE NEUBRUNN ; *les deux dernières occupées à des ouvrages de femme.*

LA COMTESSE. Vous n'avez rien à me demander, ma nièce, rien absolument? J'attends depuis longtemps un mot de vous. Pouvez-vous passer tant d'heures sans entendre une seule fois prononcer son nom? Quoi! mon secours serait-il déjà pour vous superflu? Auriez-vous un autre moyen de communiquer ensemble? Avouez-le-moi, ma nièce, l'avez-vous vu?

THÉCLA. Je ne l'ai vu ni hier ni aujourd'hui.

LA COMTESSE. Savez-vous quelque chose de lui? Ne me cachez rien.

THÉCLA. Je ne sais pas un mot.

LA COMTESSE. Et vous pouvez être si tranquille?

THÉCLA. Je le suis.

LA COMTESSE. Neubrunn, laissez-nous. (*Mademoiselle de Neubrunn s'éloigne.*)

SCÈNE II.

LA COMTESSE, THÉCLA.

LA COMTESSE. Je n'aime pas à le voir garder un tel silence dans le moment actuel.

THÉCLA. Dans le moment actuel?

LA COMTESSE. Maintenant qu'il sait tout!

THÉCLA. Parlez plus clairement, si vous voulez que je vous comprenne.

LA COMTESSE. C'est pour cela que j'ai voulu rester seule avec vous. Vous n'êtes plus un enfant, Thécla. Votre cœur est hors de tutelle, car vous aimez, et l'amour donne plus de force et de courage. Déjà vous en avez donné la preuve, vous tenez plus du caractère de votre père que de votre mère. Vous pouvez donc entendre des choses qu'elle ne serait pas capable de supporter.

THÉCLA. Je vous en prie, abrégez ces préliminaires. N'importe ce que vous devez me dire, parlez. Rien ne peut me tourmenter autant que cet exorde. Qu'avez-vous à m'annoncer? dites-le en peu de mots.

LA COMTESSE. Il ne faut pas vous effrayer.

THÉCLA. Parlez, je vous en prie.

LA COMTESSE. Il dépend de vous de rendre un grand service à votre père.

THÉCLA. Cela dépend de moi! Que puis-je?...

LA COMTESSE. Max Piccolomini vous aime, vous pouvez l'attacher à votre père par un lien indissoluble.

THÉCLA. Qu'est-il besoin de moi? Ce lien existe déjà.

LA COMTESSE. Il existait.

THÉCLA. Et pourquoi ne subsisterait-il plus maintenant, toujours?

LA COMTESSE. Il est attaché aussi à l'empereur.

THÉCLA. Pas plus que l'honneur et le devoir ne l'exigent de lui.

LA COMTESSE. On lui demande de prouver son amour et non son honneur... Honneur et devoir, ce sont là des mots qui ont une signification étendue et un double sens. Il faut les lui faire comprendre; c'est à l'amour à l'éclairer sur son honneur.

THÉCLA. Comment?

LA COMTESSE. Il faut qu'il renonce à vous ou à l'empereur.

THÉCLA. Il suivra volontiers mon père dans la vie privée. Vous avez entendu vous-même combien il désire déposer les armes.

LA COMTESSE. Il ne faut pas qu'il les dépose, il faut qu'il s'en serve pour votre père.

THÉCLA. Il sacrifierait volontiers son sang, sa vie pour mon père, si l'on voulait exercer envers lui la violence.

LA COMTESSE. Vous ne voulez pas me comprendre. Eh bien ! sachez donc que votre père a rompu avec l'empereur et qu'il est au moment de se réunir aux ennemis avec toute son armée.

THÉCLA. O ma mère !

LA COMTESSE. Il a besoin d'un grand exemple pour entraîner l'armée après lui. Les Piccolomini ont de la considération parmi les troupes, ils gouvernent l'opinion, et le parti qu'ils prendront est décisif. — Nous voulons nous assurer du père au moyen du fils... Vous pouvez donc beaucoup.

THÉCLA. O malheureuse mère ! quel coup mortel te menace ! Elle n'y survivra pas.

LA COMTESSE. Elle se soumettra à la nécessité ; je la connais. Les événements lointains et indécis oppressent son cœur sensible, mais le réel et l'irréparable, elle le supporte avec résignation.

THÉCLA. Oh ! les pressentiments de mon âme ! Maintenant... maintenant elle est là, la main froide du sort qui s'empare cruellement de mes douces espérances. Je le savais bien. Au moment même où je suis entrée ici, mes tristes prévisions m'ont avertie que les astres du malheur étaient sur ma tête. Mais pourquoi penser à moi d'abord ? O ma mère ! ma mère !

LA COMTESSE. Remettez-vous, n'éclatez pas en vaines plaintes ; conservez à votre père un ami, à vous un amant. Tout peut encore avoir une bonne et heureuse issue.

THÉCLA. Heureuse ! comment ? Nous sommes à jamais séparés. Hélas ! il n'y a plus à en parler.

LA COMTESSE. Il ne vous abandonnera pas, il ne peut vous abandonner.

THÉCLA. Oh ! le malheureux !

LA COMTESSE. S'il vous aime réellement, sa résolution sera bientôt prise.

THÉCLA. Sa résolution sera bientôt prise, n'en doutez pas. Sa résolution ? Y a-t-il encore une résolution à prendre ?

LA COMTESSE. Remettez-vous ; j'entends votre mère qui s'approche.

THÉCLA. Comment supporterais-je son aspect ?

LA COMTESSE. Remettez-vous.

SCÈNE III.

Les précédents, LA DUCHESSE.

LA DUCHESSE, *à la comtesse.* Qui était ici, ma sœur ? J'ai entendu parler avec vivacité.

LA COMTESSE. Il n'y avait personne.

LA DUCHESSE. Je suis si portée à l'effroi ! A chaque bruit que j'entends, je crois voir entrer un messager de malheur. Pouvez-vous me dire, ma sœur, où en sont les choses ? suivra-t-il la volonté de l'empereur ? Enverra-t-il la cavalerie au cardinal ? Parlez. A-t-il congédié Questenberg avec une réponse favorable ?

LA COMTESSE. Non, il n'a pas pris ce parti.

LA DUCHESSE. Oh ! alors c'en est fait, je prévois le plus grand malheur : ils le disgrâcieront, et tout se passera de nouveau comme à Ratisbonne.

LA COMTESSE. Non, cela ne se passera pas ainsi, pas cette fois, soyez tranquille là-dessus. (*Thécla, vivement émue, se jette au cou de sa mère, et la tient embrassée en pleurant.*)

LA DUCHESSE. Homme inflexible et intraitable ! que n'ai-je pas eu à supporter et à souffrir dans le malheureux lien de ce mariage ? J'ai passé avec lui une vie d'angoisses, comme si j'avais été enchaînée à un char de feu qui s'agite, qui tourne violemment et sans cesse. Il m'a fait vivre au bord d'un abîme escarpé où j'étais en proie à l'épouvante et au vertige. Non, mon enfant, ne pleure pas. Que mes souffrances ne soient pas pour toi un mauvais pressentiment du sort qui t'est réservé. Il n'y a pas un second Friedland, et toi, mon enfant, tu n'as pas à craindre la destinée de ta mère.

THÉCLA. Ah! fuyons, ma chère mère, hâtons-nous, hâtons-nous; ce séjour n'est pas fait pour nous. Chaque heure qui s'approche semble enfanter un nouvel effroi.

LA DUCHESSE. Tu auras un sort plus paisible. — Et nous aussi, ton père et moi, nous avons vu de beaux jours. Je pense encore avec bonheur aux premières années de notre union : alors il était tout à la fois actif et serein; son ambition ressemblait à un feu modéré qui réchauffe; ce n'était pas encore la flamme emportée qui dévore. L'empereur l'aimait, avait confiance en lui, et le consultait dans toutes ses entreprises. Mais depuis ce malheureux jour de Ratisbonne, où il fut précipité de sa haute position, un esprit inégal, insociable, soupçonneux et sombre, s'est emparé de lui. Le repos l'a quitté, et cessant de se fier à son ancienne fortune, à ses propres forces, il appliqua son cœur à ces manœuvres obscures qui n'ont jamais rendu heureux ceux qui les emploient.

LA COMTESSE. Vous voyez avec vos yeux; mais est-ce là le discours qui convient lorsque nous l'attendons? Il sera bientôt ici, vous le savez; devrait-il vous trouver dans une telle situation?

LA DUCHESSE. Viens, mon enfant, essuie tes larmes, montre à ton père un visage serein. — Regarde, ta chevelure est en désordre; il faut rattacher ces boucles éparses. Viens, sèche tes larmes, elles obscurcissent la douceur de ton regard. Que voulais-je dire? Oui, ce Piccolomini est pourtant un jeune homme distingué et plein de mérite.

LA COMTESSE. Oui, ma sœur.

THÉCLA, *à la comtesse, avec anxiété.* Ma tante, voulez-vous bien m'excuser? (*Elle veut sortir.*)

LA COMTESSE. Où allez-vous? Votre père vient.

THÉCLA. Je ne puis le voir maintenant.

LA COMTESSE. Il remarquera votre absence, il vous demandera.

LA DUCHESSE. Pourquoi sortez-vous?

THÉCLA. Il m'est impossible de le voir.

LA COMTESSE, *à la duchesse.* Elle n'est pas bien.

LA DUCHESSE, *inquiète.* Que manque-t-il à mon cher enfant? (*Toutes deux suivent Thécla et cherchent à la retenir. Wallenstein paraît, causant avec Illo.*)

SCÈNE IV.

Les précédents; WALLENSTEIN, ILLO.

WALLENSTEIN. Tout est tranquille encore dans le camp?

ILLO. Tout est tranquille.

WALLENSTEIN. Dans peu d'heures nous recevrons de Prague la nouvelle que cette capitale est à nous. Alors nous pourrons jeter le masque, annoncer aux troupes qui sont ici la démarche qui a été faite et son résultat. Dans de telles circonstances, l'exemple fait tout; l'homme est un être imitateur, et celui qui marche en avant conduit le troupeau. Les régiments de Prague savent seulement que les troupes de Pilsen nous ont rendu hommage, et de Pilsen on nous prêtera serment, parce que Prague a donné l'exemple. — Buttler, dis-tu, s'est déjà déclaré?

ILLO. De son propre mouvement, sans y être invité, il est venu lui-même vous offrir son régiment.

WALLENSTEIN. Il ne faut donc pas croire, je le vois, à cette voix du cœur qui nous donne de secrets avertissements. Souvent, pour nous tromper, l'esprit de mensonge imite l'accent de la vérité et nous donne des oracles imposteurs. Ainsi, je demande pardon à ce digne et brave Buttler de ma secrète injustice ; car un sentiment dont je ne suis pas maître, je ne voudrais pas l'appeler de la crainte, se glisse dans mon esprit à son approche, arrête en moi la libre impulsion de l'amitié ; et dire que ce brave capitaine, contre lequel mes pressentiments me mettent en garde, m'offre le premier gage du bonheur !

ILLO. Et son exemple influent séduira, n'en doutez pas, les principaux de l'armée.

WALLENSTEIN. Maintenant, va, et m'envoie à l'instant Isolani. Je lui ai rendu tout récemment un service ; je veux commencer par lui. (*Illo sort; pendant ce temps les femmes s'avancent.*) Voici ma chère fille avec sa mère. Reposons-nous un instant de nos soucis. Venez, j'avais besoin de passer une heure de calme au milieu du cercle chéri des miens.

LA COMTESSE. Il y a longtemps que nous n'avons été ainsi réunis, mon frère.

WALLENSTEIN, *à part, à la comtesse*. Peut-elle m'entendre ? Est-elle préparée ?

LA COMTESSE. Pas encore.

WALLENSTEIN. Viens ici, ma fille, asseois-toi près de moi. Il y a un charme salutaire sur tes lèvres ; ta mère a loué ton talent, tu as une voix tendre et harmonieuse qui enchante l'âme. J'ai besoin maintenant d'une pareille voix pour chasser le méchant esprit qui étend sur ma tête ses ailes noires.

LA DUCHESSE. Où est ton luth, Thécla ? Viens, donne à ton père un échantillon de ton talent.

THÉCLA. O ma mère ! Dieu !

LA DUCHESSE. Viens, Thécla, donne cette joie à ton père.

THÉCLA. Ma mère, je ne le puis.

LA COMTESSE. Comment ? qu'est-ce donc ?

THÉCLA, *à la comtesse*. Ayez pitié de moi. Chanter en ce moment, dans l'angoisse de mon âme oppressée ! chanter devant lui, qui précipite ma mère dans le tombeau !

LA DUCHESSE. Quoi ! Thécla, des caprices ! Votre bon père vous aura-t-il en vain manifesté un désir ?

LA COMTESSE. Voici le luth.

THÉCLA. O mon Dieu ! comment pourrais-je ?... (*Elle tient l'instrument d'une main tremblante, son âme lutte violemment, et au moment où elle va commencer à chanter, elle éprouve une terreur subite, rejette l'instrument, et sort à la hâte.*)

LA DUCHESSE. Mon enfant !... Oh ! elle est malade !

WALLENSTEIN. Qu'a-t-elle donc ? est-elle souvent ainsi ?

LA COMTESSE. Puisqu'elle se trahit ainsi elle-même, je ne garderai pas plus longtemps le silence.

WALLENSTEIN. Comment ?

LA COMTESSE. Elle l'aime.

WALLENSTEIN. Elle aime ! Qui ?

LA COMTESSE. Elle aime Piccolomini. Ne l'avez-vous pas remarqué, et ma sœur non plus ?

LA DUCHESSE. Est-ce donc là ce qui agitait son cœur ? Que Dieu te bénisse, mon enfant ! tu n'as pas à rougir de ton choix.

LA COMTESSE. Ce voyage... Si ce n'était pas là votre projet, la faute en est à vous ; vous auriez dû choisir un autre guide.

WALLENSTEIN. Le sait-il ?

LA COMTESSE. Il espère la posséder.

WALLENSTEIN. Il espère la posséder ! Ce jeune homme est-il fou ?

LA COMTESSE. Eh bien ! qu'elle entende elle-même ces paroles !

WALLENSTEIN. Pense-t-il donc obtenir la fille de Friedland ? En vérité, l'idée me plaît, ses vues ne sont pas humbles.

LA COMTESSE. Vous lui avez toujours témoigné tant de faveur.

WALLENSTEIN. Et il veut devenir mon héritier ! Eh bien ! oui, je l'avoue, je l'aime, je fais cas de lui ; mais qu'est-ce qu'a de commun tout ceci avec la main de ma fille? Est-ce donc par ses filles, par ses seuls enfants, que l'on témoigne sa bienveillance?

LA DUCHESSE. Son noble caractère et ses manières...

WALLENSTEIN. Lui donnent des droits sur mon cœur, mais non pas sur ma fille.

LA DUCHESSE. Sa position, ses aïeux...

WALLENSTEIN. Ses aïeux, quoi? Il est sujet, et c'est sur les trônes de l'Europe que je veux me chercher un gendre.

LA DUCHESSE. O cher duc! n'essayons pas de monter trop haut, de peur de tomber ensuite trop bas.

WALLENSTEIN. Quoi! j'aurai fait tant de sacrifices pour m'élever à la hauteur où je suis, pour laisser derrière moi le vulgaire des hommes, et je terminerais ce grand rôle par une alliance ordinaire? Est-ce pour cela?... (*Il s'arrête tout à coup, et se remet.*) C'est tout ce qui survivra de moi dans ce monde. Je veux mettre une couronne sur sa tête, ou mourir. Quoi! tout, tout ce que je risque pour lui donner un sort plus élevé, au moment même où nous parlons... (*Il s'arrête pensif.*) Et maintenant je pourrais, comme un père sans fermeté, seconder cet amour, contracter cette alliance bourgeoise? et c'est aujourd'hui que j'y consentirais, aujourd'hui même que j'espère consommer mon œuvre? Non, c'est pour moi un trésor longtemps réservé, c'est la part la plus précieuse de ma richesse, et je ne l'échangerai que contre un sceptre royal.

LA DUCHESSE. O mon époux! vous construisez votre édifice, vous l'élevez jusqu'aux nues, vous bâtissez toujours, toujours, et vous ne songez pas que sa base étroite ne peut supporter cette construction fragile et chancelante.

WALLENSTEIN, *à la comtesse.* Lui avez-vous annoncé quel séjour je lui destine?

LA COMTESSE. Pas encore. Vous le lui direz vous-même.

LA DUCHESSE. Comment! ne retournerons-nous pas en Carinthie?

WALLENSTEIN. Non.

LA DUCHESSE. Ou dans une autre de vos terres ?

WALLENSTEIN. Vous n'y seriez pas en sûreté.

LA DUCHESSE. Pas en sûreté, dans les États de l'empereur, sous la protection de l'empereur ?

WALLENSTEIN. L'épouse de Friedland n'a rien à espérer de l'empereur.

LA DUCHESSE. O Dieu ! vous auriez poussé les choses jusque-là ?

WALLENSTEIN. Vous trouverez un asile en Hollande.

LA DUCHESSE. Quoi ! vous nous envoyez dans un pays luthérien ?

WALLENSTEIN. Le duc François de Lauenbourg vous accompagnera.

LA DUCHESSE. Lauenbourg ! l'allié des Suédois ! l'ennemi de l'empereur !

WALLENSTEIN. Les ennemis de l'empereur ne sont plus les miens.

LA DUCHESSE *regarde avec effroi le duc et la comtesse.* Il est donc vrai, c'est décidé : vous êtes disgracié, déchu du commandement ! Dieu du ciel !

LA COMTESSE, *à part, au duc.* Laissons-la dans cette idée ; tu vois qu'elle ne pourrait supporter la vérité.

SCÈNE V.

Les précédents, LE COMTE TERZKY.

LA COMTESSE. Terzky, qu'avez-vous ? la terreur est peinte sur votre visage, comme si vous veniez de voir un fantôme.

TERZKY, *tirant Wallenstein à l'écart.* Avez-vous ordonné de faire partir les Croates ?

WALLENSTEIN. Je n'ai pas connaissance de cela.

TERZKY. Nous sommes trahis.

WALLENSTEIN. Quoi ?

TERZKY. Ils sont sortis cette nuit, ainsi que les chasseurs. Tous les cantonnements des environs sont abandonnés.

WALLENSTEIN. Et Isolani?

TERZKY. Vous l'avez fait partir.

WALLENSTEIN. Moi?

TERZKY. Vous ne l'avez pas fait partir, ni Déodati non plus? Tous deux ont disparu.

SCÈNE VI.

Les précédents, ILLO.

ILLO. Terzky vous a-t-il....

TERZKY. Il sait tout.

ILLO. Et sait-il aussi que Maradas, Esterhazy, Gœtz, Colalto et Kaunitz l'ont abandonné?

TERZKY. Diable!

WALLENSTEIN, *leur faisant signe*. Silence!

LA COMTESSE, *qui les a observés de loin avec inquiétude, s'avance*. Terzky, grand Dieu! qu'y a-t-il?

WALLENSTEIN. Rien. Sortons.

TERZKY *le suit*. Ce n'est rien, Thérèse.

LA COMTESSE *l'arrête*. Rien? Ne vois-je pas que le sang s'est déjà retiré de votre visage pâle comme celui d'un mort? Ne vois-je pas la contenance forcée de mon frère?

UN PAGE *entre*. Un adjudant demande le comte Terzky. (*Terzky suit le page.*)

WALLENSTEIN. Voyez ce qu'il vous veut. (*A Illo.*) Cela n'aurait pas pu se passer si secrètement, s'il n'y avait eu une révolte. Qui a la garde des portes?

ILLO. Tiefenbach.

WALLENSTEIN. Que Tiefenbach soit sur-le-champ remplacé par les grenadiers de Terzky. Ecoutez, avez-vous des nouvelles de Buttler?

ILLO. Je viens de rencontrer Buttler; il sera ici tout à l'heure; il te reste dévoué.

(*Illo sort. Wallenstein veut le suivre.*)

LA COMTESSE. Ne le laissez pas s'éloigner, ma sœur. Retenez-le... Une catastrophe...

LA DUCHESSE. Grand Dieu ! qu'y a-t-il ? (*Elle s'attache à lui.*)

WALLENSTEIN, *se dégageant.* Soyez tranquilles ; laissez-moi, ma sœur, ma chère femme. Nous sommes dans un camp ; c'est ainsi que les choses se passent. Les rayons du soleil et l'orage se succèdent rapidement. Tous ces esprits impétueux sont difficiles à gouverner, et jamais le général ne peut jouir d'un instant de repos. Restez ici. Je sors ; car les plaintes des femmes s'accordent mal avec l'activité des hommes. (*Il veut sortir. Terzky revient.*)

TERZKY. Restez ici. De cette fenêtre on peut tout voir.

WALLENSTEIN, *à la comtesse.* Allez, ma sœur.

LA COMTESSE. Jamais !

WALLENSTEIN. Je le veux !

TERZKY *le prend à l'écart et lui fait signe en lui montrant la duchesse.* Thérèse !

LA DUCHESSE. Venez, ma sœur, puisqu'il l'ordonne.

(*Elles sortent.*)

SCÈNE VII.

WALLENSTEIN, LE COMTE TERZKY.

WALLENSTEIN, *à la fenêtre.* Qu'y a-t-il donc ?

TERZKY. Toutes les troupes sont dans le mouvement et l'agitation. Personne n'en connaît le motif. Chaque corps se range avec un sombre et mystérieux silence sous ses drapeaux. Les régiments de Tiefenbach font mauvaise mine. Les Wallons seuls se tiennent à l'écart dans leur cantonnement, n'y laissant entrer personne, et demeurant tranquilles comme de coutume.

WALLENSTEIN. Piccolomini est-il avec eux ?

TERZKY. On le cherche et on ne le trouve nulle part.

WALLENSTEIN. Que vous a dit cet adjudant ?

TERZKY. Ce sont mes régiments qui l'ont envoyé. Ils vous renouvellent leur serment de fidélité, et attendent avec une ardeur guerrière le signal du combat.

WALLENSTEIN. Mais comment ce tumulte a-t-il éclaté dans le camp? L'armée ne devait rien savoir avant que la fortune se fût décidée pour nous à Prague.

TERZKY. Oh! que ne m'avez-vous cru! Hier soir encore, nous vous avons conjuré de ne pas laisser sortir cet Octavio, ce serpent, — et vous lui avez donné vous-même des chevaux pour s'enfuir.

WALLENSTEIN. Encore cette chanson. Une fois pour toutes, ne parlons plus de ces soupçons absurdes.

TERZKY. Vous vous êtes fié aussi à Isolani, il est le premier qui vous abandonne.

WALLENSTEIN. Je l'ai tiré hier de la misère. Bon voyage! je n'ai jamais compté sur la reconnaissance.

TERZKY. Et ils sont tous l'un comme l'autre.

WALLENSTEIN. En me quittant, n'agit-il pas comme il devait le faire? Il reste fidèle au dieu du hasard, qu'il a toujours servi à la table du jeu. C'est à ma fortune qu'il était attaché; c'est elle qu'il abandonne, et non pas moi. Qu'étais-je pour lui et qu'était-il pour moi? J'étais le navire chargé de ses espérances, avec lequel il naviguait joyeusement en pleine mer; il voit que nous nous dirigeons vers les écueils, et bien vite il retire sa marchandise. Aucun lien de cœur ne nous unissait; il me quitte comme l'oiseau léger quitte la branche dont il n'a plus besoin. Oui, il mérite d'être trompé, celui qui met sa confiance dans les hommes frivoles. Sur leur front mobile et petit, les images de la vie se reflètent en traits passagers, mais vous pouvez compter que rien ne prendra racine dans le sol silencieux du cœur; une commode bonhomie émeut facilement leurs humeurs, mais il n'y a point d'âme pour échauffer leurs entrailles.

TERZKY. J'aimerais pourtant mieux me confier à ces fronts unis qu'à tant d'autres froncés par les rides.

SCÈNE VIII.

WALLENSTEIN, TERZKY ; ILLO *arrive furieux.*

ILLO. Révolte et trahison !

TERZKY. Ah ! qu'y a-t-il de nouveau ?

ILLO. Quand j'ai donné aux régiments Tiefenbach l'ordre de se retirer... Oh ! perfides soldats, oublieux de leurs devoirs !

TERZKY. Eh bien !

WALLENSTEIN. Quoi donc ! Ils ont refusé d'obéir ?

TERZKY. Faites tirer sur eux. Donnez cet ordre.

WALLENSTEIN. De la modération ! Quel motif mettent-ils en avant ?

ILLO. Ils disent qu'ils ne doivent obéir qu'au lieutenant-général Piccolomini...

WALLENSTEIN. Quoi ? comment ?

ILLO. Qu'il leur a laissé cet ordre et le leur a montré de la main même de l'empereur.

TERZKY. De la main de l'empereur ! Vous entendez, prince ?

ILLO. C'est par son impulsion aussi que les colonels sont partis hier.

TERZKY. Entendez-vous ?

ILLO. Et Montecuculli, Caraffa et six autres généraux sont loin ; il leur a persuadé de le suivre. Il avait depuis longtemps cet ordre de l'empereur, et dernièrement encore il s'est concerté avec Questenberg. (*Wallenstein tombe sur un siége et se cache le visage.*)

TERZKY. Oh ! si vous m'aviez cru ?

SCÈNE IX.

Les précédents, LA COMTESSE.

LA COMTESSE. Je ne puis y tenir plus longtemps. Au nom de Dieu, dites-moi ce qui se passe.

ILLO. Les régiments nous abandonnent ; le comte Piccolomini est un traître.

LA COMTESSE. Oh! mes pressentiments! (*Elle sort précipitamment.*)

TERZKY. Si l'on m'eût cru! Vous le voyez, les étoiles vous ont trompé.

WALLENSTEIN *se lève*. Les étoiles ne mentent pas, mais ceci est contraire au cours des astres et du destin. La science est véridique, mais un cœur faux a fait mentir le ciel lui-même; les prophéties ne reposent que sur la vérité, et lorsque la nature sort de ses voies ordinaires, toute la science s'égare. Si c'était une superstition qui m'empêchait de déshonorer la nature humaine par de tels soupçons, oh! non, jamais je ne rougirai de cette faiblesse. Il y a même dans l'instinct des animaux une sorte de religion, et le sauvage ne partage point son repas avec celui dont il va percer le sein. Tu n'as pas fait là un acte d'héroïsme, Octavio! Ce n'est pas ta prudence qui a vaincu la mienne, c'est ton lâche cœur qui a remporté sur mon cœur ouvert un indigne triomphe. Aucun bouclier ne pouvait me garantir de ton mortel attentat; tu l'as dirigé sans pudeur sur mon sein sans défense. Contre de telles armes je ne suis qu'un enfant.

SCÈNE X.

Les précédents, BUTTLER.

TERZKY. Ah! Voici Buttler. Nous avons encore un ami.

WALLENSTEIN *va à lui les bras ouverts et l'embrasse avec cordialité.* Viens sur mon cœur, vieux frère d'armes. Les rayons du soleil au printemps ne sont pas plus doux que l'aspect d'un ami dans un tel moment.

BUTTLER. Mon général... je viens...

WALLENSTEIN, *s'appuyant sur son épaule*. Sais-tu déjà que le vieux Piccolomini m'a vendu à l'empereur? Qu'en dis-tu? Pendant trente ans nous avons vécu ensemble et supporté les mêmes choses; nous avons en campagne dormi sur la même couche, bu à la même coupe, mangé le même pain ; je m'appuyais sur lui comme je m'appuie à présent sur tes épaules fidèles, et dans le moment même où mon cœur battait avec confiance contre son cœur, il voit son avantage, épie l'instant favorable et me plonge le poignard dans le sein. (*Il repose sa tête sur l'épaule de Buttler.*)

BUTTLER. Oubliez le perfide ; dites, que voulez-vous faire ?

WALLENSTEIN. C'est bien dit, va, ne songeons plus à lui. N'ai-je pas encore assez d'amis ? le destin ne me traite-t-il pas avec affection, puisqu'au moment où il démasque l'hypocrisie du perfide, il me donne un cœur fidèle? Ne parlons plus de lui et ne pensez pas que je le regrette. Oh! c'est sa trahison qui m'afflige, car je les aimais, je les estimais tous les deux ; et Max, il m'aimait véritablement, il ne m'a pas trahi, lui ! Assez, assez là-dessus. Il s'agit maintenant de prendre des mesures expéditives. Le courrier que le comte Kinsky m'envoie de Prague peut arriver à chaque instant. Il ne faut pas que ce qu'il m'apporte tombe entre les mains des révoltés. Ainsi, envoyez sur-le-champ un exprès à sa rencontre, un homme sûr qui puisse me l'amener en secret. (*Illo veut sortir, Buttler le retient.*)

BUTTLER. Mon général, qui attendez-vous?

WALLENSTEIN. Le courrier qui doit m'apporter la nouvelle de ce qui s'est passé à Prague.

BUTTLER. Hum!

WALLENSTEIN. Qu'avez-vous?

BUTTLER. Vous ne savez donc pas...

WALLENSTEIN. Quoi?

BUTTLER. Comment ce tumulte s'est élevé dans le camp ?

WALLENSTEIN. Comment?

BUTTLER. Le courrier...

WALLENSTEIN, *inquiet*. Eh bien ?

BUTTLER. Il est ici.

TERZKY *et* ILLO. Il est ici?
WALLENSTEIN. Mon courrier?
TERZKY. Depuis plusieurs heures.
WALLENSTEIN. Et je ne le sais pas!
BUTTLER. La garde l'a arrêté.
ILLO, *frappant du pied*. Malédiction!
BUTTLER. Sa lettre a été ouverte et court de main en main dans le camp.
WALLENSTEIN. Savez-vous ce qu'elle contient?
BUTTLER, *hésitant*. Ne me le demandez pas.
TERZKY. Oh! malheur à nous, Illo! Tout s'écroule à la fois.
WALLENSTEIN. Ne me cachez rien. Je puis entendre la plus malheureuse nouvelle. Prague est-il perdu? l'est-il? Avouez-le-moi franchement?
BUTTLER. Il est perdu. Tous les régiments placés à Budweiss, à Tabor, à Braunau, à Kœniginngratz, à Braün, à Znaym, vous ont abandonné et ont renouvelé leurs serments à l'empereur. Kinsky, Illo, Terzky et vous-même êtes proscrits. (*Terzky et Illo montrent leur effroi et leur désespoir; Wallenstein demeure ferme et tranquille.*)
WALLENSTEIN, *après un instant de silence*. C'en est fait, maintenant tout est bien. J'ai été promptement affranchi des angoisses du doute; mon cœur redevient libre, mon esprit reprend sa clarté. C'est dans la nuit que brille l'étoile de Friedland. J'ai tiré l'épée avec une résolution flottante, avec un courage indécis; tant que j'ai eu à choisir, j'éprouvais de violentes contradictions. Maintenant la nécessité commande, les doutes s'évanouissent. Je combats pour ma vie et ma tête.
(*Il sort, les autres le suivent.*)

SCÈNE XI.

LA COMTESSE TERZKY *arrive par une porte latérale*. Non, non, je ne puis supporter cet état plus longtemps. Où sont-ils? Tout est vide. Il me laisse seule, seule dans cette horrible anxiété. Il faut me contraindre devant ma sœur, paraître tranquille, renfermer mes souffrances dans mon cœur oppressé. Non, je ne puis supporter cette idée ; si notre entreprise échoue, s'il faut passer du côté des Suédois, les mains vides, en fugitifs, et non plus comme des alliés honorables, suivis d'une armée puissante ; s'il faut errer de contrée en contrée comme le Palatin, et paraître en tout lieu comme un monument de notre grandeur déchue... non, je ne puis envisager un pareil moment, et quand il supporterait lui-même une pareille chute, moi je ne supporterais pas de le voir ainsi tomber.

SCÈNE XII.

LA COMTESSE, LA DUCHESSE, THÉCLA.

THÉCLA, *voulant retenir la duchesse.* O ma mère! restez.

LA DUCHESSE. Non, il y a encore un terrible secret que l'on me cache. Pourquoi ma sœur m'évite-t-elle? Pourquoi la vois-je errer avec angoisse? Pourquoi es-tu si effrayée? Que signifient ces signes muets que vous échangez mystérieusement entre vous?

THÉCLA. Rien, ma mère.

LA DUCHESSE. Ma sœur, je veux le savoir.

LA COMTESSE. Que sert de lui en faire un secret? Peut-on le lui cacher? Tôt ou tard il faudra qu'elle l'apprenne et le supporte. Ce n'est pas le moment de s'abandonner à la faiblesse. Le courage et la fermeté d'âme nous sont nécessaires, nous devons exercer notre force. Mieux vaut donc décider son sort d'un seul mot. — On vous trompe, ma sœur ; vous croyez que le duc est disgracié. Le duc n'est point disgracié... il est...

THÉCLA, *s'approchant de la comtesse.* Voulez-vous la tuer?

LA COMTESSE. Le duc est...

THÉCLA, *prenant sa mère dans ses bras.* Soyez ferme, ma mère.

LA COMTESSE. Le duc s'est révolté, il a voulu s'unir aux ennemis; l'armée l'a abandonné, il est trahi. (*A ces derniers mots, la duchesse s'évanouit et tombe inanimée dans les bras de sa fille.*)

SCÈNE XIII.

Une grande salle chez le duc de Friedland.

WALLENSTEIN, *revêtu de son armure.* Tu as réussi, Octavio. Me voilà presque aussi abandonné que je l'étais à l'assemblée des princes de Ratisbonne. Alors, je n'avais plus d'autre appui que moi-même. Mais vous avez éprouvé ce que peut un homme, vous avez enlevé à l'arbre ses rameaux, et me voilà comme une tige dépouillée. Mais en dedans de lui subsiste encore la force créatrice capable d'enfanter un monde. Déjà une fois j'ai valu à moi seul toute une armée. Vos troupes s'étaient fondues devant le Suédois; Tilly, votre dernier espoir, était vaincu sur le Lech; Gustave inondait, comme un torrent déchaîné, la Bavière, et l'empereur tremblait dans son palais à Vienne. Les soldats étaient difficiles à trouver, car la foule suit le cours de la fortune. Alors on tourna les yeux vers moi, moi, le sauveur dans le danger; l'orgueil de l'empereur s'abaissa devant celui qui avait été cruellement offensé. Il fallut me lever pour prononcer le mot puissant et rassembler des hommes dans un camp désert. Je parais, le tambour bat, mon nom retentit dans le monde comme celui du dieu de la guerre. La charrue, l'atelier sont abandonnés; la foule accourt et s'empresse sous mes drapeaux qui donnent l'espérance. Ah! je me sens encore tel que j'étais alors. C'est l'esprit qui se forge son corps, et Friedland saura bien peupler son camp. Conduisez contre moi vos milliers de soldats; ils sont habitués à vaincre sous mes ordres et non pas contre moi. Si la tête et les membres se séparent, on verra où était l'âme. (*Illo et Terzky entrent.*) Courage! amis, courage! nous ne sommes pas encore terrassés. Cinq régiments de Terzky et les braves troupes de Buttler sont à nous. Demain, une armée de seize mille Suédois vient nous rejoindre. Je n'avais pas plus de forces lorsqu'il y a neuf ans j'ai reconquis l'Allemagne pour l'empereur.

SCÈNE XIV.

Les précédents; NEUMANN, *causant à l'écart avec le* COMTE DE TERZKY.

TERZKY, *à Neumann.* Que veulent-ils?
WALLENSTEIN. Qu'est-ce?
TERZKY. Dix cuirassiers de Pappenheim demandent à vous parler au nom de leur régiment.
WALLENSTEIN, *à Neumann.* Faites-les entrer. (*Neumann sort.*) J'espère quelque chose de cette démarche. Remarquez qu'ils sont encore dans le doute, et qu'on peut encore les gagner.

SCÈNE XV.

WALLENSTEIN, TERZKY, ILLO, DIX CUIRASSIERS, *conduits par un* SOUS-OFFICIER. *Ils se mettent en ligne devant le duc, et font le salut militaire.*

WALLENSTEIN, *après les avoir examinés un moment, s'adresse au sous-officier.* Je te connais bien, tu es de Bruges en Flandre, et ton nom est Mercy?
LE SOUS-OFFICIER. Je m'appelle Henri Mercy.
WALLENSTEIN. Tu fus coupé dans une marche, entouré de Hessois, et tu te fis jour avec cent quatre-vingts hommes à travers des milliers d'ennemis?
LE SOUS-OFFICIER. Oui, mon général.
WALLENSTEIN. Qu'as-tu obtenu pour cet acte de bravoure?

LE SOUS-OFFICIER. Ce que je demandais, mon général, l'honneur de servir dans les cuirassiers.

WALLENSTEIN, *se tournant vers un autre*. Tu étais parmi les volontaires que je fis sortir d'Altenberg pour s'emparer de la batterie suédoise?

DEUXIÈME CUIRASSIER. C'est vrai! mon général.

WALLENSTEIN. Je n'oublie jamais celui à qui j'ai parlé une seule fois. Dites-moi votre affaire.

LE SOUS-OFFICIER *commande*. Portez arme!

WALLENSTEIN *s'adresse à un troisième*. Tu t'appelles Risbeck, et tu es né à Cologne?

TROISIÈME CUIRASSIER. Risbeck, de Cologne.

WALLENSTEIN. Tu amenas prisonnier dans le camp de Nuremberg le colonel suédois Dübald?

TROISIÈME CUIRASSIER. Ce n'est pas moi, mon général.

WALLENSTEIN. Non, c'est juste; c'est ton frère aîné. Tu avais encore un frère plus jeune; où est-il?

TROISIÈME CUIRASSIER. Il est à Olmutz, dans l'armée de l'empereur.

WALLENSTEIN, *au sous-officier*. Eh bien! je vous écoute.

LE SOUS-OFFICIER. Il nous est venu dans les mains une lettre de l'empereur qui...

WALLENSTEIN, *l'interrompant*. Qui vous a choisis?

LE SOUS-OFFICIER. Chaque escadron a tiré son homme au sort.

WALLENSTEIN. Allons au fait.

LE SOUS-OFFICIER. Il nous est venu dans les mains une lettre de l'empereur qui nous ordonne de ne plus obéir à ton commandement, parce que tu es un traître et un ennemi de la patrie.

WALLENSTEIN. Qu'avez-vous résolu?

LE SOUS-OFFICIER. Nos camarades à Braunau, à Budweis, à Prague, à Olmutz, ont déjà obéi, et les régiments de Tiefenbach, de Toscane, ont suivi leur exemple... Mais nous ne croyons pas que tu sois un traître, un ennemi de la patrie, et nous regardons cela comme un mensonge et une invention de l'Espagne. (*Avec cordialité.*) Toi-même, tu nous diras ce que tu projettes, car tu as toujours été sincère avec nous ; nous avons la plus grande confiance en toi, un tiers ne doit pas se placer entre nous, entre un brave général et ses braves soldats.

WALLENSTEIN. Je reconnais bien là mes hommes de Pappenheim.

LE SOUS-OFFICIER. Le régiment te demande donc si tu veux seulement conserver le commandement qui t'appartient, que l'empereur t'a confié, et servir l'Autriche comme un loyal général ; en ce cas, nous sommes résolus à nous mettre de ton côté et à soutenir tes droits envers chacun ; — et quand même tous les autres régiments t'abandonneraient, nous seuls nous te resterions fidèles, et nous donnerions notre vie pour toi, car notre devoir de soldats est de périr plutôt que de te laisser succomber. Mais si les choses sont telles que le dit la lettre de l'empereur, s'il est vrai que par une manœuvre perfide tu veuilles nous conduire à l'ennemi, ce dont Dieu nous garde! alors nous voulons aussi te quitter et obéir à l'ordre de l'empereur.

WALLENSTEIN. Écoutez, enfants.

LE SOUS-OFFICIER. Il n'y a pas besoin de beaucoup de paroles ; dis oui ou non, et nous serons satisfaits.

WALLENSTEIN. Écoutez-moi. Je sais que vous êtes des hommes intelligents, que vous voulez penser et juger par vous-mêmes, et ne pas suivre le train de la foule. Voilà pourquoi je vous ai toujours, comme vous le savez, distingués du reste de l'armée. L'œil rapide du général ne compte que les drapeaux ; il ne remarque point chaque individu ; son ordre est sévère, il faut le suivre aveuglément, et l'homme ici ne compte pas pour l'homme... Cependant, vous savez que je n'en ai jamais agi ainsi avec vous ; vous avez dans votre rude métier la pensée de vous-mêmes ; sur votre front austère on voit briller une mâle intelligence, et je vous ai toujours traités en hommes libres, et je vous ai donné le droit d'avoir vous-mêmes votre opinion.

LE SOUS-OFFICIER. Oui, mon général ; tu nous a toujours traités dignement, tu nous as honorés de ta confiance et favorisés plus que tous les autres régiments. Aussi ne suivons-nous pas la masse des troupes, tu le vois ; nous restons près de toi avec confiance. Dis un mot, ce mot nous suffira, dis-nous que tu ne songes à aucune trahison, que tu ne veux pas conduire l'armée à l'ennemi.

WALLENSTEIN. C'est moi, moi qu'on trahit. L'empereur m'a sacrifié à mes ennemis ; il faut que je succombe, si mes braves troupes ne me sauvent pas. Je veux me reposer sur vous, votre cœur sera mon rempart. Voyez, c'est contre ce sein qu'on dirige les coups, c'est contre cette tête blanche. Telle est la reconnaissance des Espagnols pour toutes ces batailles sanglantes livrées dans les plaines de Lutzen ou devant les vieilles forteresses. C'est pour cela que nous avons offert notre poitrine nue aux armes des ennemis, que nous avons dormi sur la pierre et sur le sol couvert de glace. Aucun torrent n'était pour nous trop rapide, aucune forêt impénétrable. Nous avons poursuivi l'infatigable Mansfeld à travers tous les détours tortueux de sa fuite ; notre vie a été une marche sans repos ; semblables aux tourbillons de vent qui ne séjournent nulle part, nous avons traversé le monde agité par la guerre ; et maintenant que nous avons accompli ces rudes et ingrats et maudits travaux des armes, maintenant que notre bras fidèle et infatigable a rendu le fardeau de la guerre moins lourd, cet enfant impérial viendrait conclure une paix facile et ravir la branche d'olivier dont nous avions mérité de parer notre tête, pour l'enlacer dans ses blonds cheveux !

LE SOUS-OFFICIER. Non, cela ne sera pas, aussi longtemps que nous pourrons l'empêcher. Personne que toi ne peut finir cette guerre terrible que tu as conduite avec gloire. Tu nous as guidés dans les champs sanglants de la mort, il faut que ce soit toi, et nul autre, qui nous ramènes galment dans les champs de la paix, qui partages avec nous les fruits de nos longs travaux.

WALLENSTEIN. Comment! pensez-vous pouvoir vous réjouir dans votre vieillesse des fruits que vous aurez recueillis? Non, ne le croyez pas. Vous ne verrez jamais la fin de cette lutte, cette guerre nous dévorera tous. L'Autriche ne veut point de paix, et, parce que je cherche la paix, il faut que je succombe. Qu'importe à l'Autriche, si cette longue guerre épuise l'armée et ravage le monde? Elle ne cherche qu'à s'accroître, à gagner des domaines. Vous êtes émus, — je vois une noble colère briller dans vos regards guerriers. Oh! que mon souffle ne peut-il vous animer comme autrefois quand je vous menais au combat! Vous voulez m'aider, vous voulez défendre mes droits avec vos armes; cela est généreux; mais ne pensez pas que votre petite troupe puisse accomplir cette résolution, vous vous sacrifieriez en vain pour votre général. (*D'un ton de confiance.*) Non, laissez-moi, pour garantir notre sûreté, chercher des auxiliaires; les Suédois nous offrent leur secours, laissez-moi me servir d'eux en apparence, jusqu'à ce que, redoutables aux deux partis, tenant entre nos mains le destin de l'Europe, nous offrions du milieu de notre camp la douce paix à ce monde réjoui.

LE SOUS-OFFICIER. Ainsi tu ne traites avec les Suédois qu'en apparence, tu ne veux pas trahir l'empereur, tu ne veux pas faire de nous des Suédois; eh bien! voilà tout ce que nous désirions savoir de toi.

WALLENSTEIN. Eh! que m'importe le Suédois? Je le hais comme le fond de l'enfer, et, avec l'aide de Dieu, j'espère le chasser bientôt sur l'autre rive de la mer Baltique. Voyez, mon cœur est touché de compassion en écoutant les plaintes du peuple Allemand. Vous n'êtes que de simples soldats ; cependant comprenez votre valeur : c'est vous que, de préférence à tous les autres, j'ai jugés dignes de m'entendre parler à cœur ouvert. Voilà quinze ans que le flambeau de la guerre est allumé, et nulle part encore il n'y a de trêve. Allemands et Suédois, papistes et luthériens, nul ne veut céder à l'autre, tous les bras sont armés l'un contre l'autre ; partout des factions, nulle part un juge : dites, quand cela finira-t-il ? qui pourra dénouer ce fil qui s'embrouille sans cesse ? Il faut le couper. Je sens que je suis l'homme du destin, et j'espère avec votre secours accomplir ses décrets.

SCÈNE XVI.

Les précédents, BUTTLER.

BUTTLER, *en toute hâte.* C'est mal, cela, mon général.

WALLENSTEIN. Quoi ?

BUTTLER. Cela vous fera tort auprès de ceux qui pensent bien.

WALLENSTEIN. Quoi donc ?

BUTTLER. Ceci s'appelle lever ouvertement l'étendard de la révolte !

WALLENSTEIN. Mais qu'y a-t-il donc ?

BUTTLER. Le régiment du comte Terzky arrache de ses drapeaux l'aigle impériale pour mettre à sa place votre écusson.

LE SOUS-OFFICIER, *aux cuirassiers.* Demi-tour à droite, marche !

WALLENSTEIN. Maudit soit ce fait, et celui qui l'a conseillé ! (*Aux cuirassiers qui se retirent.*) Arrêtez, mes enfants, c'est une erreur. Écoutez, je veux la punir sévèrement ; écoutez donc, restez. Ils ne m'entendent pas. (*A Illo.*) Suivez-les, tâchez de les persuader et de les ramener, coûte que coûte. (*Illo sort.*) Voilà qui nous précipite dans notre perte. Buttler ! Buttler ! vous êtes mon mauvais génie. Pourquoi venir m'annoncer cette nouvelle en leur présence ? tout était en bon chemin... ils étaient à demi gagnés. Les insensés ! avec leur zèle irréfléchi... Oh ! la fortune se joue cruellement de moi ; c'est l'empressement de mes amis, et non la haine de mes ennemis, qui me jette dans l'abîme.

SCÈNE XVII.

Les précédents ; LA DUCHESSE *entre avec précipitation ;* THÉCLA *et* LA COMTESSE *la suivent ; puis* ILLO.

LA DUCHESSE. O Albert ! qu'avez-vous fait ?

WALLENSTEIN. Ah ! encore cela !

LA COMTESSE. Pardonnez-moi, mon frère, je n'ai pu agir autrement ; elle sait tout.

LA DUCHESSE. Qu'avez-vous fait ?

LA COMTESSE, *à Terzky.* N'y a-t-il plus d'espérance ? tout est-il perdu ?

TERZKY. Tout : Prague est au pouvoir de l'empereur, les régiments lui ont de nouveau juré fidélité.

LA COMTESSE. Perfide Octavio ! Et le comte Max est-il aussi parti ?

TERZKY. Où pourrait-il être ? Il a passé avec son père du côté de l'empereur. (*Thécla se jette dans les bras de sa mère et se cache le visage dans son sein.*)

LA DUCHESSE, *la serrant dans ses bras.* Malheureuse enfant ! plus malheureuse mère !

WALLENSTEIN, *tirant à l'écart Terzky.* Fais préparer dans la seconde cour une voiture de voyage pour les emmener (*il désigne les femmes*) ; Scherfenberg les accompagnera ; il nous est fidèle, il les conduira à Égra, où nous les suivrons. (*A Illo qui revient.*) Vous ne les ramenez pas ?

ILLO. Entendez-vous le tumulte ? tout le corps de Pappenheim est en rumeur. Ils redemandent Max, leur colonel ; ils disent qu'il est ici, dans le château, que vous le retenez par force, et que si vous ne le leur rendez pas, ils viendront le délivrer les armes à la main. (*Tous se regardent étonnés.*)

TERZKY. Que faire?

WALLENSTEIN. Ne l'ai-je pas dit? Mon cœur pressentait la vérité. Il est encore ici, il ne m'a point trahi, il ne l'a pas pu. Je n'en ai jamais douté.

LA COMTESSE. Il est encore ici. Oh! alors tout est bien, car je sais ce qui le retiendra éternellement. (*Elle embrasse Thécla.*)

TERZKY. Cela ne se peut; songez-y donc. Son père nous a trahis; il s'est déclaré pour l'empereur : comment le fils oserait-il être ici?

ILLO, *à Wallenstein*. J'ai vu, il y a peu d'instants, passer sur la place l'équipage de chasse que vous lui avez donné.

LA COMTESSE. O ma nièce! alors il n'est pas loin...

THÉCLA, *les yeux fixés sur la porte, s'écrie :* Le voici!

SCÈNE XVIII.

Les précédents, MAX PICCOLOMINI.

MAX, *s'avançant au milieu de la salle*. Oui, oui, le voici. Je ne puis errer plus longtemps d'un pas timide autour de cette demeure, épier à la dérobée un moment favorable... Cette attente, cette angoisse sont au-dessus de mes forces. (*Il s'avance vers Thécla, qui s'est jetée dans les bras de sa mère.*) Oh! regarde-moi, ne détourne pas les yeux, ange du ciel! avoue-le librement devant tous, ne crains personne. Apprenne qui voudra que nous nous aimons. Pourquoi le cacher encore? le secret est pour les heureux. Le malheur sans espoir n'a besoin d'aucun voile, il peut agir librement à la face du jour. (*Il remarque la comtesse qui jette sur Thécla un regard de satisfaction.*) Non, madame, je n'attends rien et je n'espère rien; je ne viens pas ici pour rester, mais pour vous dire adieu... C'en est fait, il faut, il faut que je te quitte, Thécla, il le faut. Accorde-moi seulement un regard de pitié, je ne puis emporter ta haine. Dis que tu ne me hais point; dis-le-moi, Thécla. (*Il prend sa main avec une vive émotion.*) O Dieu! Dieu! je ne puis m'éloigner de ce lieu, je ne le puis, je ne puis abandonner cette main. Dis-moi, Thécla, que tu as pitié de moi, que tu es toi-même persuadée que je ne puis faire autrement. (*Thécla, évitant son regard, lui montre le duc, qu'il n'avait pas encore aperçu; il se retourne alors vers lui.*) Vous ici! non, ce n'est pas vous que je suis venu chercher. Mes yeux ne devaient plus vous revoir; c'est à elle seule que je voulais parler, c'est par son cœur à elle que j'attendais d'être délié. Je n'ai plus rien à faire avec les autres.

WALLENSTEIN. Penses-tu que je serai assez bon pour te laisser partir et jouer avec toi une scène de grandeur d'âme? Ton père m'a indignement trahi; tu n'es plus pour moi que son fils, et tu ne seras pas en vain tombé en mon pouvoir. Ne crois pas que je respecte la vieille amitié qu'il a si honteusement outragée. Le temps de l'affection et des tendres ménagements est passé; c'est le tour de la haine et de la vengeance.

MAX. Vous agirez avec moi comme vous voudrez; vous savez bien que je ne brave ni ne redoute votre colère. Ce qui me retient ici, vous le savez. (*Il prend la main de Thécla.*) Voyez, j'aurais voulu tout vous devoir; j'aurais voulu recevoir de votre main paternelle le bonheur des élus. Vous avez détruit ce bonheur, mais peu vous importe. Vous avez avec indifférence foulé dans la poussière la félicité des vôtres. Le dieu que vous servez n'est pas un dieu de clémence. Pareil à cet élément aveugle et terrible que nul sentiment ne gouverne, que nulle chaîne n'arrête, vous ne suivez que les mouvements emportés de votre cœur. Malheur à ceux qui placent leur confiance en vous! à ceux qui, séduits par vos démonstrations amicales, appuyent sur vous l'édifice de leur bonheur! tout à coup, au milieu de la nuit paisible, le gouffre de feu s'ouvre, bouillonne, un torrent cruel, dévastateur, s'élance avec impétuosité et anéantit les travaux des hommes.

WALLENSTEIN. C'est le cœur de ton père que tu dépeins ; c'est la noire hypocrisie de sa pensée, ce sont ses entrailles que tu viens de décrire. Oh ! les ruses de l'enfer m'ont trompé ; l'abîme m'a envoyé le plus perfide, le plus fourbe de ses démons, et l'a placé comme un ami à mes côtés. Qui pourrait résister à la puissance de l'enfer ? J'ai pressé le basilic sur mon sein, je l'ai nourri du sang de mon cœur ; il se gorgeait des sucs de mon amour. Jamais je n'eus un soupçon contre lui ; la porte de mes pensées lui était ouverte, je rejetais toute prudence et toute précaution. Mes yeux s'en allaient cherchant dans les astres, dans le vaste espace des sphères, l'ennemi que je portais dans le sanctuaire de mon cœur. Ah ! si j'avais été pour Ferdinand ce qu'Octavio était pour moi, je ne lui aurais jamais déclaré la guerre, jamais je ne l'aurais pu. Il n'était pour moi qu'un maître injuste, et non pas un ami. L'empereur ne s'abandonnait pas à ma fidélité ; la guerre existait déjà entre lui et moi, lorsqu'il remit entre mes mains le bâton de commandement : car la guerre existe éternellement entre la ruse et le soupçon ; il n'y a de paix qu'entre la confiance et la bonne foi. Celui qui empoisonne la confiance tue la race future dans le sein de sa mère !

MAX. Je ne veux pas défendre mon père ; malheureusement pour moi je ne le peux pas. Des événements difficiles, malheureux, se sont passés ; une action criminelle en implique toujours une autre, à laquelle elle tient par une chaîne étroite. Mais comment nous, qui ne sommes pas coupables, comment avons-nous été entraînés dans ce cercle de crimes et de malheurs ? Envers qui avons-nous trahi notre foi ? Pourquoi les attentats et la fourberie de nos pères nous enlacent-ils comme des anneaux de serpent ? Pourquoi la haine irréconciliable de nos pères nous a-t-elle cruellement séparés, nous qui étions unis par l'amour? (*Il serre Thécla dans ses bras avec une violente douleur.*)

WALLENSTEIN *le regarde en silence et s'approche de lui.* Max, reste près de moi ; ne t'en va pas, Max. Souviens-toi du jour où l'on t'apporta dans ma tente pendant l'hiver au camp de Prague ; tu étais encore un tendre enfant inhabitué au froid du nord, ta main s'était roidie à porter l'étendard, étendard que tu ne voulais pas quitter. Alors je te pris, je t'enveloppai dans mon manteau, je fus moi-même ta garde-malade ; je ne rougis pas de te rendre les plus petits soins ; j'eus pour toi l'empressement et la sollicitude d'une femme, jusqu'à ce que, réchauffé sur mon sein, tu eusses repris la gaîté, le mouvement de ton jeune âge. Depuis ce temps ai-je changé de sentiments pour toi ? J'ai enrichi des milliers d'hommes, je leur ai donné des terres et des postes honorables. Mais toi, je t'ai aimé, je t'ai donné mon cœur, mon être entier. Tous les autres étaient des étrangers pour moi, tu étais l'enfant de la maison, Max, tu ne peux m'abandonner ; non, cela ne peut être. Je ne puis pas, je ne veux pas croire que Max soit capable de me quitter.

MAX. O Dieu !

WALLENSTEIN. Dès ton enfance j'ai été ton appui et ton guide. Qu'est-ce que ton père a fait pour toi que je n'aie fait aussi ! Je t'ai entouré d'un réseau d'amour ; déchire-le si tu peux. Tu es attaché à moi par tous les tendres liens de l'âme, par toutes les chaînes sacrées de la nature qui unissent les hommes l'un à l'autre... Va, délaisse-moi, sers ton empereur ; que ses insignes honorifiques, sa Toison-d'Or, te récompensent d'avoir compté pour rien l'ami, le père de ta jeunesse, le sentiment le plus sacré.

MAX, *en proie à une violente agitation.* O mon Dieu ! comment faire autrement ? Ne le dois-je pas ? Mon serment... mon devoir...

WALLENSTEIN. Ton devoir! envers qui? Qui es-tu? Si ma conduite à l'égard de l'empereur est coupable, le crime est pour moi, non pas pour toi. T'appartiens-tu à toi-même? Es-tu ton propre maître? Es-tu librement placé dans le monde de manière à être l'arbitre de tes actions? Tu es lié à moi, je suis ton empereur. M'appartenir, m'obéir, voilà ce que te commande l'honneur, la loi de la nature. Si la planète que tu habites et sur laquelle tu vis sort de son orbite et se précipite embrasée vers quelque monde voisin, qu'elle l'enflamme, dépend-il de toi de ne pas suivre son mouvement? Elle t'entraînera par la force de son impulsion avec ses cercles et ses satellites. Ta responsabilité n'est rien en pareil cas; le monde ne te blâmera pas, il te louera de n'avoir tenu compte que de l'amitié!

SCÈNE XIX.

Les précédents, NEUMANN.

WALLENSTEIN. Qu'y a-t-il?

NEUMANN. Les cuirassiers de Pappenheim ont mis pied à terre; ils sont résolus de prendre d'assaut cette maison l'épée à la main; ils veulent délivrer le comte.

WALLENSTEIN, *à Terzky*. Qu'on laisse tomber le pont, qu'on fasse avancer l'artillerie; je veux les recevoir avec la mitraille. (*Terzky sort.*) Me prescrire des conditions les armes à la main! Allez, Neumann; qu'ils se retirent à l'instant; c'est là ma volonté. Qu'ils attendent en silence ce qui me plaira de faire.

(*Neumann sort. Illo s'avance vers la fenêtre.*)

LA COMTESSE. Laissez-le partir, je vous en prie, laissez-le partir.

ILLO, *à la fenêtre*. Mort et damnation!

WALLENSTEIN. Qu'est-ce?

ILLO. Ils escaladent l'hôtel-de-ville, ils renversent les combles, ils dirigent les canons contre nous.

MAX. Les furieux.

ILLO. Ils se préparent à tirer sur nous.

LA DUCHESSE *et* LA COMTESSE. Dieu du ciel!

MAX, *à Wallenstein*. Laissez-moi descendre ; je leur dirai...

WALLENSTEIN. Ne fais pas un pas.

MAX, *montrant la duchesse et Thécla*. Il s'agit de leur vie, de la vôtre.

WALLENSTEIN. Quelles nouvelles, Terzky?

SCÈNE XX.

Les précédents, TERZKY *revient*.

TERZKY. Des nouvelles de nos fidèles régiments : n'arrêtons pas plus longtemps leur courage ; ils implorent la permission d'attaquer ; ils sont maîtres de la porte de Prague et de la porte de Muhll ; et, si vous voulez seulement leur en donner l'ordre, ils peuvent prendre l'ennemi par derrière, le serrer dans la ville et le dompter aisément dans les défilés des rues.

ILLO. Oh! venez, ne laissez pas leur zèle se refroidir. Les soldats de Buttler nous restent aussi fidèles. Nous sommes en plus grand nombre, nous les culbuterons, et nous arrêterons la sédition ici, à Pilsen.

WALLENSTEIN. Faut-il donc que cette ville devienne un champ de bataille, que la discorde civile à l'œil enflammé se déchaîne dans les rues! Faut-il livrer la décision du sort à la rage aveugle qui n'écoute plus aucun chef? Ici il n'y a point de place pour se battre, il n'y en a que pour s'égorger ; la voix du général ne pourrait plus réprimer cette furie sans frein. Eh bien! qu'il en soit ainsi. Depuis longtemps, je pense que tout doit finir par une lutte prompte et sanglante. (*Il se retourne vers Max.*) Où en sommes-nous? Veux-tu tenter le combat avec moi? Tu es libre de partir. Place-toi en face de moi. Conduis-les au combat. Tu te connais en l'art de la guerre, tu l'as appris près de moi : je ne rougirai pas d'un tel adversaire, et tu ne trouveras jamais une plus belle occasion de me payer mes leçons.

LA COMTESSE. En sommes-nous venus là? Max, Max, pouvez-vous supporter cela?

MAX. J'ai promis de ramener fidèlement à l'empereur les régiments qui me sont confiés, je veux tenir ma promesse ou mourir. Mon devoir ne me demande rien de plus. Je ne combattrai pas contre vous si je puis l'éviter, et votre tête, quoique ennemie, m'est encore sacrée. (*On entend deux coups de fusil. Illo et Terzky courent à la fenêtre.*)

WALLENSTEIN. Qu'y a-t-il?

TERZKY. Il est tombé.

WALLENSTEIN. Qui?

ILLO. Ce sont les soldats de Tiefenbach qui ont tiré.

WALLENSTEIN. Sur qui?

ILLO. Sur Neumann que vous avez envoyé.

WALLENSTEIN. Damnation! Je veux... (*Il veut sortir.*)

TERZKY. Vous exposer à leur aveugle fureur!

LA DUCHESSE et LA COMTESSE. Au nom du ciel!

ILLO. Pas maintenant, mon général.

LA COMTESSE. Oh! Retenez-le! retenez-le!

WALLENSTEIN. Laissez-moi.

MAX. Ne sortez pas maintenant, pas maintenant. Cette action sanglante accroît leur fureur. Attendez qu'ils se repentent.

WALLENSTEIN. Retirez-vous; je n'ai déjà que trop tardé. Ils se sont abandonnés à leur audace criminelle parce qu'ils ne voyaient pas mon visage. Il faut qu'ils me voient, qu'ils m'entendent... Ne sont-ce pas mes troupes? ne suis-je pas leur général et leur maître redouté? Voyons s'ils ne reconnaissent plus cette figure qui était pour eux comme la lumière du soleil dans la fumée d'une bataille. Il n'est pas besoin d'employer les armes. Je veux me montrer aux rebelles du haut de ce balcon, et ces soldats impétueux, bientôt apaisés, rentreront dans la ligne de l'obéissance.

(*Il sort. Illo, Terzky, Buttler le suivent.*)

SCÈNE XXI.

LA COMTESSE, LA DUCHESSE, MAX, THÉCLA.

LA COMTESSE, *à la duchesse*.. Quand ils le verront... Il y a encore de l'espoir, ma sœur.

LA DUCHESSE. De l'espoir, je n'en ai plus.

MAX, *qui pendant la dernière scène s'est tenu à l'écart, s'avance*. Non, je ne puis y tenir. Je suis venu ici avec une âme ferme et résolue, je croyais ma conduite juste et à l'abri du blâme, et il faut que je paraisse ici comme un homme haïssable, inhumain, maudit, en horreur à tous ceux qui me sont chers. Il faut que je voie le poids de la douleur tomber injustement sur ceux que je pourrais rendre heureux d'un seul mot. Mon cœur se révolte ; deux voix contradictoires s'élèvent dans ma poitrine. La nuit m'environne, je ne sais plus reconnaître le vrai chemin. Oh ! tu l'avais bien dit, mon père, je me suis trop fié à mes propres forces ; me voilà chancelant et ne sachant plus ce que je dois faire.

LA COMTESSE. Quoi ! vous ne le savez pas ? votre cœur ne vous le dit-il pas ? Eh bien ! moi je vais vous le dire. Votre père a commis envers nous une trahison révoltante. Il a attenté à la vie du prince, il nous a jetés dans la honte ; sa conduite vous montre clairement celle que vous devez avoir, vous son fils. Vous devez réparer l'infamie dont il s'est rendu coupable, faire revivre l'exemple d'une pieuse fidélité, afin que le nom de Piccolomini ne soit pas un nom ignominieux, chargé d'une éternelle malédiction dans la maison de Wallenstein.

MAX. Où est la voix de la vérité que je dois suivre ? Le seul mobile qui nous agite tous, c'est la passion. Oh ! si un ange pouvait en ce moment descendre du ciel pour me montrer le vrai chemin, pour me donner de sa main sans tache le rayon puisé à la source de l'éternelle lumière ! (*Ses yeux s'arrêtent sur Thécla.*)

Comment! je cherche encore cet ange! j'en attends encore un autre! (*Il s'approche d'elle, et la prend dans ses bras.*) Ah! c'est sur ce cœur pur, infaillible, sacré, que je veux prendre ma décision ; c'est ton amour que je veux interroger, c'est lui seulement qui peut me rendre heureux, lui qui se détournerait d'une âme coupable. Peux-tu m'aimer encore si je reste? Dis-moi que tu le peux, et je suis à vous.

LA COMTESSE, *avec expression.* Réfléchissez...

MAX *l'interrompt.* Ne réfléchis pas ; parle selon ton sentiment.

LA COMTESSE. Pensez à votre père...

MAX *l'interrompt.* Ce n'est pas la fille de Friedland que j'interroge, c'est toi, c'est toi, ma bien-aimée. Il ne s'agit pas de gagner une couronne ; s'il en était ainsi, tu pourrais y songer avec prudence ; mais il s'agit du repos de ton ami, du sort de mille braves au cœur héroïque qui prendront mon action pour exemple. Faut-il abjurer mes devoirs, mes serments envers l'empereur? Faut-il envoyer dans le camp d'Octavio une balle parricide? Car la balle une fois lancée, cesse d'être un instrument aveugle, elle vit, un esprit fatal la dirige ; les furies vengeresses du crime s'en emparent et la guident au plus funeste but.

THÉCLA. O Max!...

MAX *l'interrompt.* Non, ne te hâte pas de répondre ; je te connais : ton noble cœur pourrait prendre le devoir le plus cruel pour le plus sacré. Que ce ne soit pas ce qu'il y a de plus grand, mais ce qu'il y a d'humain qui s'accomplisse. Pense à ce que le prince a toujours fait pour moi, pense à la manière dont mon père l'en a récompensé. Pense aussi que tous ces nobles et beaux mouvements des rapports affectueux, que cette pieuse fidélité de l'amitié sont pour le cœur une religion sacrée, que la nature punit cruellement le barbare qui les profane. Mets tout dans la balance, tout, et laisse ton cœur se prononcer, et réponds.

THÉCLA. Ah ! le tien a décidé depuis longtemps ; obéis à ta première impulsion.

LA COMTESSE. Malheureuse !

THÉCLA. Peut-il y avoir un autre sentiment juste que celui qui a été le premier saisi par ce cœur loyal ? Va, remplis ton devoir, je t'aimerai toujours. Quelque parti que tu eusses embrassé, tu aurais toujours agi noblement, tu aurais été digne de toi ; mais le remords ne doit pas troubler la douce paix de ton âme.

MAX. Il faut donc te quitter, me séparer de toi !

THÉCLA. En restant fidèle à toi-même, tu me restes fidèle à moi. Le destin nous sépare, mais nos cœurs sont unis. Une haine sanglante divise à jamais les maisons de Friedland et de Piccolomini, mais nous n'appartenons pas à nos maisons. — Va, cours, hâte-toi de séparer la bonne cause de notre malheureuse destinée. La malédiction du ciel pèse sur notre tête ; nous sommes voués à la perdition. La faute de mon père entrainera aussi ma ruine. Ne pleure pas sur moi, mon sort sera bientôt décidé.

(*Max la presse dans ses bras avec une vive émotion. On entend derrière la scène les cris bruyants et longuement prolongés :* Vive Ferdinand ! *accompagnés d'une musique guerrière. Max et Thécla restent dans les bras l'un de l'autre.*)

SCÈNE XXII.

Les précédents, TERZKY.

LA COMTESSE, *allant à sa rencontre.* Que s'est-il passé ? Que signifient ces cris ?

TERZKY. C'en est fait, tout est perdu.

LA COMTESSE. Quoi ! son aspect n'a fait sur eux aucune impression ?

TERZKY. Aucune ; tout a été inutile.

LA DUCHESSE. Ils ont crié *vivat* !

TERZKY. Oui, pour l'empereur.

LA COMTESSE. Oh! quel oubli de leurs devoirs!

TERZKY. Ils ne lui ont pas laissé prononcer un seul mot. Lorsqu'il a commencé à parler, ils l'ont interrompu par un vacarme. Le voici.

SCÈNE XXIII.

Les précédents ; WALLENSTEIN, ILLO, BUTTLER; *puis des cuirassiers.*

WALLENSTEIN, *s'avançant.* Terzky !

TERZKY. Mon prince !

WALLENSTEIN. Que nos régiments se tiennent prêts à partir aujourd'hui même. Nous quitterons Pilsen avant la nuit. (*Terzky sort.*) Buttler !

BUTTLER. Mon général...

WALLENSTEIN. Le commandant d'Égra est votre ami et votre compatriote; écrivez-lui à l'instant par un courrier qu'il se tienne prêt à nous recevoir demain dans la forteresse, vous nous suivrez avec votre régiment.

BUTTLER. Ce sera fait, mon général.

WALLENSTEIN *s'avance entre Max et Thécla, qui, pendant ce temps, continuaient à se tenir embrassés.* Séparez-vous.

MAX. O Dieu ! (*Des cuirassiers entrent, les armes à la main, dans la salle, et se placent dans le fond. On entend jouer sous les fenêtres la marche du régiment de Pappenheim, comme pour avertir Max.*)

WALLENSTEIN, *aux cuirassiers.* Le voilà. Il est libre, je ne le retiens plus. (*Il marche vers le côté de la scène, de manière que Max ne peut s'approcher ni de lui ni de Thécla.*)

MAX, *à Wallenstein.* Tu me hais, tu t'éloignes de moi avec colère. Les liens de l'ancienne affection sont rompus, tu ne veux pas la dénouer doucement; tu veux me rendre cette séparation plus douloureuse encore, tu sais que je n'ai pas encore appris à vivre sans toi.

— Je vais dans un désert, et tout ce qui m'était cher demeure ici. Oh! ne détourne pas tes yeux de moi; montre-moi encore une fois ce visage qui me sera éternellement cher et sacré. Ne me repousse pas. (*Il veut prendre sa main, Wallenstein la retire; il se tourne vers la comtesse.*) Ne puis-je rencontrer ici un regard de pitié?... Madame de Terzky... (*Elle se détourne de lui; il s'adresse à la duchesse.*) Et vous, mère chérie?...

LA DUCHESSE. Allez, comte, où votre devoir vous appelle. Peut-être un jour pourrez-vous être auprès du trône de l'empereur, notre fidèle ami, notre bon ange.

MAX. Vous voulez me donner, madame, une douce pensée, ne pas me laisser entièrement livré au désespoir. Oh! ne me trompez point par de vaines illusions: mon malheur est assuré, et, grâce au ciel, il y a un moyen pour moi d'en finir. (*La musique guerrière recommence; la salle se remplit de plus en plus de soldats armés. Il aperçoit Buttler.*) Vous ici, colonel Buttler! Vous ne voulez pas me suivre? Eh bien! soyez plus fidèle à votre nouveau maître que vous ne l'avez été au premier. Venez, promettez-moi de protéger sa vie, de la préserver de toute atteinte; donnez-moi la main pour gage de votre promesse. (*Buttler lui refuse sa main.*) La sentence de l'empereur pèse sur lui et livre sa noble tête au premier assassin qui voudra mériter le prix du sang. C'est maintenant qu'il a besoin des soins zélés, des regards vigilants de l'amitié, et ceux que je vois autour de lui en le quittant... (*Il jette sur Illo et sur Buttler un regard de défiance.*)

ILLO. Cherchez les traîtres dans le camp de votre père et de Galas; ici, il n'y en a qu'un. Allez, et délivrez-nous de son odieux aspect. Allez. (*Max essaye encore une fois de se rapprocher de Thécla, Wallenstein l'en empêche. Il paraît irrésolu, en proie à une vive douleur. Pendant ce temps, la salle se remplit de plus en plus; les trompettes sonnent de nouveau pour l'avertir.*)

MAX. Sonnez, sonnez... Ah! que n'est-ce la trompette

des Suédois ! Que ne puis-je m'en aller d'ici dans le champ de la mort ! Pourquoi toutes ces épées ne me percent-elles pas le sein ? Que me voulez-vous ? Vous venez pour m'arracher d'ici..... — Oh ! ne me poussez pas au désespoir. Prenez garde, vous pourriez vous en repentir. (*La salle est toute remplie de soldats armés.*) Encore ! les soldats se joignent aux soldats ; et cette masse puissante m'entraîne. Pensez à ce que vous faites. Vous avez tort de choisir pour chef un désespéré. Vous m'arrachez à mon bonheur ; eh bien ! je dévoue vos âmes à la déesse de la vengeance. Vous m'avez choisi pour votre perte ; que celui qui m'accompagnera soit prêt à mourir ! (*Il se tourne vers le fond du théâtre. Les cuirassiers se mettent en mouvement et l'accompagnent avec un bruit tumultueux. Wallenstein reste immobile. Thécla tombe dans les bras de sa mère. La toile se baisse.*)

ACTE QUATRIÈME.

La maison du bourgmestre à Égra.

SCÈNE I.

BUTTLER. Il est ici ; c'est la fatalité qui l'a conduit. La herse est tombée derrière lui ; et puisque le pont par lequel il est entré s'est relevé, il ne lui reste plus aucune voie pour s'échapper. Tu viendras jusqu'ici, Friedland, et pas plus loin, a dit la destinée. Ton météore merveilleux s'est élevé de la terre de Bohême et a laissé dans le ciel une trace lumineuse ; mais il tombera sur la terre de Bohême. Dans ton aveuglement tu as renoncé à tes anciens étendards et tu te fies à ton ancien bonheur. Tu armes ta main criminelle pour porter la guerre dans les États de l'empereur, pour renverser le sanctuaire du foyer domestique. Prends garde, toi que l'esprit de la vengeance pousse, — prends garde que la vengeance ne te perde.

SCÈNE II.

BUTTLER et GORDON.

GORDON. Est-ce vous? Oh! combien je désirais vous entendre! Le duc... un traître!... O mon Dieu!... Et fugitif!... et sa tête illustre proscrite! Je vous en prie, général, racontez-moi en détail ce qui s'est passé à Pilsen.

BUTTLER. Vous avez reçu la lettre que je vous ai envoyée par un courrier?

GORDON. Et j'ai fait exactement ce que vous m'ordonniez; je lui ai ouvert sans objection la forteresse, car une lettre de l'empereur me prescrit de suivre aveuglément vos ordres. Cependant, permettez, lorsque j'ai vu le prince, j'ai commencé de nouveau à douter; car, vraiment, le duc de Friedland n'est pas entré dans cette ville comme un proscrit. Sur son front brillait comme autrefois cette majesté de maître qui force à l'obéissance, et, tranquille comme au jour où tout marchait dans l'ordre accoutumé, il m'a demandé compte de mes fonctions. L'adversité et les mauvais traitements rendent affable, et l'orgueil déchu s'abaisse devant le faible et se prend à le flatter; mais le prince m'a témoigné avec dignité et en peu de mots sa satisfaction, il m'a loué comme le maître loue le serviteur qui fait son devoir.

BUTTLER. Tout s'est passé comme je vous l'ai dit. Le prince a vendu l'armée aux ennemis, il voulait leur ouvrir Prague et Égra. A la nouvelle de cette trahison, tous les régiments l'ont abandonné, excepté les cinq commandés par Terzky, qui l'ont suivi ici. Sa sentence est prononcée, et chaque fidèle serviteur est sommé de le livrer vivant ou mort.

GORDON. Traître à l'empereur! Un tel seigneur! si

richement doué !... Oh! qu'est-ce que la grandeur humaine? Je me disais souvent : Cela ne finira pas bien ; sa grandeur, sa puissance et cette violence sombre et incertaine l'ont entraîné dans le piége. Car l'homme tend toujours à étendre son pouvoir, et l'on ne peut se fier à sa propre modération. Il n'est retenu dans de justes limites que par une loi positive et par l'ornière profonde de l'habitude. Mais le pouvoir guerrier était entre les mains de cet homme un pouvoir tout nouveau et contre nature ; il le faisait l'égal de l'empereur même, et cet esprit orgueilleux avait désappris la soumission. C'est dommage qu'un tel homme en soit venu... Nul autre, je pense, ne pourrait se soutenir dans la position où il succombe.

BUTTLER. Épargnez vos plaintes jusqu'à ce qu'il mérite la pitié, car maintenant il est encore puissant et redoutable. Les Suédois marchent sur Égra, et bientôt, si nous n'y mettons promptement obstacle, la jonction sera faite. Cela ne doit pas être, le prince ne doit pas mettre le pied hors de cette forteresse ; ma vie et mon honneur y sont engagés. J'ai promis de le faire prisonnier, et je compte sur votre assistance.

GORDON. Oh! je voudrais n'avoir jamais vu ce jour! C'est de sa main que j'ai reçu mon emploi ; lui-même m'a confié la garde de ce château dont il faut que je fasse sa prison. Nous autres subalternes, nous n'avons aucune volonté ; l'homme libre, l'homme puissant, est le seul qui puisse obéir aux nobles sentiments de l'humanité. Nous autres, nous ne sommes que les archers de la loi et de ses rigueurs ; l'obéissance est notre vertu, c'est par là que l'inférieur peut s'élever.

BUTTLER. Ne vous affligez pas des restrictions mises à votre pouvoir. Beaucoup de liberté conduit à beaucoup d'erreurs, mais l'étroit sentier du devoir est sûr.

GORDON. Et tout ce monde, dites-vous, l'a abandonné? Il a fait la fortune de plusieurs milliers d'hommes ; son caractère était d'une générosité royale, et sa main était toujours ouverte pour donner. (*Il jette un regard de côté sur Buttler.*) Il en a tiré plus d'un de la poussière pour l'élever aux honneurs et aux dignités, et il ne lui reste pas un ami ; il n'a pu en acquérir un seul qui lui restât fidèle dans l'adversité.

BUTTLER. Il en trouve un ici sur lequel il comptait à peine.

GORDON. Il ne m'a accordé aucune faveur. Je doute même si jamais, dans les jours de son élévation, il s'est souvenu d'un ami de sa jeunesse ; car mon service me tenait éloigné de lui ; les murs de cette forteresse me dérobaient à ses yeux, et, dans cet obscur asile où sa faveur ne venait pas me chercher, je me suis conservé en silence un cœur sincère ; car, lorsqu'il m'a placé dans ce château, il était encore attaché à son devoir, et je ne trompe pas sa confiance en gardant fidèlement le poste qu'il remit à ma fidélité.

BUTTLER. Répondez : voulez-vous exécuter la sentence portée contre lui et me prêter votre appui pour l'arrêter ?

GORDON, *après un moment de silence et de réflexion, avec douleur.* Si les choses sont telles que vous le dites, s'il a trahi l'empereur son maître, vendu l'armée, s'il a voulu ouvrir les forteresses aux ennemis du royaume... alors il n'y a point de salut pour lui. Mais ce qui m'afflige, c'est de me voir choisi entre tous pour être l'instrument de sa ruine. Nous avons été pages dans le même temps à la cour de Burgau, moi j'étais le plus âgé.

BUTTLER. Je sais cela.

GORDON. Il y a de cela trente ans. Un esprit audacieux s'agitait déjà dans ce jeune homme de trente ans ; son caractère était plus sérieux que ne le comportait son âge, et sa pensée ne se dirigeait que vers de mâles et grandes choses. Il passait silencieux au milieu de nous, n'ayant de société que lui-même ; les jeux de l'enfance étaient pour lui sans attraits : mais souvent quelque chose de merveilleux le saisissait tout à coup ; un rayon brillant, une pensée profonde s'échappaient de son âme mystérieuse. Nous le regardions avec surprise, ne sachant si le délire ou si un dieu parlait par sa bouche.

BUTTLER. Ce fut là qu'étant un jour endormi sur une fenêtre, il tomba d'un deuxième étage et se releva sans s'être fait aucun mal. Dès ce jour, dit-on, on remarqua en lui des symptômes d'un esprit en désordre.

GORDON. Il est vrai que dès lors il devint profondément rêveur, il se fit catholique. Le prodige qui l'avait sauvé produisit en lui un merveilleux changement, il se regarda comme un être privilégié et favorisé ; avec l'audace d'un homme qui ne peut trébucher, il s'élança sur la corde vacillante de la vie humaine. Ensuite le sort nous éloigna l'un de l'autre ; il poursuivit sa route audacieuse, il arriva d'un pas rapide aux grandeurs ; je le vis marcher avec une sorte de vertige, il devint comte, prince, duc, dictateur. Et maintenant tout est trop peu pour lui ; il étend la main vers la couronne des rois, et tombe dans un abîme sans fond.

BUTTLER. Brisons là... il vient.

SCÈNE III.

Les précédents ; **WALLENSTEIN**, *causant avec* LE BOURGMESTRE D'ÉGRA.

WALLENSTEIN. Votre ville était autrefois une ville libre ; je vois que vous portez dans vos armes une moitié d'aigle : mais pourquoi seulement une moitié ?

LE BOURGMESTRE. Elle était ville libre et impériale, mais il y a environ deux cents ans qu'elle a été engagée à la couronne de Bohême ; voilà pourquoi nous ne portons plus qu'une moitié d'aigle, jusqu'à ce que l'empire nous rachète.

WALLENSTEIN. Vous méritez la liberté. Conduisez-vous

seulement bien, ne prêtez pas l'oreille aux propos séditieux. A combien s'élèvent vos impôts?

LE BOURGMESTRE, *haussant les épaules.* Si haut qu'à peine pouvons-nous les supporter. La garnison vit aussi à nos dépens.

WALLENSTEIN. Vous serez soulagés. Dites-moi, y a-t-il encore des protestants dans la ville? (*Le bourgmestre hésite.*) Oui, oui, je le sais, il y en a encore beaucoup qui se cachent dans ces murs. Oui, avouez-le franchement... vous-même, n'est-ce pas? (*Il le regarde fixement; le bourgmestre semble effrayé.*) Ne craignez rien, je hais les jésuites. Si cela dépendait de moi, il y a longtemps qu'ils seraient bannis du royaume... Le Missel ou la Bible, que m'importe?... Je l'ai assez montré; j'ai moi-même fait bâtir à Glogau une église pour les luthériens. Dites-moi, bourgmestre, comment vous appelez-vous?

LE BOURGMESTRE. Pachhalbel, mon prince.

WALLENSTEIN. Écoutez, mais ne répétez pas ce que je vais vous dire en confidence. (*Il lui pose la main sur l'épaule avec une espèce de solennité.*) L'accomplissement des temps est venu, bourgmestre; ceux qui sont abaissés seront élevés, et ceux qui sont élevés seront abaissés. Gardez cela pour vous. La puissance espagnole touche à sa fin, un nouvel ordre de choses va commencer. N'avez-vous pas vu récemment trois lunes au ciel?

LE BOURGMESTRE. Oui, avec effroi.

WALLENSTEIN. Deux changèrent de forme, devinrent pareilles à des poignards sanglants et disparurent; celle du milieu seulement resta telle qu'elle était et garda sa clarté.

LE BOURGMESTRE. Nous croyions que ce présage se rapportait aux Turcs.

WALLENSTEIN. Aux Turcs? Non, deux empires périront par le fer; l'un à l'est, et l'autre à l'ouest. C'est moi qui vous le dis, et la croyance luthérienne subsistera seule. (*Il remarque Buttler et Gordon.*) Pendant que nous étions en route pour venir ici, nous avons entendu une forte fusillade à gauche. L'avez-vous aussi entendue dans la forteresse?

GORDON. Oui, mon général. Le vent nous apportait le bruit du côté du sud.

BUTTLER. Il paraissait venir de Neustadt ou de Weiden.

WALLENSTEIN. C'est le chemin par où doivent venir les Suédois. La garnison est-elle forte?

GORDON. Elle se compose de huit cents hommes en état de servir; les autres sont invalides.

WALLENSTEIN. Et combien y en a-t-il à Joachimsthal?

GORDON. J'ai envoyé deux cents arquebusiers pour renforcer ce poste contre les Suédois.

WALLENSTEIN. J'approuve votre précaution. On a aussi travaillé aux remparts, j'ai vu cela en passant.

GORDON. Le rhingrave nous serrait de près, et j'ai fait à la hâte élever deux redoutes.

WALLENSTEIN. Vous servez fidèlement l'empereur, je suis content de vous. (*A Buttler.*) Vous retirerez le poste de Joachimsthal, ainsi que tous ceux qui pourraient s'opposer à l'ennemi. (*A Gordon.*) Commandant, je remets à vos fidèles mains ma femme, ma fille et ma sœur. Je ne compte pas séjourner ici, j'attends seulement des lettres, et dès que je les aurai reçues, je quitterai la ville avec tous les régiments.

SCÈNE IV.

Les précédents, TERZKY.

TERZKY. Message heureux! bonne nouvelle!

WALLENSTEIN. Quelle nouvelle nous apportes-tu?

TERZKY. Il y a eu une bataille à Neustadt, et les Suédois ont remporté la victoire.

WALLENSTEIN. Que dis-tu? d'où te vient cette nouvelle?

TERZKY. Un paysan l'a apportée de Tirschenreut. Le combat a commencé après le coucher du soleil. Une troupe d'Impériaux venant de Tachau a voulu forcer les retranchements des Suédois. Le feu a duré deux heures ; mille Impériaux et le colonel sont restés sur le champ de bataille. Il n'a pas su m'en dire davantage.

WALLENSTEIN. Comment les troupes impériales se trouvaient-elles à Neustadt ? Altringer était encore hier à quatorze milles d'ici ; il faudrait qu'il eût des ailes. Les troupes de Galas se dirigent vers Frauenberg et ne sont pas encore toutes réunies. Suys se serait-il risqué si loin ? cela ne peut pas être. (*Illo paraît.*)

TERZKY. Nous le saurons bientôt ; je vois venir Illo joyeux et en toute hâte.

SCÈNE V.

Les précédents, ILLO.

ILLO, *à Wallenstein.* Un cavalier est là et demande à vous parler.

TERZKY. La nouvelle de la victoire s'est-elle confirmée ? Parlez.

WALLENSTEIN. D'où vient ce cavalier et que veut-il ?

ILLO. Il est envoyé par le rhingrave, et je puis vous dire d'avance l'objet de son message. Les Suédois ne sont plus qu'à cinq milles d'ici. Piccolomini les a attaqués près de Neustadt avec sa cavalerie. Le carnage a été terrible, mais enfin le nombre l'a emporté ; tous les cuirassiers de Pappenheim et Max qui les conduisait sont restés sur le champ de bataille.

WALLENSTEIN. Où est le messager ? Amenez-le-moi. (*Il veut sortir ; au même instant, mademoiselle de Neubrunn se précipite dans la chambre, suivie de quelques domestiques qui courent éperdus.*)

MADEMOISELLE DE NEUBRUNN. Au secours ! au secours !

ILLO *et* TERZKY. Qu'y a-t-il donc?
MADEMOISELLE DE NEUBRUNN. Mademoiselle!...
WALLENSTEIN *et* TERZKY. Sait-elle?...
MADEMOISELLE DE NEUBRUNN. Elle veut mourir.
(*Elle sort. Wallenstein, Terzky et Illo la suivent.*)

SCÈNE VI.

BUTTLER *et* GORDON.

GORDON, *avec surprise*. Expliquez-moi ce que signifie ce mouvement.

BUTTLER. Elle a perdu l'homme qu'elle aimait, ce Piccolomini qui vient de périr.

GORDON. Malheureuse jeune fille!

BUTTLER. Vous avez entendu la nouvelle apportée par Illo, les Suédois victorieux s'approchent?

GORDON. Oui, j'ai bien entendu.

BUTTLER. Ils ont douze régiments, et le duc en a cinq près d'ici pour le protéger. Moi, je n'ai que le mien, et la garnison ne se compose pas de deux cents hommes.

GORDON. Cela est vrai.

BUTTLER. Avec une si petite troupe il n'est pas possible de garder un tel prisonnier d'État.

GORDON. Je le crois.

BUTTLER. L'armée aurait bientôt désarmé notre faible troupe et délivré notre captif.

GORDON. Je le crains.

BUTTLER, *après un moment de silence*. Savez-vous que je me suis rendu caution du succès, que j'ai engagé ma tête pour la sienne? De quelque façon que ce soit, il faut que je tienne ma parole; et, si on ne peut le garder vivant, on le gardera certainement mort.

GORDON. Vous ai-je compris? Juste Dieu! vous pourriez...

BUTTLER. Il faut qu'il meure.

GORDON. Vous pourriez?...

BUTTLER. Lui ou moi; il a vu son dernier matin.
GORDON. Voulez-vous le tuer?
BUTTLER. C'est mon dessein.
GORDON. Lui qui se repose sur votre fidélité!
BUTTLER. C'est son mauvais sort.
GORDON. La personne sacrée du général!...
BUTTLER. Il ne l'est plus.
GORDON. Aucun crime ne peut effacer en lui ce qu'il a été. Et sans jugement?...
BUTTLER. L'exécution tiendra lieu de sentence.
GORDON. Ce serait un assassinat et non un acte de justice, car la justice doit aussi entendre les plus coupables.
BUTTLER. Le crime est évident, l'empereur a jugé, et nous ne faisons qu'exécuter sa volonté.
GORDON. Il ne faut pas se hâter d'obéir à un arrêt sanglant; on rétracte une parole, mais on ne peut rendre la vie.
BUTTLER. Les serviteurs empressés plaisent aux rois.
GORDON. Un homme de cœur ne veut pas faire le service de bourreau.
BUTTLER. Un homme courageux ne tremble pas devant une action hardie.
GORDON. On expose avec courage sa vie, mais non pas sa conscience.
BUTTLER. Quoi! faut-il le laisser libre d'allumer de nouveau la flamme d'une guerre qui ne pourra plus s'éteindre?
GORDON. Faites-le prisonnier, mais ne le tuez pas. N'anéantissez pas par un acte sanglant tout espoir de miséricorde.
BUTTLER. Si l'armée de l'empereur n'avait pas été battue, nous pourrions le retenir vivant.
GORDON. Oh! pourquoi lui ai-je ouvert cette forteresse?
BUTTLER. Ce n'est pas le lieu, c'est la destinée qui cause sa mort.

GORDON. J'aurais succombé honorablement sur ses remparts en défendant la forteresse de l'empereur.

BUTTLER. Et des milliers de braves gens auraient péri !

GORDON. En faisant leur devoir. Une telle mort honore l'homme ; mais la nature a maudit le noir assassinat.

BUTTLER, *montrant un écrit*. Voici l'ordre qui nous prescrit de nous emparer de lui ; il s'adresse à vous comme à moi. Voulez-vous répondre des suites, si par notre faute il s'échappe et rejoint les ennemis?

GORDON. Moi ! pauvre homme sans pouvoir ! ô Dieu !

BUTTLER. Prenez le fait sur vous ; chargez-vous des suites ; arrive que pourra, je mets tout sur votre compte.

GORDON. O Dieu du ciel !

BUTTLER. Savez-vous un autre moyen d'accomplir la volonté de l'empereur? Parlez, car je veux le renverser, mais non le détruire.

GORDON. O Dieu ! je vois aussi clairement que vous ce qui peut arriver, mais mon cœur n'a pas les mêmes sentiments.

BUTTLER. Il faudra aussi que cet Illo et ce Terzky périssent si le duc succombe.

GORDON. Ah ! ce ne sont pas ceux-là que je regrette. C'est la perversité de leur cœur et non la puissance des astres qui les a entraînés ; ce sont eux qui ont jeté dans son âme paisible le germe des mauvaises passions, qui avec une maudite vigilance ont nourri en lui ce fruit de malheur. Puissent-ils recueillir bientôt la récompense de leurs funestes services !

BUTTLER. Aussi la mort les atteindra-t-elle avant lui. Tout est déjà préparé. Ce soir, au milieu de la joie d'un festin, nous comptons nous emparer d'eux et les conduire au château ; mais j'avais un plus court parti. Je vais à l'instant donner les ordres nécessaires.

SCÈNE VII.

Les précédents; ILLO, TERZKY.

TERZKY. Bientôt tout va prendre une autre marche ; demain douze mille braves Suédois arrivent ici, et puis droit à Vienne. Allons, mon vieux camarade, ne montrez pas à cette bonne nouvelle un visage si sévère.

ILLO. C'est maintenant à nous à prescrire des conditions, à nous venger des perfides, des misérables qui nous ont abandonnés. L'un d'eux, Piccolomini, a déjà expié sa conduite. Puisse-t-il en arriver autant à tous ceux qui ont de mauvaises intentions envers nous ! Ce combat sera triste pour le vieux Piccolomini ; il s'est tourmenté toute sa vie pour ériger le titre de comte que porte sa maison en celui de prince, et le voilà qui enterre son fils unique.

BUTTLER. Le sort de cet héroïque jeune homme est malheureux ; le duc lui-même en est touché, on le voit bien.

ILLO. Écoutez, mon vieil ami, voilà ce qui ne m'a jamais plu dans le général ; c'était pour moi un perpétuel chagrin : il a toujours préféré ces Italiens, et maintenant encore, je le jure sur mon âme, il nous verrait volontiers mourir dix fois s'il pouvait faire revivre son ami.

TERZKY. Silence ! silence ! n'en parlons plus ; laissons les morts en paix. Aujourd'hui, il s'agit d'enivrer les vivants ; votre régiment veut nous donner une fête, nous passerons une joyeuse nuit de carnaval, et, quand viendra le jour, nous attendrons l'avant-garde suédoise le verre à la main.

ILLO. Oui, soyons gais aujourd'hui, car dans peu de jours nous aurons chaud ; cette épée ne se reposera pas avant de s'être baignée dans le sang autrichien.

GORDON. Fi ! monsieur le feld-maréchal, quel discours ! Pourquoi tant de colère contre votre empereur.

BUTTLER. Que cette victoire ne vous donne pas trop d'espérances ; songez avec quelle rapidité tourne la roue de la fortune, et l'empereur est encore trop puissant.

ILLO. L'empereur a des soldats, mais pas un général, car le roi Ferdinand de Hongrie ne comprend pas la guerre. Galas ? Il n'a point de bonheur et n'a fait jusqu'à présent que perdre des armées. Quant à ce serpent d'Octavio, il peut bien blesser Friedland par derrière, mais il ne pourrait lui résister en bataille rangée.

TERZKY. Croyez-moi, nous réussirons. La fortune n'abandonne pas le duc, et l'on sait que l'Autriche n'a jamais été victorieuse que par Wallenstein.

ILLO. Le prince aura bientôt réuni une grande armée: sa vieille renommée attire les troupes sous ses drapeaux. Je vois revenir les jours d'autrefois ; il sera grand comme il l'a été. Ah ! comme ils seront confus, les insensés qui l'ont abandonné ! Il distribuera des terres à ses amis et récompensera avec une magnificence impériale ceux qui l'auront fidèlement servi. Mais nous, nous obtiendrons avant tous les autres sa faveur. (*A Gordon.*) Alors il pensera à vous aussi ; il vous tirera de cette forteresse et fera briller votre fidélité dans un poste plus élevé.

GORDON. Je suis satisfait, je ne désire pas monter plus haut. Plus grande est l'élévation, plus profonde est la chute.

ILLO. Vous n'avez rien de plus à faire ici, car demain les Suédois entrent dans la forteresse. Venez, Terzky, il est temps d'aller souper ; qu'en pensez-vous ? Faisons illuminer la ville en l'honneur des Suédois, et celui qui ne l'illuminera pas est un Espagnol et un traître.

TERZKY. Non pas, cela ne plairait pas au duc.

ILLO. Quoi ! nous sommes les maîtres ici, et personne ne doit se déclarer Autrichien dans le lieu où nous sommes maîtres. — Adieu, Gordon ; je vous recommande la place pour la dernière fois. Envoyez des patrouilles. Pour plus de sûreté, on peut encore changer le mot d'ordre. Au coup de dix heures, vous apporterez les clefs au duc lui-même, alors vous serez quitte de vos fonctions de gouverneur ; demain les Suédois entrent dans la forteresse.

TERZKY, *à Buttler, en s'en allant.* Vous viendrez au château ?

BUTTLER. J'y serai à temps.

(*Ils sortent.*)

SCÈNE VIII.

BUTTLER et GORDON.

GORDON, *les suivant des yeux.* Les malheureux ! Avec quelle imprévoyance ils vont, dans l'aveuglement, dans l'ivresse de leur triomphe, se jeter dans le piége qui leur est tendu ! Je ne puis les plaindre. Quel arrogant et présomptueux scélérat que cet Illo, qui veut se baigner dans le sang de son empereur !

BUTTLER. Faites ce qu'il vous a ordonné ; envoyez des patrouilles ; veillez à la sûreté de la place... Dès qu'ils seront montés au château, je le fermerai, afin que dans la ville on ne puisse rien entendre de ce qui s'y passera.

GORDON, *avec inquiétude.* Oh ! ne vous hâtez pas tant : dites-moi d'abord...

BUTTLER. Vous l'avez entendu, la matinée de demain appartient aux Suédois. Nous n'avons que cette nuit à nous ; ils marchent vite, prévenons-les. Adieu.

GORDON. Hélas ! vos regards ne m'annoncent rien de bon. Promettez-moi...

BUTTLER. Le soleil est couché ; une nuit fatale s'avance... ses ténèbres font leur sécurité. Leur mauvaise étoile les livre sans défense entre nos mains. Au milieu de leur ivresse et de leur présomption, le fer aigu tranchera le fil de leur vie. Le prince a toujours été un habile calculateur ; de tout temps il a su compter, il a su disposer des hommes selon son but comme les pièces d'un échiquier ; il ne se faisait nul scrupule de jouer, de hasarder l'honneur, la dignité, la bonne renommée des autres. Sans cesse, sans cesse il a calculé ; à la fin son compte sera faux, car il aura tenu compte de sa vie au moment où elle arrive à son terme.

GORDON. Ne songez pas maintenant à ses fautes ; rappelez-vous sa grandeur, sa bonté, ses qualités aimables du cœur, toutes les nobles actions de sa vie, et que tout cela fasse tomber votre glaive déjà levé sur sa tête, comme si un ange venait demander grâce pour lui.

BUTTLER. Il est trop tard ; je n'éprouve aucune pitié, je n'ai que des pensées de sang. (*Prenant la main de Gordon.*) Gordon, je n'obéis pas à l'impulsion de la haine : je n'aime pas le duc et je n'ai nulle raison de l'aimer ; ce n'est cependant pas la haine qui fait de moi son meurtrier, c'est son mauvais destin, c'est le le malheur, c'est le concours fatal de circonstances qui m'entraînent. En vain l'homme s'imagine agir librement ; il est le jouet de l'aveugle puissance, de la terrible nécessité qui lui ôte la faculté de choisir. Que servirait au duc que mon cœur parlât pour lui? Il faut qu'il meure par moi.

GORDON. Oh ! si votre cœur vous parle, suivez son impulsion. La voix du cœur est la voix de Dieu, et les calculs artificiels de la prudence sont l'œuvre de l'homme. Quel heureux résultat pouvez-vous attendre d'une action sanglante ? Oh ! l'effusion du sang ne produit rien de bon. Voudriez-vous vous élever par un tel moyen ? N'y pensez pas ; le meurtre peut quelquefois plaire aux rois, mais non pas le meurtrier.

BUTTLER. Vous ignorez... Ne m'interrogez pas... Pourquoi aussi les Suédois ont-ils remporté la victoire et s'avancent-ils si vite? Je l'aurais volontiers livré à la clémence de l'empereur, car je ne désire pas répandre son sang. Non, il pourrait vivre, mais il faut que j'accomplisse ma promesse ; il faut qu'il meure, ou... Ecoutez, je suis déshonoré si le prince nous échappe.

GORDON. Oh ! pour délivrer un tel homme...

BUTTLER, *vivement.* Quoi !

GORDON. Il mérite un sacrifice ; soyez généreux. C'est le cœur et non pas l'opinion qui honore l'homme.

BUTTLER, *froidement et avec orgueil.* C'est un grand seigneur, un prince ; moi je ne suis qu'un homme obscur ; est-ce là ce que vous voulez dire? Et qu'importe au monde? Pensez-vous qu'un homme de naissance inférieure s'illustre ou s'avilisse pourvu qu'un prince soit sauvé? Chacun connaît sa propre valeur. A quel rang je me place moi-même, cela me regarde. Il n'y a pas un homme placé si haut sur la terre pour que je puisse me mépriser auprès de lui. C'est la volonté qui fait l'homme grand ou petit, et parce que je veux accomplir la mienne, il mourra.

GORDON. Oh ! je m'efforce d'émouvoir un rocher. Non, vous n'êtes pas de la race humaine. Je ne puis vous arrêter, mais puisse un dieu le sauver de vos mains terribles !

(*Ils sortent.*)

SCÈNE IX.

Le théâtre représente l'appartement de la duchesse.

THÉCLA, *dans un fauteuil, pâle et les yeux fermés* ; LA DUCHESSE *et* MADEMOISELLE DE NEUBRUNN *empressées autour d'elle ;* WALLENSTEIN *et* LA COMTESSE.

WALLENSTEIN. Comment a-t-elle pu l'apprendre si tôt?

LA COMTESSE. Elle semblait pressentir ce malheur. A la nouvelle d'une bataille où un colonel autrichien était tombé, je m'en suis aperçue à l'instant, elle a volé à l'encontre du messager suédois et lui a arraché promplement, par ses questions, le secret fatal. Nous avons remarqué trop tard son absence; nous avons couru pour la rejoindre ; le messager la soutenait déjà évanouie dans ses bras.

WALLENSTEIN. Quel coup cette nouvelle imprévue a dû lui porter! Pauvre enfant! Comment se trouve-t-elle? Reprend-elle ses sens? (*Il se tourne vers la duchesse.*)

LA DUCHESSE. Elle ouvre les yeux.

LA COMTESSE. Elle vit.

THÉCLA, *regardant autour d'elle.* Où suis-je?

WALLENSTEIN *va à elle en lui tendant les bras.* Reviens à toi, Thécla. Sois ma courageuse fille. Regarde la figure de ta mère chérie, et ton père qui te soutient dans ses bras.

THÉCLA *se lève.* Où est-il ? N'est-il plus ici ?

LA DUCHESSE. Qui, ma fille ?

THÉCLA. Celui qui a prononcé ces fatales paroles.

LA DUCHESSE. Oh ! n'y pense pas, mon enfant. Détourne ton esprit de cette image.

WALLENSTEIN. Laissez-la parler de sa douleur, laissez-la se plaindre. Mêlez vos larmes aux siennes, car elle a un grand chagrin à supporter. Mais elle saura le souffrir, car ma Thécla a reçu de son père un cœur qui ne se laisse pas abattre.

THÉCLA. Je ne suis pas malade, j'ai la force de me soutenir. Pourquoi ma mère pleure-t-elle? l'ai-je effrayée? Voilà qui est passé, je me remets. (*Elle s'est levée et cherche quelqu'un dans la salle.*) Où est-il? Qu'on ne me le cache pas, j'ai assez de force pour l'entendre.

LA DUCHESSE. Non, Thécla, ce malheureux messager ne doit jamais reparaître à tes yeux.

THÉCLA. Mon père!...

WALLENSTEIN. Cher enfant !

THÉCLA. Je ne suis pas faible. Me voilà bientôt mieux remise encore, accordez-moi une grâce.

WALLENSTEIN. Parle.

THÉCLA. Permettez qu'on appelle cet étranger, que je puisse le recevoir seule et l'interroger.

LA DUCHESSE. Jamais.

LA COMTESSE. Non, n'écoutez pas cette prière, n'y cédez pas.

WALLENSTEIN. Pourquoi veux-tu lui parler, ma fille?

THÉCLA. Je serai plus calme quand je saurai tout. Je ne veux pas être trompée. Ma mère veut seulement me ménager, je ne veux pas qu'on me ménage. Je sais ce qu'il y a de plus terrible ; je ne puis rien entendre de plus affreux.

LA COMTESSE *et* LA DUCHESSE, *à Wallenstein*. N'y consentez pas.

THÉCLA. J'ai été surprise par mon effroi ; mon cœur m'a trahie en présence de cet étranger, il a été témoin de ma faiblesse. Oui, je suis tombée dans ses bras, j'en suis encore honteuse. Je veux me relever dans son opinion. Il faut nécessairement que je lui parle, pour qu'il n'emporte pas de moi une idée injuste.

WALLENSTEIN. Je trouve qu'elle a raison, et je suis porté à lui accorder sa demande. Rappelez-le.

(*Mademoiselle de Neubrunn sort.*)

LA DUCHESSE. Mais moi, ta mère, je veux être là.

THÉCLA. J'aimerais mieux lui parler seule, il me sera plus facile de me soutenir.

WALLENSTEIN, *à la duchesse*. Laissez-la faire, laissez-la lui parler seule. Il est des douleurs où l'homme ne peut trouver de secours qu'en lui-même, où le cœur fort veut être abandonné à sa propre force. C'est en elle-même et non pas dans le sein d'un autre qu'elle doit puiser la force nécessaire pour supporter un pareil coup. Elle est ma fille courageuse, elle ne doit pas se conduire comme une femme, mais comme une héroïne.

(*Il veut sortir.*)

LA COMTESSE *le retient*. Où allez-vous? J'ai entendu dire à Terzky que vous vouliez sortir d'ici demain matin et nous laisser dans cette ville.

WALLENSTEIN. Oui, vous resterez sous la garde de braves gens.

LA COMTESSE. Oh! prenez-nous avec vous, mon frère; ne nous laissez pas dans cette sombre solitude attendre avec inquiétude l'issue des événements. On supporte facilement le malheur présent; mais le doute et les angoisses de l'attente nous rendent affreux celui qui plane dans l'éloignement.

WALLENSTEIN. Qui parle de malheur? Que vos paroles soient moins tristes. Pour moi, j'ai de tout autres espérances.

LA COMTESSE. Emmenez-moi donc avec vous. Ne nous laissez pas dans ce lieu de triste présage. Mon cœur est oppressé dans ces murailles, il me semble que je respire l'air d'une caverne de mort. Je ne puis vous dire comme je me trouve mal en ce lieu. Oh! emmenez-nous. Venez, ma sœur, priez-le aussi de nous emmener. Venez à mon secours, ma chère nièce. Je changerai les mauvais présages de ce lieu, car il renfermera ce que j'ai de plus cher au monde.

MADEMOISELLE DE NEUBRUNN *revient*. Voici l'officier suédois

WALLENSTEIN. Laissez-la seule avec lui.

(*Il sort.*)

LA DUCHESSE, *à Thécla*. Tu pâlis, mon enfant; il est impossible que tu lui parles; viens avec ta mère.

THÉCLA. Mademoiselle de Neubrunn restera près d'ici.

(*La duchesse et la comtesse sortent.*)

SCÈNE X.

THÉCLA, UN CAPITAINE SUÉDOIS, MADEMOISELLE DE NEUBRUNN.

LE CAPITAINE *s'approche respectueusement*. Princesse, je dois vous demander pardon; mon récit imprévu et irréfléchi..... Comment pouvais-je...

THÉCLA, *avec noblesse*. Vous avez été témoin de ma douleur ; un malheureux événement a fait de vous, d'un étranger, le confident de mon cœur.

LE CAPITAINE. Je crains que mon aspect ne vous soit odieux, car ma bouche a prononcé de tristes paroles.

THÉCLA. C'est ma faute, c'est moi-même qui vous les ai arrachées ; c'est la voix du destin qui les a proférées. Ma frayeur a interrompu votre récit ; je vous en prie, finissez-le.

LE CAPITAINE, *d'un air inquiet*. Princesse, je renouvellerai votre douleur.

THÉCLA. Je suis calme, je veux être calme. Comment cette bataille a-t-elle commencé? Voulez-vous me le dire?

LE CAPITAINE. Nous étions retranchés dans notre camp, et nous nous croyions à l'abri de toute attaque, lorsque vers le soir un nuage de poussière s'élève du côté de la forêt ; notre avant-garde se précipite dans nos retranchements en s'écriant : Voici l'ennemi! A peine avons-nous eu le temps de monter à cheval, les cuirassiers de Pappenheim avaient déjà franchi la première enceinte, et cette troupe impétueuse traversait le fossé de notre camp. Mais leur courage irréfléchi avait séparé les régiments ; l'infanterie était encore en arrière, et les cavaliers seuls suivaient leur chef téméraire. (*Thécla fait un mouvement ; le capitaine s'arrête jusqu'à ce qu'elle lui fasse signe de continuer.*) Notre cavalerie se rassemble de droite, de gauche ; nous les repoussons sur les fossés, où l'infanterie, qui s'était promptement rangée en bataille, leur oppose le rempart inexpugnable de ses hallebardes. Pressés de tous côtés dans cette terrible enceinte, ils ne peuvent ni avancer ni reculer. Alors le rhingrave crie à leur chef de se rendre, comme un brave général qui ne peut plus se défendre. Mais le colonel Piccolomini... (*Thécla chancelle et s'appuie sur un fauteuil.*) On le reconnaissait au cimier de son casque et à ses longs cheveux qui, dans sa course rapide, flottaient sur ses épaules. Il montre le fossé, s'élance le premier, le fait franchir à son noble coursier; le régiment se précipite après lui, mais déjà son cheval avait été blessé; il écume, il s'emporte, il se cabre, il jette au loin son cavalier, et tous les chevaux du régiment, que le frein ne peut plus arrêter, lui passent sur le corps. (*Thécla, pendant ces dernières paroles, a laissé voir tous les signes d'une anxiété croissante; elle est saisie d'un tremblement violent; elle va s'évanouir; mademoiselle de Neubrunn accourt et la reçoit dans ses bras.*)

MADEMOISELLE DE NEUBRUNN. Ma chère maîtresse !

LE CAPITAINE, *ému*. Je vais m'éloigner.

THÉCLA. Je suis bien, achevez.

LE CAPITAINE. Un désespoir furieux s'empare des soldats au moment où ils voient tomber leur chef; aucun d'eux ne songe plus à son propre salut; ils combattent comme des tigres féroces; leur résistance opiniâtre anime notre troupe, et le combat ne finit que lorsqu'ils ont tous succombé.

THÉCLA, *d'une voix tremblante*. Et où... où est-il?... Vous ne m'avez pas tout dit.

LE CAPITAINE, *après un moment de silence*. Ce matin nous avons célébré ses funérailles. Douze jeunes gens des plus nobles familles portaient le corps, et l'armée entière le suivait. Le cercueil était orné de lauriers, et le rhingrave, lui-même, y avait déposé son glaive victorieux. Les larmes ne lui ont pas manqué, car beaucoup d'entre nous ont éprouvé sa grandeur d'âme et connaissaient la douceur de son caractère. Chacun était touché de son sort. Le rhingrave aurait bien voulu le sauver, mais lui-même a couru à sa perte : on a dit qu'il voulait mourir.

MADEMOISELLE DE NEUBRUNN, *à Thécla, qui s'est voilée le visage*. Ma chère maîtresse ! ma chère maîtresse ! ne fermez pas ainsi les yeux. Oh ! pourquoi avez-vous voulu subir cet entretien ?

THÉCLA. Où est son tombeau ?

LE CAPITAINE. Il est déposé dans l'église d'un cloître, près de Neustadt, jusqu'à ce que son père en dispose.

THÉCLA. Comment s'appelle ce cloître?

LE CAPITAINE. Sainte-Catherine.

THÉCLA. Est-il loin d'ici?

LE CAPITAINE. On compte sept milles.

THÉCLA. Quel chemin prend-on pour y aller?

LE CAPITAINE. On passe par Tirschenreut et Folkenberg, à travers nos avant-postes.

THÉCLA. Qui les commande?

LE CAPITAINE. Le colonel Seckendorf.

THÉCLA *s'approche de la table et prend dans sa cassette un anneau.* Vous m'avez vue dans ma douleur, et vous m'avez montré un cœur compatissant; prenez ceci en mémoire de cet instant... Allez.

LE CAPITAINE. Princesse! (*Thécla lui fait signe en silence de se retirer et le quitte. Le capitaine hésite et veut parler. Mademoiselle de Neubrunn répète le signe. Il sort.*)

SCÈNE XI.

THÉCLA, MADEMOISELLE DE NEUBRUNN.

THÉCLA, *se jetant au cou de mademoiselle de Neubrunn.* A présent, ma bonne Neubrunn, prouve-moi l'affection que tu m'as souvent exprimée; montre-toi, ma fidèle amie, ma compagne. Il faut partir cette nuit même.

MADEMOISELLE DE NEUBRUNN. Partir! et pour quel lieu?

THÉCLA. Pour quel lieu? Il n'y en a plus qu'un seul au monde, c'est celui où l'on a déposé son cercueil.

MADEMOISELLE DE NEUBRUNN. Oh! que ferez-vous là, ma chère maîtresse?

THÉCLA. Ce que je ferai là, malheureuse? Tu ne le demanderais pas si tu avais jamais aimé. C'est là, c'est là que se trouve tout ce qui reste de lui, c'est là pour moi le seul endroit qui existe sur cette terre. Oh! ne me retiens pas. Viens et fais tes préparatifs. Pensons aux moyens de fuir.

MADEMOISELLE DE NEUBRUNN. Mais songez-vous à la colère de votre père?

THÉCLA. Je ne crains plus la colère d'aucun homme.

MADEMOISELLE DE NEUBRUNN. Et les railleries du monde, et les discours offensants de la médisance?

THÉCLA. Je veux chercher celui qui n'est plus. Vais-je donc dans ses bras?... O mon Dieu! je veux seulement descendre dans le caveau de mon bien-aimé.

MADEMOISELLE DE NEUBRUNN. Et nous serons seules? sans secours? Deux faibles femmes!

THÉCLA. Nous prendrons des armes; mon bras te protégera.

MADEMOISELLE DE NEUBRUNN. Par cette nuit obscure?

THÉCLA. La nuit nous cachera.

MADEMOISELLE DE NEUBRUNN. Par ce temps orageux?

THÉCLA. Était-il bien, lui, sous les pieds des chevaux?

MADEMOISELLE DE NEUBRUNN. O Dieu! et ces nombreux postes ennemis! On ne nous laissera pas passer.

THÉCLA. Ce sont des hommes. Le malheur marche librement à travers le monde entier.

MADEMOISELLE DE NEUBRUNN. Le voyage est long.

THÉCLA. Le pèlerin compte-t-il la distance quand il s'en va vers les sanctuaires éloignés?

MADEMOISELLE DE NEUBRUNN. Et comment sortir de cette ville?

THÉCLA. L'or nous ouvrira les portes. Va seulement, va.

MADEMOISELLE DE NEUBRUNN. Et si l'on nous reconnaît?

THÉCLA. Dans cette fugitive désespérée personne ne cherchera la fille de Friedland.

MADEMOISELLE DE NEUBRUNN. Où trouverons-nous des chevaux pour partir?

THÉCLA. Mon écuyer nous les procurera. Va et appelle-le.

MADEMOISELLE DE NEUBRUNN. Osera-t-il vous les donner à l'insu de son maître?

THÉCLA. Oui, va seulement ; ne diffère pas.

MADEMOISELLE DE NEUBRUNN. Hélas! et que deviendra votre mère quand vous aurez disparu?

THÉCLA, *réfléchissant et regardant devant elle avec douleur.* O ma mère!

MADEMOISELLE DE NEUBRUNN. Elle a déjà tant souffert, cette bonne mère! doit-elle encore recevoir ce dernier coup?

THÉCLA. Je ne puis lui épargner cette douleur. Va seulement, va.

MADEMOISELLE DE NEUBRUNN. Pensez bien à ce que vous faites.

THÉCLA. J'ai pensé à tout ce qui devait occuper ma pensée.

MADEMOISELLE DE NEUBRUNN. Et quand nous serons là, que deviendrons-nous?

THÉCLA. Quand nous serons là, un Dieu inspirera mon âme.

MADEMOISELLE DE NEUBRUNN. Votre cœur est maintenant plein d'inquiétude, ma chère maîtresse ; ce n'est pas ce chemin qui vous conduira au repos.

THÉCLA. Au repos profond qu'il a trouvé. Oh! va, hâte-toi, n'ajoute pas un mot. Je ne sais quelle puissance irrésistible m'attire vers son tombeau. Là, je serai soulagée pour un instant, les liens de la douleur qui m'oppressent se dénoueront, mes larmes couleront. Oh! va, nous pourrions être depuis longtemps en route. Je ne trouverai point de repos tant que je serai dans ces murs. Il me semble qu'ils vont s'écrouler sur moi: une force inconnue me pousse loin d'ici. Dieu! quel sentiment j'éprouve! Toute cette maison est remplie de sombres et pâles fantômes qui ne me laissent aucune place..... Leur nombre monte, leur troupe effroyable chasse les vivants hors de ces murailles.

MADEMOISELLE DE NEUBRUNN. Vous me jetez dans l'anxiété et l'épouvante, mademoiselle. Je n'ose plus demeurer ici ; je sors et vais appeler Rosenberg.

(*Elle sort.*)

SCÈNE XII.

THÉCLA. C'est son esprit qui m'appelle, c'est cette troupe de fidèles soldats qui se sont sacrifiés pour lui et qui m'accusent d'un indigne retard. Ils n'ont pas voulu abandonner dans la mort celui qui pendant sa vie avait été leur chef. Voilà ce qu'ils ont fait, ces cœurs rudes, et moi je pourrais vivre! Non. Cette couronne de lauriers qui ornait ton cercueil a été aussi tressée pour moi. Qu'est-ce que la vie sans le flambeau de l'amour? je la rejette, puisqu'elle a perdu toute sa valeur. Oui, lorsque je t'ai trouvé, mon bien-aimé, la vie avait du prix à mes yeux; un jour nouveau, un jour d'or se levait brillant devant moi. Pendant deux heures j'ai eu un rêve céleste. Lorsque je quittai le cloître, tu étais à l'entrée du monde, il me semblait éclatant de lumière; tu étais là comme un bon ange pour me transporter, des jours innocents de l'enfance, jusqu'au sommet de la vie. Ma première sensation fut une joie céleste, mon premier regard rencontra ton cœur. (*Elle tombe dans une profonde rêverie, puis continue avec un sentiment de terreur.*) Mais voilà que la destinée arrive d'une main froide et cruelle ; elle saisit mon noble ami et le jette sous le pied meurtrier des chevaux. Tel est sur la terre le sort de tout ce qui est beau.

SCÈNE XIII.

THÉCLA, MADEMOISELLE DE NEUBRUNN, L'ÉCUYER.

MADEMOISELLE DE NEUBRUNN. Le voici, mademoiselle. Il agira selon votre volonté.

THÉCLA. Peux-tu nous procurer des chevaux, Rosenberg ?

L'ÉCUYER. Oui, mademoiselle.

THÉCLA. Veux-tu nous accompagner ?

L'ÉCUYER. Jusqu'au bout du monde.

THÉCLA. Mais tu ne pourras plus revenir auprès du duc.

L'ÉCUYER. Je resterai près de vous.

THÉCLA. Je te récompenserai et je te recommanderai à un autre maître. Peux-tu nous conduire secrètement hors de la forteresse.

L'ÉCUYER. Je le puis.

THÉCLA. Quand pourrais-je partir ?

L'ÉCUYER. A l'instant. Où allons-nous ?

THÉCLA. A... Dis-le-lui, Neubrunn.

MADEMOISELLE DE NEUBRUNN. A Neustadt.

L'ÉCUYER. C'est bien, je vais tout préparer. (*Il sort.*)

MADEMOISELLE DE NEUBRUNN. Hélas ! mademoiselle, voici votre mère.

THÉCLA. Dieu !

SCÈNE XIV.

Les précédents, LA DUCHESSE.

LA DUCHESSE. Il est loin. Je te trouve plus calme.

THÉCLA. Oui, ma mère ; laissez-moi maintenant me retirer avec mademoiselle de Neubrunn ; j'ai besoin de repos.

LA DUCHESSE. Je le crois, Thécla. Je sors consolée, car je puis tranquilliser ton père.

THÉCLA. Adieu donc, ma bonne mère ! (*Elle se jette à son cou et l'embrasse avec une vive émotion.*)

LA DUCHESSE. Tu n'es pas encore parfaitement tranquille, ma fille ; tu trembles, et j'entends ton cœur battre violemment contre le mien.

THÉCLA. Le sommeil me rendra le calme. Adieu, ma bonne mère ! (*Au moment où elle s'arrache des bras de sa mère, la toile tombe.*)

ACTE CINQUIÈME.

L'appartement de Buttler.

SCÈNE I.

BUTTLER, LE MAJOR GÉRALDIN.

BUTTLER. Vous choisirez douze braves dragons ; vous les armerez de piques, car on ne doit pas tirer un seul coup. Vous les placerez près de la salle à manger, et aussitôt que la table sera desservie, vous entrerez en criant : Qui est fidèle à l'empereur ? Je renverserai la table ; alors vous vous jetterez sur eux et vous les frapperez. Le château est fermé et gardé de façon à ce que le bruit ne parvienne pas jusqu'au prince. Avez-vous averti le capitaine Deveroux et Macdonald ?

GÉRALDIN. Ils seront ici à l'instant.

(*Il sort.*)

BUTTLER. Il faut se hâter, les bourgeois se déclarent aussi pour lui. Je ne sais quel esprit de vertige a saisi toute la ville. Ils voient dans le duc un pacificateur, le fondateur d'un nouvel âge d'or. Les magistrats ont distribué des armes, et plus de cent bourgeois se sont offerts pour lui servir de garde. Il importe donc d'agir promptement, car les ennemis nous menacent au dedans et au dehors.

SCÈNE II.

BUTTLER, LE CAPITAINE DEVEROUX *et* MACDONALD.

MACDONALD. Nous voici, mon général.
DEVEROUX. Quel est le mot de ralliement ?
BUTTLER. Vive l'empereur !
TOUS DEUX, *se reculant.* Comment ?

BUTTLER. Vive la maison d'Autriche !

DEVEROUX. N'est-ce pas à Friedland que nous avons juré fidélité ?

MACDONALD. Ne sommes-nous pas venus ici pour le protéger ?

BUTTLER. Nous ? protéger un ennemi, un traître à l'empire ?

DEVEROUX. Vous nous avez prescrit des devoirs envers lui.

MACDONALD. Et vous l'avez suivi jusqu'à Égra.

BUTTLER. J'ai agi ainsi pour le perdre plus sûrement.

DEVEROUX. Ah ! vraiment !

MACDONALD. C'est autre chose.

BUTTLER, *à Deveroux*. Misérable ! peux-tu renoncer si facilement à tes devoirs et à tes drapeaux ?

DEVEROUX. Par le diable ! général, je suivais votre exemple ; je me disais, si celui-là est un traître, je puis bien l'être aussi.

MACDONALD. Nous n'avons pas à réfléchir après vous ; c'est votre affaire. Vous êtes le général, vous commandez, nous vous suivons, fallût-il aller jusque dans l'enfer.

BUTTLER, *d'un ton plus doux*. C'est bien, nous nous connaissons l'un l'autre.

MACDONALD. Oui, je le crois.

DEVEROUX. Nous sommes des soldats de fortune, et nous appartenons au plus offrant.

MACDONALD. Oui, c'est comme il le dit.

BUTTLER. Maintenant vous devez être de braves soldats.

DEVEROUX. Nous le serons volontiers.

BUTTLER. Et faire votre fortune.

MACDONALD. Ceci vaut encore mieux.

BUTTLER. Ecoutez-moi !

TOUS DEUX. Nous écoutons.

BUTTLER. La volonté, l'ordre de l'empereur est que l'on s'empare de Friedland, mort ou vif.

DEVEROUX. Sa lettre le dit ainsi.

MACDONALD. Oui, mort ou vif.

BUTTLER. Et une large récompense en terre et en argent est réservée à celui qui accomplira cet ordre.

DEVEROUX. Cela sonne bien. Les paroles qui viennent de là sont toujours superbes. Oui, oui, nous le savons déjà ; quelques chaînes d'or, un méchant cheval, un parchemin ou quelque chose de la même nature... Le prince paye mieux.

MACDONALD. Oui, il est splendide.

BUTTLER. C'en est fait de lui ; l'étoile de son bonheur est tombée.

MACDONALD. Est-ce sûr ?

BUTTLER. Je vous le dis.

DEVEROUX. Son bonheur serait-il passé ?

BUTTLER. Passé à jamais. Il est aussi pauvre que nous.

MACDONALD. Aussi pauvre que nous ?

DEVEROUX. Alors, Macdonald, il faut le quitter.

BUTTLER. Vingt mille hommes l'ont déjà quitté. Il faut faire quelque chose de plus, mon ami ; un coup net et prompt. Il faut le tuer. (*Tous deux reculent.*)

TOUS DEUX. Le tuer ?

BUTTLER. Le tuer, vous dis-je, et je vous ai choisis pour cela.

TOUS DEUX. Nous ?

BUTTLER. Vous, vous, capitaine Deveroux et Macdonald.

DEVEROUX, *après un moment de silence.* Choisissez-en un autre.

MACDONALD. Oui, choisissez-en un autre.

BUTTLER, *à Deveroux.* Cela t'effraye, pauvre homme que tu es ! Quoi ! tu as déjà plus de trente meurtres sur la conscience !

DEVEROUX. Mettre la main sur mon général ! Pensez-y donc.

MACDONALD. Celui à qui nous avons prêté serment !

BUTTLER. Le serment est nul, puisqu'il manque à sa foi.

DEVEROUX. Écoutez, général, cela me paraît pourtant trop affreux.

MACDONALD. Oui, c'est vrai. On a aussi une conscience.

DEVEROUX. Si ce n'était pas le chef qui nous a commandés si longtemps et qui nous imposait le respect!...

BUTTLER. Est-ce là la difficulté?

DEVEROUX. Écoutez, pour celui-là c'est inutile ; si le service de l'empereur l'exigeait, je pourrais plonger mon épée dans les entrailles de mon propre fils... Mais, voyez, nous sommes soldats, et assassiner le général, c'est un péché, un crime dont pas un moine ne peut vous absoudre.

BUTTLER. Je suis ton pape et je t'absous. Décidez-vous de suite.

DEVEROUX, *d'un ton sérieux*. Cela ne se peut.

MACDONALD. Non, cela ne se peut.

BUTTLER. Eh bien! soit ; envoyez-moi Pestalutz.

DEVEROUX, *surpris*. Pestalutz!... Oh!

MACDONALD. Que lui voulez-vous?

BUTTLER. Puisque vous me refusez, j'en trouverai assez d'autres.

DEVEROUX. Non, non ; s'il doit périr, nous pouvons tout aussi bien que d'autres gagner la récompense promise. Qu'en penses-tu, camarade Macdonald?

MACDONALD. Oui, s'il doit périr, s'il ne peut en être autrement, je ne veux pas laisser ce profit à Pestalutz.

DEVEROUX, *après un moment de réflexion*. Quand doit-il périr?

BUTTLER. Cette nuit, car demain les Suédois seront aux portes de la ville.

DEVEROUX. Réponds-tu des suites, général?

BUTTLER. Je réponds de tout.

DEVEROUX. Est-ce la volonté de l'empereur? sa franche et expresse volonté? On aime quelquefois le meurtre, et l'on punit le meurtrier.

BUTTLER. L'ordre dit : « Vivant ou mort. » On ne peut le livrer vivant, vous le voyez vous-mêmes.

DEVEROUX. Eh bien ! mort, mort donc. Mais comment arriverons-nous jusqu'à lui? la ville est pleine de soldats de Terzky.

MACDONALD. Et ensuite restent Illo et Terzky.

BUTTLER. On commencera par eux, cela s'entend.

DEVEROUX. Quoi ! doivent-ils aussi périr.

BUTTLER. Les premiers.

MACDONALD. Écoute, Deveroux : ce sera une nuit sanglante.

DEVEROUX. Avez-vous déjà un homme pour ceux-là ? Confiez-les-moi.

BUTTLER. Le major Géraldin s'en est chargé. Aujourd'hui il y aura un grand repas au château, on les surprendra à table, on les égorgera. Pestalutz et Lesley y seront.

DEVEROUX. Écoutez, général, cela vous est indifférent, laissez-moi changer de rôle avec Géraldin.

BUTTLER. Il y a moins de danger avec le duc.

DEVEROUX. Du danger! Diable ! quel idée avez-vous donc de moi? C'est le regard du duc, et non pas son épée, que je crains.

BUTTLER. Quel mal peut te faire son regard?

DEVEROUX. De par tous les diables! vous savez que je ne suis pas un lâche. Mais voyez, il n'y a pas huit jours que le duc m'a fait remettre vingt pièces d'or pour acheter cet habit d'hiver que je porte, et quand il me verra avancer avec ma pique, s'il jette les yeux sur ce vêtement, eh bien!... eh bien!... que le diable m'emporte! je ne suis pas un lâche.

BUTTLER. Le duc t'a donné ce vêtement d'hiver, et pour cela tu hésites, pauvre diable, à lui passer l'épée à travers le corps? L'empereur lui avait donné un vêtement bien meilleur, le manteau de prince, et comment l'en a-t-il remercié? Par la révolte et la trahison.

DEVEROUX. Cela est vrai, au diable la reconnaissance! Je le tuerai.

BUTTLER. Et si tu veux apaiser ta conscience, tu n'as qu'à retirer cet habit, et alors tu agiras librement et avec courage.

MACDONALD. Oui, mais il faut penser encore à une chose.

BUTTLER. A quoi donc, Macdonald?

MACDONALD. Que servent les armes contre lui? Il est garanti de toute blessure par enchantement.

BUTTLER, *avec colère*. Comment! il est?...

MACDONALD. Oui, à l'épreuve de la balle et du glaive. Il est ensorcelé et protégé par un art diabolique. Son corps, je vous le dis, est invulnérable.

DEVEROUX. Oui, oui, il y avait aussi à Ingolstadt un tel homme; sa peau était dure comme l'acier, si bien qu'il fallut l'assommer à coups de crosse de fusil.

MACDONALD. Écoutez ce que je veux faire.

DEVEROUX. Parle.

MACDONALD. Je connais ici dans le couvent un frère dominicain qui est de notre pays; il trempera notre épée et notre pique dans l'eau bénite, il prononcera là-dessus des paroles puissantes, et cela l'emporte sur les enchantements.

BUTTLER. C'est bien, Macdonald. Maintenant, allez. Choisissez dans votre régiment vingt, trente bons gaillards, faites leur prêter serment à l'empereur. Quand onze heures seront sonnées, quand les premières patrouilles auront passé, conduisez-les en silence à la maison, je ne serai moi-même pas loin de là.

DEVEROUX. Comment pourrons-nous traverser les archers et les sentinelles qui sont de garde dans la cour intérieure?

BUTTLER. J'ai examiné l'état des lieux, je vous conduirai par une porte de derrière qui n'est gardée que par un seul homme. Mon rang et mes fonctions me permettent d'entrer à toute heure chez le duc; je vous précéderai, et, frappant d'un coup de poignard l'archer, je vous ouvrirai la route.

DEVEROUX. Et quand nous serons en haut, comment arriverons-nous dans la chambre à coucher du prince sans que les domestiques s'éveillent et appellent au secours? car il a avec lui une suite nombreuse.

BUTTLER. Tous les domestiques logent dans l'aile droite; il hait le bruit, et habite seul l'aile gauche.

DEVEROUX. Je voudrais que cela fût fini, Macdonald... Par le diable! cela produit sur moi un singulier effet.

MACDONALD. Et sur moi aussi. C'est pourtant un trop grand personnage. On nous regardera comme deux scélérats.

BUTTLER. Au milieu des honneurs, des richesses, du luxe, vous pourrez vous moquer de l'opinion et du jugement des hommes.

DEVEROUX. Si nous étions seulement certains que cela n'est pas contre l'honneur...

BUTTLER. Soyez sans inquiétude : vous sauverez Ferdinand, son empire et sa couronne. La récompense ne sera pas mince.

DEVEROUX. Son but est donc de détrôner l'empereur?

BUTTLER. Oui, de lui arracher la couronne et la vie.

DEVEROUX. Ainsi, il aurait péri par la main du bourreau si nous l'avions conduit vivant à Vienne.

BUTTLER. Il ne pouvait échapper à cette destinée.

DEVEROUX. Viens, Macdonald; il périra comme un général : il tombera honorablement sous la main des soldats. (*Ils sortent.*)

SCÈNE III.

Le théâtre représente une salle aboutissant à une galerie qui s'étend au loin.

WALLENSTEIN, *assis près d'une table*; LE CAPITAINE SUÉDOIS, *debout devant lui. Un instant après*, LA COMTESSE TERZKY.

WALLENSTEIN. Saluez pour moi votre général. Je

prends part à votre heureux succès, et, si vous ne me voyez pas montrer autant de joie que je dois en éprouver après cette victoire, croyez que ce n'est pas faute de bonne volonté, car désormais nous devons nous réjouir des mêmes succès. Adieu, je vous remercie de vos soins. La forteresse vous sera ouverte demain matin quand vous arriverez. (*Le capitaine suédois sort; Wallenstein reste absorbé dans ses pensées, la tête appuyée sur sa main et regardant fixement devant lui. La comtesse Terzky s'avance, reste un instant près de lui sans qu'il la voie. Enfin il l'aperçoit, fait un mouvement, et se remet de suite.*) Venez-vous de la voir? Se remet-elle? Que fait-elle?

LA COMTESSE. Elle s'est trouvée plus calme après cet entretien, au dire de ma sœur. A présent elle dort.

WALLENSTEIN. Sa douleur deviendra plus douce, elle pleurera.

LA COMTESSE. Et vous, mon frère, je ne vous trouve pas tel que vous étiez autrefois. Après une victoire, je m'attendais à vous voir plus gai. Demeurez ferme, soutenez votre courage, car vous êtes notre flambeau et notre salut.

WALLENSTEIN. Soyez tranquille, je n'ai rien. Où est votre mari?

LA COMTESSE. Il assiste à un repas avec Illo.

WALLENSTEIN *se lève, et fait quelques pas dans la salle.* La nuit est déjà sombre, retirez-vous dans votre chambre.

LA COMTESSE. Oh! ne me dites pas de m'éloigner, laissez-moi rester près de vous.

WALLENSTEIN *s'avance près de la fenêtre.* Il y a un grand mouvement dans le ciel, le vent agite l'étendard de la tour, les nuages passent rapidement, le disque de la lune jette à travers la nuit une clarté vacillante et incertaine. On ne voit pas une étoile; seulement on aperçoit une lueur terne; c'est celle de Calliope, c'est là qu'est Jupiter; mais l'obscurité produite par les

ACTE V, SCÈNE III.

nuages le cache entièrement. (*Il tombe dans une rêverie profonde, et continue à regarder devant lui.*)

LA COMTESSE, *remarquant sa tristesse, le prend par la main.* A quoi pensez-vous?

WALLENSTEIN. Il me semble que si je voyais cet astre je serais mieux. C'est l'étoile qui préside à ma vie, et souvent son aspect m'a donné une force merveilleuse.

LA COMTESSE. Vous le reverrez.

WALLENSTEIN, *qui de nouveau retombe dans une profonde préoccupation, se retourne vers la comtesse.* Le revoir? Oh! plus jamais!

LA COMTESSE. Comment?

WALLENSTEIN. Il n'est plus... il est dans la poussière.

LA COMTESSE. A qui pensez-vous donc?

WALLENSTEIN. Il est heureux, son sort est accompli; il n'a plus à attendre l'avenir, le destin ne le trompera plus; sa vie est là pure et brillante, nulle tache sombre n'y a été empreinte, et nulle heure d'adversité ne sonnera plus pour lui. Élevé au-dessus de la crainte et des désirs, il n'appartient plus aux planètes mobiles et trompeuses. Oh! il est heureux, et nous, qui sait ce que nous réserve l'heure qui s'avance couverte d'un voile obscur?

LA COMTESSE. Vous parlez de Piccolomini; comment est-il mort? Le messager vous quittait précisément lorsque je suis entrée. (*Wallenstein lui fait signe avec la main de se taire.*) Oh! ne détournez pas vos regards en arrière, laissez-moi plutôt contempler dans l'avenir les jours de calme; réjouissez-vous de cette victoire, oubliez ce qu'elle vous a coûté. Ce n'est pas aujourd'hui que votre ami vous a été enlevé; il était mort pour vous le jour où il vous a quitté.

WALLENSTEIN. Je supporterai cette douleur, je le sais, car quelle douleur l'homme ne peut-il pas supporter? Il apprend à se déshabituer des choses les plus élevées comme des plus vulgaires, tant la force du temps le subjugue. Mais je sens bien ce que j'ai perdu en lui!

La fleur de ma vie est tombée, et je vois devant moi mes jours tristes et décolorés ; car il était à mes côtés comme l'image de ma jeunesse. Pour moi, il faisait de la réalité un songe, et me montrait la nature vulgaire des choses à travers les rayons dorés de l'aurore. Les images journalières et monotones de la vie s'élevaient à mes yeux par l'effet de ses tendres sentiments. Qu'importe où aboutiront maintenant mes efforts ! le beau a disparu de mon existence, il ne reviendra plus ; car un ami est au-dessus de toute espèce de bonheur ; c'est lui qui le crée en le comprenant, qui l'augmente en le partageant.

LA COMTESSE. Ne désespérez pas de votre propre force. Votre cœur est assez riche pour se suffire à lui-même. Vous aimez et vous estimez en lui la vertu que vous aviez vous-même implantée et développée en lui.

WALLENSTEIN, *allant à la porte.* Qui vient nous troubler si tard dans la nuit ? C'est le commandant ; il apporte les clefs de la forteresse ! Laissez-nous, ma sœur, il est près de minuit.

LA COMTESSE. Oh ! j'ai tant de peine à m'éloigner de vous aujourd'hui. L'inquiétude et la crainte m'agitent.

WALLENSTEIN. De la crainte ! et pourquoi ?

LA COMTESSE. Vous pourriez partir tout-à-coup cette nuit, et au réveil nous ne vous trouverions plus.

WALLENSTEIN. Quelle idée !

LA COMTESSE. Oh ! mon âme est depuis longtemps agitée par de sombres pressentiments, et si, lorsque je suis éveillée, je parviens à les combattre, ils reviennent oppresser mon cœur par des rêves sinistres. La nuit dernière je vous ai vu assis à table, richement paré avec votre première épouse.

WALLENSTEIN. Le songe est d'un heureux augure, car c'est ce mariage qui a été l'origine de mon bonheur.

LA COMTESSE. Et aujourd'hui j'ai rêvé que je vous cherchais dans votre chambre..... Au moment où j'entrais, cette chambre n'existait plus, et je ne voyais que la chartreuse de Githschin, que vous avez fondée et où vous voulez être enseveli.

WALLENSTEIN. Et tout cela occupe votre esprit?

LA COMTESSE. Comment! ne croyez-vous pas qu'il y a dans les songes une voix prophétique qui nous parle?

WALLENSTEIN. Oui, il y a de telles voix sans doute; mais je ne puis appeler voix prophétiques que celles qui nous annoncent un sort inévitable. De même que le soleil se montre dans un cercle de vapeurs avant de s'élever à l'horizon, de même les grands événements sont précédés par des apparitions, et ce qui doit arriver demain se fait déjà pressentir aujourd'hui. J'ai toujours été frappé du récit de la mort de Henri IV. Le roi sentait, dit-on, la pression d'un poignard sur son sein longtemps avant que Ravaillac en fût armé. Le repos l'avait fui, l'inquiétude le poursuivait dans le Louvre, et le chassa dehors. Les apprêts du couronnement de la reine ressemblaient pour lui à ceux d'un convoi funèbre, et il entendait d'une oreille inquiète les pas du meurtrier qui le cherchait dans les rues de Paris.

LA COMTESSE. Et cette voix intérieure et prophétique ne vous dit rien?

WALLENSTEIN. Rien. Soyez tranquille.

LA COMTESSE, *toujours absorbée dans de sombres pensées*. Une autre fois vous couriez devant moi, je vous suivais à la hâte, le long d'une grande galerie, à travers de vastes salles qui ne finissaient plus. Les portes s'ouvraient et se fermaient avec fracas, je vous suivais hors d'haleine et je ne pouvais vous atteindre. Tout à coup je me sens saisie par derrière d'une main froide; c'était vous, vous m'embrassiez, et une tenture rouge semblait se dérouler sur vous.

WALLENSTEIN. C'est la tapisserie rouge de mon appartement.

LA COMTESSE, *le regardant*. S'il fallait en venir là, si vous qui êtes en ce moment dans la force de la vie!... (*Elle se jette dans ses bras en pleurant.*)

WALLENSTEIN. La sentence de l'empereur vous tourmente; mais un papier ne blesse pas, il n'aura point d'assassin.

LA COMTESSE. Eh! s'il en trouvait un! Oh!... alors ma résolution est prise, je porte sur moi de quoi me consoler.

(Elle sort.)

SCÈNE IV.

WALLENSTEIN, GORDON; *ensuite un* **VALET DE CHAMBRE.**

WALLENSTEIN. Tout est-il tranquille dans la ville?
GORDON. La ville est tranquille.
WALLENSTEIN. J'entends le bruit de la musique; le château est éclairé. Qui sont ces gens joyeux?
GORDON. On donne dans le château un banquet au comte Terzky et au feld-maréchal.
WALLENSTEIN, *à part*. C'est à cause de la victoire. Ces gens-là ne savent se réjouir qu'à table. (*Il sonne. Un domestique vient.*) Déshabillez-moi, je veux aller me reposer. (*Il prend les clefs de Gordon.*) Nous voilà donc en sûreté contre les ennemis et enfermés avec de fidèles amis; car je me trompe bien, ou une figure comme celle-ci (*il regarde Gordon*) n'est pas celle d'un hypocrite. (*Le valet de chambre lui ôte son manteau, son hausse-col et sa Toison-d'Or.*) Regardez, qu'est-ce qui vient de tomber?
LE VALET DE CHAMBRE. C'est la chaîne d'or. Elle est brisée.
WALLENSTEIN. Eh bien! elle a duré assez longtemps. Donnez. (*Il regarde la chaîne.*) C'est la première faveur que m'accorda l'empereur. Il me la suspendit au cou lorsqu'il était archiduc, et que nous faisions la guerre de Frioul; depuis ce jour je l'ai portée par habitude. C'est peut-être une superstition, mais cette chaîne a dû être pour moi un talisman tant que j'ai pu la por-

ter avec confiance, et le bonheur fugitif d'une époque de ma vie a dû se rattacher à cet ornement qui en était le premier gage. Maintenant soit, il faut qu'un autre bonheur commence, puisque cet ancien talisman a perdu sa force. (*Le valet de chambre s'éloigne avec les vêtements; Wallenstein se lève, se promène dans la salle, et enfin s'arrête pensif devant Gordon.*) Comme l'image des anciens temps se rapproche de moi! Je me vois de nouveau à la cour de Burgau, où nous étions ensemble tout jeunes. Nous avions souvent des contestations; tu étais raisonnable, tu avais coutume de prêcher la morale, tu me reprochais d'aspirer sans modération aux destinées élevées, de me laisser aller à des rêves téméraires, et tu louais les jours d'or de la médiocrité. Eh bien! ta sagesse s'est trompée; elle a de bonne heure mis des bornes à ta destinée, et si tu ne te rapprochais pas de l'influence magnétique de mon étoile, ta vie s'éteindrait en silence dans cette obscure retraite.

GORDON. Mon prince, le pauvre pêcheur rattache sans peine sa fragile nacelle dans le port, et voit le puissant navire échouer dans la tempête.

WALLENSTEIN. Ainsi tu es déjà au port, vieillard, et moi non. Une ardeur que rien n'a affaiblie me pousse impérieusement sur les flots de la vie; l'espérance est encore ma déesse, mon esprit est jeune, et quand je me compare à toi, je remarque avec orgueil que les années rapides ont passé sur ma tête sans la blanchir et sans me faire sentir leur pouvoir. (*Il se promène à grands pas à travers la chambre, puis s'arrête en face de Gordon de l'autre côté du théâtre.*) Pourquoi dire que la fortune est trompeuse? Elle m'a été fidèle, elle m'a élevé avec amour au-dessus de la foule des hommes, elle m'a porté dans ses bras légers et puissants de déesse à travers les degrés de la vie. Il n'y a rien de vulgaire dans la route que ma destinée a suivie, ni dans les lignes de ma main. Qui pourrait juger ma vie selon les règles de la sagesse humaine? Je semble, il est vrai, en ce moment, tomber bien bas, mais je me relèverai, et le flux abondant va bientôt succéder à la basse marée.

GORDON. Et pourtant je me rappelle l'ancien axiome : « Ne vous vantez pas d'un beau jour avant qu'il soit passé. » Un long bonheur n'est pas un motif d'espérance; c'est pour les malheureux que l'espérance est faite. L'homme heureux doit vivre dans la crainte, car la balance de la destinée veille constamment.

WALLENSTEIN, *souriant*. Je crois entendre encore le Gordon d'autrefois. Je sais bien que les choses terrestres sont sujettes au changement, les divinités malfaisantes réclament leurs droits. Les antiques peuples païens le savaient déjà lorsqu'ils s'imposaient eux-mêmes un malheur volontaire pour apaiser les divinités jalouses, lorsqu'ils immolaient des hommes sur l'autel de Typhon. (*Après un moment de silence*). Et moi aussi je lui ai sacrifié; car mon meilleur ami a succombé, et il a succombé par ma faute. Aussi, depuis ce temps, aucune faveur de la fortune ne peut me causer autant de joie que cette perte m'a causé de douleurs. La jalousie du sort doit être apaisée; il a pris une vie pour une autre, et la foudre qui devait m'écraser est tombée sur cette tête chérie.

SCÈNE V.

Les précédents, SENI.

WALLENSTEIN. N'est-ce pas Seni qui vient? Comme il est hors de lui! Qui t'amène si tard ici, Baptiste?

SENI. Mes inquiétudes sur vous, monseigneur.

WALLENSTEIN. Parle. Qu'y a-t-il ?

SENI. Fuyez avant que le jour paraisse. Ne vous fiez pas aux Suédois.

WALLENSTEIN. Quelle idée!

SENI, *élevant la voix*. Ne vous fiez pas aux Suédois.

WALLENSTEIN. Qu'y a-t-il donc ?

SENI. N'attendez pas l'arrivée de ces Suédois. Un

malheur prochain vous menace, de faux amis sont près de vous, des signes terribles se sont montrés, des embûches fatales vous environnent de toutes parts.

WALLENSTEIN. Tu rêves, Baptiste, la crainte te trouble l'esprit.

SENI. Oh! ne croyez pas qu'une vaine terreur me trompe. Venez, lisez vous-même dans les planètes. De perfides amis vous menacent.

WALLENSTEIN. Si mon malheur doit venir de perfides amis, les signes qui me l'annoncent auraient dû m'apparaître plus tôt. Maintenant les étoiles n'ont plus rien à m'apprendre à ce sujet.

SENI. Oh! venez et voyez; croyez-en vos propres yeux. Un signe fatal se montre dans le domaine céleste de votre vie; un ennemi qui est près de vous, un méchant esprit s'est glissé sous les rayons de votre étoile. Écoutez mes avertissements; ne vous livrez pas à ces païens qui font la guerre à notre sainte Église.

WALLENSTEIN, *souriant*. Est-ce de là que vient l'oracle?... Oui, oui, maintenant je le vois... Cette alliance avec les Suédois ne t'a jamais plu. Va te reposer, Baptiste, je ne redoute pas de tels signes.

GORDON, *qui pendant cet entretien a été vivement ému, se tourne vers Wallenstein*. Mon prince, oserai-je parler? Souvent un homme sans importance a donné un avis utile.

WALLENSTEIN. Parle librement.

GORDON. Mon prince, si cependant tout ceci n'était pas un vain fantôme, si la providence de Dieu se servait miraculeusement de cet organe pour vous sauver?...

WALLENSTEIN. Vous êtes dans le délire l'un et l'autre. Comment mon malheur pourrait-il me venir des Suédois: ils ont recherché mon alliance, ils y trouvent leur intérêt.

GORDON. Mais si c'était précisément l'arrivée de ces Suédois qui dût être la cause de votre perte au moment où vous êtes si tranquille... (*Il se jette à genoux devant lui.*) Oh! il en est encore temps, mon prince.

SENI *se jette aussi à genoux devant lui.* Oh! écoutez-le, écoutez-le.

WALLENSTEIN. Temps de quoi faire? Levez-vous... Je le veux, levez-vous.

GORDON *se lève.* Le rhingrave est encore loin; ordonnez que cette forteresse lui soit fermée. S'il veut nous assiéger, qu'il l'essaye, et, je vous le dis, lui et toute son armée périront devant ces murs plutôt que de lasser notre constance et notre courage. Il verra ce que peut faire une troupe de héros animés par un chef héroïque qui veut sérieusement réparer sa faute. Cette action touchera l'empereur et nous réconciliera avec lui; car son cœur est porté à la clémence, et Friedland, retournant à lui avec repentir, sera placé plus haut dans la faveur de son souverain que s'il ne l'avait jamais perdue.

WALLENSTEIN *le regarde avec surprise, puis se tait un instant et montre une profonde émotion.* Gordon, l'ardeur de votre zèle vous conduit bien loin. Un ami de jeunesse peut seul se permettre un tel discours. Le sang a coulé, Gordon, l'empereur ne pourra jamais me pardonner, et s'il le pouvait, moi je ne voudrais pas vous pardonner. Si j'avais pu prévoir ce qui est arrivé, si j'avais su que j'y perdrais mon ami le plus cher, et si mon cœur m'avait parlé comme à présent, peut-être aurais-je réfléchi... peut-être non. Mais maintenant que me reste-t-il à ménager? Les commencements de mon entreprise sont trop graves pour n'aboutir à rien. Qu'elle suive donc son cours (*Il s'avance vers la fenêtre.*) Voyez, il est nuit; déjà dans le château on n'entend plus rien. Allons, que l'on m'éclaire. (*Le valet de chambre, qui est entré en silence et qui a pris une part visible à l'entretien, s'avance vivement ému, et se jette aux pieds du duc.*) Toi aussi! mais je sais pourquoi tu désires que je fasse ma paix avec l'empereur. Le pauvre

ACTE V, SCÈNE VI.

homme, il a dans la Carinthie un petit bien, et il a peur qu'on ne le lui prenne parce qu'il est près de moi. Suis-je donc si pauvre que je ne puisse indemniser mes serviteurs? Eh bien! je ne veux contraindre personne. Si tu penses que le bonheur m'a abandonné, abandonne-moi. Aujourd'hui tu peux me déshabiller pour la dernière fois, puis te ranger du côté de l'empereur. Bonne nuit, Gordon; je pense que je vais faire un long sommeil, car les agitations de ce jour ont été rudes. Ayez soin qu'on ne m'éveille pas trop tôt. (*Il sort. Le valet de chambre l'éclaire; Seni le suit. Gordon reste dans l'obscurité, suivant le duc des yeux jusqu'à ce qu'il ait disparu. Alors il exprime sa douleur par sa contenance, et s'appuie tristement contre une colonne.*)

SCÈNE VI.

GORDON, BUTTLER, *au fond du théâtre.*

BUTTLER. Restez tranquillement là jusqu'à ce que je donne le signal.

GORDON. C'est lui! il amène déjà les meurtriers.

BUTTLER. Les lumières sont éteintes. Tout est dans un profond sommeil.

GORDON. Que dois-je faire? essayerai-je de le sauver? Mettrai-je la maison et les gardes en mouvement?

BUTTLER *paraît.* Il y a de la lumière dans le corridor qui conduit à la chambre à coucher du prince.

GORDON. Mais ne violerai-je pas mon serment envers l'empereur? Et s'il s'échappe, et s'il augmente la force de l'ennemi, n'en résultera-t-il pas des conséquences terribles dont je répondrai sur ma tête!

BUTTLER *s'approche.* Silence! Écoutons. Qui parle ici?

GORDON. Hélas! il vaut encore mieux m'en remettre au ciel, car qui suis-je pour intervenir dans de si grands événements? S'il succombe, ce n'est pas moi qui l'aurai tué ; s'il est délivré, j'en serai la cause et j'en subirai les conséquences.

BUTTLER *avance encore*. Je connais cette voix.

GORDON. Buttler !

BUTTLER. C'est Gordon. Que cherchez-vous ici ? le duc vous a-t-il congédié si tard ?

GORDON. Vous portez la main en écharpe ?

BUTTLER. Elle est blessée. Cet Illo a combattu comme un désespéré, jusqu'à ce qu'enfin nous le jetions par terre.

GORDON. Sont-ils morts ?

BUTTLER. Oui, ils le sont... Est-il au lit ?

GORDON. Hélas ! Buttler !

BUTTLER. Y est-il ? Parlez : le meurtre ne peut pas rester longtemps caché.

GORDON. Qu'il ne meure pas, qu'il ne meure pas par vous ! le ciel ne veut point de votre bras ! voyez : il est blessé.

BUTTLER. Mon bras ne sera pas nécessaire.

GORDON. Les coupables sont morts : c'en est assez pour satisfaire la justice. Que tout soit apaisé par ces victimes. (*Le valet de chambre traverse la galerie, le doigt sur les lèvres, pour demander silence.*) Il dort. Oh ! ne l'égorgez pas dans le moment sacré du sommeil.

BUTTLER. Non : il se réveillera pour mourir. (*Il veut sortir.*)

GORDON. Hélas ! son cœur, encore tout préoccupé des choses terrestres, n'est pas prêt à paraître devant son Dieu.

BUTTLER. La miséricorde de Dieu est grande. (*Il veut sortir.*)

GORDON *l'arrête*. Accordez-lui seulement cette nuit.

BUTTLER. Chaque instant peut nous trahir.

GORDON. Seulement une heure.

BUTTLER. Laissez-moi. A quoi lui servirait ce court délai ?

GORDON. Oh ! le temps est une divinité merveilleuse. Dans une heure des milliers de grains de sable s'écoulent, et les pensées non moins nombreuses s'agitent dans l'esprit de l'homme. Une heure seulement : votre cœur peut changer, le sien aussi ; une nouvelle peut venir ; un événement heureux, salutaire, décisif, peut tout à coup tomber du ciel. Oh ! que de choses peuvent arriver en une heure !

BUTTLER. Vous me rappelez combien les minutes sont précieuses. (*Il frappe du pied.*)

SCÈNE VII.

Les précédents ; MACDONALD, DEVEROUX, *avec des hallebardiers ; ensuite un* VALET DE CHAMBRE.

GORDON *se jette entre Buttler et les hommes armés.* Non, barbare ; il faudra d'abord que tu passes sur mon corps, car je ne souffrirai point cette horrible action.

BUTTLER, *le repoussant.* Vieillard insensé ! (*On entend des trompettes dans l'éloignement.*)

MACDONALD ET DEVEROUX. Les trompettes suédoises ! Les Suédois sont devant Égra, hâtons-nous.

GORDON. Dieu ! Dieu !

BUTTLER. A votre poste, commandant. (*Gordon sort en toute hâte.*)

LE VALET DE CHAMBRE *accourt.* Qui ose faire du bruit ici ? Silence, le duc dort.

DEVEROUX, *d'une voix élevée et terrible.* Ami, il est temps de faire du bruit.

LE VALET DE CHAMBRE. Au secours ! au meurtre !

BUTTLER. Tuez-le.

LE VALET DE CHAMBRE, *poignardé par Deveroux, tombe à l'entrée de la galerie.* Jésus ! Marie !

BUTTLER. Brisez les portes. (*Ils passent sur le cadavre. On entend dans l'éloignement deux portes tomber l'une après l'autre... Voix confuses... Bruit d'armes... Puis tout à coup profond silence.*)

SCÈNE VIII.

LA COMTESSE TERZKY, *avec une lumière à la main.* Sa chambre à coucher est vide, on n'a pu la trouver nulle part. Neubrunn, qui veillait près d'elle, est absente aussi. Aurait-elle pris la fuite? Où peut-elle être allée? Il faut courir après elle, mettre tout en mouvement. De quelle façon le duc recevra-t-il cette terrible nouvelle? Si seulement mon mari était revenu de ce festin... Le duc est-il éveillé? Il me semble que j'ai entendu ici marcher et parler. Je veux aller écouter à la porte. Mais silence! qui est là? on monte à la hâte les escaliers.

SCÈNE IX.

LA COMTESSE, GORDON; *ensuite* BUTTLER.

GORDON, *hors d'haleine.* C'est une erreur, ce ne sont pas les Suédois. N'allez pas plus loin, Buttler. Dieu! où est-il? (*Il aperçoit la comtesse.*) Comtesse, dites-moi...

LA COMTESSE. Vous venez du château? où est mon mari?

GORDON, *avec effroi.* Votre mari? oh! ne m'interrogez pas. Rentrez. (*Il veut sortir.*)

LA COMTESSE *le retient.* Non, pas avant que vous m'ayez expliqué...

GORDON, *l'écartant vivement.* Le sort du monde dépend de cet instant. Au nom du ciel, allez... Pendant que nous parlons... Dieu! (*Il crie.*) Buttler! Buttler!

LA COMTESSE. Il est au château avec mon mari. (*Buttler sort de la galerie.*)

GORDON. C'était une erreur, ce ne sont pas les Suédois. Ce sont les Impériaux qui entrent dans la ville. Le lieutenant-général m'envoie vous dire qu'il sera ici à l'instant... Suspendez tout.

BUTTLER. Il arrive trop tard.

GORDON, *s'appuyant contre la muraille.* Dieu de miséricorde !

LA COMTESSE, *avec anxiété.* Quoi ! trop tard ? Qui va venir ici ? Octavio dans Égra ! Trahison ! Trahison ! Où est le duc ? (*Elle court vers la galerie.*)

SCÈNE X.

Les précédents; SENI, LE BOURGMESTRE, UN PAGE, UNE FEMME DE CHAMBRE, DES VALETS *accourent épouvantés sur la scène.*

SENI, *sortant de la galerie avec tous les signes de la terreur.* Sanglante et épouvantable action !

LA COMTESSE. Qu'est-il arrivé, Seni ?

UN PAGE, *arrivant.* O déplorable spectacle ! (*Des domestiques entrent avec des flambeaux.*)

LA COMTESSE. Qu'y a-t-il, au nom de Dieu ?

SENI. Vous le demandez encore ? Le prince est égorgé, et votre mari a été tué au château. (*La comtesse reste glacée à ces paroles.*)

LA FEMME DE CHAMBRE *accourt.* Secourez, secourez la duchesse !

LE BOURGMESTRE. Quels sont ces cris de douleur qui troublent le sommeil de cette maison ?

GORDON. Votre maison est maudite à tout jamais. Dans votre maison, le prince gît assassiné.

LE BOURGMESTRE. Que Dieu nous en préserve !

(*Il sort.*)

PREMIER VALET. Fuyez ! fuyez ! ils nous égorgent tous.

SECOND VALET, *portant de l'argenterie.* Par ici, les autres issues sont gardées. (*On entend crier derrière la scène.*) Place ! place au lieutenant-général ! (*A ces mots, la comtesse se relève de sa stupéfaction et sort promptement. On entend derrière la scène :*) Fermez les portes, empêchez le peuple d'entrer.

SCÈNE XI.

Les précédents, sans la comtesse; OCTAVIO PICCOLOMINI *avec sa suite;* DEVEROUX *et* MACDONALD *avec des hallebardiers. Le corps de Wallenstein, enveloppé d'un drap rouge, est apporté sur la scène.*

OCTAVIO, *entrant précipitamment.* Cela ne doit pas être; cela ne peut pas être. Buttler, Gordon, je ne puis le croire; dites-moi que cela n'est pas. (*Gordon sans répondre, montre de la main le corps du duc. Octavio le voit et reste saisi d'horreur.*)

DEVEROUX, *à Buttler.* Voici la Toison d'or et l'épée du prince.

MACDONALD. Vous ordonnerez qu'à la chancellerie...

BUTTLER, *montrant Octavio.* Voici maintenant le seul qui a des ordres à donner. (*Deveroux et Macdonald se retirent respectueusement. Tout le monde s'éloigne en silence. Buttler, Octavio, Gordon restent seuls sur la scène.*)

OCTAVIO, *à Buttler.* Était-ce là votre dessein, Buttler, lorsque nous nous séparâmes? Dieu de justice! j'élève mes mains vers toi. Je ne suis pas coupable de cette monstrueuse action.

BUTTLER. Votre main est pure, vous avez employé la mienne.

OCTAVIO. Scélérat! devais-tu ainsi abuser des ordres de ton souverain, et commettre au nom sacré de ton empereur cet horrible assassinat?

BUTTLER, *tranquillement.* Je n'ai fait qu'exécuter l'arrêt de l'empereur.

OCTAVIO. O malédiction attachée au pouvoir des rois! leurs paroles ont une telle force, que leur pensée fugitive entraîne à l'instant un fait irréparable. Devais-tu obéir si vite? Devais-tu ravir à la clémence le temps de faire grâce? Le temps est l'ange salutaire de l'homme. Faire suivre sans délai le jugement de l'exécution, c'est ce qui n'appartient qu'au Dieu infaillible.

BUTTLER. Que me reprochez-vous ? quel est mon crime ? J'ai fait une bonne action ; j'ai délivré l'empire d'un ennemi redoutable, et j'ai droit à une récompense. La seule différence entre votre conduite et la mienne, c'est que vous avez aiguisé le dard, et que moi j'ai frappé. Vous demandiez du sang, et vous êtes étonné que le sang ait coulé ? Pour moi, j'ai toujours su ce que je faisais, et le résultat ne me cause ni surprise ni frayeur. Avez-vous encore quelque ordre à me donner ? je vais de ce pas à Vienne, déposer mon épée sanglante devant le trône de l'empereur, et réclamer l'approbation qu'un juge équitable doit accorder à une prompte et stricte obéissance. (*Il sort.*)

SCÈNE XII.

Les précédents, sans Buttler ; LA COMTESSE TERZKY *s'avance pâle et défigurée ; sa voix est faible, lente et sans chaleur.*

OCTAVIO, *allant au-devant d'elle.* O comtesse Terzky ! devions-nous en venir là ? Ce sont là les suites de ces malheureuses tentatives.

LA COMTESSE. Ce sont les fruits de votre conduite. Le duc est mort, mon mari est mort, la duchesse lutte contre la mort, et ma nièce a disparu. Cette maison puissante et glorieuse est maintenant déserte, et les valets effrayés s'enfuient par toutes les portes. Je reste la dernière, je ferme cette demeure, et je vous en remets les clefs.

OCTAVIO, *avec une profonde douleur.* O comtesse ! ma maison aussi est morte.

LA COMTESSE. Qui doit encore périr ? qui doit encore être injustement traité ? Le prince est mort ; la vengeance de l'empereur doit être satisfaite. Épargnez les anciens serviteurs. Qu'on ne leur fasse point un crime de leur amour et de leur fidélité. La destinée a surpris mon frère trop vite, il n'a pu songer à eux.

octavio. Non, plus de vengeance, plus de rigueurs, comtesse. Une grande faute a subi un grand châtiment. L'empereur est apaisé; la fille n'aura de l'héritage de son père que sa gloire et le souvenir de ses services. L'impératrice honore votre malheur et vous ouvre ses bras maternels. N'ayez donc plus aucune crainte. Prenez confiance, et abandonnez-vous avec espoir à la clémence impériale.

la comtesse, *levant les yeux au ciel.* Je me confie à la clémence d'un plus grand maître... Dans quel lieu les restes du prince seront-ils déposés ? Dans le temps de sa première prospérité, il avait fondé une chartreuse à Githschin; c'est là que repose la comtesse Wallenstein, c'est là que, par un sentiment de reconnaissance, il a souhaité être enseveli près d'elle. Oh! accordez-lui cette sépulture. Je demande pour mon mari la même faveur. L'empereur est maître de nos châteaux; qu'on nous donne seulement un tombeau près de nos aïeux.

octavio. Vous tremblez, comtesse... vous pâlissez... Dieu! quel sens funeste j'entrevois dans vos discours!

la comtesse *rassemble ses forces et parle avec vivacité et noblesse.* Vous avez trop bonne opinion de moi pour croire que je pourrais survivre à la ruine de ma maison. Nous nous sentions assez grands pour porter la main sur une couronne de roi... Nous n'avons pas réussi, mais nous avons de royales pensées, et nous croyons qu'une mort volontaire, courageuse, est préférable à une vie déshonorée... Le poison...

octavio. Oh! sauvez-la, secourez-la!

la comtesse. Il est trop tard, il est trop tard. Dans quelques instants mon sort sera accompli.

(*Elle sort.*)

gordon. O maison de mort et d'horreur! (*Un courrier vient et apporte une lettre. Gordon s'avance au-devant de lui.*) Qu'y a-t-il? C'est le sceau de l'empereur.

(*Il lit l'adresse et remet la lettre à Octavio avec un regard sévère.*) Au prince Piccolomini.
(*Octavio fait un mouvement d'effroi et lève les yeux avec douleur au ciel. Le rideau tombe.*)

FIN DE LA MORT DE WALLENSTEIN.

i

LA FIANCÉE DE MESSINE.

DE L'EMPLOI DU CHŒUR DANS LA TRAGÉDIE.

Une œuvre poétique doit se justifier par elle-même ; où les actes ne parlent point, les mots sont d'un pauvre secours. On pourrait donc laisser au chœur le soin de sa propre apologie, si le chœur était à même de se produire dans des conditions convenables. Malheureusement une tragédie ne saurait se compléter qu'à l'aide de la représentation théâtrale ; le poëte se contente de donner les mots, et, pour les animer, il faut que la musique et la danse viennent s'y joindre. Aussi longtemps donc que le chœur se verra privé d'un si puissant auxiliaire, aussi longtemps il passera, dans l'économie d'une pièce tragique, pour une sorte de hors-d'œuvre, et de corps étranger qui ne fait qu'interrompre l'action, troubler l'illusion et refroidir le spectateur. Pour juger le chœur selon son mérite, il faudrait consentir à cesser d'envisager la scène en ce qu'elle est réellement et se figurer un théâtre qui n'existe pas, mais qui *pourrait exister* ; ce qu'on est toujours plus ou moins obligé de faire lorsqu'on tend à un but d'amélioration et de progrès. Ce que l'art n'a point encore, il le doit conquérir, et la pénurie accidentelle des ressources dont il dispose ne saurait limiter l'imagination du poëte en ses créations. Il cherche le beau, l'idéal, quitte à se contenter ensuite des moyens d'exécution que les circonstances lui offrent.

Il n'est point vrai, ainsi qu'on l'a trop souvent prétendu, qu'on doive s'en prendre au public du discrédit de l'art. C'est l'artiste qui, au contraire, ravale et corrompt le public, et à toutes les époques où la décadence se manifeste, c'est des artistes qu'elle vient. Il ne faut au public que du sentiment, et cette qualité, il la possède ; il apporte au théâtre un appétit indéterminé, une capacité multiple. Ce qu'on ne saurait lui dénier : c'est un tact suprême à l'endroit du sens commun et de la vérité, et s'il lui arrive de se contenter par instants de mauvaises choses, il les répudiera, soyez-en bien certain, aussitôt qu'on le servira mieux selon ses goûts.

Le poëte, s'écrie-t-on, perd son temps à rêver l'idéal, le critique à juger d'après certaines lois transcendantes; dès que vous abordez les moyens d'exécution, vous trouvez que l'art est borné et repose en dernière analyse sur des nécessités. L'entrepreneur veut vivre, le comédien se produire avec avantage, le spectateur se divertir et se sentir ému. Le plaisir, voilà son unique affaire, et vous pouvez bel et bien compter sur son mécontentement, au cas où vous prétendriez, à la place de l'amusement et de la distraction qu'il se promet, lui imposer un effort, une tension d'esprit quelconque.

Mais lorsqu'on se prend à considérer le théâtre d'un point de vue plus sérieux, on s'attache, non pas à porter atteinte à ces plaisirs du spectateur, mais à les ennoblir. Que ce soit là un jeu, j'y consens, pourvu que le jeu soit poétique. Tout art de sa nature est voué à la joie, et je ne connais pas de vocation plus élevée à la fois et plus grave que celle qui a pour but de réjouir les hommes. Le véritable art est celui-là seul qui nous procure la jouissance la plus noble, laquelle, à son tour, n'est autre que la liberté de la conscience humaine dans le jeu vivant de toutes ses facultés.

Tout homme, quel qu'il soit, demande aux arts de l'imagination une certaine délivrance des liens de la réalité; il veut, autant que possible, se récréer et donner libre champ à sa fantaisie. Celui qui prétend le moins, veut encore oublier ses affaires, sa vie courante, son individu; il veut se voir transporté au milieu d'événements extraordinaires, assister aux combinaisons bizarres du destin, et, s'il est de complexion plus sérieuse, rencontrer sur la scène le gouvernement moral des choses de ce monde dont il regrette dans sa vie réelle de ne point assez sentir l'influence. Ce qui ne l'empêche point de savoir au fond que tout ce qui se passe là n'est qu'un jeu, qu'à proprement parler il ne se repait que de songes, et que lorsqu'il sortira du spectacle pour rentrer dans le monde réel, il en redeviendra la proie comme devant, car ce monde qui va de nouveau peser sur lui de tout son poids est resté ce qu'il était. Une illusion d'un instant qui s'évanouit au réveil, ainsi se résume tout le profit de la soirée.

Et justement parce qu'il ne s'agit que d'une illusion passagère, faut-il qu'il y ait ici ombre de vérité, ou du moins qu'il y ait cette vraisemblance aimable qu'on met si volontiers à la place de la vérité.

Le véritable art, au contraire, ne se propose point un but si transitoire; non content d'inspirer à l'homme un rêve fugitif de liberté, il tend à le rendre libre en effet, et cela en éveillant et développant en lui une force capable de maintenir à distance du monde les sens qui l'oppriment et d'asservir la matière par les idées.

Et c'est cette réalité, cette objectivité, termes de l'art véritable, qui l'empêchent de se contenter d'un vrai relatif et l'amènent à bâtir son édifice idéal sur la vérité même, sur le sol ferme et profond de la nature.

Être idéal sans cesser d'être réel dans toute l'acception du terme, quitter le terrain du positif sans cesser de vivre en parfait accord avec la nature : voilà ce que peu de gens comprennent, et ce qui rend si périlleuse à envisager toute œuvre poétique ou plastique, car ces deux conditions semblent au premier abord s'exclure l'une l'autre. Il arrive assez ordinairement qu'on satisfasse à l'une en sacrifiant l'autre, d'où il suit qu'on manque toutes les deux. Ainsi, celui que la nature aura doué d'un sens exact, d'une certaine sagacité d'observation, mais à qui elle aura refusé l'imagination créatrice, sera, par exemple, un peintre fidèle de la réalité et capable de saisir les phénomènes accidentels ; l'esprit de la nature lui échappera. Il nous rendra l'étoffe extérieure, mais son œuvre n'étant point le libre produit de l'esprit créateur, n'exercera jamais cette action bienfaisante de l'art qui réside en sa liberté même. La disposition dans laquelle nous laissera un tel artiste ou un tel poëte pourra bien être sérieuse, mais à coup sûr elle manquera d'agrément, et nous verrons cet art, qui devait être pour nous un objet de délivrance, nous ramener laborieusement dans le cercle étroit des réalités vulgaires.

Celui-là, au contraire, qui possède une imagination vive, mais à qui le sentiment et l'observation font défaut, ne se souciera aucunement de la réalité, cherchera uniquement à nous surprendre par des combinaisons fantastiques et bizarres, et son œuvre, toute apparence et folle écume, après nous avoir un instant divertis, ne laissera dans nos cœurs nulle trace féconde. Disposer à la file et au gré de son caprice des scènes fantastiques, cela ne s'appellera jamais exploiter le domaine de l'idéal, pas plus qu'en imitant servilement la réalité on ne reproduit la nature.

Les deux conditions dont je parle se contredisent si peu l'une l'autre qu'elles ne font, en dernière analyse, qu'une seule et même chose, et que l'art ne saurait atteindre à la vérité qu'en renonçant au réel pour devenir purement idéal. La nature elle-même est une idée de l'esprit qui ne tombe point sous les sens. Elle est au fond des phénomènes et s'y cache, sans se montrer jamais à la surface. A l'art, idéal seul, il est permis, ou pour mieux dire, il est donné d'aller saisir cet esprit générateur et de l'incarner dans une forme physique, et cela, non en le portant devant les sens, mais en le présentant à l'imagination par la force de sa puissance créatrice, ce qui fait que l'idéal est plus vrai que la réalité, plus réel que l'expérience. Inutile d'ajouter que l'artiste n'emploie aucun de ces éléments tels que la réalité les lui livre, et que pour être *réelle* en son ensemble et conforme avec la nature, il faut que son œuvre soit idéale dans toutes ses parties.

Ce qui est vrai de la poésie et de l'art en général, ne l'est pas moins des variétés de l'espèce, et ce que nous venons de dire s'applique naturellement à la tragédie. Ici aussi on eut longtemps et nous avons encore à combattre les notions vulgairement répandues touchant le *naturel*, notions subversives de toute idée de poésie et d'art. Passe encore pour les arts plastiques; à ceux-là on veut bien, par des motifs plus conventionnels peut-être que fondés sur la saine raison, leur accorder un certain idéal; mais de la poésie, de la poésie dramatique surtout, on prétend exiger une illusion complète, une illusion qui, si elle pouvait se réaliser, n'aboutirait qu'à une misérable prestidigitation. Il n'y a rien dans la mise en scène d'une œuvre dramatique qui ne semble protester contre cette idée fondamentale : que tout ici n'est que le symbole du vrai. Le jour au théâtre est de convention, l'architecture symbolique, la langue elle-même idéale, et vous voudriez que l'action seule y fût réelle, en d'autres termes, que la partie détruisît le tout. C'est ainsi que les Français, qui me semblent avoir en ce point fort méconnu l'esprit de l'antiquité, ont imaginé l'unité de temps et de lieu en ce que ce système a de plus poétiquement empirique, comme s'il pouvait y avoir d'autre lieu que le champ idéal où l'action se joue, d'autres temps que celui nécessaire à son développement.

Déjà l'introduction du langage rhythmique fut un pas important de fait vers la tragédie poétique. Quelques tentatives lyriques ont réussi sur la scène, et l'on peut dire que la poésie a, par ses propres forces, remporté çà et là plus d'une victoire sur le préjugé dominant. Mais les triomphes partiels ne décident rien, il faut que l'erreur soit détrônée, et ce n'est point assez qu'on se contente d'admettre simplement comme une liberté poétique ce qui est l'être même de toute poésie ; à ce compte, l'introduction du chœur serait le pas suprême et décisif, et quand il ne servirait qu'à déclarer ouvertement, loyalement, la guerre au naturalisme, il n'en serait pas moins pour nous une vivante muraille que la tragédie élève autour d'elle pour s'exclure du monde réel et sauvegarder son sol idéal, sa liberté poétique.

La tragédie grecque est, comme chacun sait, sortie du chœur. Et quelles que soient les modifications historiques survenues avec le temps, on peut dire que c'est du chœur qu'elle a tiré son esprit poétique et son développement, et que sans cet immuable témoin et agent du drame, une tout autre poésie en serait résultée. La suppression du chœur et la transformation de ce puissant organe en la monotone figure d'un piètre confident qui ne se lasse pas de reparaître, ne fut donc pas pour la tragédie une si glorieuse conquête que l'école française et ses partisans ont pu se l'imaginer.

La tragédie antique dont les dieux, les héros et les rois, formaient originairement tout le personnel, se servait du chœur comme d'un accompagnement obligé. Elle le trouvait dans la nature, et l'employa parce qu'elle l'avait trouvé. Les actes et les destinées des héros et des rois sont déjà par eux-mêmes à découvert et l'étaient davantage à une époque de simplicité primitive. Il s'en suivit que le chœur était dans la tragédie antique un organe tout naturel, une sorte d'émanation poétique de la vie réelle. Dans la tragédie moderne, il change d'aspect et devient un organe de l'art : le promoteur en quelque sorte de l'idée poétique. Le poëte moderne ne trouve plus le chœur dans la nature, il lui faut le créer poétiquement et l'introduire, c'est-à-dire, modifier la fable qu'il traite de manière à la ramener à cette époque primitive, à cette forme simple de la vie.

Il suit donc que le chœur peut rendre au poëte moderne des services plus essentiels encore que ceux qu'il rendait au poëte antique, en cela qu'il transporte notre monde trivial au sein des régions de la poésie antique, s'oppose à l'emploi de tout élément contraire à la poésie, et nous ramène aux sources primitives du simple et du naïf. Le palais des rois est désormais fermé, ce n'est plus devant la porte des cités, mais dans l'intérieur des édifices que la justice prononce ses arrêts; l'écriture a banni de partout la parole vivante, le peuple même, la masse, alors qu'il cesse de représenter la force brutale, est devenu l'État, une abstraction : les dieux n'habitent plus qu'au fond de la poitrine humaine. C'est au poëte à rouvrir les palais, à ramener la vie publique en plein soleil, à restaurer les dieux ; c'est au poëte à rétablir ce côté immédiat de l'existence dès longtemps altéré par l'organisation artificielle de la vie réelle, et à dépouiller l'homme de ces vains attraits qui empêchent la manifestation de sa nature intérieure et de son caractère originel.

Mais de même que le peintre ménage la draperie autour de ses figures pour remplir agréablement les vides du tableau, pour en relier harmonieusement les diverses parties, pour donner plus de latitude à la couleur, charme et repos des yeux, pour dérober enfin tour à tour et montrer la beauté des formes ; ainsi le poëte tragique entoure son action et ses figures d'une sorte de tissu lyrique, dans lequel, comme en un ample vêtement de pourpre, ses personnages se meuvent librement, noblement, avec calme, mesure et dignité.

Dans toute combinaison vraiment élevée, l'élément matériel doit disparaître ; on ne retrouve plus la couleur chimique dans les fines carnations de la vie. Ce qui n'empêche point cet élément d'avoir aussi sa grandeur et de pouvoir être employé avec avantage, à la condition que l'étoffe ici méritera par son harmonie, son animation et sa richesse, la place qu'elle occupe, et au lieu d'écraser sous son poids, les formes qu'elle entoure, servira à les faire valoir davantage.

Ce que nous disons là, tout en s'appliquant aux arts du dessin, peut aussi bien se dire de la poésie, et de la poésie tragique dont il est en ce moment question. En tout ce que l'intelligence en général se représente, comme en tout ce qui ne s'adresse qu'aux sens, se retrouve l'étoffe élémentaire élaborée par la poésie. Si maintenant l'étoffe domine, infailliblement le poëte perd ses droits, car la poésie est juste à ce point qui marque la séparation de l'idéal et du réel. Mais l'esprit de l'homme est ainsi fait qu'il va toujours du particulier au général, et même dans la tragédie la réflexion doit avoir sa place. Or, cette place, pour la mériter, il faut qu'elle regagne par la manière dont elle se produit ce qui lui manque en vie réelle, car ici les deux éléments de toute poésie, l'idéal et le réel, n'agissent point ensemble, *fusionnés*; force leur est d'agir à côté l'un de l'autre, sans quoi il n'y aurait plus de poésie. On ne peut rendre son équilibre à une balance qui l'a perdu qu'en imprimant une oscillation à ses deux plateaux.

Tel est précisément l'office du chœur dans la tragédie. Le chœur n'est pas un individu, mais une idée générale, une abstraction représentée aux yeux par une masse importante dont la présence et les groupes imposent aux sens. Le chœur franchit les étroites limites de l'action pour s'étendre sur le passé et l'avenir. sur les temps lointains et sur les peuples, pour faire ressortir les grands résultats de l'existence et proclamer les enseignements de la sagesse. Ce qu'il fait d'ailleurs dans toute la puissance de l'imagination, dans toute la liberté d'allures d'un lyrisme qui mesure à pas olympiens les plus hauts sommets des choses humaines, — et en s'aidant pour accompagner ses accents et ses gestes des ressources du rhythme et de la musique. Le chœur épure donc le poëme tragique en séparant la réflexion de l'action, et par cette séparation lui communique une force poétique, de même que le peintre, à l'aide d'une riche draperie, change le vêtement, cette nécessité vulgaire, en un attrait, en une beauté de plus.

Mais ainsi que le peintre se voit contraint à renforcer la couleur de ses figures pour les maintenir en harmonie avec le ton vigoureux de ses étoffes, ainsi le lyrisme du chœur impose au poëte plus d'élévation dans le style général de son œuvre, d'énergie et de puissance dans l'expression. Le chœur seul peut être pour le poëte tragique l'occasion de cette solennité de langage qui remplit l'oreille, tient l'esprit attentif, élargit l'âme. Cette figure gigantesque une fois dans son tableau, le force à chausser du cothurne ses autres personnages et à donner ainsi la véritable grandeur tragique à son ensemble. Supprimez le chœur, et le style de la tragédie s'affaisse à l'instant, ou plutôt tout ce qui naguères paraissait énergique et fier, soudain semble exagéré et déclamatoire; le chœur antique, si on l'introduisait dans la tragédie française, en montrerait la pauvreté et le néant, de même qu'il rendrait, sans aucun doute, à celle de Shakspear sa signification véritable.

Si le chœur communique la vie au langage, il met aussi le calme dans l'action, — ce calme imposant et noble, qui fait le caractère de toute œuvre d'art distinguée. Car l'âme du spectateur doit même, à travers les jeux les plus violents de la passion, garder sa pleine liberté ; l'âme du spectateur ne saurait être la proie de ses impressions et se rend au contraire un compte net et lucide des émotions qui l'affectent. Les griefs que le jugement du vulgaire articule contre le chœur et qui consistent à soutenir que le chœur détruit l'illusion et trouble l'intérêt, ces griefs seraient au contraire à sa plus grande gloire, car à cette aveugle puissance d'émotions le véritable artiste évite de recourir, car cette illusion, il la dédaigne. Si les coups dont la tragédie nous affecte se devaient ainsi succéder sans interruption, de spectateurs actifs que nous sommes nous deviendrions entièrement passifs : nous deviendrions partie intégrante du sujet et cesserions de planer au-dessus. C'est en marquant la division des parties, c'est en intervenant avec ses calmes réflexions au milieu des passions, que le chœur nous restitue cette liberté qui autrement nous échapperait, emportée dans le tourbillon de nos émotions. Quant aux personnages tragiques eux-mêmes, ils ont tout à gagner à cette mesure, à ce calme, attendu que ces personnages ne sont point des êtres réels, obéissant à l'unique impulsion du moment, des individus, mais des créations idéales représentant l'humanité dans leur espèce. La présence du chœur qui les observe et les entend comme un témoin, comme un juge, du chœur qui modère par les interventions les premiers élans, motive la circonspection de leurs actes et la dignité de leurs discours. Parlant ainsi et agissant parmi des gens qui les observent, ils sont en quelque sorte placés déjà sur un théâtre naturel, ce qui les rendra ensuite d'autant plus aptes à parler à un public sur le théâtre que l'art leur aura construit.

Telles sont les raisons qui m'ont amené à rétablir le chœur antique sur la la scène tragique. Je sais bien qu'on a déjà mainte fois essayé d'introduire les chœurs dans la tragédie moderne. Mais le chœur de la tragédie grecque, tel que je l'ai employé ici, le chœur en tant que personnage idéal parlant et accompagnant l'action ;

ce chœur là est entièrement, *essentiellement* distinct de
ces chœurs d'opéra qu'on pourrait me citer, et lorsqu'à
propos de tragédie antique j'entends parler de chœurs
et non *du chœur*, je me prends volontiers à soupçon-
ner qu'on ne se doute point de ce dont on parle. Je ne
sache pas que depuis la disparition de la tragédie grecque, le chœur dans son acception antique, ait été jamais
encore mis à la scène.

Je me suis à la vérité permis de scinder le chœur en
deux parties et de le mettre en contestation avec lui-
même, mais c'est seulement dans les scènes où il agit
à l'état de personnage réel, de multitude. En tant que
chœur et personnage idéal, il reste toujours *un* et d'accord avec lui-même. J'ai aussi changé le lieu de l'action et fait sortir le chœur, mais c'était là une liberté
dont avaient usé avant moi Eschyle, le créateur de la
tragédie, et Sophocle, le plus grand maître qu'il y ait
dans cet art.

Une autre liberté que je me suis permise, et qu'il
me sera peut-être moins facile de justifier, c'est d'avoir
évoqué pêle-mêle la religion chrétienne, le paganisme
grec et les croyances maures. Mais n'oublions pas que
l'action se passe à Messine, où ces trois religions, moitié par leur vie propre et simultanée, moitié par leurs
monuments, ont continué de parler aux sens. D'ailleurs je regarde comme un droit acquis à la poésie de
traiter les différentes religions comme un tout collectif
dans lequel trouve sa place tout ce qui porte un caractère particulier, tout ce qui exprime une manière
de voir individuelle. Sous l'enveloppe universelle des
religions, il y a la religion même, l'idée de Dieu, qu'il
doit être permis au poëte d'exprimer dans la forme qu'il
juge la plus convenable et la meilleure.

LA FIANCÉE DE MESSINE.

PERSONNAGES.

DONA ISABELLE, princesse de Messine.
DON MANUEL, \
DON CÉSAR,   / ses fils.
BÉATRIX.
DIÉGO.
DES MESSAGERS.
LE CHOEUR, formé de la suite des deux frères.
Les ANCIENS de Messine, personnages muets.

Le théâtre représente une vaste salle soutenue par des colonnes. A droite et à gauche il y a une entrée. Dans le fond, une grande porte conduit à une chapelle.

DONA ISABELLE, *en grand deuil. Les anciens de Messine sont debout autour d'elle.*

ISABELLE. C'est la nécessité, et non ma propre impulsion, qui m'amène vers vous, vénérables citoyens de cette ville, qui me force à quitter mes appartements retirés pour découvrir mon visage aux yeux des hommes ; car il convient à la veuve qui a perdu la gloire et la lumière de sa vie de s'envelopper des vêtements sombres, et de se dérober aux regards du monde. Mais la voix impérieuse et inflexible des circonstances me ramène aujourd'hui vers la lumière et le monde, dont je me suis séparée.

La lune n'a pas encore renouvelé deux fois son disque lumineux depuis que j'ai conduit dans la demeure du repos mon royal époux, qui gouvernait cette ville avec fermeté, et de sa main puissante nous défendait contre les ennemis qui nous entourent. Il est mort, mais son esprit anime encore une couple de héros, ses deux fils, orgueil de ce pays. Vous les avez vus au milieu de vous grandir et se développer ; mais avec eux se développait le germe fatal et mystérieux d'une haine fraternelle qui, après avoir détruit la joyeuse concorde de leur enfance, a pris avec les années un caractère terrible. Jamais je n'ai pu jouir de leur union. Tous deux ce sein les a nourris, je leur ai donné à tous deux les soins de mon amour, et je sais que dès leur enfance tous deux me sont également attachés. C'est là le seul point où ils sont d'accord ; pour le reste, ils sont divisés par une discorde sanglante.

Tant qu'a duré le gouvernement redouté de leur père, il domptait par sa sévère justice leur bouillante ardeur, il courbait sous un joug de fer leur esprit opiniâtre. Ils ne devaient pas approcher l'un de l'autre avec des armes, ni passer la nuit sous le même toit. C'est ainsi qu'un ordre ferme et puissant empêchait la violente explosion de leur féroce nature ; mais il laissait la haine subsister tout entière au fond de leur cœur. L'homme fort dédaigne d'arrêter la source légère, parce qu'il peut opposer une digue au torrent.

Ce qui devait arriver arriva. Quand la mort eut fermé ses yeux, quand ses fils ne furent plus subjugués par sa main puissante, leur vieille haine éclata comme la flamme du brasier éclate quand elle n'est plus contenue. Je vous dis là ce dont vous avez tous été vous-mêmes les témoins. Messine se divisa ; la lutte fraternelle rompit les liens sacrés de la nature et enfanta la discorde générale. Le glaive fut tiré contre le glaive, la ville devint un champ de bataille, et ces salles même furent arrosées de sang.

Vous avez vu les liens de l'État brisés, et mon cœur aussi est intérieurement brisé. Vous n'avez senti que les souffrances générales, et vous vous êtes peu inquiétés des douleurs d'une mère. Vous êtes venus à moi, et vous m'avez dit ces dures paroles : « Tu vois que la discorde de tes fils amène la guerre civile dans cette cité, qui ne peut résister que par la concorde aux voisins ennemis qui l'entourent. Vois, tu es leur mère, comment tu peux apaiser la haine sanguinaire de tes fils. Que nous importe, à nous, hommes paisibles, cette rivalité de nos maîtres? Devons-nous périr, parce que les fils sont furieux l'un contre l'autre? Nous pourrons bien nous diriger sans eux et nous soumettre à un autre prince qui voudra notre bien et qui pourra le faire. »

Voilà ce que vous avez dit, hommes durs et sans pitié. Vous n'avez songé qu'à vous et à votre ville, et vous avez rejeté le poids des malheurs publics sur ce cœur déjà assez opprimé par les chagrins et les angoisses maternels. J'ai entrepris, mais sans beaucoup d'espoir, ce que vous désiriez; je me suis jetée, l'âme déchirée, entre ces deux furieux, et je les ai rappelés à la paix. Sans crainte, sans relâche, sans découragement, j'ai agi auprès d'eux jusqu'à ce que mes sollicitations maternelles aient obtenu d'eux qu'ils viendraient paisiblement dans cette ville de Messine, dans le palais de leurs pères, et qu'ils se rencontreraient sans faire éclater leur inimitié, chose qui n'était pas arrivée depuis la mort de leur père. C'est aujourd'hui qu'ils doivent se voir. J'attends à chaque instant le messager qui doit m'annoncer leur arrivée. Soyez donc prêts à recevoir vos princes avec soumission, comme il convient à des sujets. Ne songez qu'à remplir vos devoirs et laissez-nous prendre soin du reste. La haine de mes fils perdrait ce pays et les perdrait eux-mêmes. S'ils sont réconciliés, unis, ils ont assez de force pour vous défendre contre le monde entier et pour maintenir leurs droits contre vous. (*Les anciens s'éloignent en silence la main sur leur cœur. Isabelle fait signe à un vieux serviteur qui reste.*)

ISABELLE, DIÉGO.

ISABELLE. Diégo!
DIÉGO. Qu'ordonne ma souveraine?
ISABELLE. Fidèle serviteur, cœur loyal, approche, tu

as partagé mes inquiétudes, ma douleur, partage maintenant mon bonheur. J'ai confié à ton âme fidèle mon doux et triste secret ; le moment est venu où il doit paraître à la lumière du jour. J'ai trop longtemps réprimé la puissante impulsion de la nature, tandis qu'une volonté étrangère me gouvernait. Maintenant sa voix peut s'élever librement ; aujourd'hui mon cœur sera satisfait, et cette maison longtemps déserte va rassembler tout ce qui m'est cher.

Porte donc tes pas alourdis par l'âge vers ce cloître que tu connais bien et qui me garde un précieux trésor. C'est toi, âme fidèle, qui le cachas dans ce lieu pour des jours meilleurs, qui me rendis ce triste service dans ma tristesse. Maintenant à moi ce gage précieux, à moi qui vais être heureuse ! (*On entend dans le lointain sonner les trompettes.*) Hâte-toi, hâte-toi, et que la joie rajeunisse ta démarche affaiblie ! J'entends le son des fanfares qui m'annoncent l'arrivée de mes fils. (*Diégo sort. La musique se fait entendre de nouveau des deux côtés opposés et semble se rapprocher.*) Tout Messine est en mouvement ; un bruit de voix confuses s'avance ici comme un torrent. Ce sont eux. Je sens battre avec force mon cœur de mère ; leur approche lui donne de la force et du mouvement. Ce sont eux. O mes enfants ! mes enfants !   (*Elle sort.*)

LE CHOEUR entre.

Il se compose de deux demi-chœurs qui arrivent en même temps sur le théâtre de deux côtés, l'un par le fond, l'autre par l'avant-scène, marchent autour du théâtre et se rangent chacun d'un côté. L'un des chœurs est composé de vieux chevaliers, l'autre de jeunes ; ils se distinguent par des couleurs et des signes différents. Quand tous deux sont rangés, la musique se tait, et les deux coryphées prennent la parole.

PREMIER CHOEUR. *Cajetan.* Je te salue avec respect,

salle splendide, royal berceau de mon maître, magnifique voûte portée par des colonnes. Que le glaive repose au fond du fourreau ! Que la furie de la guerre avec sa tête chargée de serpents soit enchaînée devant cette porte ! car le seuil sacré de cette maison hospitalière est gardé par le serment, par le fils d'Erinnys, le plus redoutable des dieux de l'enfer.

LE GRAND CHŒUR. *Bohemund.* Mon cœur irrité se révolte dans ma poitrine ; ma main se prépare au combat, car je vois la tête de Méduse, le visage odieux de mon ennemi. A peine puis-je réprimer l'ardente agitation de mon sang. Garderai-je l'honneur de ma parole, ou m'abandonnerai-je à ma rage ? Mais je tremble devant l'invincible gardienne de ce lieu, devant la paix de Dieu.

PREMIER CHŒUR. *Cajetan.* Une contenance plus sage convient aux vieillards. C'est à moi qui suis calme à saluer le premier. (*Au deuxième chœur.*) Sois le bienvenu, toi qui partages mes sentiments fraternels, toi qui crains et honores les dieux protecteurs de ce palais. Puisque les princes se parlent avec douceur, nous voulons aussi échanger de sangfroid des paroles de paix ; car la parole aussi est bonne et salutaire. Quand je te rencontrerai en pleine campagne, le combat sanglant pourra se renouveler, et le courage se prouvera par le fer.

LE CHŒUR ENTIER. Quand je te rencontrerai en pleine campagne, le combat sanglant pourra se renouveler, et le courage se prouvera par le fer.

PREMIER CHŒUR. *Bérenger.* Je ne te hais pas. Non, tu tu n'es pas mon ennemi. Une même ville nous a enfantés, et ceux-là sont d'une race étrangère. Mais, lorsque les princes se font la guerre, les serviteurs doivent donner la mort et la recevoir. Cela est dans l'ordre, cela est juste.

DEUXIÈME CHŒUR. *Bohemund.* Ils doivent savoir pourquoi ils se haïssent et engagent le combat sanglant.

Quant à nous, nous combattons pour leurs querelles Celui-là n'est pas brave et n'est pas homme d'honneur, qui laisse mépriser son chef.

LE CHŒUR ENTIER. Nous combattons pour leurs querelles. Celui-là n'est pas brave et n'est pas homme d'honneur, qui laisse mépriser son chef.

UN HOMME DU CHŒUR. *Bérenger.* Écoutez ce que je pensais en moi-même, quand je m'en allais paisiblement livré à mes réflexions à travers les moissons ondoyantes. Dans la fureur du combat, nous n'avons rien prévu et rien examiné, nous étions emportés par la chaleur du sang. Ne sont-elles pas à nous ces moissons? Ne sont-ils pas enfants de notre soleil ces ormeaux qu'enlace la vigne? Ne pourrions-nous pas dans une douce jouissance passer des jours insoucieux, mener une vie gaie et légère? Pourquoi tirons-nous avec colère l'épée pour une race étrangère? Elle n'a aucun droit sur ce sol ; elle arrive, sur des vaisseaux, des rives empourprées du couchant. Nos pères (il y a bien des années) la reçurent avec hospitalité, et maintenant nous voilà soumis comme des esclaves à cette race étrangère.

UN SECOND HOMME DU CHŒUR. *Manfred.* C'est vrai. Nous habitons une heureuse terre sur laquelle le soleil dans son cours céleste projette toujours des rayons bienfaisants. Nous pourrions en jouir gaîment ; mais elle ne peut être ni fermée ni gardée. Les flots de la mer qui l'entourent la livre aux hardis corsaires qui croisent audacieusement sur nos côtes ; nos richesses ne font qu'attirer le glaive de l'étranger. Nous sommes esclaves dans notre propre demeure. Cette terre ne peut protéger ses propres enfants; les dominateurs de la terre ne naissent point dans les contrées favorisées par Cérès, par Pan, divinité pacifique et tutélaire, mais dans les lieux où le fer croît au sein des montagnes.

PREMIER CHŒUR. *Cajetan.* Les biens de la vie sont inégalement distribués entre la race passagère des hommes. Mais la nature est éternellement juste; elle nous

donne, à nous, une fécondité qui se renouvelle sans
cesse, à d'autre une volonté puissante, une force irrésistible. Avec leur redoutable énergie, ils accomplis-
sent ce que leur cœur désire ; ils remplissent la terre
d'un bruit terrible. Mais derrière la hauteur à laquelle
ils se sont élevés est la chute profonde, retentissante.
Aussi je m'applaudis de rester dans mon humble position, de me cacher dans ma faiblesse. Ces torrents
impétueux formés par les grains serrés de la grêle,
par les cataractes des nuages, s'avancent en mugissant, et emportent dans leurs vagues les ponts et les
digues avec le fracas du tonnerre. Rien ne peut arrêter
leur marche puissante, mais ils ne durent qu'un moment ; la redoutable trace de leur cours va se perdre
dans le sable, et on ne la reconnaît qu'à la destruction. Les conquérants étrangers viennent et s'en vont ;
nous obéissons, mais nous restons. (*Les portes du
fond s'ouvrent. Dona Isabelle apparaît entre ses fils don
Manuel et don César.*)

LES DEUX CHŒURS. Gloire et honneur au soleil éclatant qui vient à nous ! Je m'incline avec respect devant ton visage auguste.

PREMIER CHŒUR. *Cajetan.* La douce clarté de la lune est
belle au milieu des étoiles brillantes. L'aimable majesté
de la mère est belle à côté de la force et de l'ardeur de ses
fils. Sur la terre on en peut voir une image semblable.
Dans le rang suprême qu'elle occupe, elle offre un tableau
accompli. La mère et ses fils forment la couronne d'un
monde parfait. L'Église même, la divine Église, ne met
rien de plus beau sur le trône céleste, et l'art, cet enfant des dieux, n'offre pas une image plus sublime que
la mère et son fils.

SECOND CHŒUR. *Bérenger.* Elle voit avec joie sortir de
son sein un arbre florissant dont les rejetons se renou-
velleront éternellement. Elle a enfanté une race qui
ira aussi loin que le soleil et donnera un nom au
temps fugitif. Les peuples se dispersent, les noms s'é-

teignent, le sombre oubli étend ses ailes noires sur toutes les races ; mais à l'écart brille le front des princes, et l'aurore répand sur eux ses éternels rayons comme sur les sommets élevés du monde.

ISABELLE, *s'avançant avec ses deux fils.* Abaisse tes regards ici, sublime reine des cieux, pose ta main sur mon cœur pour en réprimer le mouvement orgueilleux, car une mère peut bien s'oublier dans sa joie, quand elle se mire dans la splendeur de ses enfants. Pour la première fois, depuis qu'ils sont nés, je comprends toute l'étendue de mon bonheur. Jusqu'à ce jour j'ai été forcée de partager les doux épanchements de mon cœur ; il me fallait oublier que j'avais un fils quand je me réjouissais de la présence de l'autre. Oh ! mon amour de mère était sans partage, mais mes fils étaient toujours divisés. Dites, puis-je sans crainte m'abandonner à la douce puissance de mon cœur enivré ? (*A don Manuel.*) Si je presse avec affection la main de ton frère, est-ce enfoncer un trait dans ton sein ? (*A don César.*) Quand mon cœur se réjouit de son regard, est-ce un larcin que je te fais ? Oh! je tremble que l'amour même que je vous témoigne ne fasse qu'attirer l'ardeur de votre haine. (*Elle les interroge tous deux d'un regard.*) Que puis-je donc attendre de vous ? Parlez. Dans quelles dispositions venez-vous ici ? Est-ce encore avec cette vieille haine irréconciliable que vous apportiez dans la maison de votre père ? La guerre, enchaînée un instant, est-elle encore là, attendant à la porte du palais et frémissant sous son frein d'airain ? Dès que vous m'aurez quittée, sera-t-elle déchaînée avec une nouvelle rage ?

LE CHŒUR. La guerre ou la paix ? Les chances du sort sont encore cachées dans le sein de l'avenir. Cependant, avant que nous nous séparions, la paix ou la guerre sera décidée, et nous sommes prêts pour l'une comme pour l'autre.

ISABELLE, *promenant ses regards sur tout le cercle.*

Quel aspect guerrier et terrible ! Que veulent ces hommes ? Une bataille se prépare-t-elle dans ces salles ? Pourquoi cette foule étrangère, quand une mère vient ouvrir son cœur devant ses enfants ? Jusque dans le sein d'une mère craignez-vous de trouver la ruse et la trahison, que vous preniez tant de précaution ? Oh ! ces farouches bandes qui vous suivent, ces serviteurs empressés de votre colère, ce ne sont pas vos amis ! Ne croyez pas qu'ils aient de bonnes intentions et qu'ils vous donnent de bons conseils. Comment pourraient-ils être sincèrement d'accord avec vous, fils d'une race étrangère qui s'est implantée dans ce pays, qui les a privés de leur propre héritage, qui a établi sur eux sa souveraineté ? Croyez-moi, chacun aime à vivre selon ses propres lois et supporte avec peine la domination étrangère. C'est par la force, c'est par la crainte que vous les maintenez dans une obéissance qu'ils refuseraient volontiers. Apprenez à connaître cette race fausse et son cœur. C'est par la joie du mal qu'ils se vengent de votre prospérité, de votre grandeur. La chute des seigneurs, la ruine des princes est le sujet des chants et des récits qui passent de père en fils, et se répètent pour abréger les nuits d'hiver. O mes fils ! le monde est plein d'inimitiés et de fausseté. Chacun n'aime que soi. Tous les liens, tissus par le bonheur léger, sont incertains, mobiles et sans force. Le caprice dissout ce que le caprice a noué. La nature seule est sincère. Elle seule repose sur une ancre éternelle, quand tout le reste vacille sur les vagues orageuses de la vie. Le penchant vous donne un ami, l'intérêt un compagnon. Heureux celui à qui la naissance donne un frère ! la fortune ne peut le lui donner. C'est un ami qui est créé avec lui, et il possède un second lui-même pour résister à un monde plein de guerres et de perfidies.

LE CHŒUR. *Cajetan.* Oui, c'est une chose grande et respectable de voir une souveraine avec sa royale pensée observer d'un regard clairvoyant la conduite et les actions des hommes. Mais nous, une impulsion confuse nous pousse, aveugles et sans réflexion, à travers la vie orageuse.

ISABELLE, *à don César.* Toi tu as tiré l'épée contre ton frère, regarde autour de toi dans toute cette foule ; où vois-tu une plus noble image que celle de ton frère ? (*A don Manuel.*) Qui parmi ceux que tu nommes tes amis oserait se placer à côté de ton frère ? Chacun d'eux est le modèle de son âge. Aucun des deux n'est semblable à l'autre et ne l'emporte sur l'autre. Osez vous regarder en face. O égarement de la jalousie et de l'envie ! Tu saurais choisir entre mille pour ton ami, tu l'aurais pressé sur ton cœur comme un être unique, et maintenant que la nature sacrée te l'a donné, qu'elle te l'a donné dès le berceau, coupable envers ton propre sang, tu foules aux pieds avec un orgueilleux emportement ce don de la nature pour te jeter au-devant des méchants, pour t'allier avec des ennemis et des étrangers.

DON MANUEL. Écoute-moi, ma mère.

DON CÉSAR. Ma mère, écoute-moi.

ISABELLE. Ce ne sont point des paroles qui peuvent mettre fin à ce triste combat. Ici on ne peut distinguer le mien du tien, l'offense de la vengeance. Qui pourrait retrouver le lit de ce fleuve de soufre qui a répandu l'incendie ? tout a été enfanté par un feu terrible et souterrain ; une couche de lave recouvre même ce qui n'a pas été embrasé, et partout où l'on pose le pied on trouve la destruction. Je ne veux déposer qu'une pensée dans votre cœur. Le mal qu'un homme mûr fait à un autre homme ne peut, je veux le croire, s'oublier et se pardonner que difficilement. L'homme tient à sa haine et ne change pas avec le temps la résolution qu'il a sérieusement prise. Mais l'origine de votre haine remonte au temps précoce de votre enfance inintelligente, et cette époque devrait vous désarmer. Cherchez la cause de votre discussion, vous ne la savez pas ; et quand vous la trouveriez, vous auriez honte de cette haine puérile. Et pourtant c'est cette discorde d'enfants qui, par un malheureux enchaînement, a produit les calamités de ces derniers temps ; car tout ce qui est arrivé de funeste jusqu'à ce jour n'est que le fruit du soupçon et de la vengeance. Voulez-vous donc continuer cette querelle d'enfants aujourd'hui que vous êtes des hommes? (*Elle leur prend la main à tous deux.*) O mes fils ! venez, prenez la résolution d'anéantir de part et d'autre toute explication, car le tort est des deux côtés. Soyez nobles et pardonnez-vous avec magnanimité de grandes et insupportables offenses. Ce qu'il y a de plus sublime dans la victoire c'est le pardon. Ensevelissez dans le tombeau de vos pères la vieille haine qui date des jours de votre enfance. Commencez une nouvelle vie consacrée à l'amour, à la réconciliation, à la concorde. (*Elle recule d'un pas comme pour leur laisser la place de se rapprocher l'un de l'autre. Tous deux baissent les yeux sans se regarder.*)

LE CHŒUR. Écoutez les exhortations de votre mère. En vérité, elle a dit des paroles solennelles. Mettez un terme à vos combats, ou, si vous le voulez, continuez-les. Tout ce qui vous plaira sera juste pour moi. Vous êtes le maître et je suis le vassal.

ISABELLE, *après avoir vainement attendu une manifestation des deux frères, continue avec une douleur étouffée.* Maintenant je ne sais plus rien. J'ai épuisé les armes de la persuasion et le pouvoir des prières. Celui qui vous domptait par la force est dans le tombeau, et votre mère est impuissante entre vous. Achevez ; vous en avez le libre pouvoir. Obéissez au démon qui dans sa fureur vous pousse aveuglément. Profanez le saint autel des dieux du foyer. Faites de cette salle même où vous êtes nés le théâtre de vos meurtres. Détruisez-vous sous les yeux de votre mère, non par une main étrangère, mais par votre propre main. Tels que les frères thébains, précipitez-vous l'un contre l'autre, enlacez-vous tous deux et luttez avec rage dans cet embrassement d'airain. Que chacun s'efforçant d'échanger sa vie contre celle de l'autre, enfonce son poignard dans le sein de son frère. Que la mort même n'apaise pas votre discorde; que la colonne de feu qui s'élèvera de votre bûcher se divise en deux parties comme un signe terrible de votre vie et de votre mort.   (*Elle sort.*)

Les deux frères demeurent éloignés l'un de l'autre.

LES DEUX FRÈRES, LES DEUX CHOEURS.

LE CHOEUR. *Cajetan.* Ce ne sont là que des paroles : mais elles ont ébranlé mon courage dans ma mâle poitrine. Moi, je n'ai point versé le sang de mon frère, et je lève vers le ciel des mains pures. Vous êtes frères : songez à la fin de ceci.

DON CÉSAR, *sans regarder Manuel.* Tu es le plus âgé, parle; je céderai sans honte à mon aîné.

DON MANUEL, *dans la même attitude.* Dis quelque noble parole, et je suivrai volontiers le noble exemple que m'aura donné mon frère plus jeune.

DON CÉSAR. Ce n'est pas que je me reconnaisse coupable ou que je me sente plus faible...

DON MANUEL. Quiconque connaît don César ne l'accusera pas d'avoir peu de courage. S'il se sentait le plus faible, ses paroles n'en seraient que plus fières.

DON CÉSAR. N'as-tu pas une plus mince opinion de ton frère ?

DON MANUEL. Tu es trop fier pour t'humilier, moi pour mentir.

DON CÉSAR. Mon cœur élevé ne supporte pas le dédain. Dans la plus grande ardeur du combat, tu pensais honorablement de ton frère.

DON MANUEL. Tu ne veux pas ma mort, j'en ai la preuve : un moine s'est offert à toi pour m'assassiner traîtreusement, et tu l'as fait punir.

DON CÉSAR *s'approche un peu.* Si je t'avais connu

plus tôt si juste, bien des malheurs ne seraient pas arrivés.

DON MANUEL. Si j'avais su plus tôt que ton cœur était facile à apaiser, j'aurais épargné bien des angoisses à une mère.

DON CÉSAR. On t'avait dépeint à moi comme un homme plus orgueilleux.

DON MANUEL. Le malheur des grands est que leurs inférieurs s'emparent de leur confiance.

DON CÉSAR, *vivement*. Tu dis vrai, toute la faute en est à nos serviteurs !

DON MANUEL. Qui nous éloignaient l'un de l'autre par une haine amère.

DON CÉSAR. Et colportaient çà et là de méchantes paroles.

DON MANUEL. Ils envenimaient chaque action par de fausses interprétations.

DON CÉSAR. Ils entretenaient la plaie qu'ils auraient dû guérir.

DON MANUEL. Ils nourrissaient la flamme qu'ils devaient éteindre.

DON CÉSAR. Nous étions égarés et trompés.

DON MANUEL. Aveugles instruments des passions d'autrui !

DON CÉSAR. Cela est vrai, tout le reste est trahison...

DON MANUEL. Et fausseté; ma mère le dit, tu peux le croire.

DON CÉSAR. Eh bien ! je veux prendre cette main de frère. (*Il lui présente la main.*)

DON MANUEL *la saisit vivement*. La tienne est celle qui m'est le plus chère au monde. (*Tous deux se tiennent par la main et se regardent en silence.*)

DON CÉSAR. Je te regarde surpris et retrouve en toi les traits chéris de ma mère.

DON MANUEL. Moi, je découvre en toi une ressemblance qui me donne une étrange émotion.

DON CÉSAR. Est-ce bien toi dont l'accueil est si doux et les paroles si bonnes pour ton jeune frère ?

DON MANUEL. Ce jeune homme si tendre et si amical est-il bien ce frère malveillant et haï? (*Nouveau silence. Chacun regarde l'autre.*)

DON CÉSAR. Tu avais des prétentions sur ces chevaux arabes, héritage de notre père? Je les ai refusés aux chevaliers que tu avais envoyés.

DON MANUEL. Tu y tiens. Je n'y pense plus.

DON CÉSAR. Non, prends ces chevaux. Prends aussi le char de notre père. Prends-les, je t'en conjure.

DON MANUEL. J'y consens, si tu veux accepter ce château au bord de la mer pour lequel nous avons vivement combattu.

DON CÉSAR. Je n'en veux pas ; mais je serai satisfait de l'habiter fraternellement avec toi.

DON MANUEL. Soit. Pourquoi partager les possessions quand les cœurs sont unis?

DON CÉSAR. Pourquoi vivre plus longtemps séparés, quand par notre union chacun serait plus riche?

DON MANUEL. Nous ne sommes plus séparés : nous sommes unis. (*Il le presse dans ses bras.*)

LE PREMIER CHOEUR, *au second. Cajetan.* Pourquoi nous tenir ainsi éloignés comme des ennemis, pendant que nos princes s'embrassent avec amour? Je suis leur exemple et je t'offre la paix. Voulons-nous donc nous haïr éternellement? Ils sont frères par les liens du sang, nous sommes les citoyens et les enfants d'une même terre. (*Les deux chœurs s'embrassent.*)

Un messager entre.

LE SECOND CHOEUR, *à don César. Bohemund.* Je vois revenir le messager que tu as envoyé. Réjouis-toi, don César : une bonne nouvelle t'attend, car la joie brille dans les regards de ton envoyé.

LE MESSAGER. Quel bonheur pour moi ! Quel bonheur

pour la ville délivrée de ses calamités ! Mes yeux sont témoins du plus beau spectacle. Je vois les fils de mon maître, mes princes, conserver amicalement en se tenant la main, eux que j'avais laissés dans la fureur du combat.

DON CÉSAR. Tu vois l'amour s'élever, comme le phénix rajeuni, du bûcher de la haine.

LE MESSAGER. J'ajouterai un nouveau bonheur à celui que vous éprouvez déjà. Mon bâton de messager se couronne de feuilles vertes.

DON CÉSAR, *le menant à l'écart*. Dis-moi ce que tu as appris.

LE MESSAGER. Tous les motifs de joie sont réunis en un seul jour. Celle qui était perdue, celle que nous cherchions, elle est retrouvée, seigneur, elle n'est pas loin.

DON CÉSAR. Elle est retrouvée? Où est-elle? Parle.

LE MESSAGER. Ici, dans Messine, seigneur, elle se cache.

DON MANUEL, *tourné vers le premier chœur*. Je vois le visage de mon frère briller d'une vive rougeur; ses yeux étincellent, je ne sais pourquoi; mais c'est un signe de joie, et je la partage avec lui.

DON CÉSAR, *au messager*. Viens; conduis-moi. Adieu, don Manuel ; nous nous retrouverons dans les bras de notre mère. Maintenant un motif pressant m'appelle hors d'ici. (*Il veut sortir.*)

DON MANUEL. Va sans retard, et que le bonheur t'accompagne !

DON CÉSAR *réfléchit, et revient*. Don Manuel, ta vue me réjouit plus que je ne puis le dire. Oui, je pressens que nous allons nous aimer comme deux amis de cœur. Notre penchant, longtemps contenu, va éclater plus heureux et plus fort, et nous réparerons, par une nouvelle vie, les jours que nous avons perdus.

DON MANUEL. Les fleurs annoncent de beaux fruits.

DON CÉSAR. Ce n'est pas bien, je le sens, et je me reproche de m'arracher maintenant de tes bras. Mais si

j'abrége si vite ces doux moments, ne pense pas que
mes sentiments soient plus faibles que les tiens.

DON MANUEL, *avec une distraction visible.* Obéis à la
loi du moment ; toute notre vie appartient dès ce jour
à l'amitié.

DON CÉSAR. Si je te découvrais ce qui m'appelle hors
d'ici.?...

DON MANUEL. Laisse-moi ton cœur et garde ton secret.

DON CÉSAR. Il ne doit y avoir désormais aucun
secret entre nous. Bientôt le dernier voile sera levé.
(*Il se tourne vers le chœur.*) Je vous le déclare donc afin
que vous le sachiez : la guerre est finie entre mon
frère bien-aimé et moi ; je regarderais comme mon
ennemi et je haïrais comme les portes de l'enfer celui
qui tenterait de rallumer l'étincelle éteinte de nos discordes, et d'en faire jaillir une flamme nouvelle. Il n'a
nulle espérance de me plaire et nul remerciement à attendre celui qui viendra me parler mal de mon frère,
celui qui, par un faux zèle, lancerait le trait acéré de
quelque démon imprudent. Les paroles jetées par une
colère trop prompte ne jettent point de racines sur les
lèvres ; mais, recueillies par l'oreille du soupçon, elles
se glissent et s'avancent comme une plante rampante,
s'attachent au mur et l'enveloppent de mille rameaux.
C'est ainsi que les hommes les meilleurs, les plus purs,
sont entraînés dans un égarement irrémédiable. (*Il
embrasse son frère de nouveau, et sort ; le second chœur
l'accompagne.*)

DON MANUEL *et* LE PREMIER CHOEUR.

LE CHŒUR. *Cajetan.* Seigneur, je te regarde avec surprise et j'ai peine aujourd'hui à te reconnaître. A
peine réponds-tu par quelques mots laconiques au langage affectueux de ton frère qui vient au-devant de toi
avec de bonnes intentions et le cœur ouvert. Te voilà

absorbé dans tes pensées, semblable à un homme qui rêve, comme si ton corps seulement était ici et ton âme ailleurs. Qui te verrait ainsi pourrait facilement te reprocher cette froideur et ce maintien fier et réservé ; mais moi, je ne puis t'accuser d'insensibilité, car tu portes autour de toi le regard animé d'un homme heureux, et le sourire est sur tes lèvres.

DON MANUEL. Que puis-je te dire? que puis-je répondre? Mon frère peut trouver des mots : il est surpris et saisi par un sentiment nouveau ; il sent une vieille haine s'évanouir dans son sein, et il admire le changement de son cœur; mais moi je n'avais déjà plus de haine. A peine sais-je encore pourquoi nous nous sommes livré ces combats sanglants. Emportée sur les ailes de la joie, mon âme plane au-dessus de toutes les choses terrestres. Dans l'océan de lumière qui m'environne, tous les nuages, toutes les phases obscures de la vie se sont évanouies. Je regarde ces voûtes, ces salles, et je pense au joyeux saisissement et à la joie qu'éprouvera ma fiancée, lorsque je la conduirai comme princesse et comme souveraine au sein de ce château. Elle n'aime encore que son amant. Elle s'est donnée à un étranger, à un homme sans nom ; elle ne soupçonne pas que c'est don Manuel, prince de Messine, qui doit poser sur son beau front le diadème d'or. Qu'il est doux de donner à celle que l'on aime une grandeur, un éclat qu'elle n'espérait pas ! Longtemps je me suis privé de ce plaisir, le plus grand de tous. Sa beauté sera toujours, il est vrai, sa plus grande parure; mais la splendeur peut encore orner la beauté, de même qu'un cercle d'or relève l'éclat du diamant.

LE CHOEUR. *Cajetan.* Seigneur, je vois pour la première fois ta bouche rompre le sceau d'un long silence. Je te suivais depuis longtemps d'un regard curieux : je soupçonnais un rare et merveilleux secret; cependant je n'avais pas l'audace de te demander ce que tu cachais ainsi dans l'obscurité. Les plaisirs animés de la chasse, les courses des chevaux, les victoires du faucon, n'ont plus d'attrait pour toi. Dès que le soleil se penche à l'horizon, tu disparais aux regards de tes compagnons, et nul d'entre nous, qui te suivons à la guerre et à la chasse, ne peut s'en aller avec toi par les sentiers solitaires. Pourquoi as-tu, jusqu'à présent, caché avec méfiance le bonheur de ton amour? Qui donc contraint l'homme fort à dissimuler ainsi? car la crainte est loin de ta grande âme.

DON MANUEL. Le bonheur a des ailes, et il est difficile à enchaîner; il faut qu'il soit retenu sous les verrous. Le silence lui a été donné pour gardien, et il s'envole quand la légère indiscrétion se hasarde à lui ouvrir les portes. Mais, maintenant que me voilà si près de mon but, je puis et je veux rompre ce long silence; car, aux rayons du jour qui va venir, elle sera à moi, et les démons jaloux n'auront plus nul pouvoir sur moi. Je ne serai plus forcé de me glisser à la dérobée pour enlever les fruits précieux de l'amour; il ne me faudra plus saisir la joie à son passage. Le lendemain ressemblera au jour heureux de la veille; mon bonheur ne sera plus semblable à l'éclair qui brille un instant et disparaît tout à coup dans la nuit; il sera comme le cours des ruisseaux, comme le sable qui s'écoule en marquant les heures.

LE CHŒUR. *Cajetan.* Nomme-nous donc alors, seigneur, celle qui te donne ce bonheur mystérieux, afin que nous applaudissions à ton sort digne d'envie, et que nous honorions la fiancée de notre prince. Dis-nous où tu l'as trouvée, dans quel lieu tu caches cette silencieuse intimité; car nous avons parcouru de côté et d'autre, en allant à la chasse, les sentiers les plus détournés de l'île, et aucune trace ne nous a révélé ton bonheur, en sorte que je pourrais croire qu'il est enveloppé d'un nuage magique.

DON MANUEL. Je vais faire disparaître cette magie; car, désormais, ce qui était caché doit paraître au jour.

Écoutez, et apprenez ce qui m'est arrivé : Il y a cinq mois, mon père régnait encore sur cette île, et, d'une main puissante, courbait la fière jeunesse sous son joug. Je ne connaissais que la rude joie des armes et le plaisir guerrier de la chasse. Nous avions déjà chassé tout le jour à travers les forêts de la montagne, lorsqu'en suivant une biche blanche je m'éloignai de votre troupe. L'animal timide fuyait à travers les détours de la vallée, à travers les ravins, les buissons et les taillis non frayés. Je la voyais toujours devant moi à la distance du trait, mais je ne pouvais ni l'atteindre ni la tirer. Enfin elle franchit une porte de jardin, et disparut à mes yeux. Je me jette à bas de mon cheval, je la suis, je balance déjà mon épieu, quand je vois avec étonnement l'animal effrayé couché tout tremblant aux pieds d'une religieuse qui la caresse avec douceur. Je reste immobile et interdit l'épieu à la main, prêt à le lancer ; mais la religieuse me jette un regard suppliant, et nous demeurons muets l'un en face de l'autre. Combien ce moment dura-t-il ? je ne sais, car j'avais perdu la mesure du temps. Son regard pénétra profondément dans mon âme, et mon cœur fut aussitôt changé. Ce que je dis alors, ce que me répondit la céleste créature, ne me le demandez pas, tout cela est pour moi comme un songe des heureux jours de mon enfance. Quand je revins à moi, je sentis son cœur battre contre le mien. Alors j'entendis le son argentin d'une cloche qui semblait annoncer l'heure de la prière ; elle disparut tout à coup comme une ombre qui s'évanouit dans l'air, et je ne la revis plus.

LE CHŒUR. *Cajetan.* Ton récit, seigneur, m'a rempli de crainte. Aurais-tu fait un larcin aux choses divines ? Aurais-tu porté un désir coupable sur une épouse du ciel ? Les devoirs du cloître sont terribles et sacrés.

DON MANUEL. Je n'avais plus dès ce moment qu'un chemin à suivre. Mes désirs inquiets et incertains étaient fixés : j'avais trouvé le mobile de ma vie, et, comme le pèlerin se tourne vers l'orient, où brille le soleil qui le guide, mon espérance et mes désirs se dirigèrent vers un seul astre du ciel. Pas un jour ne se leva du fond des mers et ne redescendit à l'horizon sans que deux amants heureux fussent réunis. Nos cœurs étaient liés l'un à l'autre, et le ciel qui voit tout était le confident discret de notre bonheur silencieux. Nous n'avions nul service à demander aux hommes. C'étaient des instants précieux, des jours de félicité. Mon bonheur n'était pas un sacrilége, car nul vœu n'enchaînait encore son cœur, qui se donna à moi pour toujours.

LE CHŒUR. *Cajetan.* Ainsi le cloître était seulement le libre asile de sa tendre jeunesse, et non pas le tombeau de sa vie?

DON MANUEL. C'était un précieux dépôt confié à la maison de Dieu, mais qui devait lui être repris.

LE CHŒUR. *Cajetan.* Mais à quel sang se glorifie-t-elle d'appartenir? car ce qui est noble ne saurait provenir que d'une noble race.

DON MANUEL. Elle a grandi sans se connaître elle-même; elle ne sait quelle est sa race et sa patrie.

LE CHŒUR. Et nulle trace obscure ne peut-elle conduire à la source ignorée de son existence?

DON MANUEL. Le seul homme qui connaisse son origine affirme qu'elle est d'un noble sang!

LE CHŒUR. *Cajetan.* Quel est cet homme? Ne me dérobe rien. C'est seulement en sachant tout que je puis te donner un utile conseil.

DON MANUEL. Un vieux serviteur vient la voir de temps en temps ; c'est le seul intermédiaire qui existe entre elle et sa mère.

LE CHŒUR. N'as-tu rien appris de ce vieillard? La vieillesse se laisse intimider et cause facilement.

DON MANUEL. Je n'ai jamais osé lui montrer une curiosité qui pouvait trahir mon bonheur mystérieux.

LE CHŒUR. Et quel était le sens de ses discours quand il venait visiter la jeune fille?

don manuel. D'année en année il lui a fait espérer qu'un temps viendrait où tout ce mystère serait éclairci.

le chœur. *Cajetan.* Et l'époque où tout devait être connu, ne l'a-t-il pas indiquée comme plus prochaine?

don manuel. Depuis quelques mois, le vieillard l'a menacée d'un changement dans son sort.

le chœur. *Cajetan.* Menacée, dis-tu? crains-tu donc de faire une découverte qui trouble ta joie?

don manuel. Tout changement effraye ceux qui sont heureux. Quand on n'a rien de mieux à espérer, on craint de perdre.

le chœur. *Cajetan.* Mais cette découverte que tu redoutes pourrait être favorable à ton amour.

don manuel. Elle peut aussi détruire mon bonheur. Voilà pourquoi il m'a paru plus sûr de prévenir ce moment.

le chœur. Comment, seigneur? Tu me remplis de crainte; une décision si prompte m'inquiète.

don manuel. Depuis le mois passé, le vieillard laissait entrevoir par des signes mystérieux que le jour n'était pas loin où elle serait rendue à ses parents. Mais depuis hier il a parlé plus clairement; il a dit qu'aux premiers rayons du matin, et il parlait d'aujourd'hui, son sort devait être décidé. Il n'y avait pas un moment à perdre; ma résolution a été bientôt prise et promptement exécutée. Cette nuit, j'ai enlevé la jeune fille, et je l'ai cachée dans Messine.

le chœur. *Cajetan.* Quel larcin téméraire et coupable! Pardonne, seigneur, la liberté de mes reproches; c'est là le droit du vieillard sage quand la jeunesse imprudente s'oublie.

don manuel. Je l'ai laissée non loin du couvent des religieuses, dans le silence d'un jardin retiré où la curiosité ne peut pénétrer. Je me suis séparé d'elle pour venir me réconcilier avec mon frère. Elle est là toute seule en proie à la crainte, et ne s'attendant guère à être entourée d'une splendeur royale, élevée sur un trône de gloire, et appelée à paraître devant tout Messine ; car elle ne me reverra que dans l'appareil de la grandeur et du pouvoir, et solennellement entourée de vous, mes chevaliers. Je ne veux pas que la fiancée de don Manuel soit présentée à la mère que je lui donne comme une fugitive sans patrie. Je veux la conduire dans la demeure de mes pères avec le cortége d'une princesse.

LE CHŒUR. *Cajetan.* Ordonne, seigneur ; nous attendons ton signal.

DON MANUEL. Je me suis arraché de ses bras, mais je ne serai occupé que d'elle. Vous allez me suivre au bazar, où les Maures exposent en vente les riches étoffes et les charmants ouvrages de l'Orient. Choisissez d'abord les sandales élégantes qui doivent orner et protéger ses pieds délicats ; prenez pour ses vêtements ces tissus de l'Inde qui brillent comme la neige de l'Etna, voisin de la lumière du ciel, et qui envelopperont, légers comme la vapeur du matin, son corps svelte et juvénile. Que la pourpre ornée de légers plis d'or forme la ceinture qui retiendra avec grâce son vêtement au-dessous de son sein pudique. Choisissez en outre un manteau de soie d'une couleur pourpre éclatante ; une agrafe d'or l'attachera sur ses épaules. N'oubliez pas les bracelets qui entoureront ses bras charmants, ni les parures de perles et de corail, merveilleux dons de la déesse des mers. Un diadème sera posé sur sa tête, un diadème composé des pierres les plus précieuses. Le rubis étincelant comme le feu y mêlera son éclat à celui de l'émeraude. Un long voile sera fixé à sa coiffure, et enveloppera comme un nuage léger et transparent l'éclat de sa personne. Une couronne virginale de myrtes complétera toute cette belle parure.

LE CHŒUR. *Cajetan.* Cela sera fait, seigneur, comme tu l'ordonnes. Car, tout ce que tu demandes se trouve exposé au bazar.

don manuel. Qu'on amène la plus belle haquenée de mes écuries; qu'elle soit blanche et brillante comme les chevaux du soleil; qu'elle porte une housse de pourpre, un harnais et une bride ornés de pierreries; car elle est destinée à ma reine. Et quant à vous, tenez-vous prêts à accompagner votre souveraine dans toute la pompe d'un cortége chevaleresque et au bruit joyeux des fanfares. Je vais moi-même prendre soin de ces apprêts; que deux d'entre vous me suivent et que les autres m'attendent. Gardez au fond de votre cœur ce que je vous ai appris jusqu'à ce que je vous permette de parler. (*Il sort accompagné de deux hommes du chœur.*)

le chœur. *Cajetan.* Dites, maintenant que la guerre a cessé entre nos princes, qu'allons-nous faire pour occuper le vide des heures et la longueur infinie du temps? Il faut que l'homme ait pour le lendemain une inquiétude, une crainte, un espoir, pour pouvoir supporter le poids de l'existence et la pénible monotonie de la journée; il faut que le souffle rafraîchissant du vent anime la surface immobile de la vie.

un homme du chœur. *Manfred.* La paix est belle; elle ressemble à un jeune enfant qui repose au bord d'un ruisseau paisible. Autour de lui, ses agneaux sautent joyeusement sur le gazon éclairé par le soleil. Il répète sur son chalumeau des sons mélodieux qui éveillent l'écho de la montagne. Le murmure des ruisseaux l'endort aux rayons du soleil couchant. Mais la guerre a aussi son charme, la guerre, qui imprime le mouvement à la destinée de l'homme. Cette vie animée me plaît. J'aime cette variété, cette incertitude, cette agitation sur les vagues tantôt élevées et tantôt aplanies de la fortune.

L'homme languit durant la paix. L'indolence oisive est le tombeau de son courage. La loi est l'amie du faible, tout alors prend le même niveau, et l'on aplanirait volontiers le monde. Mais la guerre donne à la force l'occasion de se montrer; elle élève tout à une hauteur extraordinaire, et donne du courage au lâche même.

UN SECOND. *Bérenger.* Les temples de l'amour ne sont-ils pas ouverts! Le monde ne court-il pas au-devant de la beauté? Là est la crainte, là est l'espérance ; ici celui qui plaît aux regards est roi. L'amour anime ainsi la vie, il en rehausse les teintes grisâtres. L'aimable fille de l'écume des eaux fait par ces illusions le charme de nos heureuses années, et mêle à la triste et vulgaire réalité les images de ces rêves d'or.

UN TROISIÈME. *Cajetan.* Que la fleur reste au printemps. Que la beauté brille. Que les guirlandes vertes soient tressées pour les jeunes têtes. Mais il sied à l'homme mûr de servir une divinité plus grave.

LE PREMIER. *Manfred.* Suivons dans les forêts sauvages l'austère Diane, l'amie de la chasse; allons aux lieux où les forêts répandent l'ombre la plus épaisse, où les chevreuils se précipitent du haut des rochers; car la chasse est l'image des combats; Diane est la joyeuse fiancée du sévère dieu de la guerre. On se lève aux premiers rayons du matin, quand la trompette retentissante nous appelle dans la vallée humide, sur les montagnes, au bord des précipices, à baigner nos membres fatigués dans les flots d'un air rafraîchissant.

LE SECOND. *Bérenger.* Ou bien confions-nous à cette divinité azurée qui est toujours en mouvement, et qui, nous offrant un miroir riant, nous appelle dans son empire sans bornes. Construisons-nous sur la vague mouvante un joyeux et léger édifice. Celui qui, avec la proue rapide de son navire, laboure l'onde verte et limpide, celui-là est fiancé avec la fortune, à qui appartient le monde, et sa moisson fleurit sans qu'il ait semé ; car la mer est le théâtre de l'espérance, l'empire capricieux du hasard. Là le riche devient subitement pauvre, et le pauvre devient l'égal des princes. De même que le vent, avec la vitesse de la pensée, parcourt le cercle de l'horizon, de même les arrêts du destin changent, de même la roue de la fortune tourne. Sur les flots tout est flottant, et nul domaine n'existe sur la mer.

LE TROISIÈME. *Cajetan.* Ce n'est pas seulement sur l'empire des vagues, sur les flots agités des mers, que le bonheur varie et ne peut s'arrêter ; c'est aussi sur la terre, si ferme qu'elle soit sur ses vieux et éternels fondements. Cette nouvelle paix me donne des inquiétudes, je ne puis m'y confier avec joie. Je ne voudrais pas construire ma cabane sur la lave vomie par le volcan. Les ravages de la haine ont pénétré trop avant, et il est arrivé des choses trop graves pour qu'elles puissent être pardonnées et oubliées. Je n'ai pas encore vu la fin. Mes rêves et mes pressentiments m'épouvantent, et ma bouche n'ose pas dire ce que je prévois. Mais je n'aime pas ce mystère, cet hyménée sans bénédiction, ces sentiers obscurs et tortueux de l'amour, et ce téméraire larcin du cloître. Ce qui est bien suit la droite voie, et la mauvaise semence produit de mauvais fruits.

Bérenger.

Ce fut aussi, comme nous le savons, par un enlèvement que l'épouse de notre ancien prince fut forcée d'entrer dans un lit criminel ; car elle avait été choisie par le père, et l'aïeul lança dans sa colère sa terrible malédiction sur cet hyménée coupable. Des crimes sans nom, de noirs forfaits sont cachés dans cette maison.

LE CHOEUR. *Cajetan.* Oui, le début est mauvais, et cela finira mal, croyez-moi ; car tout crime commis dans une rage aveugle doit être expié. Ce n'est pas l'effet du hasard, ni d'un destin aveugle, si ces frères vont se détruire dans leur fureur. Le sein de leur mère a été maudit, elle devait enfanter la haine et la guerre. Mais je dois cacher tout cela et me taire. Les dieux vengeurs agissent en silence ; il sera temps de déplorer ces catastrophes lorsqu'elles s'approcheront et se manifesteront.

(*Le chœur sort.*)

La scène change et représente un jardin d'où l'on voit la mer.

BÉATRIX *sort d'un pavillon du jardin, va et vient avec inquiétude, regarde de tous côtés, puis tout à coup s'arrête.* Ce n'est pas lui ; c'est le souffle du vent qui murmure à travers les cimes des pins. Déjà le soleil se penche à l'horizon, les heures s'en vont d'un pas lent, et je me sens saisie d'un sentiment de terreur. Ce silence même et cette solitude m'effrayent. Aussi loin que mes regards s'étendent, rien ne se montre à moi. Il me laisse ici languir dans mon angoisse.

J'entends près d'ici le bruit et le mouvement de la foule dans la cité, semblable à une cascade écumante. Dans le lointain j'entends la mer immense, dont les vagues frappent avec un bruit sourd ses rivages. Tout jette l'épouvante dans mon âme. Je me sens faible au milieu de cette terrible grandeur, et, comme la feuille détachée de l'arbre, je me perds dans l'espace infini.

Pourquoi ai-je quitté ma paisible cellule ? Là je vivais sans regret et sans désir. Mon cœur était tranquille comme la verdure de la prairie ; il était sans désir, mais non pas sans joie. Maintenant le flot de la vie m'entraîne, le monde me saisit dans ses bras de géant. J'ai rompu mes premiers liens, et je me suis fiée au gage frivole d'un serment.

Où était ma raison ? Qu'ai-je fait ? Une aveugle illusion m'a trompée et égarée. J'ai déchiré le voile de ma chaste jeunesse, j'ai franchi les portes de ma pieuse cellule. Ai-je donc été aveuglément enlacée par la magie de l'enfer ? J'ai suivi dans ma coupable fuite un homme, un ravisseur audacieux. O viens, mon bien-aimé ! Où es-tu ? et pourquoi ce retard ? Délivre, délivre mon âme de sa lutte. Le repentir me ronge, la douleur s'empare de moi ; que ta présence chérie rassure mon cœur !

Et ne devais-je pas m'abandonner au seul homme qui se soit attaché à moi ? Car moi j'ai été jetée dans la vie comme une étrangère, et de bonne heure un destin rigoureux, dont je n'ose pas même soulever le voile, m'a arrachée du sein maternel. Je n'ai vu qu'une fois celle qui m'a enfantée, et son image s'est évanouie à mes yeux comme un songe.

Ainsi je grandissais paisible dans ce séjour de calme ; j'étais à l'époque ardente de la vie accompagnée par des ombres. Tout à coup il paraît à la porte du cloître avec la beauté d'un dieu et l'air viril d'un héros. Oh ! nulle parole ne peut exprimer mon émotion ; il s'avance vers moi comme un habitant d'un autre monde, et à l'instant le lien est formé, un lien qui semblait avoir toujours existé, et que les hommes ne rompront pas.

Pardonne, toi qui m'as donné le jour, si, devançant l'heure fatale, j'ai de ma propre main saisi mon sort. Je ne l'ai pas choisi librement, c'est lui qui est venu me trouver. Le dieu pénètre à travers les portes fermées, il s'ouvre une route dans la tour de Danaé, et le destin ne perd pas sa victime. Fût-elle attachée à des rochers déserts, ou aux colonnes de l'Atlas qui portent le ciel, un coursier ailé ira bien l'atteindre.

Je ne veux plus regarder en arrière, je ne regrette plus ma retraite. J'aime et je veux me fier à l'amour. Y a-t-il un plus grand bonheur que celui de l'amour ? Je me contente de mon sort. Je ne connais pas les autres joies de la vie. Je ne connais pas et ne veux jamais connaître ceux qui se nomment les auteurs de mes jours, s'ils doivent, mon bien-aimé, me séparer de toi. Je veux être à jamais une énigme pour moi-même. J'en sais assez. Je vis pour toi. (*Avec une attention croissante.*) Écoutons, c'est le son de sa voix chérie. Non, c'est l'écho du bruit sourd de la mer qui se brise sur le rivage. Ce n'est pas mon bien-aimé. Malheur à moi! Où est-il? Un frisson glacial me saisit. Le soleil s'abaisse de plus en plus. Ce lieu devient de plus en plus solitaire, et mon cœur plus lourd. Où s'arrête-t-il donc? (*Elle va et vient avec inquiétude.*) Je n'ose porter mes pas hors des murs paisibles de ce jardin. La terreur s'empara de moi quand j'osai pénétrer dans l'église prochaine. Quand l'heure de la prière a sonné, une force puissante, qui dominait le fond de mon âme, me poussait à m'en aller m'agenouiller dans le saint lieu, à invoquer la mère de Dieu. Je n'ai pu résister.

Si j'étais surveillée par un espion? Le monde est plein d'ennemis. La ruse pose sur tous les sentiers ses piéges trompeurs pour trahir la pieuse innocence. J'en ai déjà fait la cruelle expérience le jour où, dans ma hardiesse coupable, je m'avançai hors de l'enceinte du cloître pour voir une foule étrangère. C'était pendant la solennité des funérailles du prince. Je payai cher ma témérité. Dieu seul m'a préservée... Quand ce jeune homme, cet étranger, s'approcha de moi avec des yeux enflammés et un regard qui m'effrayait, qui pénétrait dans mon sein et semblait lire au fond de mon cœur... A cette pensée, le frisson de l'effroi glace encore ma poitrine. Jamais, jamais je ne puis plonger mes regards dans ceux de mon bien-aimé, quand je songe à cette faute secrète. (*Elle écoute.*) Des voix dans le jardin! C'est lui, c'est mon bien-aimé! c'est lui-même. Maintenant, nulle illusion ne trompe mon oreille. Il vient, il approche. Volons dans ses bras, sur son cœur. (*Elle court les bras étendus au fond du jardin. Don César s'avance vers elle.*)

DON CÉSAR, BÉATRIX, LE CHOEUR.

BÉATRIX *recule avec terreur.* Malheureuse! que vois-je? (*En cet instant le chœur s'avance.*)

LA FIANCÉE DE MESSINE.

DON CÉSAR. Douce beauté, ne craignez rien. (*Au chœur.*) Le rude aspect de vos armes effraye cette tendre jeune fille. Retirez-vous et restez à une distance respectueuse. (*A Béatrix.*) Ne craignez rien, la pudeur craintive et la beauté me sont sacrées. (*Le chœur s'est retiré. Il s'approche d'elle et lui prend la main.*) Où étais-tu? Quel dieu t'a ravie et t'a cachée si longtemps? Je t'ai cherchée, je t'ai poursuivie. Dans mes rêves et dans mes veilles, tu étais l'unique sentiment de mon cœur, depuis le moment où, aux funérailles du prince, je t'ai aperçue pour la première fois comme un ange de lumière. Tu n'as pas pu te dissimuler l'empire que tu exerçais sur moi. Le feu de mes regards, l'émotion de ma voix et ma main qui tremblait dans la tienne te l'ont assez appris. L'austère majesté du lieu m'interdisait un aveu plus prononcé. La célébration de la messe m'appelait à la prière, et quand je me relevai, au premier regard que je jetai sur toi, tu fus ravie à mes yeux; mais tu retins mon cœur enchaîné avec toutes ses forces par la magie d'un lien puissant. Depuis ce jour, je te cherche sans relâche dans toutes les églises, à la porte de tous les palais, dans tous les lieux publics et secrets où l'innocence peut se montrer. J'ai répandu partout mes émissaires; mais tous mes soins restèrent inutiles, jusqu'à ce jour enfin où, conduite par un dieu, la vigilance d'un de mes serviteurs t'a découverte dans l'église voisine. (*Béatrix, qui pendant tout ce temps était restée tremblante, détourne la tête et fait un mouvement d'effroi.*) Je te retrouve donc, et mon âme abandonnera mon corps avant que je te quitte; et pour enchaîner le hasard, pour me préserver du démon, je t'adresse à tous ces témoins comme mon épouse, et je te donne pour garant ma main de chevalier. (*Il la place devant le chœur.*) Je ne veux pas chercher qui tu es, je te veux pour toi-même, et je ne demande rien aux autres. Ton premier regard m'a assuré que ton âme est pure comme ton origine, et, quand tu serais de l'extraction la plus obscure, je ne t'en aimerais pas moins. J'ai perdu la liberté de choisir. Sache que je suis maître de mes actions, et assez haut placé dans le monde pour élever d'un bras puissant celle que j'aime jusqu'à moi. Je suis don César, et dans cette ville de Messine nul n'est plus grand que moi. (*Béatrix tremble de nouveau ; il s'en aperçoit, et continue après un moment de silence.*) J'aime ta surprise et ton modeste silence ; l'humble pudeur couronne tes attraits. La beauté s'ignore elle-même et s'effraye de son propre pouvoir. Je sors, et je te livre à toi-même pour que ton esprit revienne de sa terreur ; car l'impression d'un bonheur nouveau donne aussi de l'effroi. (*Au chœur.*) Dès ce moment, honorez-la comme une fiancée et comme votre princesse. Apprenez-lui la grandeur de son sort. Bientôt moi-même je reviendrai la chercher avec un appareil digne d'elle et de moi.   (*Il sort.*)

BÉATRIX *et* LE CHOEUR.

LE CHŒUR. *Bohemund.* Salut à toi, jeune fille, aimable souveraine ! Tu triomphes ; la couronne est à toi. Je te salue, toi qui perpétueras cette race, heureuse mère de héros futurs !

Roger.

Trois fois salut ! Sous d'heureux auspices tu entres avec joie dans une maison de bonheur, favorisée par les dieux, ornée des couronnes de la gloire, et où le sceptre d'or, par une succession constante, passe des aïeux à leurs fils.

Bohemund.

Les dieux domestiques et les ancêtres nobles et vénérés de cette maison vont se réjouir de ton aimable venue. Sur le seuil, tu seras reçue par Hébé, dont la jeunesse refleurit toujours ; par la Victoire brillante, cette déesse ailée qui repose dans la main du Dieu suprême, et que son vol conduit au triomphe.

Roger.

Jamais la couronne de la beauté ne sortit de cette race. Chaque princesse donna à celle qui lui succédait la ceinture des grâces et le voile de la modestie. Mais voici ce que j'ai vu de plus beau, la plus belle des filles, quand la mère est encore dans la fleur de sa beauté.

BÉATRIX, *se réveillant de sa terreur*. Malheureuse ! dans quelles mains le sort m'a-t-il jetée ? De tous les êtres vivants, c'est là celui que je devais le plus redouter. Maintenant je comprends le frémissement, l'effroi mystérieux qui me faisait trembler quand on prononçait le nom de cette race terrible qui se hait elle-même, qui se déchire, qui s'acharne avec fureur contre son propre sein. J'ai souvent entendu parler avec horreur de cette haine envenimée des deux frères, et maintenant un sort épouvantable me jette, moi malheureuse, moi sans appui, dans le tourbillon de cette haine, de cette fatalité. (*Elle fuit dans le pavillon du jardin.*)

LE CHŒUR. *Bohemund*. Je porte envie aux heureux fils des dieux, aux maîtres fortunés du pouvoir. Ce qu'il y a de plus précieux est toujours leur partage, et ce sont eux qui cueillent la fleur de tout ce que les mortels estiment de plus grand et de plus beau.

Roger.

Quand le pêcheur plonge dans les eaux pour recueillir des perles, la plus belle est pour eux ; pour eux aussi la meilleure part de la récolte obtenue par un travail commun. Que les serviteurs s'accommodent de leur portion, la première est pour le seigneur.

Bohemund.

Je lui abandonne ses autres avantages ; mais je lui envie son privilège le plus précieux, celui de pouvoir choisir parmi les fleurs de la beauté. Ce qui charme les regards de tous, il le possède pour lui seul.

Roger.

Le corsaire s'élance avec l'épée sur le rivage. Dans sa nocturne invasion, il emmène les hommes et les femmes, il assouvit son désir brutal; mais il n'ose toucher à la plus belle; elle est pour le roi.

Bohemund.

Maintenant allons garder l'entrée et le seuil de cette sainte retraite, afin qu'aucun profane ne pénètre dans ce mystère, et que nous méritions les éloges du maître qui nous a confié ce qu'il a de plus précieux. (*Le chœur se retire vers le fond du théâtre.*)

La scène change et représente une salle dans l'intérieur du palais.

DONA ISABELLE, DON MANUEL, DON CÉSAR.

ISABELLE. Enfin, le voilà venu ce jour solennel, tant désiré et si vivement attendu. Je vois mes fils unis par le cœur; je joins leurs mains l'une à l'autre, et, pour la première fois dans cette réunion intime, votre heureuse mère peut ouvrir son cœur. Loin de nous est cette foule grossière de témoins qui se plaçait toujours entre vous et moi, toute prête à combattre. Le bruit des armes n'effraye plus mon oreille. Telle la troupe nocturne des hiboux, habitants d'une maison en ruines, quitte son vieux repaire et s'enfuit comme un noir essaim qui obscurcit la clarté du jour, lorsque l'ancien possesseur, longtemps exilé, revient avec un joyeux appareil construire un nouvel édifice, — telle la vieille haine s'enfuit avec son ténébreux cortége. Le soupçon au regard creux, l'envie au visage pâle et la méchanceté hideuse, quittent nos portes pour se rendre en murmurant dans l'enfer, et la confiance et la douce concorde reviennent en souriant avec la paix. (*Elle s'arrête un moment.*) Mais ce n'est pas assez que ce jour vous rende un frère à chacun, il vous donne une sœur.

Vous êtes étonnés, vous me regardez avec surprise. Oui, mes fils, il est temps que je rompe le silence, que je brise le sceau d'un secret longtemps caché. J'ai donné aussi une fille à votre père; vous avez une jeune sœur et vous l'embrasserez aujourd'hui.

DON CÉSAR. Que dis-tu, ma mère? Nous avons une sœur, et jamais nous n'avions entendu parler d'elle!

DON MANUEL. Nous avons bien entendu dire dans notre joyeuse enfance qu'une sœur nous était née; mais on racontait que la mort l'avait enlevée au berceau.

ISABELLE. On se trompait; elle vit.

DON CÉSAR. Elle vit, et tu l'as cachée!

ISABELLE. Je vous dirai les motifs de mon silence. Sachez ce qui s'est fait autrefois et quels en sont les fruits aujourd'hui. Vous étiez encore enfants, déjà cette déplorable antipathie, qui ne doit plus jamais renaître, vous divisait et jetait la tristesse dans le cœur de vos parents. Votre père eut un jour un rêve étrange; il lui sembla voir sortir de sa couche nuptiale deux lauriers qui entrelaçaient leurs épais rameaux; entre les deux s'élevait un lis qui devint une flamme, qui dévora les branches épaisses des lauriers, et qui, s'élançant avec fureur vers la voûte, embrasa et consuma en un instant dans un épouvantable incendie le palais tout entier. Effrayé de cette étonnante apparition, votre père consulta un astrologue arabe qui était son oracle, et en qui il mettait plus de confiance que je n'aurais voulu. L'Arabe déclara que si j'enfantais une fille, elle donnerait la mort à ses deux frères et que toute sa race périrait par elle. Je devins mère d'une fille; votre père donna l'ordre cruel de la précipiter dans la mer. J'éludai cet arrêt de mort, et, par les soins discrets d'un serviteur fidèle, je gardai ma fille.

DON CÉSAR. Béni soit celui qui t'a prêté son assistance! La prudence ne manque jamais à l'amour d'une mère.

ISABELLE. Ce n'était pas seulement la voix de l'amour

maternel qui m'engageait à épargner mon enfant; j'avais eu aussi un rêve merveilleux et prophétique quand mon sein portait cette fille. Je vis un enfant, beau comme le dieu de l'amour, qui jouait sur le gazon. Un lion sortit de la forêt, portant dans sa gueule ensanglantée la proie qu'il venait de saisir, et vint avec douceur la déposer sur le sein de l'enfant ; un aigle planant dans les airs s'abattit, tenant entre ses serres un chevreau tremblant, et vint avec douceur le déposer sur le sein de l'enfant, et l'aigle et le lion, calmes et soumis, se placèrent aux pieds de l'enfant. Le sens de cette vision me fut expliqué par un moine, un homme aimé de Dieu, auprès duquel, dans toutes les souffrances de ce monde, mon cœur a toujours trouvé une consolation et un conseil. Il me dit que j'enfanterais une fille qui changerait en un sentiment d'amour ardent l'esprit belliqueux de mes fils. Je recueillis cette parole dans mon âme, me fiant plus au Dieu de vérité qu'à l'esprit de mensonge. Je sauvai cette enfant de divine promesse, cette fille de bénédiction, gage de mon espoir, qui devait être pour moi l'instrument de la paix quand votre haine s'accroissait sans cesse.

DON MANUEL, *embrassant son frère*. Notre sœur n'est plus nécessaire pour former le lien de notre amour, mais elle le resserrera davantage.

ISABELLE. Je l'ai placée dans une retraite cachée ; elle a été élevée mystérieusement loin de mes yeux par une main étrangère. Je me suis privée du bonheur ardemment désiré de la voir ; car je craignais la sévérité de son père, qui, tourmenté sans cesse par une sombre méfiance, mettait des espions sur tous mes pas.

DON CÉSAR. Depuis trois mois notre père repose dans le tombeau. Qui a pu t'empêcher, ô ma mère ! de montrer au jour celle qui resta longtemps cachée et de réjouir nos cœurs ?

ISABELLE. Quel autre motif que vos malheureuses discordes, dont rien ne pouvait éteindre la rage, et qui, s'enflammant sur la tombe de votre père à peine expiré, n'offraient aucun moyen de réconciliation ? Pouvais-je placer votre sœur entre vos épées cruelles ? Pouviez-vous, au milieu de l'orage, entendre la voix de votre mère, et devais-je exposer avant le temps à la fureur de votre haine ce gage d'une paix chérie, cette dernière ancre de mon pieux espoir ? Il fallait d'abord que vous vinssiez à vous regarder comme frères, avant de placer entre vous cette sœur comme un ange de paix. Maintenant je le puis et je vais vous l'amener. J'ai envoyé mon vieux serviteur, et à chaque instant j'attends son retour ; il doit l'enlever à sa paisible retraite et la conduire sur le cœur d'une mère et dans les bras de ses frères.

DON MANUEL. Elle n'est pas la seule que tu presseras aujourd'hui dans tes bras maternels. La joie entre par toutes les portes, et ce palais désert va devenir le séjour des grâces charmantes. Maintenant, ma mère, apprends aussi mon secret. Tu me donnes une sœur, moi je veux t'offrir une seconde fille chérie. Oui, ma mère, bénis ton fils, mon cœur a trouvé, a choisi celle qui doit être la compagne de ma vie. Avant que le soleil ait quitté l'horizon, j'amènerai à tes pieds l'épouse de don Manuel.

ISABELLE. Je presserai avec joie sur mon sein celle qui doit rendre heureux mon premier-né. Que la joie naisse sur ses pas, que toutes les fleurs de la vie et toutes les satisfactions récompensent le fils qui me rend la plus glorieuse des mères.

DON CÉSAR. Ne répands pas, ô ma mère ! toutes les bénédictions sur ton premier-né. Si tu bénis l'amour, je t'amènerai aussi une fille digne d'une telle mère. Elle m'a appris les sentiments nouveaux de l'amour. Avant que le jour soit fini, don César te présentera son épouse.

DON MANUEL. Puissance souveraine et divine de l'amour, c'est à juste titre qu'on te nomme la reine des âmes. Les éléments te sont soumis; tu peux rapprocher les sentiments les plus hostiles; tout ce qui vit reconnaît ton pouvoir. Tu as vaincu la nature violente de mon frère qui, jusqu'à présent, était resté inflexible. (*Il embrasse don César.*) Maintenant je crois à ton cœur et je te presse avec espoir sur mon sein fraternel. Je ne doute plus de toi, car tu peux aimer.

ISABELLE. Que ce jour soit trois fois béni! il a délivré en un instant de tous ses chagrins mon cœur oppressé. Je vois ma race appuyée sur des bases solides, et je puis regarder avec satisfaction dans l'immensité du temps. Hier encore, couverte du voile des veuves, délaissée, sans enfants, pareille à une morte, j'étais seule dans ces salles désertes, et aujourd'hui trois filles dans la fleur de la jeunesse se placent à mes côtés. Y a-t-il, parmi toutes les femmes qui ont enfanté, une mère dont le bonheur puisse être comparé au mien? Cependant quel prince voisin de notre pays nous donne ses royales filles? On ne m'a parlé d'aucune, et mes fils n'ont pu faire un choix indigne.

DON MANUEL. Aujourd'hui, ma mère, ne me demande pas de soulever le voile de mon bonheur. Le jour approche qui doit tout révéler. Ma fiancée se présentera d'elle-même. Sois assurée que tu la trouveras digne de toi.

ISABELLE. Je reconnais dans l'aîné de mes fils l'esprit et le caractère de son père. Il aimait ainsi à former ses projets au dedans de lui-même, à assurer dans son cœur silencieux ses résolutions inébranlables. Je t'accorde volontiers ce bref délai; mais mon fils César, j'en suis sûre, va me nommer sa royale fiancée.

DON CÉSAR. Il n'est pas dans mon caractère de me cacher mystérieusement; je porte mes sentiments écrits en toute liberté sur mon front. Mais ce que tu désires savoir de moi, permets, ma mère, que je te l'avoue franchement, moi-même je ne l'ai pas encore demandé. Demande-t-on d'où viennent les rayons enflammés du soleil? En éclairant le monde, ils se révèlent assez, leur lumière témoigne qu'ils proviennent de la lumière. J'ai lu dans les yeux de ma fiancée, j'ai pénétré dans le fond de son cœur; je connais cette perle à son pur éclat, mais je ne puis te dire son nom.

ISABELLE. Quoi! don César? Explique-toi. Tu t'es abandonné à la force de ton premier sentiment d'amour comme à la voix de Dieu. J'attendais de toi la vivacité de la jeunesse, mais non pas l'aveuglement d'un enfant. Dis-nous ce qui a déterminé ton choix.

DON CÉSAR. Mon choix, ma mère? Lorsque la puissance de la destinée entraîne l'homme à l'heure fatale, est-ce un choix? Je n'allais pas chercher une fiancée, et vraiment une telle idée ne pouvait me venir dans la maison de la mort. C'est là que j'ai trouvé celle que je ne cherchais pas. Jusqu'alors la race légère des femmes m'avait été indifférente et n'avait pu m'émouvoir, car je n'en voyais pas une semblable à toi, ma mère, que j'honore comme l'image de Dieu. C'était aux tristes funérailles de mon père; nous étions cachés dans la foule; car tu te rappelles que, dans ta prudence, tu nous avais ordonné de prendre un vêtement inconnu, afin que la violence de notre haine ne troublât pas avec fracas la dignité de cette cérémonie. Le vaisseau de l'église était tendu de noir; vingt statues, portant des flambeaux à la main, entouraient l'autel devant lequel était placé le cercueil, recouvert de la croix blanche et du drap mortuaire. Sur ce cercueil on voyait le bâton du commandement, la couronne royale, les éperons d'or, insigne du chevalier, et l'épée avec sa poignée ornée de diamants. Tout le peuple était dévotement à genoux. Du haut du chœur l'orgue invisible se fit entendre, et les chants furent entonnés par plus de cent voix. Tandis que les hymnes continuaient, le cercueil descendit lentement avec le corps qu'il renfermait vers la demeure souterraine, dont l'ouverture était cachée par le drap mortuaire. Les terrestres ornements restèrent sur la terre; ils ne devaient pas accompagner le mort dans sa profonde demeure. Cependant, portée avec des chants sur les ailes des séraphins, l'âme délivrée s'envolait en haut, cherchant le refuge du ciel et de la grâce divine. Je rappelle, ma mère, tout ceci à ton souvenir, et je le décris en détail, pour que tu voies si dans ce moment j'avais dans le cœur un désir mondain, et c'est cette heure grave et solennelle que l'arbitre de ma vie choisit pour me pénétrer d'un rayon de l'amour. Comment cela est-il arrivé? Je me le demande en vain à moi-même.

ISABELLE. Achève; je veux tout savoir.

DON CÉSAR. D'où elle venait et comment elle s'est trouvée près de moi, ne me le demandez pas. Quand j'ai détourné les yeux, elle était à mes côtés; à son approche, je fus saisi jusqu'au fond de l'âme d'une impression confuse, mais puissante et merveilleuse. Ce n'était pas la douceur enchanteresse de son sourire, la beauté de ses traits, ni la grâce de sa forme divine; c'était une voix intime et profonde qui s'emparait de moi avec une force céleste, comme un pouvoir magique qu'on ne peut comprendre. Nos âmes semblèrent se toucher sans s'être communiquées, sans qu'une parole eût été prononcée. Quand je respirai l'air qu'elle respirait, elle m'était étrangère, et pourtant je la connaissais intérieurement, et tout à coup j'entendis distinctement en mon âme : C'est elle, ou quelle autre sur la terre?

DON MANUEL *l'interrompt avec vivacité.* C'est bien là l'éclair divin et sacré de l'amour qui frappe le cœur, l'atteint, l'enflamme. Quand deux âmes parentes se rencontrent, alors on ne peut plus ni choisir ni résister; l'homme ne dénoue pas ce que le ciel a lié. Je suis comme mon frère. Ce qu'il vient de raconter est ma propre histoire, et je dois l'en remercier; il a d'une main heureuse levé le voile qui couvrait le sentiment confus que j'éprouve.

ISABELLE. Je le vois, mes enfants suivent leur destinée à travers leur propre route. Le torrent fougueux qui tombe des montagnes se creuse son lit, s'ouvre son chemin, sans chercher la route régulière que la prudence lui avait tracée. Je me soumets. Que pourrais-je faire? La main puissante et inflexible des dieux tisse la destinée confuse de ma maison. Le cœur de mes fils est le gage de mon espoir; leur naissance est noble et leurs pensées doivent l'être.

ISABELLE, DON MANUEL, DON CÉSAR. DIÉGO
se montre à la porte.

ISABELLE. Voyez. Voici mon fidèle serviteur. Approche, approche, honnête Diégo. Où est mon enfant?... Ils savent tout, il n'y a plus de mystère. Où est-elle? parle, ne le cache pas plus longtemps. Nous sommes préparés à soutenir la plus grande joie. Viens. (*Elle veut s'avancer avec lui vers la porte.*) Qu'est-ce? Comment! tu hésites, tu te tais; ton regard ne m'annonce rien de bon. Qu'y a-il? Parle. Un frisson me saisit. Où est-elle? où est Béatrix? (*Elle veut sortir.*)

DON MANUEL, *à part, avec surprise.* Béatrix!...

DIÉGO *la retient.* Restez.

ISABELLE. Où est-elle? Cette anxiété me tue.

DIÉGO. Elle n'est pas avec moi. Je ne vous ramène pas votre fille.

ISABELLE. Qu'est-il arrivé? Au nom de tous les saints, parle!

DON CÉSAR. Où est ma sœur, malheureux? Parle.

DIÉGO. Elle est enlevée, emmenée par les corsaires. Oh! pourquoi ai-je vu ce jour?

DON MANUEL. Remettez-vous, ma mère.

DON CÉSAR. Du courage! Contenez-vous jusqu'à ce que vous ayez tout appris.

DIÉGO. J'ai parcouru rapidement, comme vous me l'aviez ordonné, le chemin qui conduit au couvent, que j'avais suivi tant de fois et que j'espérais suivre pour la dernière. La joie me donnait des ailes...

DON CÉSAR. Au fait.

DON MANUEL. Parle.

DIÉGO. J'arrive dans cette cour du couvent que je connais si bien ; je demande votre fille ; je vois l'expression de l'effroi dans tous les regards, et j'apprends avec horreur cette catastrophe. (*Isabelle tombe pâle et tremblante sur un fauteuil ; don Manuel s'empresse auprès d'elle.*)

DON CÉSAR. Et les Maures, dis-tu, l'ont enlevée ? A-t-on vu les Maures ? Qui a été témoin de ce fait ?

DIÉGO. On a vu un navire de corsaires maures qui ont jeté l'ancre dans une baie voisine du couvent.

DON CÉSAR. Plus d'un navire se réfugie dans cette baie pour échapper à la fureur de l'ouragan. Où est ce vaisseau ?

DIÉGO. On l'a vu ce matin en pleine mer, gagnant le large à force de voiles.

DON CÉSAR. A-t-on entendu parler d'un autre brigandage ? Les Maures ne se contentent pas d'une seule proie.

DIÉGO. Ils se sont emparés avec violence des troupeaux de bœufs qui paissaient dans cet endroit.

DON CÉSAR. Comment les brigands ont-ils pu commettre leur vol dans l'intérieur d'un cloître bien fermé ?

DIÉGO. Les murs du jardin de ce cloître sont faciles à franchir avec une échelle.

DON CÉSAR. Comment sont-ils entrés dans l'intérieur des cellules ? car les pieuses nonnes sont soumises à une discipline rigoureuse.

DIÉGO. Celles qui ne sont pas encore liées par des vœux peuvent se promener en liberté.

DON CÉSAR. Usait-elle souvent de la liberté qui lui était accordée? Dis-moi cela.

DIÉGO. Souvent on la voyait chercher la solitude du jardin ; seulement elle n'est pas revenue.

DON CÉSAR, *après un moment de réflexion.* Enlevée, dis-tu? S'il était facile aux brigands de l'enlever, elle a pu aussi prendre la fuite.

ISABELLE *se lève*. C'est la violence, c'est un rapt criminel. Ma fille ne pouvait oublier son devoir au point de suivre librement un ravisseur. Don Manuel, don César, je devais aujourd'hui vous donner une sœur, maintenant il faut que je la doive à votre bras héroïque. Déployez votre courage. Mes fils, vous ne pouvez souffrir paisiblement que votre sœur soit la proie d'un voleur audacieux. Prenez les armes, équipez des navires, parcourez toute la côte, poursuivez les brigands sur toutes les mers, votre sœur vous est enlevée.

DON CÉSAR. Adieu, je vole à la découverte et à la vengeance. (*Il sort.*)

DON MANUEL, *se réveillant d'une distraction profonde, se tourne avec inquiétude vers Diégo.* Quand dis-tu qu'elle a disparu?

DIÉGO. Depuis ce matin on ne l'a pas revue.

DON MANUEL, *à dona Isabelle.* Et ta fille se nomme Béatrix?

ISABELLE. C'est là son nom. Hâte-toi, plus de questions.

DON MANUEL. Encore une chose, ma mère, dis-la-moi.

ISABELLE. Hâte-toi d'agir. Suis l'exemple de ton frère.

DON MANUEL. Dans quelle contrée, je t'en conjure...

ISABELLE, *le pressant de partir.* Vois mes larmes, mon angoisse mortelle.

DON MANUEL. Dans quelle contrée la tenais-tu cachée?

ISABELLE. Oh! elle n'était pas cachée au centre de la terre.

DIÉGO. Une crainte subite me saisit.

DON MANUEL. La crainte! Et pourquoi? Dis ce que tu sais.

DIÉGO. Je crains d'avoir été la cause innocente de son enlèvement.

ISABELLE. Malheureux! dis-nous ce qui est arrivé!

DIÉGO. Je vous l'avais caché, princesse, pour épargner quelque souci à votre cœur maternel. Le jour où le prince fut enseveli, tout le peuple, avide de nouveauté, se pressait à cette triste solennité. La nouvelle en était venue jusqu'aux murs du cloître. Votre fille me conjura, avec des instances réitérées, de lui laisser voir cette cérémonie. Moi, malheureux, je me laissai fléchir. Elle s'enveloppa d'un vêtement de deuil, et fut ainsi témoin des funérailles. Je crains que dans la foule, qui accourait là de toutes parts, elle n'ait été exposée aux regards du corsaire, car nul vêtement ne cache l'éclat de sa beauté.

DON MANUEL, *à part, et rassuré*. Heureuses paroles qui soulagent mon cœur! Ce n'est pas elle : ce qu'il dit ne se rapporte pas à elle.

ISABELLE. Vieillard insensé! ainsi tu m'as trahie?

DIÉGO. Princesse, je croyais bien faire, je croyais reconnaître dans ce désir la voix de la nature, la force du sang. Je pensais que c'était l'œuvre même du ciel, qui, par une secrète et tendre impulsion, conduisait la fille sur le tombeau de son père. J'ai voulu céder au pieux devoir qu'elle avait droit d'accomplir. Ainsi, par de bonnes intentions, j'ai mal agi.

DON MANUEL, *à part*. Pourquoi rester ici dans les tourments du doute et de la crainte? Je vais sur-le-champ trouver la lumière et la certitude. (*Il veut sortir.*)

DON CÉSAR *revient*. Arrête, don Manuel, je veux te suivre.

LA FIANCÉE DE MESSINE.

don manuel. Ne me suis pas, reste. Que personne ne me suive.

don césar *le regarde avec surprise.* Qu'est-il arrivé à mon frère? Dis-le moi, ma mère.

isabelle. Je l'ignore ; je ne le reconnais plus.

don césar. Tu me vois revenir, ma mère ; car, dans l'ardeur de mon zèle, j'ai oublié de te demander un signe pour me faire reconnaître ma sœur. Comment retrouver ses traces avant de savoir dans quel lieu les brigands l'ont enlevée? Nomme-moi le cloître où elle était cachée.

isabelle. Il est consacré à sainte Cécile. La forêt qui s'étend sur les pentes de l'Etna le couvre comme pour en faire l'asile silencieux des âmes.

don césar. Aie bon courage! fie-toi à tes fils. Je te ramènerai notre sœur, dussé-je la chercher sur toutes les mers et dans toutes les contrées! Il y a cependant, ma mère, une chose qui m'afflige. J'ai laissé ma fiancée sous une protection étrangère. Je ne puis confier qu'à toi ce précieux dépôt ; je vais te l'envoyer, tu la verras, et dans ses bras, sur son tendre cœur, tu oublieras tes inquiétudes et tes souffrances.

isabelle. Quand cessera enfin l'antique malédiction qui pèse sur cette maison? Un génie perfide se joue de mes espérances, et sa rage envieuse ne s'apaise jamais. Je me croyais si près du port, je me confiais avec tant de sécurité au gage de bonheur, je croyais toutes les tempêtes assoupies, et déjà, d'un regard joyeux, je voyais la terre éclairée par les rayons du soleil couchant, et voilà qu'une tempête s'élève dans le ciel serein, et me force à lutter encore contre les vagues. (*Elle se retire dans l'intérieur du palais. Diégo la suit.*)

La scène représente le jardin.

LES DEUX CHOEURS, puis BÉATRIX.

Le chœur de don Manuel s'avance dans un appareil de fête, orné de guirlandes, portant la parure de fiancée qui a été décrite plus haut. Le chœur de don César veut lui interdire l'entrée.

PREMIER CHOEUR. *Cajetan.* Tu ferais bien de quitter ce lieu.

DEUXIÈME CHOEUR. *Bohemund.* Je le quitterai si de plus vaillants l'exigent.

PREMIER CHOEUR. *Cajetan.* Tu devrais remarquer que ta présence est importune.

DEUXIÈME CHOEUR. *Bohemund.* Puisque cela te déplait, je reste.

PREMIER CHOEUR. *Cajetan.* Voici mon poste. Qui ose m'arrêter.

DEUXIÈME CHOEUR. *Bohemund.* Moi je puis le faire : je commande ici.

PREMIER CHOEUR. *Cajetan.* C'est mon maître, don Manuel qui m'envoie.

DEUXIÈME CHOEUR. *Bohemund.* Et moi je reste ici par l'ordre de mon maître.

PREMIER CHOEUR. *Cajetan.* Le plus jeune doit céder à l'aîné.

DEUXIÈME CHOEUR. *Bohemund.* Le monde appartient au premier occupant.

PREMIER CHOEUR. *Cajetan.* Va, toi que je hais, quitte le terrain.

DEUXIÈME CHOEUR. *Bohemund.* Non pas avant d'avoir mesuré nos épées.

PREMIER CHOEUR. *Cajetan.* Te trouverai-je partout sur mon chemin?

DEUXIÈME CHOEUR. *Bohemund.* Partout où cela me plaît, je puis te braver.

PREMIER CHŒUR. *Cajetan.* Qu'as-tu donc à écouter ici et à épier ?

DEUXIÈME CHŒUR. *Bohemund.* Qu'as-tu à demander et à prescrire ?

PREMIER CHŒUR. *Cajetan.* Je ne suis pas ici pour te parler et te répondre.

DEUXIÈME CHŒUR. *Bohemund.* Et moi je ne daigne pas te parler.

PREMIER CHŒUR. *Cajetan.* Jeune homme, tu dois du respect à mon âge.

DEUXIÈME CHŒUR. *Bohemund.* Ma bravoure est éprouvée comme la tienne.

BÉATRIX *sort précipitamment.* Malheur à moi ! Que veulent ces hommes farouches ?

PREMIER CHŒUR. *Cajetan, au second.* Je te dédaigne, toi et ton air orgueilleux.

DEUXIÈME CHŒUR. *Bohemund.* Le maître que je sers vaut mieux que le tien.

BÉATRIX. Oh ! malheureuse ! malheureuse ! s'il venait maintenant.

PREMIER CHŒUR. *Cajetan.* Tu mens : don Manuel l'emporte de beaucoup sur lui.

DEUXIÈME CHŒUR. *Bohemund.* Mon maître a l'avantage dans chaque combat.

BÉATRIX. Il va venir ; voici l'heure.

PREMIER CHŒUR. *Cajetan.* Si ce n'était par amour pour la paix, je me ferais rendre justice.

DEUXIÈME CHŒUR. *Bohemund.* C'est la crainte et non la paix qui t'arrête.

BÉATRIX. Oh ! que n'est-il à mille lieues d'ici !

PREMIER CHŒUR. *Cajetan.* Je crains la loi et non la menace de ton regard.

DEUXIÈME CHŒUR. *Bohemund.* Tu fais bien : la loi est l'appui du lâche.

PREMIER CHŒUR. *Cajetan.* Commence donc, et je t'imiterai.

DEUXIÈME CHŒUR. *Bohemund.* Le glaive est tiré.

BÉATRIX, *dans la plus vive anxiété.* Ils vont en venir aux mains; les épées brillent. O vous, puissances du ciel! retenez ses pas, placez-vous sur son chemin, imposez-lui des retards et des obstacles, mettez-lui aux pieds un réseau, afin qu'il n'arrive pas en ce moment. Saints anges que j'ai conjurés de l'amener ici, n'écoutez pas ma prière, emmenez-le bien loin, bien loin d'ici. (*Elle rentre au moment où les chœurs vont s'attaquer. Don Manuel paraît.*)

DON MANUEL, LE CHOEUR.

DON MANUEL. Que vois-je? arrêtez.

PREMIER CHOEUR, *au second. Cajetan, Bérenger, Manfred.* Avance! avance!

DEUXIÈME CHOEUR. *Bohemund, Roger, Hippolyte.* A bas ces gens là, à bas!

DON MANUEL *s'avance entre eux, l'épée nue.* Arrêtez!

PREMIER CHOEUR. *Cajetan.* C'est le prince!

DEUXIÈME CHOEUR. *Bohemund.* C'est son frère. Paix!

DON MANUEL. J'étends roide mort sur la place le premier qui voudrait continuer le combat, et qui menacerait seulement du regard son adversaire... Êtes-vous en démence? Quel démon vous pousse à raviver les flammes de nos anciennes discordes, qui doivent être éteintes à tout jamais? Qui a commencé le combat? Parlez : je veux le savoir.

PREMIER CHOEUR. *Cajetan, Bérenger.* Ils étaient ici...

DEUXIÈME CHOEUR. *Roger, Bohemund.* Ils venaient...

DON MANUEL, *au premier chœur.* Parle, toi.

PREMIER CHOEUR. *Cajetan.* Nous venions ici, mon prince, apporter les parures nuptiales, comme tu nous l'as ordonné. Préparés à une fête, comme tu le vois, et non pas au combat, nous suivions en paix notre chemin, ne pensant à aucune hostilité, et nous fiant à l'alliance jurée. Nous avons trouvé ceux-ci campés dans ce lieu comme des ennemis, et nous en défendant l'entrée avec violence.

don manuel. Insensés ! Nul asile n'est-il donc à l'abri de votre rage aveugle ? Faut-il que votre haine pénètre jusque dans le séjour silencieux de l'innocence pour en troubler la paix ? (*Au second chœur.*) Retire-toi ; il y a ici des secrets qui ne permettent pas que tu restes ici. (*Voyant le chœur hésiter.*) Retire-toi : ton maître te l'ordonne par ma voix ; car nous n'avons à présent qu'une âme et qu'une pensée. Mes ordres sont les siens. Va. (*Au premier chœur.*) Toi, demeure et garde l'entrée.

deuxième chœur. *Bohemund.* Que faire ? Les princes sont réconciliés ; cela est certain ; et se jeter avec ardeur dans les querelles ou les combats des grands sans y être appelé, c'est souvent plus dangereux qu'utile. Car, lorsque les grands sont las de combattre, ils rejettent sur l'homme obscur qui les a servis sans défiance les apparences sanglantes du crime et se montrent sans tache. Laissons donc les princes s'accorder entre eux. Je pense qu'il est plus sage d'obéir. (*Le deuxième chœur se retire. Le premier se place au fond de la scène Au même instant, Béatrix paraît et se jette dans les bras de don Manuel.*)

BÉATRIX, DON MANUEL.

béatrix. C'est toi ! je te revois donc. Cruel ! tu m'as laissée longtemps, bien longtemps languir. Tu m'as livrée à la crainte et à l'angoisse ; mais n'en parlons plus. Je te revois. Dans tes bras chéris est mon asile, ma protection contre tous les dangers. Viens : ils sont loin ; nous pouvons fuir. Viens : ne perdons pas un instant. (*Elle veut l'entraîner et le regarde plus attentivement.*) Mais qu'as-tu donc ? Pourquoi cet air froid et solennel ? Tu t'arraches de mes bras comme si tu voulais t'éloigner de moi ! Je ne te reconnais plus. Est-ce bien don Manuel, mon époux, mon bien-aimé ?

don manuel. Béatrix !

BÉATRIX. Non, ne parle pas; ce n'est pas le temps de discourir. Partons au plus vite; viens : les moments sont précieux.

DON MANUEL. Reste : réponds-moi.

BÉATRIX. Partons, partons avant que ces hommes reviennent.

DON MANUEL. Reste ; ces hommes ne peuvent nous nuire.

BÉATRIX. Oh! tu ne les connais pas. Viens : fuyons.

DON MANUEL. Défendue par mon bras, que peux-tu craindre?

BÉATRIX. Oh! crois-moi, il y a ici des hommes puissants.

DON MANUEL. Nul, ô ma bien-aimé! n'est plus puissant que moi.

BÉATRIX. Toi seul contre un si grand nombre!

DON MANUEL. Moi seul! Ces hommes que tu crains...

BÉATRIX. Tu ne les connais pas, tu ne sais pas à qui ils obéissent.

DON MANUEL. Ils m'obéissent à moi, je suis leur souverain.

BÉATRIX. Tu es... Quel effroi traverse mon âme.

DON MANUEL. Apprends enfin, Béatrix, à me connaître. Je ne suis pas ce que je semblais être, un pauvre chevalier, un inconnu, un amant qui ne demandait que ton amour. Je t'ai caché qui je suis, quelle est mon origine, et quel est mon pouvoir.

BÉATRIX. Tu n'es pas don Manuel! Malheureuse! Qui es-tu?

DON MANUEL. Je me nomme don Manuel; mais je suis au-dessus de tous ceux qui portent ce nom dans cette ville. Je suis don Manuel, prince de Messine.

BÉATRIX. Tu serais don Manuel, frère de don César?

DON MANUEL. Don César est mon frère.

BÉATRIX. Il est ton frère?

DON MANUEL. Comment! cela t'effraie? Connais-tu

don César? Connais-tu encore quelqu'un de mon sang?

BÉATRIX. Tu es don Manuel qu'une haine irréconciliable et une lutte perpétuelle séparent de ton frère?

DON MANUEL. Nous sommes réconciliés. Dès aujourd'hui nous sommes frères non-seulement par la naissance, mais par le cœur.

BÉATRIX. Réconciliés dès aujourd'hui?

DON MANUEL. Parle. Que t'est-il arrivé? D'où vient cette émotion? Tu ne pouvais connaître ma famille que de nom. Sais-je tout ton secret? Ne m'as-tu rien caché? m'as-tu tout dit?

BÉATRIX. A quoi penses-tu? Comment? Que pourrais-je avoir à t'avouer?

DON MANUEL. Tu ne m'as encore rien dit de ta mère. Qui est-elle? La reconnaîtrais-tu si je te la dépeignais, si je te la faisais voir?

BÉATRIX. Tu la connais, tu la connais, et tu me l'as caché?

DON MANUEL. Malheur à toi! malheur à moi! si je la connais.

BÉATRIX. Oh! son aspect est doux comme la lumière du soleil. Je la vois devant moi. Mes souvenirs se réveillent, et sa céleste figure semble surgir du fond de mon âme. Je vois ses boucles de cheveux noirs qui ombragent le noble contour de son cou d'ivoire. Je vois le cercle de son front sans tache et l'éclat de ses grands yeux limpides. Les sons touchants de sa voix éveillent en moi...

DON MANUEL. Malheur à moi! c'est elle que tu dépeins.

BÉATRIX. Et c'est elle que je fuis. Devais-je l'abandonner le matin même du jour qui devait à jamais me réunir à elle? Oh! je sacrifie pour toi ma mère même.

DON MANUEL. La princesse de Messine sera ta mère. Je vais te conduire vers elle, elle t'attend.

III. 27

BÉATRIX. Que dis-tu ? Ta mère est celle de don César ? Tu veux me conduire à elle ? Oh ! jamais ! jamais !

DON MANUEL. Tu trembles ? Que signifie cette terreur ? Ma mère n'est-elle pas une étrangère pour toi ?

BÉATRIX. Ah ! triste et fatale découverte ! Ah ! pourquoi ai-je vu ce jour !

DON MANUEL. Qui peut te causer une telle angoisse, quand tu me connais, quand tu trouves le prince dans l'inconnu ?

BÉATRIX. Oh ! rends-moi l'inconnu. Je serais heureuse avec lui dans une île déserte.

DON CÉSAR, *derrière le théâtre.* Retirez-vous. Quelle est cette foule rassemblée ici ?

BÉATRIX. Dieux ! cette voix ! Où me cacher ?

DON MANUEL. Tu connais cette voix ? Non, tu ne l'as jamais entendue et tu ne peux la reconnaître.

BÉATRIX. Viens, fuyons. Ne nous arrêtons pas.

DON MANUEL. Pourquoi fuir ? C'est la voix de mon frère ; il me cherche. Je suis surpris, il est vrai, qu'il ait découvert...

BÉATRIX. Au nom de tous les saints, évite-le. Ne t'expose pas à son impétueuse rencontre. Fais qu'il ne te trouve pas dans ce lieu.

DON MANUEL. Chère âme, la crainte t'égare. Tu ne m'entends pas. Nous sommes réconciliés.

BÉATRIX. O ciel ! délivre-moi de cet instant.

DON MANUEL. Quel pressentiment ! Quelle pensée me saisit et me fait frissonner !... Serait-il possible ?... Cette voix ne te serait-elle pas étrangère ?... Béatrix ! tu étais... Je tremble de l'interroger... Tu étais aux funérailles de mon père ?

BÉATRIX. Malheur à moi.

DON MANUEL. Tu y étais ?

BÉATRIX. Ne sois pas irrité.

DON MANUEL. Malheureuse !

BÉATRIX. J'y étais.

DON MANUEL. Horreur !

BÉATRIX. Ce désir était trop violent. Pardonne-moi. Je t'avouerai ce désir ; mais toi tu reçus ma prière d'un air sombre et froid, et je me tus. Mais je ne sais quel astre malfaisant me poussait avec une force irrésistible ; il me fallut satisfaire à l'ardente impulsion de mon cœur. Le vieux serviteur me prêta son appui, et je te désobéis, et j'allai à ces funérailles. (*Elle se penche vers lui. Don César entre accompagné de tout le chœur.*)

LES DEUX FRÈRES, LES DEUX CHOEURS, BÉATRIX.

DEUXIÈME CHŒUR. *Bohemund, à don César.* Tu ne nous crois pas... Crois-en donc tes yeux.

DON CÉSAR *entre rapidement, et recule à l'aspect de son frère.* Illusion de l'enfer! Quoi! dans ses bras? (*Il s'approche de don Manuel.*) Vipère envenimée! c'est là ton amour? C'est ainsi que tu me trompes par ta fausse réconciliation? Oh! ma haine était la voix de Dieu. Descends aux enfers, cœur de serpent! (*Il le poignarde.*)

DON MANUEL. Je suis mort! — Béatrix!... mon frère! (*Il tombe et meurt. Béatrix tombe près de lui sans mouvement.*)

PREMIER CHŒUR. *Cajetan.* Au meurtre! au meurtre! Venez, prenez tous les armes. Que le sang soit vengé par le sang. (*Tous tirent l'épée.*)

DEUXIÈME CHŒUR. *Bohemund.* Félicitons-nous, la lutte est finie. Maintenant, Messine n'a plus qu'un maître.

PREMIER CHŒUR. *Cajetan.* Vengeance! vengeance! Que le meurtrier tombe! qu'il tombe pour expier son meurtre!

DEUXIÈME CHŒUR. *Bohemund.* Seigneur, ne crains rien ; nous te restons fidèles.

DON CÉSAR. Retirez-vous. J'ai tué mon ennemi, celui qui trompait mon cœur confiant, qui de l'amitié fraternelle me faisait un piége. Cette action paraît terrible et affreuse, cependant, c'est le juste ciel qui a jugé.

PREMIER CHŒUR. *Cajetan.* Malheur à toi, Messine!

malheur! malheur! malheur! un horrible forfait s'est accompli dans ton enceinte. Malheur aux mères et aux enfants, aux jeunes gens et aux vieillards! Malheur à ceux qui ne sont pas encore nés!

DON CÉSAR. La plainte vient trop tard. Apportez ici du secours. (*Il montre Béatrix.*) Rappelez-la à la vie; éloignez-la promptement de ce lieu de mort et de terreur. Je ne puis rester plus longtemps, ma sœur enlevée demande mes soins... conduisez-la dans les bras de ma mère, et dites-lui que c'est son fils don César qui la lui envoie. (*Il sort. Béatrix évanouie est placée sur un brancard et emportée par les hommes du chœur. Le premier chœur reste auprès du corps de don Manuel. Les jeunes gens qui portaient les ornements nuptiaux se rangent aussi autour de lui.*)

LE CHŒUR. *Cajetan.* Dites-moi, je ne puis comprendre et deviner comment tout cela est arrivé si promptement. Il y a longtemps que mon esprit voyait s'avancer à grands pas l'effrayante image de ce crime terrible et sanglant; cependant je me sens pénétré d'horreur quand je vois s'accomplir sous mes yeux ce que je n'avais encore fait qu'entrevoir dans mes pressentiments et mes craintes. Tout mon sang se glace dans mes veines devant cette épouvantable et décisive réalité.

UN HOMME DU CHŒUR. *Manfred.* Laissez retentir la voix de la douleur. Noble jeune homme, te voilà étendu sans vie, enlevé à la fleur de l'âge, saisi par la nuit de la mort sur le seuil de la chambre nuptiale. Mais qu'un gémissement profond et sans fin éclate sur le corps de celui qui est maintenant muet.

UN SECOND. *Cajetan.* Nous venons, nous venons avec la pompe d'une fête recevoir la fiancée. Les jeunes hommes apportent les riches vêtements, les présents de noces; la fête est préparée; les témoins sont là; mais l'époux n'entend plus rien; les chants de joie ne le réveilleront plus, car le sommeil des morts est profond.

TOUT LE CHŒUR. Il est lourd et profond le sommeil

des morts. La voix de la fiancée ne l'éveillera pas. Il n'entendra plus le son joyeux du cor. Il gît sur la terre, roide et immobile.

UN TROISIÈME. *Cajetan.* Qu'est-ce que les espérances? Qu'est-ce que les projets formés par l'homme périssable? Aujourd'hui vous vous embrassiez comme frères, vous étiez unis de cœur et de bouche, et ce soleil qui maintenant s'abaisse éclairait votre union; et te voilà couché dans la poussière, privé de la vie par la main de ton frère, portant au cœur une affreuse blessure! Qu'est-ce que les espérances? qu'est-ce que les projets fondés sur un sol trompeur par l'homme, ce fils de l'heure fugitive?

LE CHOEUR. *Bérenger.* Je veux te porter à ta mère. Quel malheureux fardeau! Abattons avec la hache meurtrière les branches de cyprès pour en faire un brancard. Jamais il ne produira rien de vivant, l'arbre qui a porté les fruits de la mort; jamais il ne grandira heureusement, jamais il ne prêtera son ombre au voyageur. Ce qui a été nourri par le sol de la mort doit être maudit et dévoué au service de la mort.

LE PREMIER. *Cajetan.* Malheur au meurtrier! malheur à celui qui a obéi à une fureur insensée! Le sang coule, coule et descend dans la terre. Là bas, dans une profondeur sans clarté, sans chant et sans voix, sont les filles de Thémis, qui n'oublient pas, qui jugent avec justice. Elles recueillent ce sang dans leurs vases noirs, et l'agitent et y mêlent la terrible vengeance.

LE SECOND. *Bérenger.* Sur cette terre éclairée par le soleil, les traces du crime s'effacent facilement, comme un léger mouvement s'efface sur le visage; mais rien ne se perd, rien ne s'évanouit de ce que les heures au cours mystérieux emportent dans leur sein obscur et fécond. Le temps est un sol productif, la nature est un grand corps vivant, et tout est fruit, tout est semence.

LE TROISIÈME. *Cajetan.* Malheur, malheur au meurtrier ! Malheur à celui qui a semé la semence de mort! Autre est l'aspect du crime avant qu'il soit commis, autre quand il est accompli. Dans l'émotion de la vengeance, il t'apparait animé et hardi ; mais, quand il est accompli, il t'apparait comme un pâle fantôme. Les terribles furies elles-mêmes agitaient contre Oreste leurs vipères infernales, et poussaient le fils à tuer sa mère. Elles savaient habilement tromper son cœur par les apparences sacrées de la justice. Mais dès qu'il a frappé le sein qui l'a porté avec amour, qui l'a nourri, voyez comme elles se retournent cruellement contre lui ; et il reconnait les vierges redoutables qui s'emparent du meurtrier, qui désormais ne le quitteront plus. Elles le livrent aux morsures éternelles de leurs serpents, elles le chassent sans repos de rivage en rivage, jusque dans le sanctuaire de Delphes. (*Le chœur se retire, emportant le corps de don Manuel sur un brancard.*)

Une salle soutenue par des colonnes. Il est nuit ; la scène est éclairée d'en haut par une grande lampe.

DONA ISABELLE et DIÉGO *entrent.*

ISABELLE. N'a-t-on aucune nouvelle de mes fils? A-t-on trouvé quelques traces de ma fille?

DIÉGO. Non, princesse ; mais vous pouvez tout espérer du zèle et du soin de vos fils.

ISABELLE. Ah! Diégo, que mon cœur est inquiet! Il dépendait de moi de prévenir ce malheur !

DIÉGO. N'enfoncez pas dans votre cœur l'aiguillon du remords. Quelle précaution avez-vous négligé de prendre?

ISABELLE. Si je l'avais plus tôt tirée de sa retraite, comme la voix puissante de mon cœur me le disait!

DIÉGO. La prudence vous le défendait. Vous avez

agi sagement; mais la suite est entre les mains de Dieu.

ISABELLE. Hélas! nulle joie n'est sans mélange. Sans ce malheur, ma félicité serait complète.

DIÉGO. Cette félicité n'est pas détruite, elle n'est que retardée. Jouissez maintenant de l'union de vos fils.

ISABELLE. Je les ai vus se presser sur le sein l'un de l'autre, doux spectacle que je n'avais pas encore contemplé.

DIÉGO. Et ce n'était pas une simple apparence. Cela venait du cœur, car leur franchise abhorre la contrainte du mensonge.

ISABELLE. Je vois aussi qu'ils sont capables d'éprouver un tendre sentiment, un doux penchant. Je découvre avec bonheur qu'ils honorent ce qu'ils aiment. Ils veulent renoncer à leur liberté sans frein; leur jeunesse ardente et impétueuse ne se soustrait pas au joug de la loi, et leur passion même est honnête. Je puis t'avouer maintenant, Diégo, que je voyais avec angoisse et terreur le moment où leurs sentiments prenaient ainsi l'essor. L'amour se tourne aisément en fureur dans des natures emportées. Si une étincelle funeste de jalousie venait à tomber dans ces âmes enflammées encore d'une vieille haine... Cette pensée me fait trembler. Leurs penchants, qui n'ont jamais été les mêmes, pouvaient se rencontrer malheureusement ici pour la première fois. Grâces au ciel! ce nuage qui m'est apparu sombre et menaçant, un ange l'a éloigné de moi, et mon cœur respire maintenant en liberté.

DIÉGO. Oui, réjouis-toi de ton œuvre; par un tendre sentiment, par une douce habileté, tu as fait ce que leur père n'avait pu faire avec toute la force de son autorité. C'est là ta gloire; cependant il faut en tenir compte aussi à ton heureuse destinée.

ISABELLE. J'y ai eu une grande part, le destin en a eu une grande aussi. Ce n'était pas une petite chose que de cacher un tel secret durant tant d'années, de tromper l'homme le plus clairvoyant, de contenir en mon cœur la force du sang qui, comme la flamme comprimée, s'efforçait d'échapper à cette contrainte.

diégo. Cette longue faveur du sort est pour moi le gage d'un dénoûment heureux.

isabelle. Je ne bénirai pas mon étoile avant d'avoir vu la fin de tout ceci. La disparition de ma fille m'avertit que mon mauvais génie ne dort pas encore. Tu peux me blâmer, Diégo, ou m'applaudir; mais je ne veux rien cacher à ta fidélité. Je ne pouvais me résigner à rester ici dans un oisif repos pendant que mes fils sont occupés à chercher les traces de leur sœur. J'ai agi aussi. Où l'art de l'homme est insuffisant, souvent le ciel se manifeste.

diégo. Apprends-moi ce que je dois savoir.

isabelle. Dans un ermitage construit sur les hauteurs de l'Etna, habite un pieux solitaire nommé par les anciens de la contrée le Vieux de la montagne. Ainsi placé plus près du ciel que la race errante des hommes, il a épuré ses pensées terrestres dans une atmosphère transparente, et du haut de la montagne, après ses années de retraite, il observe les jeux capricieux, les routes tortueuses et incompréhensibles de la vie. Le destin de ma maison ne lui est pas étranger; souvent le saint homme a pour nous interrogé le ciel et détourné par ses prières plus d'une malédiction. J'ai envoyé aussitôt vers lui un jeune et rapide messager pour qu'il me donne des nouvelles de ma fille, et à chaque instant j'attends le retour de ce messager.

diégo. Si mes yeux ne me trompent, princesse, le voilà qui arrive à la hâte. Sa célérité mérite des éloges.

Les précédents, LE MESSAGER.

isabelle. Parle; ne me cache ni le bien ni le mal; dis-moi nettement la vérité. Quelle réponse as-tu reçue du Vieux de la montagne?

LE MESSAGER. Il m'a dit de m'en retourner promptement, car celle qui était perdue est retrouvée.

ISABELLE. Heureuse voix! parole du ciel! tu avais toujours annoncé ce que je souhaitais. Et auquel de mes fils a-t-il été accordé de retrouver les traces de celle qui était perdue?

LE MESSAGER. Ton fils aîné a découvert sa profonde retraite.

ISABELLE. C'est à don Manuel que je la dois. Ah! il a toujours été pour moi un enfant de bénédiction. As-tu porté au religieux le cierge béni que je lui envoyais en présent pour brûler devant ses saints? Le pieux serviteur de Dieu dédaigne les dons qui réjouiraient les autres hommes.

LE MESSAGER. Il a pris en silence le cierge de mes mains; puis, s'avançant près de l'autel, il l'a allumé à la lampe qui brûle devant le saint patron, et tout à coup il a mis le feu à la cabane où il adore Dieu depuis quatre-vingt-dix-ans.

ISABELLE. Que dis-tu? Quelle frayeur tu éveilles en moi!

LE MESSAGER. Et criant par trois fois : Malheur! malheur! malheur! il est descendu en silence de la montagne, me faisant signe de ne pas le suivre, de ne pas regarder en arrière; et, chassé par l'effroi, je suis accouru ici.

ISABELLE. Ces paroles me rejettent dans le doute et dans les angoisses de l'incertitude. Que ma fille ait été retrouvée par mon fils aîné don Manuel, cette bonne nouvelle ne peut me réjouir, accompagnée de signes funestes.

LE MESSAGER. Regarde derrière toi, princesse, tu vois devant tes yeux la parole du solitaire s'accomplir; car tout me trompe, ou c'est ta fille que tu avais perdue, que tu cherchais, et qui est ramenée par les chevaliers compagnons de tes fils. (*Béatrix est apportée par le se-*

cond chœur sur un brancard. Elle est encore sans connaissance et sans mouvement.)

ISABELLE, DIÉGO, LE MESSAGER, BÉATRIX, LE CHŒUR.

LE CHŒUR. *Bohemund.* Pour accomplir l'ordre de notre maître, nous venons, princesse, déposer la jeune fille à tes pieds. C'est là ce qu'il nous a commandé de faire, et il nous a commandé aussi de te dire que c'est ton fils don César qui te l'envoie.

ISABELLE *s'est élancée vers Béatrix les bras ouverts, et recule effrayée.* O ciel! elle est pâle et sans vie!

LE CHŒUR. *Bohemund.* Elle vit; elle va se réveiller. Accorde-lui le temps de se remettre des choses étranges qui tiennent encore ses sens enchaînés.

ISABELLE. Mon enfant, enfant de ma douleur et de mes inquiétudes, est-ce ainsi que nous nous revoyons? Devais-tu entrer de la sorte dans la maison de ton père? Ah! que ta vie se rallume à la mienne! je veux te presser sur mon sein maternel jusqu'à ce que tes artères, délivrées de ce froid mortel, recommencent à battre. (*Au chœur.*) Qu'est-il arrivé de terrible? Où l'as-tu trouvée? Comment cette chère enfant se trouve-t-elle dans cette affreuse et déplorable situation?

LE CHŒUR. *Bohemund.* Ne me le demande pas; ma bouche est muette. Ton fils don César t'expliquera tout, car c'est lui qui te l'envoie.

ISABELLE. Mon fils don Manuel, veux-tu dire?

LE CHŒUR. Ton fils don César te l'envoie.

ISABELLE, *au messager.* N'est-ce pas don Manuel que le solitaire t'avait nommé?

LE MESSAGER. Oui, princesse, c'est ce qu'il a dit.

ISABELLE. Qui que ce soit, il réjouit mon cœur. Je lui dois ma fille, qu'il soit béni. Oh! faut-il qu'un démon envieux empoisonne le bonheur d'un instant ardemment souhaité? faut-il que je combatte mon ravissement? Je vois ma fille dans la maison de son père, mais elle ne me voit pas, elle ne m'entend pas, elle ne peut répondre à la joie de sa mère. Oh! ouvrez-vous, beaux yeux; ranimez-vous, mains chéries. Soulève-toi, sein inanimé, et palpite de joie. Diégo, c'est ma fille, celle qui resta longtemps cachée, celle que j'ai sauvée; je puis la reconnaître devant le monde entier.

LE CHŒUR. *Bohemund.* Je crois entrevoir devant moi un étrange et nouveau sujet de terreur; j'attends avec émotion l'explication et la fin de l'erreur.

ISABELLE, *au chœur qui manifeste de la surprise et de l'embarras.* Oh! vos cœurs sont donc impénétrables; votre poitrine avec sa cuirasse d'airain repousse comme les rocs escarpés de la mer la joie que j'éprouve et la refoule dans mon cœur. En vain je cherche dans tout ce cercle un regard sensible. Où s'arrêtent mes fils? Je voudrais trouver dans un regard une expression d'intérêt. Je suis ici comme entourée des animaux sans compassion du désert ou des monstres de l'Océan.

DIÉGO. Elle ouvre les yeux; elle se meut; elle vit.

ISABELLE. Elle vit? Ah! que son premier regard soit pour sa mère!

DIÉGO. Ses yeux se referment avec effroi.

ISABELLE, *au chœur.* Retirez-vous; l'aspect de ces étrangers l'épouvante.

LE CHŒUR *se retire. Bohemund.* J'éviterai volontiers son regard.

DIÉGO. Elle fixe sur toi des yeux étonnés.

BÉATRIX. Où suis-je? Je connais ces traits.

ISABELLE. Elle recouvre peu à peu le sentiment.

DIÉGO. Que fait-elle? Elle tombe à genoux.

BÉATRIX. O doux et angélique visage de ma mère!

ISABELLE. Enfant de mon cœur, viens dans mes bras.

BÉATRIX. Tu vois à tes pieds la coupable.

ISABELLE. Je te revois, tout est oublié.

DIÉGO. Regarde-moi aussi. Reconnais-tu mes traits?
BÉATRIX. La tête blanche de l'honnête Diégo!
ISABELLE. Le fidèle gardien de ton enfance.
BÉATRIX. Je me retrouve parmi les miens.
ISABELLE. Et désormais rien ne peut nous séparer que la mort.
BÉATRIX. Tu ne me banniras plus parmi les étrangers?
ISABELLE. Rien ne nous séparera plus; le destin est apaisé.
BÉATRIX *se jette dans ses bras.* Suis-je en effet sur ton cœur, et ce que j'ai éprouvé était-il un rêve, un rêve pénible et affreux? O ma mère! je l'ai vu tomber mort à mes pieds. Comment suis-je venue ici? je ne m'en souviens pas. Que je suis heureuse de me trouver ainsi libre dans tes bras! Ils voulaient me conduire vers leur mère, la princesse de Messine. Plutôt la mort!
ISABELLE. Reviens à toi, ma fille. La princesse de Messine...
BÉATRIX. Ne la nomme plus; à ce nom fatal, le froid de la mort se répand dans mes veines.
ISABELLE. Écoute-moi.
BÉATRIX. Elle a deux fils qui se haïssent mortellement. On les nomme don Manuel et don César.
ISABELLE. C'est moi-même. Reconnais-tu ta mère?
BÉATRIX. Que dis-tu? Quel mot as-tu prononcé?
ISABELLE. Je suis la princesse de Messine, ta mère.
BÉATRIX. Tu es la mère de don Manuel et de don César?
ISABELLE. Et la tienne; tu as nommé tes frères.
BÉATRIX. Malheur! malheur à moi? O épouvantable lumière!
ISABELLE. Qu'as-tu donc? Qu'est-ce qui t'agite si violemment?
BÉATRIX *promène autour d'elle un regard égaré et aperçoit le chœur.* Ce sont eux. Oui, maintenant, mainte-

nant je les reconnais. Ce n'est pas un songe qui m'a trompée ; ce sont eux. Ils étaient là. C'est l'affreuse vérité. Malheureux! où l'avez-vous caché? (*Elle s'avance à grands pas vers le chœur qui se détourne. On entend dans l'éloignement le bruit d'une marche funèbre.*)

LE CHŒUR. Malheur! malheur!

ISABELLE. Qui ont-ils caché? Qu'est-ce qui est vrai? Vous êtes muets et interdits ; vous semblez la comprendre. Je remarque dans vos yeux, dans votre voix entrecoupée, quelque chose de malheureux qui m'est réservé... Qu'y a-t-il? je veux le savoir. Pourquoi tournez-vous avec terreur vos regards du côté de la porte? Qu'est-ce que ces sons que j'entends?

LE CHŒUR. *Bohemund.* Le moment approche ; l'affreux mystère va s'éclaircir. Sois forte, princesse, affermis ton cœur ; supporte avec énergie ce qui t'attend. Montre une mâle fermeté dans cette douleur mortelle.

ISABELLE. Qui est-ce qui approche? Qui est-ce qui m'attend? J'entends le son des gémissements funèbres retentir dans ce palais... Où sont mes fils? (*Le premier chœur apporte le corps de don Manuel sur un brancard, et le place sur le côté de la scène qui est resté vide. Un voile noir le recouvre.*)

ISABELLE, BÉATRIX, DIÉGO, LES DEUX CHŒURS.

PREMIER CHŒUR. *Cajetan, Bérenger, Manfred.* A travers les rues des villes le malheur s'en va suivi des gémissements. Il rôde furtivement autour des habitations des hommes. Aujourd'hui il frappe à cette porte, demain à celle-là ; mais nul n'est épargné. Le douloureux et funeste messager viendra tôt ou tard se placer sur le seuil de chaque maison habitée par les vivants.

Bérenger.

Quand les feuilles tombent au déclin de l'année, quand les vieillards épuisés descendent au tombeau, la nature obéit tranquillement à ses antiques lois, à un ordre éternel, et il n'y a rien là qui épouvante l'homme.

Mais, dans cette terrestre vie, apprenez aussi à connaître l'extraordinaire : le meurtre de sa main puissante brise aussi les liens les plus sacrés. Dans la barque du Styx, la mort entraîne aussi la jeunesse florissante.

Cajetan.

Quand les nuages amoncelés obscurcissent le ciel, quand le tonnerre fait entendre ses sonores roulements, alors tous les cœurs se sentent au pouvoir terrible du destin. Mais le tonnerre peut aussi tomber d'un ciel sans nuages. Ainsi, dans les jours de joie, redoutez l'approche perfide du malheur. Que votre cœur ne soit point attaché aux biens qui ornent la vie passagère! Que celui qui possède apprenne à perdre ; que celui qui est heureux apprenne à souffrir.

ISABELLE. Que dois-je entendre? Que cache ce voile? (*Elle fait un pas vers le brancard, puis s'arrête tremblante et irrésolue.*) Je me sens entraînée ici par une affreuse impulsion, et retenue en même temps par la main froide et sinistre de la terreur. (*A Béatrix, qui s'est placée entre elle et le brancard.*) Laisse-moi. Quoi qu'il en soit, je veux lever ce voile. (*Elle lève le voile et découvre le cadavre de don Manuel.*) O puissances du ciel! c'est mon fils! (*Elle demeure immobile d'effroi. Béatrix jette un cri et tombe près du brancard.*)

LE CHŒUR. *Cajetan, Bérenger, Manfred.* Malheureuse mère! c'est ton fils! Tu as toi-même prononcé ces paroles lamentables. Elles ne sont pas sorties de mes lèvres.

ISABELLE. Mon fils! mon Manuel! O éternelle miséricorde! est-ce ainsi que je dois te retrouver! Fallait-il que tu donnasses ta vie pour arracher ta sœur des mains des brigands? Où était ton frère? Pourquoi son bras n'a-t-il pu te protéger? Oh! maudite soit la main qui a fait cette blessure! Maudite soit celle qui a enfanté le meurtrier de mon fils! maudite soit toute sa race!

LE CHŒUR. Malheur! malheur! malheur! malheur!

ISABELLE. Est-ce ainsi que vous me tenez parole, puissances du ciel? Est-ce là votre vérité! Malheur à celui qui se fie à vous dans la droiture de son cœur! Pourquoi mon espoir et pourquoi ma crainte, si telle devait être la dernière issue? Vous qui m'entourez ici avec effroi, et qui repaissez vos regards de ma douleur, apprenez à connaître les mensonges par lesquels les rêves et les devins nous abusent, et croyez encore à l'oracle des dieux. Lorsque cette fille était dans mon sein, son père rêva un jour qu'il voyait sortir de sa couche nuptiale deux lauriers qui entrelaçaient leurs épais rameaux. Entre les deux s'élevait un lis qui devint une flamme, qui dévora les branches éparses des lauriers, et qui, s'élançant avec fureur vers la voûte, embrasa et consuma en un instant dans un épouvantable incendie le palais tout entier. Effrayé de cette étonnante apparition, votre père consulta un devin, un noir magicien, qui lui répondit que si je mettais au monde une fille, elle donnerait la mort à mes deux fils et anéantirait ma race.

LE CHŒUR. *Cajetan et Bohemund.* Princesse, que dis-tu? Malheur! malheur!

ISABELLE. Son père donna l'ordre de la mettre à mort; mais je l'ai soustraite à cet affreux arrêt. La pauvre malheureuse! elle fut enlevée toute jeune au sein de sa mère, afin de ne pas faire périr ses frères dans un âge plus avancé. Maintenant son frère tombe par la main des brigands; ce n'est pas elle, innocente, qui l'a tué.

LE CHŒUR. Malheur! malheur! malheur! malheur!

ISABELLE. La sentence d'un serviteur des idoles ne m'inspirait aucune confiance. Une espérance meilleure raffermit mon âme. Une autre bouche, que je regardais comme véridique, m'annonça que ma fille réunirait par un ardent amour le cœur de mes fils. Ainsi les oracles se contredisent et amassent en même temps la bénédiction et la malédiction sur la tête de ma fille. La malheureuse n'a pas mérité la malédiction, et le temps ne lui a pas été accordé pour accomplir la bénédiction. Les deux oracles ont menti. L'art des devins n'est qu'un vain néant. Ils se trompent ou nous trompent. On ne peut rien savoir de vrai sur l'avenir, ni par celui qui puise aux sources infernales, ni par celui qui puise à la source de la lumière.

PREMIER CHŒUR. *Cajetan.* Malheur! malheur! Que dis-tu? Arrête, arrête. Retiens les paroles qui échappent à ta langue téméraire. Les oracles voient et atteignent la vérité; l'événement montrera leur véracité.

ISABELLE. Je ne retiendrai pas mes paroles; je parlerai hautement comme mon cœur me l'ordonne. Pourquoi visitons-nous les édifices religieux? Pourquoi élevons-nous nos mains pieuses vers le ciel? Ô naïfs insensés, que gagnons-nous avec notre confiance? Il est aussi impossible d'atteindre les dieux, ces habitants des hautes régions, que de lancer une flèche dans la lune. L'avenir est fermé aux mortels, et nulle prière ne pénètre dans un ciel d'airain. Que l'oiseau vole à droite ou à gauche, que les étoiles soient dans telle ou telle situation, qu'importe? Il n'y a dans le livre de la nature aucun sens. L'interprétation des songes est un songe, et tous les signes sont trompeurs.

DEUXIÈME CHŒUR. *Bohemund.* Arrête, infortunée. Malheur! malheur! Les regards aveugles nient l'éclatante lumière du soleil. Les dieux existent. Reconnais-les, ils t'entourent et sont terribles.

TOUS LES CHEVALIERS. Les dieux existent. Reconnais-les, ils t'entourent et sont terribles.

BÉATRIX. Ô ma mère, ma mère! pourquoi m'as-tu sauvée? pourquoi ne m'as-tu pas abandonnée à cette malédiction qui me poursuivait déjà avant que je fusse née! Oh! faible prévoyance d'une mère! Pourquoi te croyais-tu plus sage que ceux qui voient tout, qui connaissent l'enchaînement des temps présents et des temps futurs, et voient les semences tardives germer dans l'avenir? Pour ta ruine, pour la mienne, pour notre ruine à tous, tu as dérobé aux dieux de la mort la proie qu'ils réclament. Maintenant ils en prennent eux-mêmes une double, une triple. Je ne te remercie pas de ce triste bienfait; tu m'as conservée pour la douleur et les larmes.

PREMIER CHŒUR. *Cajetan, avec une vive émotion, regardant du côté de la porte.* Rouvrez-vous, cruelles blessures, coulez, coulez et répandez de noirs ruisseaux de sang.

Bérenger.

J'entends le bruit des pieds d'airain, j'entends le sifflement des vipères de l'enfer, je reconnais le pas des furies.

Cajetan.

Murailles, ébranlez-vous. Seuil de ce palais, engloutis-toi sous ces pas redoutables. Une noire vapeur monte, monte du fond de l'abîme. La douce lumière du jour s'évanouit. Les dieux protecteurs de cette maison se retirent et cèdent la place aux déesses de la vengeance.

DON CÉSAR, ISABELLE, BÉATRIX, LES CHŒURS.

A l'arrivée de don César, le chœur se divise des deux côtés du théâtre. Il reste seul au milieu de la scène.

BÉATRIX. Malheur à moi! c'est lui.

ISABELLE *va à sa rencontre.* O mon fils César! est-ce ainsi que je dois te revoir? Regarde, et vois le crime commis par une main maudite de Dieu. (*Elle le conduit près du cadavre. Don César recule avec effroi et se voile le visage.*)

PREMIER CHŒUR. *Cajetan, Bérenger.* Rouvrez-vous, cruelles blessures, coulez, coulez, et répandez des ruisseaux de sang noir.

ISABELLE. Tu frémis et tu restes pétrifié... Oui, voilà tout ce qui reste de ton frère. Là gisent mes espérances. La fleur de votre amitié a péri dans son germe naissant, et je n'en verrai pas les heureux fruits.

DON CÉSAR. Console-toi, ma mère; nous voulions sincèrement la paix, mais le ciel a voulu du sang.

ISABELLE. Oh! je sais que tu l'aimais. Je voyais avec ravissement les doux liens qui se formaient entre vous. Tu voulais le porter dans ton cœur, réparer avec usure les années perdues. Le meurtre sanglant a devancé ton affection. Maintenant tu ne peux que le venger.

DON CÉSAR. Viens, ma mère, viens; ne reste pas en ce lieu. Arrache-toi à ce malheureux spectacle. (*Il veut l'entraîner.*)

ISABELLE *se jette dans ses bras.* Tu vis encore! tu me restes seul maintenant.

BÉATRIX. Malheureuse mère! que fais-tu?

DON CÉSAR. Épuise tes larmes sur ce cœur fidèle. Ton fils n'est pas perdu. Son amour est à jamais dans le sein de don César.

PREMIER CHŒUR. *Cajetan.* Rouvrez-vous, cruelles blessures, coulez, coulez, et répandez des ruisseaux de sang noir.

ISABELLE, *prenant la main de don César et de Béatrix.* O mes enfants!

DON CÉSAR. Combien je suis ravi de la voir dans tes bras, ma mère! Oui, elle est ta fille... Quant à ma sœur...

ISABELLE, *l'interrompant.* Je te remercie, mon fils! tu as tenu ta parole : tu l'as sauvée et tu me l'as envoyée.

DON CÉSAR, *étonné.* Qui dis-tu, ma mère, que je t'ai envoyé?

ISABELLE. Celle que tu vois devant toi, ta sœur.

DON CÉSAR. Elle, ma sœur?

ISABELLE. Quelle autre?

DON CÉSAR. Ma sœur?

ISABELLE. Que tu m'as toi-même envoyée !
DON CÉSAR. Et sa sœur, à lui ?
LE CHŒUR. Malheur ! malheur ! malheur !
BÉATRIX. O ma mère !
ISABELLE. Je suis surprise... Parlez.
DON CÉSAR. Maudit soit le jour où je suis né !
ISABELLE. Qu'as-tu donc ? Dieu !
DON CÉSAR. Maudit soit le sein qui m'a porté ! Maudit soit ton silence mystérieux, qui a produit toutes ces horreurs ! Que la foudre qui doit t'écraser tombe enfin ! je ne la retiendrai pas plus longtemps par mes ménagements. Apprends donc que c'est moi-même qui ai tué mon frère, parce que je l'ai surpris dans les bras de Béatrix. C'est elle que j'aime, que j'avais choisie pour épouse... mais je trouvai mon frère dans ses bras. Maintenant tu sais tout. Si elle est véritablement sa sœur et la mienne, je suis coupable d'un crime que nul repentir, nulle expiation ne peuvent faire oublier.

LE CHŒUR. *Bohemund.* Il a dit. Tu l'as entendu. Tu sais ton affreux malheur ; tu n'as plus rien à apprendre. Ce que le devin avait annoncé est accompli ; car personne n'échappe au destin qui pèse sur lui, et celui qui croit l'éviter par sa prudence travaille lui-même à l'accomplir.

ISABELLE. Et que m'importe encore que les dieux soient vrais ou menteurs ! Ils m'ont fait le plus grand mal ; je les défie maintenant de me frapper plus rudement. Celui qui n'a plus rien à redouter ne les redoute pas : mon fils chéri est là, mort devant moi, et je me sépare moi-même de celui qui lui survit. Il n'est pas mon fils. J'ai enfanté, j'ai nourri de mon sein un monstre qui devait donner la mort à mon excellent fils... Viens, ma fille ; nous ne devons plus rester ici. J'abandonne cette maison aux dieux vengeurs. Un crime m'y avait amenée, un crime m'en chasse... J'y suis entrée par la contrainte, je l'ai habitée avec effroi, et je la quitte dans le désespoir. J'ai souffert tout cela sans être coupable ; mais les oracles ont raison, et les dieux sont satisfaits. (*Elle sort. Diégo la suit.*)

BÉATRIX, DON CÉSAR, LE CHŒUR.

DON CÉSAR, *retenant Béatrix*. Reste, ma sœur ; ne me quitte pas ainsi. Que ma mère me maudisse, que ce sang crie vengeance contre moi, que tout le monde me condamne, mais toi ne me maudis pas. De toi je ne puis le supporter. (*Béatrix jette un regard sur le corps de don Manuel.*) Ce n'est pas ton amant que j'ai tué, c'est ton frère et le mien. Celui qui est mort ne t'appartient pas de plus près que celui qui est vivant, et moi je mérite plus de pitié, car il est mort innocent, et je suis criminel. (*Béatrix fond en larmes.*) Pleure ton frère, je pleurerai avec toi, et, de plus, je te vengerai. Mais ne pleure pas ton amant. Je ne puis supporter que tu accordes au mort cette préférence. Laisse-moi puiser dans l'abîme sans fond de nos douleurs une seule, une dernière consolation. Laisse-moi croire qu'il ne t'appartient pas plus que moi. La révélation de notre destinée terrible rend nos droits égaux comme nos malheurs. Enveloppés dans le même piège, tous trois enfants d'une même mère, nous succombons de même, et nous avons le même droit à des larmes amères. Mais si je pensais que ta douleur s'adressât à l'amant plus qu'au frère, la rage et l'envie se mêleraient à mes regrets, et la dernière consolation de ma douleur m'abandonnerait ; je n'offrirais pas avec joie la dernière victime à ses mânes ; mais mon âme ira la rejoindre doucement, si je sais que tu réuniras ma cendre à la sienne dans une même urne. (*Il l'enlace dans ses bras avec une vive tendresse.*) Je t'aimais comme je n'avais jamais aimé, quand tu n'étais encore pour moi qu'une étrangère. Et parce que je t'aimais au-delà de toute expression, je porte la malédiction du meurtre d'un frère. Mon amour pour toi fut tout mon crime. Maintenant tu es ma sœur, et je réclame ta compassion comme un pieux tribut. (*Il l'interroge des yeux avec anxiété, puis se détourne vivement d'elle.*) Non, non, je ne puis voir ces larmes. En présence de ce mort, le courage m'abandonne, et le doute me déchire le sein. Laisse-moi mon erreur. Pleure en secret ; ne me revois jamais, plus jamais. Je ne veux revoir ni toi ni ta mère. Elle ne m'a jamais aimé ; son cœur s'est trahi ; la douleur l'a dévoilé. Elle l'a appelé son excellent fils. Toute sa vie, elle a pratiqué ainsi la dissimulation. Et tu es fausse comme elle. Ne te contrains pas ; montre-moi ton aversion. Tu ne reverras plus mon visage abhorré. Adieu à jamais. (*Il s'éloigne. Elle reste indécise, en proie à une lutte intérieure, puis elle se décide et sort.*)

LE CHŒUR. *Cajetan.* Il doit être cité comme un homme heureux celui qui, dans le calme des champs, loin des embarras confus de la vie, repose avec un amour d'enfant au sein de la nature. Mon cœur se sent oppressé dans le palais des grands, quand je vois en un instant rapide les plus grands, les meilleurs précipités du faîte de la prospérité.

Heureux aussi celui qui a suivi une pieuse vocation, qui se retire à temps des vagues orageuses de la vie et se réfugie dans la paisible cellule d'un cloître. Il rejette loin la dangereuse ambition des honneurs et le goût des vains plaisirs, et les désirs insatiables sont assoupis dans son âme tranquille. Le pouvoir impétueux des passions ne le saisit plus dans le tourbillon de la vie. Jamais, dans sa retraite sans orages, il ne voit la triste image de l'humanité. Le crime et l'adversité ne s'élèvent qu'à une certaine hauteur. De même que la peste fuit les lieux élevés et se répand dans l'infection des villes, de même la liberté habite sur les montagnes. Les exhalaisons de la tombe ne s'élèvent pas dans un air pur. Le monde est parfait partout où l'homme ne porte pas ses misères.

DON CÉSAR, LE CHOEUR.

DON CÉSAR, *avec une contenance plus ferme.* Je viens user pour la dernière fois de mon autorité de souverain. Ce corps précieux sera déposé dans le tombeau ; c'est là le dernier domaine des morts. Écoutez ensuite mes graves résolutions, et agissez ponctuellement comme je vous l'aurai ordonné. Vous vous rappelez encore le triste devoir que vous avez rempli, car il n'y a pas longtemps que vous avez porté au tombeau le corps de votre prince. Les chants de mort ont à peine cessé de se faire entendre dans ces murs, et un cadavre suit de près un autre cadavre ; un flambeau funéraire s'allume aux autres flambeaux, et les deux cortéges lugubres peuvent se rencontrer sur les marches souterraines. Ordonnez donc une funèbre solennité dans l'église du château, qui renferme les restes de mon père ; que les portes soient fermées, et que tout se fasse comme cela a déjà été fait.

LE CHOEUR. *Bohemund.* Ces préparatifs seront promptement terminés, seigneur, car le catafalque, monument de cette grave cérémonie, est encore debout ; nulle main n'a touché à l'édifice de la mort.

DON CÉSAR. Si l'entrée du tombeau est restée ouverte dans la demeure des vivants, ce n'était pas un heureux signe. Et d'où vient que le triste appareil n'a pas été démoli après la cérémonie ?

LE CHOEUR. *Bohemund.* Le malheur du temps, la déplorable discorde qui éclata peu après et divisa Messine, détourna notre attention du mort, et le sanctuaire demeura clos et abandonné.

DON CÉSAR. Allez donc à la hâte faire votre tâche. Que cette nuit même l'œuvre lugubre soit achevée ! Que le soleil de demain trouve la maison purgée de crimes et éclaire une race plus heureuse ! (*Le second chœur s'éloigne en emportant le corps de don Manuel.*)

LE PREMIER CHOEUR. *Cajetan.* Dois-je appeler ici la

pieuse confrérie des moines des environs pour qu'elle célèbre, selon l'antique usage de l'Église, l'office des âmes, et accompagne avec ses chants le défunt au repos éternel ?

DON CÉSAR. Ces chants religieux pourront éternellement retentir sur notre tombeau à la lueur des cierges ; aujourd'hui il n'est pas besoin de leur saint ministère. Le meurtre sanglant repousse les choses saintes.

LE CHŒUR. *Cajetan.* Ne prends, seigneur, aucune résolution violente. N'agis pas contre toi-même avec la rage du désespoir. Personne au monde n'a le droit de te punir, et une pieuse expiation apaise la colère du ciel.

DON CÉSAR. S'il n'y a personne au monde qui ait le droit de me juger et de me punir, c'est à moi à remplir ce devoir envers moi-même. Le ciel, je le sais, accepte la pénitence du péché, mais le sang ne peut être expié que par le sang.

LE CHŒUR. *Cajetan.* Tu devrais résister aux catastrophes qui pèsent sur cette maison, et non pas entasser malheur sur malheur.

DON CÉSAR. Je mets en mourant une fin à l'ancienne malédiction de cette maison. La mort volontaire peut seule briser la chaîne du destin.

LE CHŒUR. *Cajetan.* Tu dois un souverain à cette terre orpheline, puisque tu nous as enlevé l'autre.

DON CÉSAR. Il faut d'abord que j'acquitte ma dette envers les dieux de la mort. Un autre dieu prendra soin des vivants...

LE CHŒUR. *Cajetan.* Tant que la lumière du soleil brille à nos yeux, il y a de l'espoir. La mort seule ne nous en laisse point. Songes-y bien.

DON CÉSAR. Et toi, songe à remplir en silence tes devoirs de serviteur. Laisse-moi obéir à l'esprit terrible qui me fait agir. Nulle créature heureuse ne peut voir le fond de mon âme. Si tu n'honores pas et ne crains pas en moi le souverain, crains le criminel sur lequel pèse la plus lourde malédiction. Honore le malheureux, dont la tête est sacrée même pour les dieux. Celui qui a éprouvé ce que je souffre n'a plus aucun compte à rendre aux êtres terrestres.

ISABELLE, DON CÉSAR, LE CHOEUR.

ISABELLE *entre d'un pas tremblant et jette sur don César un regard incertain ; puis elle s'approche de lui et lui parle avec assurance.* Mes yeux ne devaient plus te voir. C'est là ce que je m'étais promis dans ma douleur. Mais le vent emporte les résolutions qu'une mère égarée par la fureur peut prendre contre la voix de la nature. Mon fils, une nouvelle sinistre m'a tirée de ma solitude déserte et de ma douleur. Dois-je y croire? Est-il vrai qu'un même jour doive me ravir mes deux fils?

LE CHOEUR. *Cajetan.* Tu le vois fermement résolu à franchir d'un pas assuré les portes de la mort. Éprouve maintenant la force du sang, le pouvoir des prières d'une mère. J'ai vainement employé mes paroles.

ISABELLE. Je révoque les imprécations que dans la folie de mon désespoir j'ai fait tomber sur ta tête chérie. Une mère ne peut maudire le fils qu'elle a porté dans son sein et enfanté avec douleur. Le ciel n'écoute pas ces vœux impies; du haut des voûtes brillantes, ils retombent chargés de larmes. Vis, mon fils ; j'aime mieux voir le meurtrier de mon enfant que de les pleurer tous deux.

DON CÉSAR. Tu ne réfléchis pas, ma mère, à ce que tu désires pour toi et pour moi. Ma place ne peut plus être parmi les vivants. Quand tu pourrais, toi, mère, supporter l'aspect d'un fils abhorré des dieux, moi je ne supporterais pas les muets reproches de ton éternelle douleur.

ISABELLE. Nul reproche ne te blessera. Nulle plainte ouverte ou silencieuse ne percera ton cœur. Ma désolation se changera en une paisible tristesse. Nous déplorerons ensemble notre malheur, et nous voilerons le crime.

DON CÉSAR *lui prend la main, et dit d'une voix adoucie.* Tu seras telle que tu le dis, ma mère ; ta désolation se changera en une paisible tristesse. Mais quand un même convoi réunira la victime et le meurtrier, quand une même tombe renfermera leur poussière, la malédiction sera désarmée, alors tu ne sépareras plus tes deux fils. Les larmes versées par tes beaux yeux couleront pour l'un comme pour l'autre. La mort est un puissant intercesseur. Alors les feux de la colère s'éteignent, la haine s'apaise, la douce pitié, sous l'image d'une sœur, pleure en serrant dans ses bras l'urne funèbre. Ne m'arrête donc pas, ma mère, laisse-moi descendre dans la tombe et apaiser le sort.

ISABELLE. La religion chrétienne possède un grand nombre d'images miséricordieuses aux pieds desquelles un cœur agité peut trouver le repos. Dans la maison de Lorette, plus d'un coupable a été délivré de son lourd fardeau. Un pouvoir céleste et plein de bénédictions réside auprès du saint tombeau qui a délivré le monde du péché. La prière des fidèles a aussi un grand pouvoir ; elle a un grand mérite aux yeux de Dieu ; et, à l'endroit où le meurtre a été commis, un temple expiatoire peut s'élever.

DON CÉSAR. On retire bien la flèche du cœur, mais la blessure ne peut être guérie. Se soumette qui voudra à une vie de pénitence, à l'anéantissement graduel produit par la rigoureuse expiation d'une faute éternelle ! pour moi, ma mère, je ne puis vivre avec le cœur brisé. Il faut que je regarde d'un œil joyeux ceux qui sont joyeux, que je m'élance avec un esprit libre vers le ciel éthéré. L'envie empoisonnait mon existence quand nous partagions également ton amour. Crois-tu que je supporterais l'avantage que ta douleur lui donnerait sur moi ? La mort a un pouvoir qui purifie ; dans ses demeures impérissables, les choses de la terre ont l'éclat de la vraie vertu, les taches et les défauts de l'humanité sont effacés. Autant les étoiles sont au-dessus de la terre, autant il serait au-dessus de moi. Si une vieille envie nous a séparés pendant le cours de notre existence, quand nous étions égaux et frères, ne rongerait-elle pas sans relâche mon cœur, maintenant qu'il a acquis sur moi l'avantage de l'éternité, et que, sorti des luttes de ce monde, il se perpétuera comme un dieu dans la mémoire des hommes?

ISABELLE. Ne vous ai-je donc appelés à Messine que pour vous ensevelir tous deux? Je vous ai fait venir ici pour vous réconcilier, et un destin funeste tourne contre moi toutes mes espérances.

DON CÉSAR. Ne te plains pas de ce dénoûment, ma mère; tout ce qui avait été annoncé est accompli. Nous avons passé par cette porte avec des espérances de paix, nous reposerons paisiblement ensemble et réconciliés pour toujours dans la demeure de la mort.

ISABELLE. Vis, mon fils. Ne laisse point ta mère sans amis sur la terre étrangère, en proie aux railleries des cœurs grossiers, parce que la puissance de ses fils ne la protége plus.

DON CÉSAR. Si le monde froid et cruel te dédaigne, réfugie-toi auprès de notre tombe et invoque le divin pouvoir de tes fils; car alors nous serons des êtres célestes, nous t'entendrons; et, comme ces astres jumeaux propices au navigateur, nous nous approcherons de toi pour te consoler et rendre la force à ton âme.

ISABELLE. Vis, mon fils, vis pour ta mère. Je ne puis me résigner à tout perdre. (*Elle l'enlace dans ses bras avec une ardeur passionnée. Il se dégage doucement, lui présente la main et détourne les yeux.*)

DON CÉSAR. Adieu.

ISABELLE. Hélas! je vois maintenant avec douleur que ta mère n'a aucun pouvoir sur toi. Une autre voix sera-t-elle plus puissante sur ton cœur que la mienne?

(*Elle va vers le fond du théâtre.*) Viens, ma fille. Puisqu'un frère mort l'entraîne avec tant de force dans la tombe, peut-être sa sœur chérie pourra-t-elle le rappeler à la clarté du jour avec le prestige des douces espérances de la vie.

BÉATRIX *paraît au fond du théâtre.* ISABELLE, DON CÉSAR, LE CHOEUR.

DON CÉSAR, *vivement ému à cet aspect, se cache le visage.* O ma mère, ma mère! à quoi penses-tu?

ISABELLE *amène sa fille.* Ta mère l'a en vain supplié. Implore-le, conjure-le de vivre.

DON CÉSAR. Oh! artifice maternel! c'est ainsi que tu m'éprouves! Tu veux encore me livrer à un nouveau combat. Tu veux me rendre la lumière du soleil plus précieuse au moment où je vais partir pour l'éternelle nuit. L'ange gracieux de la vie est là devant moi ; il répand de sa corne d'abondance des fleurs embaumées et des fruits dorés. Mon cœur s'épanouit aux rayons ardents du soleil, et dans mon sein, déjà saisi par la mort, l'espérance se réveille avec l'amour de la vie.

ISABELLE. Conjure-le de ne pas nous enlever notre appui. Il t'écoutera, ou n'écoutera personne.

BÉATRIX. La mort de celui qui était aimé exige une victime. Il faut qu'il y en ait une, ma mère ; mais laisse-moi être cette victime. J'étais dévouée à la mort avant que d'être née. La malédiction qui poursuit cette maison me réclame, et ma vie est un larcin fait au ciel. C'est moi qui l'ai tué ; c'est moi qui ai réveillé la furie assoupie de vos combats. C'est à moi à apaiser ses mânes.

LE CHOEUR. *Cajetan.* O malheureuse mère! tes enfants courent à l'envi l'un de l'autre à la mort, et te laissent seule, abandonnée, dans une vie solitaire sans joie et sans amour.

BÉATRIX. Mon frère, conserve la tête chérie. Vis pour

ta mère, elle a besoin de son fils. Aujourd'hui, pour la première fois, elle a trouvé une fille, elle pourra facilement perdre celle qu'elle n'a jamais possédée.

DON CÉSAR, *avec une profonde douleur.* Nous pouvons, ma mère, vivre ou mourir. Il lui suffit à elle de rejoindre celui qu'elle aimait.

BÉATRIX. Portes-tu envie à la cendre de ton frère?

DON CÉSAR. Il vit d'une vie heureuse dans ta douleur. Moi je serai à tout jamais mort parmi les morts.

BÉATRIX. O mon frère!

DON CÉSAR, *avec l'expression de la plus vive passion.* Ma sœur, est-ce sur moi que tu pleures?

BÉATRIX. Vis pour notre mère!

DON CÉSAR *recule.* Pour notre mère?

BÉATRIX *se penche sur lui.* Vis pour elle et console ta sœur!

LE CHŒUR. *Bohemund.* Elle a vaincu; il n'a pu résister aux touchantes supplications de sa sœur. Mère inconsolable, rouvre ton cœur à l'espérance. Il consent à vivre. Ton fils te reste. (*En ce moment, on entend un chant d'église. Les portes du fond s'ouvrent; on aperçoit le catafalque dressé dans l'église et le cercueil entouré de flambeaux.*)

DON CÉSAR, *se tournant vers le cercueil.* Non, mon frère, je ne veux pas te dérober ta victime. Du fond de ce cercueil, ta voix est plus puissante que les larmes d'une mère et les prières de l'amour. Je presse dans mes bras ce qui pourrait rendre la vie terrestre égale au sort des dieux; mais moi, le meurtrier, pourrais-je être heureux et laisser la pieuse innocence dans le tombeau, non vengée? Non, le juste arbitre de nos jours ne peut permettre un tel partage dans son monde. J'ai vu les larmes qui coulaient aussi pour moi. Mon cœur est satisfait. Je te suis.

(*Il se frappe d'un poignard et tombe mort aux pieds de sa sœur, qui se jette dans les bras de sa mère.*)

LE CHŒUR. *Cajetan, après un profond silence.* Je suis

atterré, et je ne sais si je dois déplorer ou louer son sort. Ce que je sens, ce que je vois clairement, c'est que la vie n'est pas le plus grand des biens, et que le crime est le plus grand des maux.

FIN DE LA FIANCÉE DE MESSINE.

GUILLAUME TELL.

PERSONNAGES.

HERMANN GESSLER, lieutenant de l'empereur à Schwitz et Uri.
WERNER, baron d'Attinghausen, seigneur banneret.
ULRICH DE RUDENZ, son neveu.
WERNER STAUFFACHER,
CONRAD HUNN,
ITEL REDING,
JEAN AUF DER MAUER, } habitants de Schwitz.
JORG DE HOFE,
ULRICH DE SCHMIDT,
JOST DE WEILER,
WALTHER FURST,
GUILLAUME TELL,
ROSSELMANN, le curé,
PETERMANN, le sacristain, } habitants d'Uri.
KUONI, le berger,
WERNI, le chasseur,
RUODI le pêcheur,
ARNOLD DE MELCHTHAL,
CONRAD BAUMGARTEN,
MEIER DE SARNEN,
STRUTH DE WINKELRIED, } habitants d'Unterwald.
NICOLAS DE FLUE,
BURKHARDT DE BUHEL,
ARNOLD DE SEWA,
PFEIFER, de Lucerne.
KUNZ, de Gersau.
JENNI, jeune pêcheur.
SEPPI, jeune berger.
GERTRUDE, femme de Stauffacher.
HEDWIG, femme de Tell, fille de Furst.
BERTHE DE BRUNECK, riche héritière.
ERMENGARDE,
MATHILDE,
ELISABETH, } paysannes.
HILDEGARDE,
WALTHER,
GUILLAUME, } fils de Tell.
FRIESHARDT,
LEUTHOLD, } soldats.
RODOLPHE DE HARRAS, écuyer de Gessler.
JEAN LE PARRICIDE, duc de Souabe.
STUSSI, le messier.
LA TROUPE D'URI.
UN MESSAGER DE L'EMPIRE.
UN PIQUEUR de corvée.
UN MAITRE TAILLEUR DE PIERRE, DES COMPAGNONS, DES MANŒUVRES.
UN CRIEUR PUBLIC.
DES RELIGIEUX.
DES CAVALIERS de Gessler et de Landenberg.
DES PAYSANS ET DES PAYSANNES des trois cantons.

ACTE PREMIER.

SCÈNE I.

Les rochers escarpés qui bordent le lac des Quatre-Cantons, en face de Schwitz. Le lac forme un golfe en s'avançant dans les terres. Une cabane est bâtie non loin du rivage ; un pêcheur conduit sa barque sur l'eau. Au-delà du lac, on aperçoit des prairies vertes, des villages et les métairies de Schwitz éclairées par les rayons du soleil. A gauche, on voit les pics des montagnes entourés de nuages ; à droite, dans l'éloignement, les glaciers. Avant que le rideau se lève, on entend le ranz des vaches et le bruit harmonieux des clochettes des troupeaux, qui se prolongent encore après que la toile est levée.

LE PÊCHEUR *chante dans sa barque, sur l'air du ranz des vaches.* « Le lac est riant, il invite à se baigner.
» L'enfant dormait sur le rivage vert ; il entend un son
» doux, comme celui de la flûte, comme la voix des
» anges dans le paradis, et, lorsqu'il s'éveille dans une
» heureuse volupté, l'onde baigne sa poitrine, et une
» voix sortant du fond des eaux lui dit : Cher enfant,
» tu es à moi ; je te surprends dans ton sommeil, je
» t'attire dans ma demeure. »

LE BERGER, *sur la montagne, variation du ranz des vaches.* « Adieu, pâturages, prairies dorées par le soleil ;
» les bergers doivent se quitter, l'été s'en va. Nous gra-
» virons la montagne, nous reviendrons quand le cou-
» cou se fera entendre, quand les chants résonneront,
» quand la terre se couvrira de fleurs, quand au joli
» mois de mai les petits ruisseaux couleront. Adieu,
» pâturages, prairies dorées par le soleil ; les bergers
» doivent se quitter, l'été s'en va. »

LE CHASSEUR DES ALPES *paraît sur le haut des rochers, et chante une autre variation.* « Le tonnerre retentit dans
» les montagnes, le sentier est ébranlé, le chasseur

» poursuit sans crainte sa route où plane le vertige ; il
» s'avance hardiment sur les champs de glace. Là, nul
» printemps ne brille, nul rameau vert n'apparaît. A
» ses pieds est un océan de nuages ; il ne reconnaît
» plus les cités des hommes, il n'aperçoit le monde
» qu'à travers l'ouverture des nuages, et les vertes
» campagnes lui apparaissent au-dessous des eaux. »
(*L'aspect du paysage change ; on entend un bruit sourd
dans les montagnes, et l'ombre des nuages flotte sur la
contrée.*)

RUODI, *le pêcheur, sort de sa cabane.* WERNI, *le chasseur, descend des rochers.* KUONI, *le berger, s'avance, portant un seau de lait sur les épaules.* SEPPI, *son garçon de ferme, le suit.*

RUODI. Hâte-toi, Jenni, tire la barque sur le rivage ; la tempête gronde et s'approche de nous, le pic de Mitène se couronne de nuages, un vent froid sort en sifflant de la caverne, l'orage éclatera sur nous plus tôt que nous le croyons.

KUONI. Voici la pluie, batelier ; mes brebis broutent l'herbe avec avidité, et les chiens grattent la terre.

WERNI. Les poissons sautillent, la poule d'eau plonge, l'orage est en route.

KUONI, *à son garçon.* Regarde, Seppi, si le troupeau n'est pas dispersé.

SEPPI. J'entends la clochette de Lisette la brune.

KUONI. Alors, pas une vache ne nous manque, car celle-là vient la dernière.

RUODI. Berger, vos clochettes ont un beau son.

WERNI. Et voilà un beau troupeau. Est-il à vous, camarade ?

KUONI. Je ne suis pas si riche. Il appartient à mon gracieux seigneur d'Attinghausen, et il m'a été confié.

RUODI. Que ce collier va bien au cou de cette vache !

KUONI. Elle sait bien que c'est elle qui conduit le

troupeau, et si je le lui enlevais, elle cesserait de manger.

RUODI. Y pensez-vous, un animal sans raison...

WERNI. C'est bientôt dit. Les animaux ont aussi leur raison. Nous le savons, nous autres chasseurs de chamois. Quand ils vont paître, ils placent prudemment devant eux une sentinelle qui dresse l'oreille, et les avertit par un cri aigu de l'approche du chasseur.

RUODI, *au berger*. Retournez-vous maintenant chez vous?

KUONI. La saison des pâturages sur les Alpes est finie.

WERNI. Je vous souhaite un heureux retour, berger.

KUONI. Je vous le souhaite aussi. On ne revient pas toujours de vos excursions.

RUODI. Voilà un homme qui accourt en toute hâte.

WERNI. Je le connais, c'est Baumgarten d'Alzellen.

CONRAD BAUMGARTEN, *hors d'haleine*. Au nom du ciel, batelier, votre canot.

RUODI. Eh bien! eh bien! qu'y a-t-il de si pressé?

BAUMGARTEN. Détachez le canot, vous me sauvez la vie. Passez-moi de l'autre côté.

KUONI. Ami, qu'avez-vous?

WERNI. Qui donc vous poursuit?

BAUMGARTEN. Hâtez-vous, hâtez-vous, ils sont déjà sur mes pas. Les cavaliers du gouverneur me poursuivent; je suis un homme mort s'ils me saisissent.

RUODI. Pourquoi ces cavaliers vous poursuivent-ils?

BAUMGARTEN. Sauvez-moi d'abord, ensuite je vous le dirai.

WERNI. Vous êtes taché de sang; que s'est-il passé?

BAUMGARTEN. Le bailli de l'empereur qui siégeait à Rossberg...

KUONI. Est-ce lui qui vous fait poursuivre?

BAUMGARTEN. Celui-là ne fera plus de mal, je l'ai tué.

TOUS, *reculant*. Que Dieu vous fasse grâce! Qu'avez-vous fait?

BAUMGARTEN. Ce que chaque homme libre ferait à ma place. J'ai fait usage de mon bon droit sur celui qui a attenté à mon honneur et à ma femme.

KUONI. Est-ce que le bailli a attenté à votre honneur ?

BAUMGARTEN. Dieu et ma bonne hache l'ont empêché d'accomplir ses mauvais desseins.

WERNI. Vous lui avez fendu la tête avec votre hache ?

KUONI. Oh ! racontez-nous cela ; vous en aurez le temps avant que le canot soit détaché du rivage.

BAUMGARTEN. J'étais à couper du bois dans la forêt, lorsque ma femme accourt dans les angoisses de la mort, et me dit que le bailli est dans ma maison, qu'il a ordonné qu'on lui préparât un bain, qu'il a voulu obtenir d'elle des choses indignes, et qu'elle s'est échappée pour venir me chercher. Là-dessus je m'en vais, et, sans plus attendre, je le frappe dans son bain avec ma hache.

WERNI. Vous avez bien fait ; personne ne peut vous en blâmer.

KUONI. Le misérable ! il a reçu ce qu'il mérite. Il y a longtemps que le peuple d'Unterwald lui en devait autant.

BAUMGARTEN. Le fait est devenu public, on me poursuit, et pendant que nous causons... Dieu ! le temps s'écoule. (*On entend le tonnerre.*)

KUONI. Dépêche-toi, batelier ; passe ce brave homme de l'autre côté.

RUODI. Ne partez pas ; un orage terrible s'avance, il faut attendre.

BAUMGARTEN. Dieu puissant ! je ne puis attendre ; chaque instant de retard est mortel.

KUONI, *au pêcheur*. Essayez ; avec l'aide de Dieu, il faut aider au prochain. Pareille chose peut arriver à chacun de nous. (*Éclairs et tonnerre.*)

RUODI. La tempête est déchaînée. Voyez comme les vagues sont hautes. Je ne pourrai gouverner ma barque contre l'orage et les flots.

BAUMGARTEN *embrasse ses genoux.* Que Dieu vous aide comme vous aurez pitié de moi !

WERNI. Il y va de sa vie ; sois compatissant, batelier.

KUONI. C'est un père de famille, il a une femme et des enfants. (*On entend des coups de tonnerre répétés.*)

RUODI. Comment ! j'ai aussi une vie à perdre, j'ai comme lui une femme et des enfants à la maison. Voyez comme la tempête mugit, comme elle s'avance, comme les vagues s'élèvent du fond du lac. Je voudrais bien sauver ce brave homme ; mais c'est tout à fait impossible, vous le voyez vous-mêmes.

BAUMGARTEN, *à genoux.* Il faut donc que je tombe entre les mains de l'ennemi, et le rivage qui me sauverait est là tout près, en face de moi ! Il est là, mes regards l'atteignent, le son de ma voix y parvient, voici la barque qui m'y porterait, et il faut que je reste ici sans secours et sans espoir !

KUONI. Regardez qui vient ici.

WERNI. C'est Tell de Bürglen.

GUILLAUME TELL, *avec son arbalète.* Quel est cet homme qui implore du secours ?

KUONI. C'est un homme d'Alzellen qui a défendu son honneur, et qui a tué le Wolfenschiessen, le bailli royal qui demeure à Rossberg. Les cavaliers du gouverneur sont sur ses pas ; il prie le batelier de le passer de l'autre côté, mais celui-ci a peur de l'orage et ne veut pas s'y exposer.

RUODI. Voilà Tell, qui sait aussi manier la rame ; il peut vous dire s'il est possible d'entreprendre ce passage. (*Violents coups de tonnerre, le lac mugit.*) Ce serait me jeter dans la gueule de l'enfer. Aucun homme sensé n'oserait essayer ce passage.

TELL. Un brave homme ne songe à lui qu'en dernier lieu. Aie confiance au ciel, et secours l'opprimé.

RUODI. On donne de bons conseils quand on est dans le port. Voici la barque et voici le lac ; essayez.

TELL. Le lac peut s'apaiser, mais non le gouverneur. Tente un effort, batelier.

LE BERGER *et* LE CHASSEUR. Sauve-le ! sauve-le ! sauve-le !

RUODI. Non. Quand ce serait mon frère, mon propre enfant, cela ne se peut. C'est aujourd'hui le jour de Saint-Simon et de Saint-Jude, le lac est en fureur et réclame sa victime.

TELL. Les discours ne servent à rien ; le moment presse, il faut secourir cet homme. Dis-moi, batelier, veux-tu le passer?

RUODI. Non, pas moi.

TELL. Eh bien ! donc, à la garde de Dieu ! Donne-moi le canot ; je veux essayer mon faible bras.

KUONI. Ah! brave Tell !

WERNI. Voilà qui est digne d'un bon chasseur.

BAUMGARTEN. Tell, vous êtes mon sauveur, mon ange.

TELL. Je vous arracherai à la colère du gouverneur ; mais il faut qu'un autre vous protége contre le danger des flots. Mieux vaut se mettre entre les mains de Dieu qu'entre les mains des hommes. (*Au berger.*) Ami, vous consolerez ma femme s'il m'arrive un accident. J'ai fait ce que je ne pouvais me dispenser de faire. (*Il entre dans le canot.*)

KUONI, *au pêcheur.* Vous êtes un maître, pilote ! ce que Tell va faire, vous n'avez pas osé l'essayer.

RUODI. Des gens qui valent mieux que moi n'imiteraient pas Tell. Il n'y a pas deux hommes comme lui dans les montagnes.

WERNI, *monté sur un rocher.* Le voilà parti. Que Dieu te soit en aide, brave batelier ! Voyez comme la barque danse sur les flots.

KUONI, *sur le rivage.* Les vagues s'élèvent sur le canot... Je ne le vois plus. Mais le voilà qui reparaît. Ce hardi pilote lutte avec force contre la lame.

SEPPI. Les cavaliers du gouverneur accourent.

KUONI. Dieu! ce sont eux. Il était temps de le secourir. (*Une troupe de cavaliers de Landenberg arrivent.*)

PREMIER CAVALIER. Livrez le meurtrier que vous avez caché.

LE SECOND. Il a pris ce chemin, vous essayeriez en vain de le nier.

KUONI *et* RUODI. De qui parlez-vous, cavalier?

LE PREMIER CAVALIER *découvre la nacelle*. Ah! que vois-je? Diable!

WERNI, *d'en haut*. Cherchez-vous celui qui est dans cette barque? Alors courez au galop, vous pourrez encore l'atteindre.

LE SECOND CAVALIER. Malédiction! malédiction! il s'est échappé.

LE PREMIER CAVALIER, *au berger et au pêcheur*. Vous lui avez prêté secours, vous devez en être punis. Tombez sur leurs troupeaux, démolissez la cabane, tuez et brûlez.

SEPPI, *s'enfuyant*. O mes agneaux!

KUONI *le suit*. Malheur à moi! Mon troupeau!

WERNI. Les scélérats!

RUODI, *joignant les mains*. Justice du ciel! quand viendra le libérateur de cette contrée? (*Il les suit.*)

SCÈNE II.

A Stein, près de Schwitz. Un tilleul devant la maison de Stauffacher, sur le grand chemin, près du pont.

WERNER STAUFFACHER, PFEIFER DE LUCERNE
arrivent en causant.

PFEIFER. Oui, oui, maître Stauffacher, comme je vous l'ai dit, ne prêtez pas serment à l'Autriche si vous pouvez vous en dispenser. Restez avec fermeté et courageusement attaché, comme par le passé, à l'empire, et que Dieu garde vos anciens priviléges! (*Il lui serre cordialement la main et veut s'éloigner.*)

STAUFFACHER. Restez jusqu'à ce que ma femme revienne ; vous êtes mon hôte à Schwitz, et moi le vôtre à Lucerne.

PFEIFER. Merci, il faut que je sois aujourd'hui même à Gersau. Ce que vous pouvez avoir à souffrir de l'avidité et de l'insolence de vos baillis, supportez-le avec patience; cela peut changer promptement, un autre empereur peut arriver au trône. Mais si vous êtes une fois à l'Autriche, c'est pour toujours. (*Il s'éloigne.*)

STAUFFACHER *s'assied avec inquiétude sous le tilleul ; Gertrude, sa femme, le trouve ainsi, s'approche de lui, et le regarde longtemps en silence.*

GERTRUDE. Tu es si sérieux, mon ami? Je ne te reconnais plus ; voilà déjà plusieurs jours que j'observe en silence le sombre chagrin qui sillonne ton front. Une peine muette pèse sur ton cœur; confie-la moi. Je suis ta femme fidèle et je réclame ma part de tes chagrins. (*Stauffacher lui tend la main sans rien dire.*) Qui peut attrister ton cœur? dis-le-moi. Ton travail est béni, ta fortune est florissante ; tes greniers sont pleins, et tes troupeaux de bœufs et tes chevaux bien nourris sont revenus heureusement de la montagne pour passer l'hiver dans des étables commodes. — Ta riche maison s'élève comme un noble manoir; les chambres sont revêtues de lambris neufs, disposés avec ordre et symétrie ; ses nombreuses fenêtres la rendent brillante et commode ; elle est ornée d'écussons nouvellement peints, et de sages maximes que le voyageur lit en ralentissant sa marche, et dont il admire le sens.

STAUFFACHER. Cette maison est, il est vrai, commode et bien construite ; mais, hélas ! le sol tremble sur lequel nous l'avons bâtie !

GERTRUDE. Mon Werner, qu'entends-tu par là?

STAUFFACHER. J'étais dernièrement assis comme aujourd'hui sous ce tilleul, songeant avec plaisir que ma maison était achevée, quand le gouverneur arriva de son château de Kussnacht avec ses cavaliers. Il s'arrêta devant cette maison avec surprise. Moi, je me levai sur-le-champ et je m'avançai respectueusement, comme il convient, au-devant de celui qui représente dans ce pays la puissance de l'empereur. — « A qui est cette maison? » demanda-t-il avec méchanceté, car il le savait bien. Je réfléchis un instant et je lui dis : — « Seigneur gouverneur, cette maison est à l'empereur, mon maître et le vôtre, et je la tiens en fief. » Il répondit : — « Je gouverne le pays au nom de l'empereur, et je ne veux pas que des paysans bâtissent des maisons de leur propre chef et vivent librement comme s'ils étaient des suzerains de la contrée ; j'aviserai aux moyens de vous en empêcher. » En disant cela, il partit d'un air menaçant et me laissa l'âme soucieuse, songeant aux paroles que ce méchant avait prononcées.

GERTRUDE. Mon cher époux et maître, veux-tu recevoir un honnête conseil de ta femme? J'ai l'honneur d'être la fille du noble Iberg, qui est un homme très-expérimenté. J'étais assise avec mes sœurs, filant la laine dans les longues soirées, quand les principaux du peuple se rassemblaient chez mon père pour lire les chartes des anciens empereurs et discuter sagement sur le bien-être du pays. J'écoutais attentivement leurs paroles sensées, les réflexions de l'homme intelligent, les désirs de l'homme de bien, et j'en ai conservé le souvenir dans mon cœur. Ainsi, fais attention et réfléchis à ce que je veux te dire, car je sais depuis longtemps ce qui te tourmente. Le gouverneur est irrité contre toi et voudrait te nuire, parce que tu es un obstacle à ses désirs. Il voudrait soumettre les habitants de Schwitz à la nouvelle maison princière ; mais, à l'exemple de leurs dignes ancêtres, ils persistent fidèlement à faire partie de l'empire. N'est-ce pas, Werner? Dis si je me trompe.

STAUFFACHER. Il est vrai, c'est là le grief de Gessler contre moi.

ACTE I, SCÈNE II.

GERTRUDE. Il te porte envie, parce que tu as le bonheur de vivre en homme libre sur ton propre héritage, car lui, il n'en a point. Tu tiens cette maison en fief de l'empereur et de l'empire ; tu peux le prouver aussi bien que le prince prouve le droit qu'il a de posséder ses terres ; car tu ne reconnais au-dessus de toi aucun maître que le premier de la chrétienté. Quant au gouverneur, c'est le cadet de sa maison ; il ne possède que son manteau de chevalier, et voilà pourquoi il regarde d'un œil méchant et avec un cœur envenimé le bonheur des honnêtes gens. Il a depuis longtemps juré ta perte ; jusqu'ici tu as été préservé... Veux-tu attendre qu'il accomplisse ses mauvais desseins? L'homme sage prend les devants.

STAUFFACHER. Qu'y a-t-il à faire?

GERTRUDE *se rapproche*. Écoute mon conseil. Tu sais comme tous les gens de bien de Schwitz se plaignent de la rapacité et de la cruauté du gouverneur. Ne doute pas que de l'autre côté du lac, dans le pays d'Uri et d'Unterwald, on ne soit également las de la pesanteur de ce joug ; car Landenberg se conduit là-bas aussi durement que Gessler ici. Il ne nous arrive pas une barque de pêcheur qui ne nous apprenne quelque nouveau malheur, quelque violence du gouverneur. C'est pourquoi il serait bien que quelques-uns d'entre vous qui ont de sages idées se réunissent paisiblement pour aviser au moyen de se délivrer de l'oppression. Je crois bien que Dieu ne vous abandonnerait pas et serait favorable à la cause de la justice. N'as-tu pas à Uri un hôte auquel tu puisses librement ouvrir ton cœur?

STAUFFACHER. Je connais là beaucoup de braves gens et de vassaux riches, considérés, qui sont mes amis et peuvent entrer dans mes secrets. (*Il se lève.*) Femme, quel tumulte de pensées périlleuses tu soulèves dans mon cœur paisible ! tu me montres à la lumière du jour l'intérieur de mon âme, et ce que je m'interdisais de penser, ta bouche légère le prononce hardiment. Mais as-tu bien réfléchi à ce que tu me conseilles ? Tu appelles dans cette vallée paisible la discorde farouche et le bruit des armes. Oserions-nous, faibles bergers que nous sommes, entreprendre de marcher contre le maître du monde ? Ils n'attendent qu'un prétexte plausible pour lancer sur cette pauvre terre les hordes féroces de leurs soldats, pour y exercer les droits du vainqueur, et, sous l'apparence d'un juste châtiment, anéantir nos antiques franchises.

GERTRUDE. Vous êtes homme aussi, vous savez manier la hache, et Dieu aide les braves.

STAUFFACHER. O femme ! la guerre est une calamité terrible ; elle frappe les troupeaux et le berger.

GERTRUDE. On doit supporter les douleurs envoyées par le ciel, mais aucun noble cœur ne supporte l'injustice.

STAUFFACHER. Cette maison que nous venons de construire te plaît ; la guerre terrible la réduira en cendres.

GERTRUDE. Si je croyais mon cœur enchaîné à ce bien passager, j'y mettrais le feu de ma propre main.

STAUFFACHER. Tu crois à l'humanité ; la guerre n'épargne pas même le tendre enfant au berceau.

GERTRUDE. L'innocence a un ami dans le ciel. Regarde devant toi, Werner, et non pas derrière.

STAUFFACHER. Nous autres hommes, nous pouvons mourir en combattant bravement ; mais quel destin est le vôtre ?

GERTRUDE. Le plus faible a aussi un parti à prendre ; un saut du haut de ce pont, et me voilà libre.

STAUFFACHER *se jette dans ses bras*. Celui qui peut presser un tel cœur sur son sein, celui-là peut combattre avec joie pour son foyer et ses troupeaux, celui-là ne craint les soldats d'aucun roi. Je vais de ce pas dans Uri ; j'ai là un hôte, un ami, messire Walther Furst, qui a la même opinion que moi sur ce temps-ci... Je trouverai là aussi le noble banneret d'Attinghausen ; quoiqu'il soit d'une naissance élevée, il aime le peuple et honore les anciennes mœurs. Je tiendrai conseil avec eux sur les moyens de nous défendre courageusement contre les ennemis du pays. Adieu, et pendant que je serai loin, conduis avec prudence les affaires de la maison. Donne généreusement au pèlerin qui va visiter la maison de Dieu, au moine pieux qui recueille des aumônes pour son couvent, et ne les laisse partir qu'après avoir bien pris soin d'eux. La maison de Stauffacher n'est pas cachée ; elle s'élève sur le grand chemin comme un toit hospitalier pour les voyageurs qui passent par là. (*Pendant qu'il s'éloigne vers le fond de la scène, Guillaume Tell s'avance avec Baumgarten.*)

TELL, *à Baumgarten*. Maintenant, vous n'avez plus besoin de moi. Entrez dans cette maison, c'est là que demeure Stauffacher, le père des opprimés ; mais, tenez, le voici lui-même... Suivez-moi, venez. (*Ils vont à lui ; la scène change.*)

SCÈNE III.

Une place publique d'Altdorf. Sur une hauteur, dans le fond, on voit s'élever une forteresse qui est déjà assez avancée pour qu'on distingue la forme de l'édifice. La partie la plus reculée est finie ; on travaille sur le devant ; les échafaudages sont dressés, les ouvriers montent et descendent, un couvreur est sur le toit. Tout est en mouvement.

LE PIQUEUR DE CORVÉE, LE MAITRE TAILLEUR DE PIERRE, DES COMPAGNONS et DES MANOEUVRES.

LE PIQUEUR, *avec son bâton, excite les ouvriers*. Allons ! pas tant de repos ! Apportez les pierres, la chaux, le mortier. Quand monseigneur le gouverneur viendra, il faut qu'il trouve l'ouvrage avancé. Vous allez comme des limaçons. (*A deux manœuvres.*) Cela s'apelle-t-il une charge ? Prenez-en le double à l'instant ; comme ces paresseux manquent à leur tâche !

LE PREMIER COMPAGNON. Il est pourtant bien dur d'avoir à porter nous-mêmes les pierres de notre cachot.

LE PIQUEUR. Que murmurez-vous? Mauvais peuple qui n'est bon qu'à traire les vaches et à rôder, dans sa paresse, sur les montagnes!

UN VIEILLARD, *s'asseyant.* Je n'en puis plus.

LE PIQUEUR *le secoue.* Allons, vieux, à l'œuvre!

LE PREMIER COMPAGNON. Vous n'avez donc pas d'entrailles, de forcer ainsi à une rude corvée un vieillard qui peut à peine se traîner?

LE MAITRE TAILLEUR DE PIERRE *et* LES COMPAGNONS. Cela crie vengeance!

LE PIQUEUR. Pensez à ce qui vous regarde; je fais mon devoir.

LE SECOND COMPAGNON. Piqueur, comment se nommera le fort que nous bâtissons?

LE PIQUEUR. Il s'appellera la servitude d'Uri; c'est ce joug qui vous fera courber la tête.

LES COMPAGNONS. La servitude d'Uri?

LE PIQUEUR. Eh bien! qu'avez-vous à rire?

LE SECOND COMPAGNON. Avec ce petit édifice vous voulez asservir Uri?

LE PREMIER COMPAGNON. Voyez combien de pareilles taupinières il vous faudrait élever l'une sur l'autre pour égaler seulement la plus petite des montagnes d'Uri. (*Le piqueur se retire vers le fond du théâtre.*)

LE MAITRE TAILLEUR DE PIERRE. Je jetterai dans le fond du lac le marteau qui m'a servi à construire cet édifice. (*Tell et Stauffacher arrivent.*)

STAUFFACHER. Oh! n'ai-je donc vécu que pour voir de telles choses!

TELL. Il ne fait pas bon ici; allons plus loin.

STAUFFACHER. Suis-je dans Uri, sur la terre de la liberté?

LE MAITRE TAILLEUR DE PIERRE. Ah! si vous aviez vu le cachot qui est sous la tour! Celui qui y sera enfermé n'entendra plus le cri du coq.

ACTE I, SCÈNE III.

STAUFFACHER. O Dieu !

LE TAILLEUR DE PIERRE. Voyez ces bastions, ces contreforts qui semblent bâtis pour l'éternité.

TELL. Ce que les mains ont élevé, les mains peuvent le renverser. (*Il montre la montagne.*) Dieu nous a donné la forteresse de la liberté. (*On entend un tambour ; des hommes arrivent portant un chapeau sur une perche. Un crieur les suit. Des femmes et des enfants arrivent en tumulte.*)

LE PREMIER COMPAGNON. Que signifie ce tambour? Attention !

LE TAILLEUR DE PIERRE. Pourquoi cette procession de carnaval ? Et que veut-on faire de ce chapeau ?

LE CRIEUR. Au nom de l'empereur, écoutez !

LES COMPAGNONS. Silence ! écoutez !

LE CRIEUR. Vous voyez, hommes d'Uri, vous voyez ce chapeau ; on va le placer au haut d'un mât, au milieu d'Altdorf, sur le point le plus élevé. L'intention et la volonté du gouverneur est que ce chapeau soit honoré comme lui-même ; on doit, quand on passera devant ce chapeau, fléchir le genou et se découvrir la tête. Le roi reconnaîtra par là ceux qui lui sont soumis. Quiconque méprisera cet ordre sera puni dans sa personne, ses biens seront confisqués. (*Le peuple éclate de rire, le tambour bat, la troupe passe.*)

LE PREMIER COMPAGNON. Quelle nouvelle extravagance le gouverneur s'est-il donc mise en tête ? Nous ! honorer un chapeau ! Dites, a-t-on jamais rien vu de pareil ?

LE TAILLEUR DE PIERRE. Que nous fléchissions le genou devant un chapeau ! se joue-t-il d'un peuple sérieux et respectable ?

LE PREMIER COMPAGNON. Encore si c'était la couronne impériale ! mais c'est le chapeau autrichien, tel que je l'ai vu auprès du trône où nous allons prêter hommage.

LE TAILLEUR DE PIERRE. Le chapeau autrichien ! Prenez

garde ! c'est un piége pour nous livrer à l'Autriche.

LES COMPAGNONS. Aucun homme d'honneur ne se soumettra à cette honte.

LE TAILLEUR DE PIERRE. Venez ; allons nous concerter avec les autres. (*Il se retire au fond du théâtre.*)

TELL, *à Stauffacher*. Vous voyez ce qui se passe. Adieu, maître Werner.

STAUFFACHER. Où voulez-vous aller ? Oh ! ne vous hâtez pas tant.

TELL. Mes enfants ont besoin de leur père ; adieu.

STAUFFACHER. Mon cœur est plein ; je voudrais vous parler.

TELL. Les paroles ne soulagent pas un cœur oppressé.

STAUFFACHER. Mais les paroles pourraient nous conduire aux actions.

TELL. Ce qu'il faut à présent, c'est le silence et la résignation.

STAUFFACHER. Doit-on souffrir ce qui est insupportable ?

TELL. Les tyrans violents sont ceux dont le règne dure le moins. Quand la tempête s'élève, on éteint les feux, les barques rentrent à la hâte dans le port, et l'ouragan terrible passe sur la terre sans causer de dommage et sans laisser de trace. Que chacun vive tranquille dans sa demeure ; on accorde volontiers la paix à ceux qui sont paisibles.

STAUFFACHER. Croyez-vous ?

TELL. Le serpent ne pique pas sans être excité. S'ils voient le pays rester paisible, ils se lasseront eux-mêmes.

STAUFFACHER. Nous pourrions beaucoup, si nous restions unis.

TELL. Celui qui est seul dans un naufrage se sauve plus facilement.

STAUFFACHER. Abandonnez-vous si froidement la cause commune ?

TELL. Chacun ne peut compter sûrement que sur soi-même.

STAUFFACHER. Les faibles qui s'unissent deviennent puissants.

TELL. Celui qui est fort est plus puissant s'il reste seul.

STAUFFACHER. Ainsi la patrie ne pourrait compter sur vous, si, dans son désespoir, elle avait recours à la résistance.

TELL *lui prend la main.* Tell va chercher un agneau tombé dans le précipice; pourrait-il abandonner ses amis? Mais, quoi que vous fassiez, ne m'appelez pas dans vos conseils, je ne puis ni discuter ni réfléchir longuement. Avez-vous besoin de moi pour une action résolue? alors appelez Tell, il ne vous manquera pas. (*Ils sortent de différents côtés. Un tumulte subit s'élève autour de l'échafaudage.*)

LE TAILLEUR DE PIERRE. Qu'y a-t-il?

LE PREMIER COMPAGNON *accourt en criant.* Le couvreur est tombé du toit!

BERTHE *entre suivie de quelques personnes.* Est-il écrasé? Courez, portez-lui du secours, sauvez-le, si on peut le secourir. Sauvez-le, voilà de l'or. (*Elle jette ses bijoux parmi le peuple.*)

LE TAILLEUR DE PIERRE. Avec votre or!... Vous voulez tout avoir pour de l'or : quand vous avez enlevé un père à ses enfants, un mari à sa femme, quand vous avez répandu la désolation dans le monde, vous croyez tout pouvoir compenser avec de l'or! Allez, nous étions des gens heureux avant votre arrivée ici; le désespoir est venu avec vous.

BERTHE, *au piqueur qui revient.* Vit-il encore? (*Le piqueur fait un signe négatif.*) Oh! malheureuse forteresse, bâtie par la malédiction; la malédiction pèsera sur ceux qui l'habiteront.

(*Elle sort.*)

SCÈNE IV.

La demeure de Walther Furst.

WALTHER FURST et ARNOLD DE MELCHTHAL
entrent d'un côté différent.

MELCHTHAL. Maître Walther Furst!...

WALTER FURST. Si l'on nous surprenait!... Restez où vous êtes. Nous sommes entourés d'espions.

MELCHTHAL. Ne m'apportez-vous point de nouvelles d'Unterwald, point de nouvelles de mon père? Je ne puis supporter plus longtemps de demeurer ici dans l'oisiveté, comme un prisonnier. Qu'ai-je donc fait de si blâmable, pour être forcé de me cacher ainsi qu'un assassin? J'ai brisé avec mon bâton un doigt à un impudent valet qui, par ordre du gouverneur, voulait me ravir sous mes yeux mon plus bel attelage.

WALTHER FURST. Vous êtes trop prompt. Cet homme était au gouverneur, il était envoyé par votre supérieur; vous aviez encouru une punition; quelque pénible qu'elle fût, il fallait la supporter en silence.

MELCHTHAL. Devais-je supporter les paroles insultantes de ce misérable? Si le paysan, dit-il, veut manger du pain, il peut bien s'atteler lui-même à la charrue. Je me suis senti le cœur déchiré, lorsque j'ai vu ce valet détacher de leur joug mes beaux bœufs; ils mugissaient sourdement comme s'ils avaient eu le sentiment de cette injustice, et frappaient de leurs cornes. Alors une juste colère m'a saisi; je n'étais plus maître de moi, et j'ai battu ce messager.

WALTHER FURST. Oh! lorsque nous modérons à peine notre pauvre cœur, comment l'ardente jeunesse pourrait-elle se dompter?

MELCHTHAL. C'est mon père seulement qui m'afflige. Mes soins lui sont si nécessaires, et son fils est loin! Le gouverneur le hait, parce qu'il a toujours défendu noblement la justice et la liberté. Aussi opprimeront-ils ce vieillard, et personne n'est là pour le défendre d'un affront. Advienne de moi ce qui pourra, je retourne auprès de lui.

WALTHER FURST. Attendez seulement et prenez patience jusqu'à ce qu'il nous vienne des nouvelles d'Unterwald. J'entends frapper, retirez-vous. C'est peut-être un émissaire du gouverneur... Rentrez ; vous n'êtes pas à l'abri des tentatives de Landenberg, car les tyrans se tendent la main.

MELCHTHAL. Ils nous apprennent ce que nous devrions faire.

WALTHER FURST. Rentrez ; je vous appellerai, s'il n'y a rien à craindre. (*Melchthal sort.*) L'infortuné ! je n'ose lui avouer le malheur que je pressens. — Qui frappe ? Chaque fois qu'on heurte à la porte, j'attends une calamité. La trahison et le soupçon veillent de tous côtés ; les satellites de la tyrannie pénètrent jusque dans l'intérieur des maisons ; bientôt il sera nécessaire d'avoir des verrous et des serrures aux portes. (*Il ouvre, et recule étonné en apercevant Werner Stauffacher.*) Que vois-je ? C'est vous, Werner ! Eh bien, par le ciel ! un digne et cher hôte ! Pas un homme meilleur que vous n'a passé sur ce seuil. Soyez le bienvenu dans ma demeure ! Qui vous amène ici ? Que cherchez-vous à Uri ?

STAUFFACHER, *lui donnant la main.* Les vieux temps et la vieille Suisse.

WALTHER FURST. Vous les apportez avec vous. Tenez, je suis content de vous voir : votre aspect seul me réchauffe le cœur. Asseyez-vous, maître Werner... Comment avez-vous laissé Gertrude, votre aimable épouse, la prudente fille du sage Iberg ? Tous les voyageurs qui se rendent d'Allemagne en Italie vantent votre maison hospitalière. Mais, dites-moi, si vous venez de Fluelen, n'avez-vous rien observé de nouveau avant d'arriver chez moi ?

STAUFFACHER *s'assied.* J'ai vu une nouvelle construction étonnante, et qui ne m'a pas réjoui.

WALTHER FURST. O mon ami! d'un coup-d'œil vous avez tout vu.

STAUFFACHER. Jamais pareille chose n'a existé dans Uri. De mémoire d'homme, il n'y a eu de prison ici ni d'autre demeure durable que le tombeau.

WALTHER FURST. Cette construction est le tombeau de la liberté; vous l'appelez par son nom.

STAUFFACHER. Maître Walther Furst, je ne veux point vous le dissimuler, ce n'est pas une curiosité oisive qui m'amène ici. Des pensées pénibles me préoccupent: j'ai laissé l'oppression dans mon canton, et je retrouve l'oppression ici. Ce que nous avons à souffrir est tout à fait insupportable, et l'on ne voit point de terme à cet état. Dès les temps les plus anciens, la Suisse a été libre; nous sommes habitués à être traités avec bonté. Depuis que les bergers parcourent ces montagnes, jamais on n'a rien vu de semblable à ce qui se passe.

WALTHER FURST. Oui, une pareille conduite est sans exemple, et notre noble seigneur d'Attinghausen, qui a vu encore les vieux temps, pense lui-même que cela ne peut plus se supporter.

STAUFFACHER. Là-bas aussi, à Unterwald, cela va mal. On a exercé une vengeance sanglante : Wolfenchiessen, le bailli de l'empereur, qui demeurait sur le Rossberg, s'est abandonné à d'illégitimes désirs pour la femme de Baumgarten d'Alzellen; il a voulu employer la violence, et son mari l'a tué avec sa hache.

WALTHER FURST. Oh! les jugements de Dieu sont justes... Baumgarten, dites-vous? un homme honnête et doux! Est-il parvenu à s'échapper et à se cacher?

STAUFFACHER. Votre gendre l'a fait passer de l'autre côté du lac, et je le tiens caché chez moi à Stencin. Cet homme m'a appris quelque chose de plus affreux qui s'est passé à Sarnen; le cœur de tout honnête homme doit en saigner.

WALTHER FURST. Dites, que s'est-il passé?

STAUFFACHER. A Melchthal, auprès de Kerns, demeure un honnête homme qu'on appelle Henri de Halden ; ses paroles ont de l'influence sur le peuple.

WALTHER FURST. Qui ne le connaît? Eh bien! que lui est-il arrivé? Achevez.

STAUFFACHER. Landenberg, pour punir son fils d'une faute légère, voulait faire enlever les deux meilleurs bœufs attelés à sa charrue; le jeune homme a frappé l'envoyé de Landenberg, et a pris la fuite.

WALTHER FURST, *dans une vive anxiété.* Et le père? Dites-moi, que lui est-il arrivé?

STAUFFACHER. Landenberg a fait sommer le père de lui livrer sur-le-champ son fils, et comme le vieillard jurait avec vérité qu'il n'avait aucune nouvelle du fugitif, le gouverneur a fait venir les bourreaux.

WALTHER FURST *se lève et veut l'emmener de l'autre côté.* Oh! silence! rien de plus.

STAUFFACHER, *élevant la voix.* « Le fils m'est échappé, a-t-il dit, mais tu es en mon pouvoir... Qu'on le jette par terre, et qu'on lui enfonce une pointe d'acier dans les yeux. »

WALTHER FURST. Dieu de miséricorde!

MELCHTHAL *se précipite dans la chambre.* Dans les yeux, dites-vous?

STAUFFACHER, *étonné, à Walther Furst.* Qui est ce jeune homme?

MELCHTHAL, *dans un état convulsif.* Dans les yeux?... Parlez.

WALTHER FURST. Oh! le malheureux!

STAUFFACHER. Qui est-il? (*Walther Furst lui fait un signe.*) C'est le fils. Juste Dieu!

MELCHTHAL. Et j'étais loin!... Dans les deux yeux?

WALTHER FURST. Maîtrisez-vous; supportez ce malheur en homme.

MELCHTHAL. C'est par ma faute, c'est à cause de mon emportement... Ainsi aveugle, réellement aveugle, tout à fait aveugle?

STAUFFACHER. Je l'ai dit : le foyer de ses regards est éteint, jamais il ne reverra la lumière du soleil.

WALTHER FURST. Ménagez sa douleur.

MELCHTHAL. Jamais, plus jamais ! (*Il met la main devant ses yeux, et se tait quelques instants; puis il se tourne vers l'un et vers l'autre, et parle d'une voix étouffée par les larmes.*) Oh ! c'est un noble présent du ciel que la lumière du jour... Tous les êtres, toutes les créatures heureuses vivent de lumière... La plante elle-même cherche avec joie la lumière, et lui il restera dans la nuit, dans l'éternelle obscurité. Le vert gazon ne récréera plus ses regards, il ne verra plus l'émail des fleurs et leur éclat de pourpre. Mourir n'est rien... mais vivre et ne pas voir, voilà ce qui est horrible ! Pourquoi me regardez-vous avec tant de compassion ? Moi, j'ai deux bons yeux, et je ne puis en donner un à mon père aveugle, je ne puis lui donner une étincelle de cet océan de lumière où plongent mes regards éblouis.

STAUFFACHER. Hélas ! il faut que j'augmente encore votre douleur, au lieu d'y remédier. Votre père est plus malheureux encore, car le gouverneur lui a tout ravi, et ne lui a laissé qu'un bâton pour s'en aller nu et aveugle de porte en porte.

MELCHTHAL. Rien qu'un bâton à ce vieillard aveugle ! Privé de tout, même de la lumière du soleil, ce bien des plus pauvres ! Maintenant ne me parlez plus de rester ici, de me cacher ! Quel misérable lâche j'ai été de penser à ma propre sûreté et non pas à la tienne, de laisser ta tête chérie comme gage entre les mains de ce misérable ! Adieu donc, honteuse prévoyance ! Je ne veux plus penser qu'à une vengeance sanglante. Personne ne m'arrêtera ; je veux aller là-bas redemander au gouverneur les yeux de mon père ; je le trouverai au milieu de ses soldats... Que m'importe la vie, si j'éteins dans son sang l'ardeur de mon affreuse douleur. (*Il veut sortir.*)

WALTHER FURST. Restez : que pouvez-vous contre lui ?

Il est à Sarnen dans son château, et, du haut de sa forteresse imprenable, il se rit de votre impuissante fureur.

MELCHTHAL. Et quand il demeurerait dans les palais de glace du Schreckhorn, ou plus loin encore dans les nuages éternels où se cache le Jungfrau, je m'ouvrirai un chemin jusqu'à lui ; avec vingt jeunes hommes résolus comme moi, je renverserai sa forteresse. Et si personne ne veut me suivre ; si, tremblant pour vos cabanes et vos troupeaux, vous vous courbez sous le joug de la tyrannie, j'appellerai les bergers de la montagne, et là, sous la libre voûte du ciel, là où la pensée n'a pas encore été altérée, où le cœur est resté pur, je leur raconterai cette épouvantable cruauté.

STAUFFACHER, à *Walther Furst*. Le mal est à son comble... Voulons-nous attendre jusqu'à l'extrémité?

MELCHTHAL. Quelle extrémité avons-nous encore à craindre, quand la prunelle des yeux n'est même plus en sûreté dans son orbite? Sommes-nous donc sans défense? Pourquoi avons-nous appris à tendre l'arbalète et à manier la hache pesante? Chaque créature trouve un moyen de défense dans l'angoisse du désespoir : le cerf épuisé s'arrête, et montre à la meute son bois redoutable ; le chamois entraîne le chasseur dans l'abîme ; le bœuf lui-même, ce docile serviteur domestique de l'homme, qui courbe patiemment sa large tête sous notre joug, se relève si on l'irrite, agite sa corne puissante, et lance son ennemi dans les airs.

WALTHER FURST. Si les trois cantons pensaient comme nous trois, nous pourrions bien faire un effort.

STAUFFACHER. Si Uri appelle, si Unterwald promet son secours, Schwitz sera fidèle aux anciens liens.

MELCHTHAL. J'ai beaucoup d'amis dans Unterwald, et chacun expose avec joie son sang et sa vie, s'il se sent appuyé, protégé par un autre. O vénérables pères de cette contrée, me voilà jeune homme entre vous qui avez tant d'expérience ; je devrais garder un modeste

silence dans ce conseil. Mais parce que je suis jeune et
que je n'ai pas éprouvé beaucoup de choses, ne méprisez point mes paroles et mes avis. Ce n'est pas l'emportement de la jeunesse qui m'anime ; c'est la violence
de ma douleur, une douleur qui attendrirait des rochers. Vous-mêmes vous êtes pères et chefs de famille,
vous désirez avoir un fils vertueux qui honore vos cheveux blancs, et qui garde avec soin la prunelle de vos
yeux. Quoique vous n'ayez encore rien souffert dans
votre personne ni dans vos biens, quoique vos yeux
tournent encore dans leur orbite, ne restez pas étrangers à notre douleur. L'épée de la tyrannie est aussi
suspendue sur votre tête. Vous avez voulu soustraire
le pays à la domination de l'Autriche ; mon père n'a
pas eu d'autre tort : vous êtes coupables comme lui, et
vous subirez la même peine.

STAUFFACHER, *à Walther Furst*. Décidez ; je suis prêt
à vous suivre.

WALTHER FURST. Il faut savoir quelle est la pensée des
nobles seigneurs de Sillinen et d'Attinghausen. Leur
nom, je pense, nous vaudra des amis.

MELCHTHAL. Quel nom dans nos montagnes est plus
respectable que les vôtres? Le peuple a une vraie confiance en de tels noms, et ils ont de l'autorité. Vous
avez reçu de vos pères un abondant héritage de vertus,
et vous l'avez vous-mêmes richement augmenté. Qu'avons-nous besoin des gentilshommes? Achevons seuls
notre entreprise. Que ne sommes-nous seuls dans le
pays ! nous saurions bien, je crois, nous défendre nous-mêmes.

STAUFFACHER. Les nobles ne partagent pas nos malheurs ; le torrent qui a dévasté le vallon n'a pas encore
atteint les collines. Cependant leurs secours ne nous
manqueraient pas, s'ils voyaient le pays en armes.

WALTHER FURST. S'il y avait un arbitre entre l'Autriche et nous, la justice et les lois résoudraient la question ; mais celui qui nous opprime, c'est notre empe-

ACTE I, SCÈNE IV.

reur, c'est le juge suprême. Il faut donc avoir recours à l'aide de Dieu et de notre bras... Sondez les gens de Schwitz ; je veux rassembler des amis dans Uri... Qui enverrons-nous à Unterwald?

MELCHTHAL. Envoyez-moi... A qui importe-t-il plus de...

WALTHER FURST. Je ne peux y consentir ; vous êtes mon hôte, et je dois veiller à votre sûreté.

MELCHTHAL. Laissez-moi partir, je connais les sentiers et les passages des rochers ; je trouverai assez d'amis qui me donneront un asile et me déroberont à ceux qui me poursuivraient.

STAUFFACHER. Laissez-le aller à la garde de Dieu. Là-bas il n'y a point de traîtres ; la tyrannie est si abhorrée, qu'elle ne trouve aucun instrument... Baumgarten, de son côté, nous aidera à soulever le pays et à recruter des auxiliaires.

MELCHTHAL. Comment nous donnerons-nous des nouvelles certaines sans éveiller les soupçons des tyrans?

STAUFFACHER. Nous pourrions nous rassembler à Brunnen, ou à Treib, où abordent les barques des marchands.

WALTHER FURST. Nous ne pouvons conduire cette entreprise si ouvertement. Écoutez mon avis : à gauche du lac en allant à Brunnen, vis-à-vis Mytenstein, il y a dans les bois une prairie que les bergers nomment Rutli, parce que là les arbres ont été enlevés. C'est là la limite de notre canton et du vôtre (*à Melchthal*), et dans un court moment (*à Stauffacher*), un léger canot peut vous amener de Schwitz dans ce lieu. Nous pouvons nous rendre là par des sentiers déserts, pendant la nuit, et délibérer en sûreté. Que chacun de nous y conduise dix hommes en qui nous ayons confiance, et qui soient à nous de cœur. Nous parlerons en commun de l'intérêt général, et avec l'aide de Dieu nous prendrons une résolution.

STAUFFACHER. Maintenant, donnez-moi votre main droite, et vous aussi la vôtre, et de même que nous sommes là nous trois à nous tendre la main loyalement et sans fausseté, nos trois cantons resteront unis et se soutiendront à la vie et à la mort.

WALTHER FURST *et* MELCHTHAL. A la vie et à la mort! (*Ils se tiennent quelques instants la main en silence.*)

MELCHTHAL. Mon vieux père aveugle, tu ne verras plus le jour de la liberté, mais tu l'entendras retentir. Quand les signaux de feu passeront d'une Alpe à l'autre, et que les forteresses des tyrans tomberont, alors le Suisse ira dans ta demeure te porter la joyeuse nouvelle, et la lumière brillera dans ta nuit. (*Ils se séparent.*)

ACTE DEUXIÈME.

SCÈNE I.

Le château du baron d'Attinghausen. Une salle gothique ornée de casques et de boucliers. Le BARON D'ATTINGHAUSEN, vieillard de quatre-vingt-cinq ans, d'une stature noble et élevée, appuyé sur un bâton orné d'une corne de chamois, vêtu de fourrures. KUONI et six autres serviteurs sont debout autour de lui avec des faux et des rateaux. ULRICH DE RUDENZ s'avance, vêtu en chevalier.

RUDENZ. Me voici, mon oncle; que me voulez-vous?

ATTINGHAUSEN. Permettez d'abord que, suivant l'ancien usage de la maison, je boive le coup du matin avec mes serviteurs. (*Il boit dans une coupe, qui passe ensuite à la ronde.*) Autrefois, j'allais moi-même avec eux dans les champs et dans les bois, mes yeux dirigeaient leurs travaux et ma bannière les conduisait au combat; maintenant je ne puis que leur donner des ordres, et si la chaleur du soleil ne vient pas jusqu'à moi, je ne peux plus aller la chercher sur les montagnes. L'espace que je puis parcourir se rétrécit de jour en jour, jusqu'à ce que j'arrive au point le plus étroit, au dernier, à celui où la vie s'arrête. Je ne suis plus que l'ombre de moi-même, et bientôt il ne restera plus de moi que mon nom.

KUONI, *à Rudenz, en lui offrant la coupe.* Je bois à vous, mon gentilhomme. (*Rudenz hésite à prendre la coupe.*) Allons, buvez ; il n'y a ici qu'un cœur et qu'une coupe.

ATTINGHAUSEN. Allez, enfants, et quand viendra l'heure du repos, nous parlerons des affaires du pays. (*Les valets sortent. A Rudenz.*) Je te vois habillé et équipé; tu veux aller à Altdorf dans le Burg du gouverneur?

RUDENZ. Oui, mon oncle, et je n'ose tarder plus longtemps.

ATTINGHAUSEN, *s'asseyant.* Es-tu si pressé ? Comment, le temps est-il si étroitement mesuré à ta jeunesse, que tu ne puisses en réserver un instant pour ton oncle.

RUDENZ. Je vois que vous n'avez pas besoin de moi, je suis un étranger dans cette maison.

ATTINGHAUSEN, *après l'avoir longtemps regardé.* Oui, malheureusement, et malheureusement aussi tu es devenu étranger à ta patrie, Ulrich, je ne te reconnais plus ; tu portes des vêtements de soie, des plumes de paon ; un manteau d'écarlate flotte sur tes épaules: tu regardes avec mépris le paysan et tu as honte de son salut amical.

RUDENZ. Je lui donne volontiers ce qui lui est dû ; mais le droit qu'il s'arroge, je le lui refuse.

ATTINGHAUSEN. Toute la contrée gémit sous la cruelle oppression du roi. La violence tyrannique que nous avons à souffrir remplit de douleur l'âme de chaque honnête homme. Toi seul n'es pas ému de la consternation générale. On te voit t'éloigner des tiens pour te mettre du côté des ennemis de notre pays ; tu te railles de nos maux, tu cours après des joies faciles, et tu recherches la faveur des princes, tandis que la patrie saigne sous la verge des oppresseurs.

RUDENZ. Cette contrée est opprimée, pourquoi, mon oncle? Qu'est-ce qui la jette dans le malheur? Il n'en coûterait qu'un seul mot, un simple mot pour être à l'instant délivré de ce joug et avoir un empereur qui nous serait favorable. Malheur à ceux qui ferment les yeux du peuple et qui le portent à repousser son véritable bien-être! C'est dans leur propre intérêt qu'ils empêchent les trois cantons de prêter serment à l'Autriche, à l'exemple des contrées voisines. Ils sont fiers de s'asseoir avec les gentilshommes sur le banc de la noblesse. On veut avoir l'empereur pour maître, afin de n'avoir point de maître.

ATTINGHAUSEN. Dois-je entendre de telles paroles, et de ta bouche?

RUDENZ. Vous m'avez provoqué, laissez-moi finir. Quel rôle, mon oncle, jouez-vous ici vous-même? N'avez-vous pas une plus haute ambition que d'être banneret ou landamman et de régner conjointement avec ces pâtres? Quoi! ne serait-il pas plus glorieux pour vous de rendre hommage à un royal seigneur, de vous joindre à sa suite brillante, que de marcher de pair avec vos valets, et de siéger au tribunal avec des paysans?

ATTINGHAUSEN. Ah! Ulrich, Ulrich, je reconnais la voix de la séduction; elle a pénétré dans ton oreille et empoisonné ton cœur.

RUDENZ. Oui, je ne m'en cache pas; j'ai ressenti jusqu'au fond de l'âme la douleur de me voir raillé par ces étrangers, qui nous appellent une noblesse de paysans. Je ne puis me résigner à vivre oisivement dans mon patrimoine, à perdre dans des occupations vulgaires le printemps de ma vie, tandis qu'une noble jeunesse se rassemble sous les drapeaux de Habsbourg pour recueillir de la gloire. De l'autre côté de ces montagnes, il est un monde où l'on s'acquiert, par ses actions, une renommée brillante. Mon casque et mon bouclier se rouillent dans ces salles; le son éclatant

de la trompette guerrière, le cri du héraut qui invite
au tournoi, ne pénètrent point dans ces vallées. Je n'entends ici que le bruit monotone du ranz des vaches et
des clochettes des troupeaux.

ATTINGHAUSEN. Aveugle jeune homme ! égaré par un
vain éclat, méprise ta terre natale, rougis des pieuses
et antiques mœurs de tes ancêtres. Un jour tu verseras
des larmes brûlantes, tu soupireras après ces montagnes paternelles. Cette mélodie des clochettes des troupeaux, que tu dédaignes dans ton orgueilleuse satiété
éveillera en toi un douloureux désir si tu viens à l'entendre sur la terre étrangère. Oh ! que l'attrait de la
patrie est grand ! Le monde étranger et trompeur n'est
pas fait pour toi. A la cour orgueilleuse de l'empereur,
avec ton cœur honnête, tu passeras toujours pour un
étranger. Le monde exige d'autres vertus que celles
dont tu as hérité dans ces vallées. — Va, vends ton
âme libre, reçois ta terre comme un fief, deviens le valet des princes, tandis que tu pourrais être ton propre
maître, prince de ton patrimoine et de ton sol libre.
Ah ! Ulrich, Ulrich, demeure avec les tiens, ne va pas à
Altdorf, n'abandonne pas la cause sacrée de ta patrie.
— Je suis le dernier de ma race, mon nom finit avec
moi ; mon casque et mon bouclier qui sont là suspendus seront enfermés avec moi dans le tombeau. Faut-il qu'à mon dernier soupir je pense que tu n'attends
que de me voir fermer les yeux pour abandonner cette
seigneurie, pour recevoir de l'Autriche mes nobles
biens que j'avais reçus librement de Dieu.

RUDENZ. C'est en vain que vous voudriez résister au
roi ; le monde lui appartient. Voulons-nous seuls lutter
obstinément et rompre la puissante chaîne formée par
les pays qui nous environnent? Les marchés publics
sont à lui, les tribunaux sont à lui, les routes que suivent les marchands et les bêtes de somme qui montent
le Saint-Gothard lui doivent un impôt. Nous sommes
de toutes parts environnés par ses possessions comme

par un filet.—L'empire nous protégera-t-il? Peut-il se défendre lui-même contre la puissance croissante de l'Autriche? Si Dieu ne nous aide pas, aucun empereur ne peut nous aider. Comment compter sur la parole de l'empereur, lorsque, dans les malheurs de la guerre, dans le besoin d'argent, les empereurs engagent et aliènent les villes qui se sont mises sous la protection de l'aigle? — Non, mon oncle; dans ces temps de discorde cruelle, le parti le plus sage et le meilleur, c'est de s'attacher à un chef puissant. La couronne impériale passe d'une famille à l'autre, le souvenir de notre fidélité et de nos services ne peut être conservé; tandis que si nous avions un maître puissant, héréditaire, nos bons services seraient autant de grains semés pour l'avenir.

ATTINGHAUSEN. Es-tu donc si sage! es-tu plus clairvoyant que tes nobles ancêtres, qui, pour conserver le précieux trésor de la liberté, ont combattu héroïquement et sacrifié leur sang et leurs biens? Descends à Lucerne, et vois comme la domination de l'Autriche pèse sur ce pays. Ils viendront compter nos brebis et nos bœufs, arpenter nos Alpes, nous interdire la chasse et le vol des oiseaux dans nos libres forêts, mettre leurs barrières sur nos ponts et nos portes, acheter leurs domaines avec nos dépouilles, et soutenir leurs guerres avec notre sang. — Non, s'il faut répandre notre sang, que ce soit du moins pour nous. La liberté nous coûtera moins cher que l'esclavage.

RUDENZ. Que pouvons-nous, peuple de pasteurs, contre les armées d'Albert.

ATTINGHAUSEN. Apprends, jeune homme, à connaître ce peuple de pasteurs. Je le connais, je l'ai conduit dans les batailles, et je l'ai vu combattre sous mes yeux à Favenz. Qu'ils viennent donc pour nous imposer un joug que nous sommes résolus à ne pas supporter! Oh! souviens-toi de quelle race tu es sorti. Ne rejette pas pour une frivole vanité et un éclat trompeur le vrai

ACTE II, SCÈNE I.

trésor de ta dignité. Etre chef d'un peuple libre qui ne se consacre à toi que par amour, qui te suit fidèlement au combat et à la mort, voilà ce qui doit être ton orgueil et ta gloire. Resserre fortement les liens que t'a donnés ta naissance, rattache-toi à ta patrie, à ta chère patrie, livre-lui ton cœur tout entier. Ici sont les profondes racines de ta force ; là, seul dans un monde étranger, tu ne serais qu'un faible roseau que chaque tempête briserait. Oh! viens, il y a longtemps que tu ne nous as vus ; essaye de passer seulement un jour avec nous, ne va pas aujourd'hui à Altdorf... Entends-tu? pas aujourd'hui ; accorde cette seule journée aux tiens. (*Il lui prend la main.*)

RUDENZ. J'ai donné ma parole... Laissez-moi, je suis engagé.

ATTINGHAUSEN, *quittant sa main et d'un ton grave.* Tu es engagé! Oui, malheureux, tu l'es, mais ce n'est ni par parole ni par serments ; tu es lié par les liens de l'amour. (*Rudenz se détourne.*) Cache-toi tant que tu voudras. C'est une femme, c'est Berthe de Brunek, qui t'attire chez le gouverneur, qui t'enchaîne au service de l'empereur. Pour conquérir cette femme, tu veux trahir ton pays. Ne t'y trompe pas, pour te séduire, on te la montre comme une épouse, mais elle n'est point réservée à tes vœux innocents.

RUDENZ. J'en ai assez entendu. Adieu.

(*Il sort.*)

ATTINGHAUSEN. Arrête, jeune insensé!... Il s'éloigne... Je ne puis le retenir, je ne puis le sauver. C'est ainsi que Wolfenschiessen a abandonné la cause de son pays. D'autres le suivront ; la séduction étrangère agit avec force sur nos montagnes et entraîne la jeunesse. — O jour fatal, où l'étranger vint dans ces vallées heureuses et paisibles corrompre la pieuse innocence de nos mœurs! La nouveauté pénètre ici avec violence ; les anciennes, les vénérables coutumes disparaissent, d'autres temps viennent, et d'autres pensées occupent la génération actuelle. Que fais-je ici? Ils sont ensevelis tous ceux avec lesquels j'ai vécu et agi. Mon temps es[t] dans le tombeau. Heureux celui qui n'a rien à fai[re] avec les nouveaux venus.

(*Il sort.*)

SCÈNE II.

Une prairie entourée de forêts et de rochers élevés. Sur les r[o]chers sont des sentiers bordés de balustrades et des échell[es] par où l'on voit descendre les habitants. Dans le fond on aper[ç]ois un lac au-dessus duquel s'élève un arc-en-ciel lunaire. L[a] perspective est terminée par de hautes montagnes derriè[re] lesquelles s'élèvent des pics de glace. Il est complètemen[t] nuit; seulement la clarté de la lune brille sur le lac et sur l[es] glaciers.

MELCHTHAL, BAUMGARTEN, MEIER DE SARNE[N], BURKHARDT DE BUHEL, ARNOLD DE SEWA, NICOLAS DE FLUE, STRUTH DE WINKELRIE[D] *et quatre autres habitants, tous armés.*

MELCHTHAL, *derrière la scène.* Le chemin s'élargit; suivez-moi bravement, je reconnais le rocher et la p[e]tite croix qui le surmonte; nous sommes au bou[t.] Voilà le Rutli. (*Ils arrivent avec des torches.*)

WINKELRIED. Écoutez.

SEWA. Tout est désert.

MEIER. Il n'y a encore aucun compatriote ici. Nou[s] autres gens d'Unterwald, nous arrivons les premiers.

MELCHTHAL. La nuit est-elle avancée?

BAUMGARTEN. Le veilleur de Selisberg vient de crie[r] deux heures. (*On entend sonner dans le lointain.*)

MEIER. Silence! écoutons!

BUHEL. C'est la cloche de la chapelle des bois qu[i] sonne matines sur l'autre bord, dans le pays d[e] Schwitz.

FLUE. L'air est pur et porte le son au loin.

MELCHTHAL. Allez et allumez des branchages pou[r]

éclairer ceux qui viennent. (*Deux hommes s'éloignent.*)

SEWA. Nous avons un beau clair de lune; le lac est uni comme une glace.

BUHEL. Ils auront une traversée facile.

WINKELRIED, *montrant le lac*. Ah! regardez, regardez là : ne voyez-vous rien ?

MEIER. Quoi donc? Oui vraiment, un arc-en-ciel au milieu de la nuit.

MELCHTHAL. Il est formé par la clarté de la lune.

FLUE. C'est un signe rare et merveilleux. Il y a beaucoup de gens qui ne l'ont jamais vu.

SEWA. Il est double, voyez-vous; il y en a un plus pâle autour.

BAUMGARTEN. Voici une barque qui passe dessous cet arc.

MELCHTHAL. C'est Stauffacher avec son canot ; le brave homme ne se fait pas longtemps attendre. (*Il va avec Baumgarten vers le rivage.*)

MEIER. Ce sont les gens d'Uri qui tardent le plus longtemps.

BUHEL. Il faut qu'ils fassent un long détour dans la montagne pour échapper aux gens du gouverneur. (*Pendant ce temps deux hommes ont allumé un feu au milieu de la scène.*)

MELCHTHAL, *sur le rivage*. Qui est là ? Le mot d'ordre?

STAUFFACHER. Amis de la patrie! (*Tous vont au fond du théâtre au-devant des arrivants; on voit sortir de la barque Stauffacher, Itel Reding, Hans de Mauer, Jorg de Hofe, Conrad Hunn, Ulrich de Schmidt, Jost de Veiler et trois autres habitants. Tous sont aussi armés.*)

TOUS ENSEMBLE. Soyez les bienvenus ! (*Tandis que les autres s'arrêtent au fond du théâtre et se saluent, Melchthal s'avance avec Stauffacher.*)

MELCHTHAL. Ah ! Stauffacher, je l'ai vu celui qui ne peut plus me voir; j'ai posé la main sur ses yeux, j'ai puisé un ardent sentiment de vengeance dans le rayon éteint de ses regards.

STAUFFACHER. Ne parle pas de vengeance ; il ne s'agit point de venger le mal qui a été fait, mais de prévenir celui qui nous menace. Maintenant dites-moi ce que vous avez fait dans le pays d'Unterwald ; qui vous avez recruté pour la cause commune ; ce que pensent vos compatriotes, et comment vous avez échappé vous-même aux embûches de la trahison.

MELCHTHAL. A travers ces montagnes effroyables de Sarnen, sur les vastes déserts de glaces où l'on n'entend que le cri du vautour, des agneaux, je suis parvenu jusqu'aux pâturages des Alpes, où les bergers d'Uri et d'Engelberg se saluent de loin par leurs cris, et font paître ensemble leurs troupeaux ; j'ai apaisé ma soif avec l'eau des glaciers qui coule et bouillonne dans les crevasses. Je me suis arrêté dans le chalet solitaire ; aucun hôte n'était là pour me recevoir ; puis je suis arrivé dans les habitations des hommes. Le bruit de l'atrocité nouvellement commise était déjà parvenu dans ces vallées, et à chaque porte où j'ai frappé, mon malheur m'a valu un honorable accueil. J'ai trouvé toutes les âmes révoltées des nouveaux actes de violence ; car de même que les Alpes nourrissent les mêmes plantes, que les sources coulent au même lieu, les nuages mêmes et les vents suivent invariablement la même direction, de même les mœurs anciennes se sont transmises des ancêtres à leurs petits-fils, et dans le cours uniforme des vieilles habitudes ils ne supportent pas la nouveauté téméraire. — Ils m'ont tendu leurs mains vigoureuses ; ils ont détaché de la muraille les épées rouillées ; un sentiment de courage a éclaté galment dans leurs regards, lorsque je leur ai dit les noms chers aux habitants des montagnes, le vôtre et celui de Walther Furst ; ils ont juré de faire tout ce qui vous semblerait juste, ils ont juré de vous suivre jusqu'à la mort. C'est ainsi que, sous la protection sacrée de l'hospitalité, j'ai suivi ma route de chalet en chalet ; et lorsque je suis arrivé dans la vallée natale.

où j'ai un grand nombre de parents, quand j'ai retrouvé mon père aveugle et dépouillé, couché sur la paille et vivant de la compassion des hommes bienfaisants,...

STAUFFACHER. Dieu du ciel !

MELCHTHAL. Je n'ai pas pleuré, je n'ai pas perdu par d'impuissantes larmes la force de mon ardente douleur ; je l'ai renfermée au fond de mon âme comme un trésor précieux, et je n'ai pensé qu'à agir. J'ai passé par tous les sentiers tortueux de la montagne ; il n'y a pas une vallée si cachée où je ne sois entré. J'ai cherché les cabanes habitées jusqu'au pied des glaciers, et partout où j'ai porté mes pas j'ai trouvé la même haine pour la tyrannie ; car l'avarice des gouverneurs étend ses larcins jusqu'aux dernières limites de la nature animée, jusqu'aux lieux où le sol refuse de produire. J'ai par mes paroles mordantes échauffé l'esprit de ces braves gens, et ils sont à nous de cœur comme de bouche.

STAUFFACHER. En peu de temps vous avez fait de grandes choses.

MELCHTHAL. J'ai fait plus encore. Ce que le paysan craint le plus, ce sont les deux forteresses de Rosberg et de Sarnen ; car derrière ces remparts de rochers notre ennemi trouve un asile et tourmente la contrée. J'ai voulu les juger par mes propres yeux ; j'ai été à Sarnen, et j'ai vu la forteresse.

STAUFFACHER. Vous avez osé pénétrer jusque dans le repaire du tigre ?

MELCHTHAL. J'étais déguisé sous un habit de pèlerin. J'ai vu le gouverneur se livrer à la débauche... Jugez si je puis maîtriser mon cœur : j'ai vu mon ennemi et je ne l'ai pas tué !

STAUFFACHER. En vérité la fortune a favorisé votre témérité. (*Pendant ce temps les autres conjurés s'avancent et se rapprochent de Stauffacher et de Melchthal.*) Mais dites-moi, qui sont ces amis, ces hommes justes qui vous ont suivis? Faites-les moi connaître, afin que nous nous rapprochions l'un de l'autre avec confiance et que nos cœurs s'entendent.

MEIER. Qui ne vous connaît pas, maître Stauffacher, dans les trois cantons? Je suis Meier de Sarnen, et voici le fils de ma sœur, Ulrich de Winkelried.

STAUFFACHER. Vous ne me dites là aucun nom inconnu. C'est un Winkelried qui tua le dragon dans le marais de Weiler et qui perdit la vie dans ce combat.

WINKELRIED. C'était mon aïeul, maître Werner.

MELCHTHAL, *montrant deux de ses compagnons*. Ceux-là habitent de l'autre côté d'Unterwald. Ils sont vassaux du cloître d'Engelberg. Vous ne les mépriserez point, parce qu'ils ne sont pas indépendants comme nous et propriétaires libres de leur héritage. Ils aiment leur pays, et jouissent, du reste, d'une bonne renommée.

STAUFFACHER, *à ces deux vassaux*. Donnez-moi la main. Heureux celui qui n'est dans la dépendance de personne; mais la droiture honore chaque condition.

CONRAD HUNN. Voici maître Reding, notre ancien landamman.

MEIER. Je le connais bien; c'est mon adversaire, il plaide contre moi pour un ancien héritage. — Maître Reding, nous sommes en discorde devant le tribunal, ici nous sommes unis. (*Il lui secoue la main.*)

STAUFFACHER. C'est bien dit.

WINKELRIED. Écoutez, ils viennent. Entendez-vous la corne d'Uri? (*A droite et à gauche on voit descendre du haut des rochers des hommes armés, avec des torches.*)

MAUER. Voyez; n'est-ce pas le pieux serviteur de Dieu, le digne pasteur lui-même qui descend avec eux? Il ne craint ni la fatigue du chemin ni l'obscurité de la nuit, le fidèle pasteur, lorsqu'il s'agit de prendre soin de son troupeau. Baumgarten Sigrist le suit et Walther Furst; mais je n'aperçois pas Tell dans la foule. (*Walther Furst, Rosselman, curé d'Uri, Kuoni le berger,*

ACTE II, SCÈNE II.

Werni le chasseur, Ruodi le pêcheur et cinq autres arrivent. L'assemblée est composée de trente-trois personnes. Tous s'avancent et se penchent autour du feu.)

WALTHER FURST. Il faut donc que nous nous cachions dans notre propre héritage, sur notre sol paternel ; il faut donc nous glisser à la dérobée comme des meurtriers ; il faut que nous venions au milieu de la nuit, dont les ombres ne servent à cacher que le crime et les conjurations coupables ; il faut que nous venions là défendre notre bon droit, qui est aussi clair, aussi évident que la lumière du jour !

MELCHTHAL. Qu'importe ? ce qui aura été délibéré dans la profondeur de la nuit obscure paraîtra librement et heureusement à la lumière du soleil.

ROSSELMAN. Amis et confédérés, écoutez ce que Dieu me met dans le cœur. Nous tenons ici la place d'une assemblée générale, nous pouvons agir au nom de tout un peuple ; suivons donc les anciens usages du pays, tels que nous les suivions dans des temps paisibles. Ce qui serait illégal dans cette réunion, la force des circonstances le légitimera. Mais Dieu est partout où l'on exerce la justice, et nous sommes sous la voûte du ciel.

STAUFFACHER. Eh bien ! suivons les anciens usages. Il est nuit, mais nos droits sont parfaitement clairs.

MELCHTHAL. Si l'assemblée n'est pas en nombre complet, le cœur de tout le peuple est ici, et les meilleurs citoyens sont présents.

CONRAD HUNN. Nous n'avons pas les anciens livres, mais ils sont écrits dans nos cœurs.

LE CURÉ. Formons donc à l'instant le cercle, et qu'on y plante des épées, signe du pouvoir.

MAUER. Le landamman va prendre sa place, et ses assesseurs se tiendront à ses côtés.

SIGRIST. Il y a ici trois peuples, à qui appartient le droit de donner un chef à l'assemblée ?

MEIER. Que Schwitz et Uri se disputent cet honneur ;

nous autres gens d'Unterwald, nous y renonçons librement.

MELCHTHAL. Nous y renonçons, car nous venons en suppliant demander le secours de nos puissants amis.

STAUFFACHER. Que la terre d'Uri prenne donc l'épée ! Sa bannière marche devant nous dans les expéditions de l'empire.

WALTHER FURST. Cet honneur doit appartenir à Schwitz, c'est la tige dont nous nous glorifions tous de descendre.

LE CURÉ. Laissez-moi terminer à l'amiable ce généreux débat. Schwitz aura la prérogative dans les conseils, Uri dans les batailles.

WALTHER FURST *présente l'épée à Stauffacher.* Prenez donc.

STAUFFACHER. Non pas moi ; cet honneur appartient au plus âgé.

HOFE. C'est Ulrich Schmidt qui compte le plus d'années.

MAUER. C'est un brave homme, mais il n'est pas de condition libre. A Schwitz, nul ne peut être juge s'il n'est franc propriétaire.

STAUFFACHER. N'avons-nous pas ici Reding, l'ancien landamman ? Pouvons-nous en chercher un plus digne ?

WALTHER FURST. Qu'il soit le landamman et le chef de cette assemblée. Que celui qui y consent lève la main. (*Tous lèvent la main droite.*)

REDING *s'avance au milieu d'eux.* Je ne puis poser la main sur les livres sacrés ; mais je jure par les astres éternels que je ne m'écarterai jamais de la justice. (*On pose deux épées devant lui ; le cercle se forme autour de lui ; Schwitz est au milieu, Uri à droite, Unterwald à gauche. Reding s'appuie sur son épée.*) Quelle raison a pu porter les trois peuples des montagnes à se rassembler sur le triste rivage de ce lac au milieu de la nuit ? Quel doit être le but de cette nouvelle alliance que nous allons conclure sous la voûte du ciel ?

STAUFFACHER *s'avance dans le cercle.* Nous ne formons point de nouvelle alliance ; c'est l'antique union du temps de nos pères que nous consacrons de nouveau. Vous le savez, confédérés, quoique le lac et les montagnes nous séparent et que chaque peuple se gouverne à part, nous sommes pourtant d'une même race, d'un même sang, et nous n'avons tous qu'une même patrie.

WINKELRIED. Ainsi ce que disent nos anciennes chansons serait donc vrai, et nous serions venus ici d'une terre lointaine ? Oh ! apprenez-nous ce que vous en savez, afin que l'ancienne alliance fortifie la nouvelle.

STAUFFACHER. Écoutez ce que racontent les vieux bergers. Dans les contrées du nord, il y avait un grand peuple chez lequel il arriva une cruelle disette. Dans cet état de misère, il fut décidé qu'un dixième de la population, désigné par le sort, quitterait le pays. Cela fut fait ainsi. Une troupe nombreuse d'hommes et de femmes s'en alla en pleurant vers le sud, et s'ouvrit avec l'épée un chemin à travers l'Allemagne, jusqu'à ce qu'elle arrivât dans ces forêts et ces montagnes. Cette troupe marcha sans se lasser et descendit dans la vallée sauvage où la Muotta coule entre des prairies. Là on ne voyait aucune trace humaine; une seule cabane s'élevait sur le rivage solitaire ; elle était habitée par un homme qui attendait les voyageurs pour les passer dans sa barque. Le lac était orageux et l'on ne pouvait le traverser. En regardant la contrée de plus près, ils y découvrirent de belles et riches forêts, des sources limpides, et ils crurent se retrouver dans leur chère patrie. Ils résolurent de rester là ; ils bâtirent le vieux bourg de Schwitz, et passèrent bien des jours d'un rude travail à enlever les racines étendues de la forêt ; puis, lorsque le sol ne fut plus suffisant pour la population nombreuse, ils s'étendirent jusqu'aux montagnes noires et jusqu'à la contrée où un autre peuple, caché derrière les glaciers éternels, parle une autre langue. Ils bâtirent le bourg de Stanz dans le

Kernwalo, le bourg d'Altdorf dans la vallée de la Reuss. Cependant ils gardèrent toujours le souvenir de leur origine, et, parmi les hommes de race étrangère qui sont venus s'établir au milieu de leur contrée, ceux de Schwitz se reconnaissent par le sang et par le cœur. (*Il étend la main à droite et à gauche.*)

MAUER. Oui, nous avons tous le même cœur et le même sang.

TOUS, *se tendant la main*. Nous sommes un même peuple et nous agirons de concert.

STAUFFACHER. Les autres peuples portent le joug étranger ; ils sont soumis à leurs vainqueurs. Il y a même dans notre pays beaucoup d'hommes assujettis à des devoirs étrangers et qui lèguent leur servitude à leurs enfants. Mais nous, véritable race des anciens Suisses, nous avons toujours gardé notre liberté, notre genou n'a pas fléchi devant les princes, et c'est de notre plein gré que nous avons choisi la protection de l'empereur.

LE CURÉ. Oui, c'est de notre plein gré que nous avons choisi l'appui et la protection de l'empereur. Cela est spécifié dans la lettre de l'empereur Frédéric.

STAUFFACHER. Oui, l'homme le plus libre n'est pourtant pas sans maître ; il faut avoir un chef, un juge suprême auquel on ait recours en cas de contestation. Voilà pourquoi nos pères rendirent hommage à l'empereur pour le sol qu'ils avaient conquis sur la terre sauvage, à l'empereur qui porte le titre de maître de l'Allemagne et de l'Italie ; et, comme tous les autres hommes libres de son empire, ils s'engagèrent envers lui au noble service des armes ; car l'unique devoir des hommes libres, c'est de protéger l'empire qui les protége.

MELCHTHAL. Toute obligation en sus est un signe de servitude.

STAUFFACHER. Lorsque l'arrière-ban marchait, nos ancêtres suivaient l'étendard de l'empire et combattaient dans ces batailles. Les armes à la main, ils allaient en Italie avec les empereurs, pour mettre sur leur tête la couronne romaine ; mais, dans leurs pays, ils se gouvernaient eux-mêmes, selon les anciennes lois et les anciens usages, et l'empereur seul pouvait prononcer la peine du sang. Il avait préposé à cet effet un de ses principaux comtes qui ne siégeait point dans notre pays. Pour une punition capitale, on s'adressait à lui, et, sous la voûte du ciel, il prononçait clairement, simplement sa sentence, sans crainte des hommes. Est-ce là une preuve d'esclavage? Si quelqu'un sait les choses d'une autre façon, qu'il parle.

HOFE. Non, tout se passait comme vous l'avez dit. Jamais nous n'avons souffert le despotisme.

STAUFFACHER. Nous avons refusé d'obéir à l'empereur lui-même lorsqu'il soutenait l'intérêt des prêtres aux dépens de la justice. Les gens de l'abbaye d'Einseideln voulaient nous prendre des pâturages que nous occupions depuis le temps de nos pères ; l'abbé se fondait sur un ancien titre qui lui attribuait les terrains sans maîtres, car on avait caché notre situation. Alors nous dîmes : ce titre a été surpris à l'empereur ; il ne peut donner ce qui nous appartient ; et si l'empire nous refuse justice, nous pouvons, dans nos montagnes, nous passer de l'empire. — Ainsi parlaient nos pères. Et nous, souffrirons-nous la honte du nouveau joug ! — Souffrirons-nous d'un valet étranger ce qu'aucun empereur n'a pu obtenir de nous? Nous avons conquis ce sol par le travail de nos mains ; nous avons fait une habitation humaine de l'antique forêt qui servait autrefois de repaire à l'ours ; nous avons exterminé la race du dragon qui vivait avec son venin dans ces marais ; nous avons entr'ouvert les rideaux de brouillards qui jadis flottaient tristement sur ce désert ; nous avons brisé le rocher et ouvert sur les précipices un sentier sûr aux voyageurs. Ce sol est à nous depuis mille ans. Et le valet d'un maître étranger oserait nous forger des chaînes et répandre la honte sur notre propre pays ! N'est-il aucun remède contre une telle oppression? (*Les conjurés sont dans l'agitation.*) Non, la puissance de la tyrannie a des limites ; quand l'opprimé ne trouve plus de justice nulle part, quand son fardeau devient insupportable, il demande au ciel du courage et de la consolation ; il fait descendre l'éternelle justice qui réside là-haut, immuable et inébranlable comme les astres mêmes. Alors commence l'ancien état de la nature, où l'homme luttait contre l'homme, et, pour dernière ressource, quand il n'en reste plus aucune autre, on saisit l'épée. Nous devons défendre contre la force notre bien le plus précieux ; nous combattons pour notre pays, pour nos femmes, pour nos enfants.

TOUS *tirent l'épée.* Nous combattons pour nos femmes et pour nos enfants !

LE CURÉ *s'avance dans le cercle.* Avant d'employer l'épée, pensez-y bien, vous pouvez agir pacifiquement avec l'empereur : il ne vous en coûte qu'un mot, et les tyrans dont vous souffrez en ce moment l'oppression cruelle vous flatteront. Prenez le parti qu'on vous a souvent proposé ; séparez-vous de l'empire ; reconnaissez la puissance de l'Autriche.

MAUER. Que dit le prêtre? Nous, prêter serment à l'Autriche ?

BUHEL. Ne l'écoutez pas !

WINKELRIED. C'est le conseil d'un traître, d'un ennemi du pays !

REDING. Paix, mes amis.

SEWA. Nous, rendre hommage à l'Autriche, après une telle injure ?

FLUE. Nous nous laisserions enlever par la violence ce que nous avons refusé à la douceur !

MEIER. Alors nous serions esclaves et nous mériterions de l'être.

MAUER. Que celui qui proposera de céder à l'Autriche soit privé de tous ses droits de Suisse. — Landamman, je demande que ce soit la première loi que nous rendions ici.

MELCHTHAL. Soit. Que celui qui parlera de céder à l'Autriche soit privé de tous ses droits et dépouillé de tout honneur ; qu'aucun de nos compatriotes ne le reçoive à son foyer.

TOUS. Nous le voulons ainsi. Que telle soit la loi.

REDING, *après un moment de silence.* C'est décidé.

LE CURÉ. Oui, vous êtes libres ; vous êtes libres par cette loi ; l'Autriche n'obtiendra point par la force ce qu'elle n'a point acquis par ses tentatives amicales.

WEILER. L'ordre du jour... après.

REDING. Confédérés, tous les moyens de douceur ont-ils été essayés? Peut-être le roi ne sait-il pas ce que nous souffrons ; peut-être souffrons-nous contre sa volonté. Avant de recourir à l'épée, faisons un dernier essai pour porter nos plaintes. La violence est toujours terrible, même dans une cause juste, et Dieu n'accorde son secours que quand on ne peut plus obtenir justice des hommes.

STAUFFACHER, *à Conrad Hunn.* C'est à vous à donner des renseignements. Parlez.

CONRAD HUNN. J'étais allé à Rheinfeld, au palais de l'empereur, pour porter plainte contre les cruelles vexations des gouverneurs, et pour demander la charte de nos anciennes franchises, que chaque nouveau souverain confirme. Je trouvai là des envoyés d'un grand nombre des villes du pays de Souabe et des bords du Rhin, qui tous recevaient leurs titres et s'en retournaient joyeusement dans leur contrée. Quant à moi, votre député, on m'adressa aux conseillers, qui me congédièrent avec cette vaine consolation : « L'empereur n'a pas le temps cette fois, mais il ne vous oubliera pas. » Et, lorsque je m'en revenais tristement, j'aperçus, en traversant les salles du château, le duc Jean qui se tenait à un balcon, les larmes aux yeux. Auprès de lui étaient les nobles seigneurs de Warl et de Tagerfeld. Ils m'appelèrent et me dirent : « Soutenez-vous vous-mêmes et n'attendez point de justice du roi. Ne dépouille-t-il pas l'enfant de son propre frère et ne retient-il pas son héritage légitime? Le duc a réclamé les biens de sa mère ; il a maintenant atteint sa majorité; il est en âge de gouverner sa terre et ses vassaux. Quelle réponse a-t-il reçue? L'empereur lui a mis une couronne sur la tête, et lui dit : « Voilà l'ornement de la jeunesse. »

MAUER. Vous l'avez entendu. N'attendez de l'empereur ni droit ni justice; aidez-vous vous-mêmes.

REDING. Il ne nous reste point d'autre parti. Maintenant, voyons quel est le moyen de marcher prudemment à notre but?

WALTHER FURST, *s'avançant dans le cercle*. Nous voulons nous soustraire à une domination odieuse, conserver nos anciens droits tels qu'ils ont été légués par nos pères, mais ne pas en rechercher sans frein de nouveaux. Que l'empereur conserve ce qui lui appartient. Que celui qui a un maître le serve selon son obligation.

MEIER. Je tiens un fief de l'Autriche.

WALTHER FURST. Vous continuerez à remplir vos devoirs envers l'Autriche.

WEILER. Je paye un tribut aux seigneurs de Rapperswil.

WALTHER FURST. Vous continuerez à leur payer le cens et l'impôt.

LE CURÉ. J'ai fait serment à l'abbesse de Zurich.

WALTHER FURST. Vous donnerez au cloître ce qui est au cloître.

STAUFFACHER. Je ne relève que de l'empire.

WALTHER FURST. Que ce qui doit se faire se fasse, mais rien de plus. Nous voulons chasser les gouverneurs avec leurs satellites, et renverser leurs forteresses, mais, s'il se peut, sans verser le sang. Que l'empereur reconnaisse que nous avons été contraints de violer nos devoirs et le respect que nous lui devons ; s'il nous voit rester dans de justes limites, peut-être la prudence politique lui fera-t-elle surmonter sa colère ; car un peuple qui, le glaive à la main, sait se modérer, éveille une crainte légitime.

REDING. Mais écoutez : comment en venir là ? Notre ennemi est armé, et sans doute il ne cédera pas sans combattre.

STAUFFACHER. Il cédera, s'il voit que nous avons aussi des armes, si nous le surprenons avant qu'il ait fait ses préparatifs.

MEIER. Cela est bientôt dit, mais difficile à exécuter. Il y a là dans le pays deux forteresses qui protégent l'ennemi, et deviendraient très-redoutables si le roi arrivait dans la contrée. Il faut se rendre maître de Rossberg et de Sarnen avant de tirer un seul glaive dans les trois cantons.

STAUFFACHER. Si l'on tarde longtemps, l'ennemi sera prévenu, et trop de gens seront dans le secret.

MEIER. Dans les trois cantons il n'y a pas de traître.

LE CURÉ. On peut être trahi par le zèle même le plus droit.

WALTHER FURST. Si l'on tarde encore, l'édifice d'Altdorf s'achèvera, et le gouverneur ira s'y fortifier.

MEIER. Vous pensez à vous...

SIGRIST. Et vous, vous êtes injustes.

MEIER, *se levant*. Nous, injustes ! Les gens d'Uri osent le dire !

REDING. Au nom de votre serment, silence !

MEIER. Oui, si Schwitz s'entend avec Uri, il faut bien nous taire.

REDING. Je dois vous réprimander devant toute l'assemblée de troubler la paix par votre violence. Ne sommes-nous pas tous réunis pour la même cause ?

WINKELRIED. Nous pourrions attendre jusqu'à la fête du gouverneur ; c'est la coutume alors que tous les vassaux aillent au château lui porter des présents. Dix ou douze hommes pourraient bien se rassembler là sans exciter de soupçons ; ils apporteraient secrètement des pointes de fer qu'ils pourraient placer très-vite au bout de leurs bâtons ; car personne n'entre au château avec des armes. Le gros de la troupe se tiendrait près de là, dans la forêt ; quand les autres seraient parvenus à s'emparer de la porte, ils sonneraient de la trompe, tous sortiraient alors de leur embuscade, et la forteresse serait facilement à nous.

MELCHTHAL. Je me charge d'entrer dans le Rossberg. Une jeune fille du château m'a montré de l'affection, je peux lui persuader de me tendre une échelle pour lui faire une visite nocturne. Une fois là je ferais entrer mes amis.

REDING. La volonté de tous est-elle que l'on diffère l'exécution? (*La majorité lève la main.*)

STAUFFACHER *compte les voix.* Il y a vingt voix contre douze.

WALTHER FURST. Dès qu'à un jour marqué les forteresses seront tombées en notre pouvoir, nous donnerons le signal d'une montagne à l'autre en allumant des feux. Le peuple se rassemblera aussitôt dans le principal lieu du canton, et lorsque les gouverneurs verront que nous sommes bien décidés à faire usage de nos armes, croyez-moi, ils ne tenteront pas de combattre, et accepteront volontiers un sauf-conduit pour sortir de nos frontières.

STAUFFACHER. Je crains seulement les forces de Gessler. Il est entouré d'une troupe terrible, et n'abandonne pas le champ de bataille sans effusion de sang ; et même s'il est chassé, il sera encore redoutable pour notre pays. Il est difficile et presque dangereux de l'épargner.

BAUMGARTEN. Placez-moi au lieu où l'on court risque de laisser sa tête ; j'exposerai volontiers pour ma patrie cette vie que *Guillaume Tell* a sauvée. J'ai défendu mon honneur, mon cœur est content.

ACTE II, SCÈNE II.

REDING. Le temps porte conseil. Attendez avec patience, il faut aussi se fier à l'occasion. Mais voyez, tandis que nous restons ici à délibérer, le sommet brillant des montagnes nous avertit de l'approche du matin. Allons, séparons-nous avant que la lumière du jour nous surprenne.

WALTHER FURST. Ne vous inquiétez pas, la nuit se retire lentement de ces vallées. (*Tous, par un mouvement spontané, lèvent leurs chapeaux et contemplent dans un pieux recueillement le lever de l'aurore.*)

LE CURÉ. Au nom de cette lumière qui brille à nos regards, avant qu'elle éclaire les hommes enfermés au-dessous de nous dans les vapeurs des cités, faisons le serment de la nouvelle alliance. Nous voulons être un peuple de frères que nul malheur et nul danger ne séparera. (*Tous répètent la même formule en levant les trois doigts de la main droite.*) Nous voulons être libres comme nos pères l'ont été, et préférer la mort à l'esclavage. (*Tous répètent ces mots.*) Nous voulons mettre notre confiance dans le Dieu très-haut, et ne pas redouter la puissance des hommes. (*Tous répètent encore, puis ils s'embrassent.*)

STAUFFACHER. Que chacun reprenne à présent son chemin en paix, et s'en retourne auprès de ses amis et de ses compagnons. Que le berger conduise tranquillement son troupeau à l'hivernage, et gagne sans faire de bruit des amis à notre alliance. Supportez jusqu'au moment décisif tout ce qui doit être supporté. Laissez les comptes des tyrans s'accroître jusqu'à ce qu'un jour ils acquittent leurs dettes envers tous et envers chacun. Domptez votre juste fureur, et réservez votre vengeance pour la vengeance de tous ; car celui-là ferait tort à la communauté, qui voudrait à présent s'occuper de sa propre cause. (*Pendant qu'ils s'éloignent dans un profond silence de trois côtés différents, l'orchestre fait entendre une éclatante harmonie. La scène reste encore vide quelques instants, et l'on voit les rayons du soleil levant sur les glaciers.*)

ACTE TROISIÈME.

SCÈNE I.

Une cour devant la maison de Tell.

TELL, *avec une hache de charpentier*; HEDWIGE, *avec un ouvrage de femme*. WALTHER *et* GUILLAUME *jouent dans le fond du théâtre avec une petite arbalète.*

WALTHER *chante.* « Avec son arc, avec ses flèches, par
» les montagnes, par les vallées, le chasseur s'en va
» dès les premiers rayons du matin.
» Comme le vautour est roi des plaines de l'air, le
» chasseur règne librement dans les montagnes et les
» rochers.
» A lui appartient l'espace ; tout ce que sa flèche tou-
» che, tout ce qui vole et tout ce qui rampe lui appar-
» tient. » (*Il rient en sautant.*) Ma corde est brisée ;
raccommode-la, père !

TELL. Non, pas moi ; un vrai chasseur répare lui-
même son arc. (*Les enfants s'éloignent.*)

HEDWIGE. Ces enfants s'exercent de bonne heure au
tir.

TELL. Celui qui veut devenir habile s'exerce de bonne
heure.

HEDWIGE. Hélas ! Dieu veuille qu'ils ne le deviennent
jamais !

TELL. Il faut qu'ils apprennent tout. Celui qui veut
s'aventurer dans la vie doit être prêt à l'attaque et à la
défense.

HEDWIGE. Aucun des miens ne cherchera donc le repos de la maison ?

TELL. Femme, je ne puis faire autrement ; la nature
ne m'a pas formé pour être berger, il faut que je pour-

suive sans cesse un but fugitif. Je ne jouis vraiment de la vie que lorsque je la sauve chaque jour d'un nouveau péril.

HEDWIGE. Et tu ne songes pas à l'anxiété de ta femme qui se désole en attendant ton retour. Ce que tes serviteurs racontent de vos courses périlleuses me remplit de terreur. Chaque fois que tu me quittes, mon cœur tremble que tu ne reviennes plus. Je te vois égaré au milieu des montagnes de glaces, sauter d'un rocher à l'autre ; je vois le chamois, par un retour subit, t'entraîner dans l'abîme. Tantôt il me semble que tu es enseveli sous l'avalanche, tantôt que la glace trompeuse se glisse sous tes pas, et que tu tombes au fond d'un précipice affreux. Hélas ! sous mille formes différentes, la mort menace le chasseur des Alpes. C'est un malheureux métier que celui qui vous emmène ainsi, au péril de votre vie, sur le bord de l'abîme.

TELL. Celui qui sait observer de sang-froid autour lui, qui se fie en Dieu, qui est fort et agile, celui-là peut facilement se tirer de l'écueil et du danger, et la montagne n'effraye pas celui qui y est né. (*Il a fini son travail et dépose ses outils.*) Maintenant, je pense que voilà notre porte solide pour longtemps. Avec ma hache, je me passe du charpentier. (*Il prend son chapeau.*)

HEDWIGE. Où vas-tu ?

TELL. A Altdorf, chez mon père.

HEDWIGE. N'as-tu pas quelques projets périlleux ? Avoue-le-moi.

TELL. D'où te vient cette pensée ?

HEDWIGE. Il se trame quelque chose contre les baillis. Il y a eu une assemblée au Rutli, je le sais, et tu es aussi de cette ligue.

TELL. Non, je n'étais pas là ; mais je ne me déroberai point à la voix de ma patrie si elle m'appelle.

HEDWIGE. Ils te placeront au poste dangereux. Le plus difficile sera ton partage, comme toujours.

TELL. Chacun est taxé selon ses moyens.

HEDWIGE. Pendant la tempête, tu as fait passer le lac à un homme d'Unterwald ; c'est un miracle que tu en sois revenu. Ne penses-tu donc jamais à ta femme et à tes enfants ?

TELL. Chère femme, ne pensais-je pas à vous quand je rendais un père à ses enfants ?

HEDWIGE. Naviguer sur le lac en fureur ! ce n'est pas se confier en Dieu, c'est tenter la Providence.

TELL. Celui qui réfléchit trop agit peu.

HEDWIGE. Oui, tu es bon et secourable, tu rends service à tous, et si tu étais dans le besoin, personne ne t'aiderait.

TELL. Dieu veuille que je n'aie pas besoin d'être aidé ! (*Il prend son arbalète et ses flèches.*)

HEDWIGE. Que veux-tu faire de cette arbalète ? Laisse-la ici.

TELL. Quand une arme me manque, il me semble que le bras me manque. (*Les enfants reviennent.*)

WALTHER. Mon père, où vas-tu ?

TELL. A Altdorf, mon enfant, chez ton grand-père. Veux-tu venir avec moi ?

WALTHER. Oui vraiment.

HEDWIGE. Le gouverneur y est à présent ; ne va pas à Altdorf.

TELL. Il en part aujourd'hui.

HEDWIGE. Laisse-le d'abord partir, ne le fais pas songer à toi ; tu sais qu'il nous en veut.

TELL. Sa mauvaise volonté ne peut me nuire beaucoup ; j'agis honnêtement, et ne redoute aucun ennemi.

HEDWIGE. Ceux qui agissent honnêtement sont précisément ceux qu'il hait le plus.

TELL. Parce qu'il n'a pas de prise sur eux. Quant à moi, je pense qu'il me laissera en paix.

HEDWIGE. Vraiment, tu crois cela ?

TELL. Il n'y pas longtemps que je chassais dans les

profondeurs sauvages de Schachen, loin de toute race humaine ; je suivais seul un sentier taillé dans le roc, où l'on ne pouvait se détourner, car au-dessus de moi était une muraille de rocs escarpés, et au-dessous mugissait le terrible torrent. (*Les enfants se rapprochent de lui et écoutent avec une vive attention.*) Le gouverneur marchait à ma rencontre par le même sentier. Il était seul, et moi aussi ; nous nous trouvions là homme à homme, et l'abîme près de nous. Quand il m'aperçut et me reconnut, moi qu'il avait peu de temps auparavant traité avec sévérité pour une légère cause, quand il s'aperçut que j'avais ma bonne arme et que je marchais au-devant de lui, il pâlit, ses genoux tremblèrent, et je vis le moment où il allait tomber contre le rocher. Alors j'eus pitié de lui ; je m'avançai humblement, et je lui dis : C'est moi, seigneur gouverneur. Mais aucune parole ne put s'échapper de ses lèvres ; de la main il me fit signe de poursuivre ma route. Je passai, et je lui envoyai sa suite.

HEDWIGE. Il a tremblé devant toi, il s'est montré faible à tes yeux ; malheur à toi ! jamais il ne te pardonnera.

TELL. Aussi l'éviterai-je, et il ne me cherchera pas.

HEDWIGE. Ne t'approche pas d'Altdorf aujourd'hui. Va plutôt chasser.

TELL. Quelle crainte as-tu donc?

HEDWIGE. Je suis cruellement inquiète. Ne va pas là.

TELL. Comment peux-tu te tourmenter ainsi sans motif?

HEDWIGE. Sans motif! Tell, reste ici.

TELL. J'ai promis d'y aller, ma chère femme!

HEDWIGE. S'il le faut, va... mais laisse-moi les enfants.

WALTHER. Non, je vais avec mon père.

HEDWIGE. Walther, tu veux quitter ta mère?

WALTHER. Je te rapporterai quelque jolie chose de chez mon grand-père. (*Il sort avec son père.*)

GUILLAUME. Ma mère, je reste avec toi.

HEDWIGE *l'embrasse.* Oui, tu es mon enfant chéri, tu me restes seul. (*Elle va à la porte de la cour, et les suit longtemps des yeux.*)

SCÈNE II.

Une contrée sauvage, entourée de forêts; des cascades tombent du haut d'un rocher.

BERTHE, *en habit de chasse; ensuite* **RUDENZ.**

BERTHE. Il me suit. Enfin je pourrai m'expliquer.

RUDENZ *s'avance.* Enfin, madame, je vous trouve seule. Des précipices nous environnent de toutes parts; dans ce désert je ne crains aucun témoin, je vais rompre le long silence de mon cœur.

BERTHE. Êtes-vous sûr que la chasse ne nous suit pas?

RUDENZ. La chasse est là-bas... Maintenant ou jamais il faut que je saisisse ce moment précieux, que mon sort se décide, dût-il à jamais m'éloigner de vous. Oh! n'armez pas vos doux regards de cette sombre sévérité. Qui suis-je, pour oser élever mes vœux téméraires jusqu'à vous? Mon nom n'est encore entouré d'aucune gloire; je n'ose me placer dans les rangs de ces chevaliers brillants et illustrés par la victoire qui recherchent votre main. Je n'ai qu'un cœur plein d'amour et de fidélité.

BERTHE, *avec sévérité.* Osez-vous bien parler d'amour et de fidélité, vous qui manquez à vos devoirs les plus sacrés? (*Rudenz recule.*) Vous, esclave de l'Autriche, vendu à l'étranger, à l'oppresseur de votre peuple?

RUDENZ. Est-ce vous, madame, qui m'adressez un tel reproche? Qu'ai-je cherché dans ce parti, si ce n'est vous?

BERTHE. Pensiez-vous me trouver dans le parti de la trahison? J'aimerais mieux donner ma main à Gessler lui-même, au tyran, qu'au fils dénaturé de la Suisse qui se fait un instrument de la tyrannie.

RUDENZ. O Dieu ! que dois-je entendre ?

BERTHE. Qu'y a-t-il de plus important pour un honnête homme que l'intérêt des siens ? Y a-t-il pour un noble cœur un plus beau devoir que d'être le défenseur de l'innocence, le protecteur des droits de l'opprimé ? Le cœur me saigne pour votre peuple, je souffre avec lui, car j'aime cette nature d'hommes modestes et pleins de force ; elle me séduit entièrement, et chaque jour j'apprends à l'honorer davantage. Mais vous que la nature et le devoir de chevalier donnent à ce peuple pour défenseur obligé, vous qui l'abandonnez, qui vous rangez perfidement du côté de ses ennemis, qui forgez les chaînes de votre pays, c'est vous dont la conduite m'offense et m'afflige, et, pour ne pas vous haïr, il faut que je fasse violence à mon cœur.

RUDENZ. Je ne veux que le bien de mon pays. Sous le sceptre puissant de l'Autriche, la paix...

BERTHE. C'est l'esclavage que vous voulez lui préparer. Vous voulez chasser la liberté du dernier asile qui lui reste. Le peuple comprend mieux son bonheur, aucune vaine apparence n'égare sa ferme pensée. Quant à vous, ils vous ont enveloppé dans leurs filets.

RUDENZ. Berthe, vous me haïssez, vous me méprisez.

BERTHE. S'il en était ainsi, cela vaudrait mieux pour moi... Mais voir mépriser et digne de mépris celui qu'on voudrait aimer.

RUDENZ. Berthe ! Berthe ! vous me montrez au même instant le faîte du bonheur et vous me précipitez dans l'abîme du désespoir.

BERTHE. Non, non, les nobles pensées ne sont pas étouffées en vous ; elles dorment seulement, je veux les éveiller. Il faut que vous exerciez une violence envers vous-même pour détruire votre vertu naturelle ;

heureusement elle est plus forte que vous, et malgré vous-même vous êtes bon et noble.

RUDENZ. Vous avez confiance en moi. Oh ! Berthe, par votre amour, je puis tout atteindre.

BERTHE. Soyez ce que la nature généreuse a voulu que vous fussiez ; prenez la place qu'elle vous a destinée : soutenez votre peuple et votre patrie, combattez pour vos droits sacrés.

RUDENZ. Malheur à moi ! Comment puis-je vous obtenir, comment vous posséder, si je résiste à la puissance de l'empereur ? N'est-ce pas la volonté souveraine de vos parents qui dispose absolument de votre main ?

BERTHE. Mes biens sont situés dans les trois cantons, et si le Suisse est libre, je le suis aussi.

RUDENZ. Berthe, quelle perspective vous m'ouvrez !

BERTHE. N'espérez pas obtenir ma main par la faveur de l'Autriche. Ils ne pensent qu'à mon héritage, et ils veulent m'unir à un riche héritier. Ces mêmes oppresseurs qui voulaient envahir votre liberté menaçaient aussi la mienne. Oh ! mon ami, je suis peut-être une victime destinée à récompenser un favori. On veut m'entraîner dans cette cour de l'empereur, où règnent la ruse et la fausseté. Là, les chaînes d'un hymen odieux m'attendent. L'amour seul... votre amour peut me sauver.

RUDENZ. Vous pourriez vous résoudre à vivre ici, à être à moi dans ma patrie ? Oh ! Berthe, tous mes rêves jetés dans l'espace n'étaient qu'une pensée errant après vous. C'était vous seule que je cherchais sur le chemin de la gloire, et mon ambition n'était que de l'amour. Si vous pouvez vous enfermer avec moi dans cette vallée paisible et renoncer aux splendeurs du monde, le but de mes efforts est atteint, le torrent agité du monde peut venir se briser au pied de ces montagnes. Aucun de mes désirs ne s'égarera plus à travers la vie. Puissent les rochers qui forment autour de nous un rempart impénétrable, et cette heureuse vallée si bien enfermée, ne laisser d'issue qu'au ciel et à la lumière !

BERTHE. A présent te voilà tel que mon cœur t'avait rêvé. Ma croyance ne m'a point trompée.

RUDENZ. Adieu, vaine illusion qui m'avais séduit! C'est dans ma patrie que je trouverai le bonheur. C'est là que mon enfance a gaîment fleuri, c'est là que je suis entouré de mille traces de joie, que les arbres et les sources d'eau vivent à mes yeux. Tu veux être à moi dans ma patrie. Hélas! je l'ai toujours aimée; je le sens, elle m'eût manqué à toute espèce de bonheur dans ce monde.

BERTHE. Où serait le séjour du bonheur, si ce n'est ici dans la terre de l'innocence, ici, où réside l'antique bonne foi, où la perfidie n'a pas encore pénétré? Là, nulle envie ne troublera la source de notre bonheur, et nos jours s'écouleront purs et sereins. Je te vois dans ta vraie dignité d'homme, le premier parmi des hommes libres et égaux, honoré par de libres et sincères hommages, grand comme un roi dans son royaume.

RUDENZ. Et toi, je te vois la reine des femmes, occupée par mille soins charmants à faire de ma maison un séjour céleste, à parer ma vie par ta grâce et ta douceur, pareille au printemps qui répand ses fleurs, à tout animer et à rendre tout heureux autour de toi.

BERTHE. Voyez, mon ami, voilà pourquoi je m'affligeais, lorsque je vous voyais détruire vous-même ce suprême bonheur. Quel malheur pour moi s'il m'eût fallu suivre dans son obscur château l'orgueilleux chevalier, l'oppresseur du pays! Ici il n'y a point de château ; aucune muraille ne me sépare d'un peuple que je puis rendre heureux.

RUDENZ. Mais comment me sauver, comment me dégager des liens dans lesquels je me suis follement jeté?

BERTHE. Brise-les par une mâle résolution. Quoi qu'il puisse arriver... reste avec ton peuple, c'est là ta place naturelle. (*On entend des cors de chasse dans le lointain.*) La chasse approche, vite, il faut nous séparer... Combats pour la patrie, et combats pour ton amour; il y a un ennemi devant lequel nous devons tous trembler, et une liberté qui nous rendra tous libres.

(*Ils sortent.*)

SCÈNE III.

Une prairie près d'Altdorf. On voit des arbres sur le devant, et dans le fond du théâtre un chapeau sur une perche. L'horizon est borné par la chaîne du Bannberg, au-dessus duquel s'élève une montagne de neige.

FRIESSHARDT *et* **LEUTHOLD** *montent la garde.*

FRIESSHARDT. Nous attendons en vain, personne ne passera par ici pour faire sa révérence au chapeau. Il y avait cependant tant de monde ici qu'on eût dit une foire; mais, depuis que cet épouvantail est suspendu à cette perche, toute la prairie est comme déserte.

LEUTHOLD. Nous ne voyons que des misérables qui viennent ici tirer leur bonnet déguenillé, mais tous les honnêtes gens aiment mieux faire un long détour que de se courber devant ce chapeau.

FRIESSHARDT. Il faut qu'ils passent à midi sur cette place, quand ils sortent de la maison de ville. Je croyais faire une bonne prise, car aucun ne songeait à saluer le chapeau. Le curé, qui venait de voir un malade, s'en aperçoit et se place avec le saint sacrement juste au pied de cette perche; le sacristain agite sa sonnette, tous tombent à genoux et moi avec eux; mais c'est le saint sacrement qu'ils ont salué et non pas le chapeau.

LEUTHOLD. Écoute, camarade, je commence à trouver que nous sommes comme un carcan devant ce chapeau; c'est pourtant une honte pour un homme d'armes que d'être en faction devant un chapeau vide, et chaque honnête homme doit nous mépriser. Faire la révérence à un chapeau! c'est là, il faut l'avouer, une folle fantaisie.

FRIESSHARDT. Pourquoi pas à un chapeau? Tu la fais bien à des cerveaux vides. (*Hildegarde, Mathilde, Élisabeth arrivent avec leurs enfants et tournent autour du mât.*)

LEUTHOLD. Et tu es un coquin si zélé! Tu ferais volontiers du mal à ces braves gens. Mais salue qui voudra ce chapeau, je ferme les yeux et je ne vois rien.

MATHILDE. Mes enfants, voilà le chapeau du gouverneur, montrez-lui du respect.

ÉLISABETH. Dieu veuille qu'il nous quitte en ne nous laissant que son chapeau! les choses n'en iraient pas plus mal dans le pays.

FRIESSHARDT *les renvoie*. Éloignez-vous, misérables troupeaux de femmes! On n'a pas besoin de vous. Envoyez ici vos maris, s'ils ont le courage de braver notre consigne. (*Les femmes sortent. Tell s'avance avec son arbalète, conduisant son enfant par la main; ils passent devant le chapeau sans y faire attention.*)

WALTHER, *montrant le Bannberg*. Mon père, est-il vrai que sur cette montagne les arbres saignent quand on les frappe avec la hache?

TELL. Qui t'a dit cela, enfant?

WALTHER. C'est le maître berger; il raconte qu'il y a une magie dans ces arbres, et quand un homme les a endommagés, sa main sort de sa fosse après sa mort.

TELL. Il y a une magie dans ces arbres, c'est vrai. Vois-tu là-bas ces hautes montagnes dont la pointe blanche s'élève jusqu'au ciel?

WALTHER. Ce sont les glaciers qui résonnent la nuit comme le tonnerre et d'où tombent les avalanches.

TELL. Oui, mon enfant; et les avalanches auraient depuis longtemps englouti le bourg d'Altdorf, si la forêt qui est là au-dessus de nous ne lui servait de sauvegarde.

WALTHER, *après un moment de réflexion.* Mon père, est-il des contrées où l'on ne voit pas de montagnes?

TELL. Quand on descend de nos montagnes et que l'on va toujours plus bas en suivant le cours du fleuve, on arrive dans une vaste contrée ouverte où les torrents n'écument plus, où les rivières coulent lentes et paisibles. Là, de tous les côtés, le blé grandit librement dans de belles plaines, et le pays est comme un jardin.

WALTHER. Eh bien! mon père, pourquoi ne descendons-nous pas à la hâte dans ce beau pays, au lieu de vivre ici dans le tourment et l'anxiété?

TELL. Ce pays est bon et beau comme le ciel, mais ceux qui le cultivent ne jouissent pas de la moisson qu'ils ont semée.

WALTHER. Est-ce qu'ils ne sont pas libres comme toi dans leur patrimoine?

TELL. Les champs appartiennent à l'évêque et au roi.

WALTHER. Mais ils peuvent chasser librement dans les forêts?

TELL. Le gibier et les oiseaux appartiennent au seigneur.

WALTHER. Ils peuvent alors pêcher dans les rivières?

TELL. Les rivières, la mer, le sel, appartiennent au roi.

WALTHER. Qui est donc ce roi qu'ils craignent tous?

TELL. C'est un homme qui les protége et les nourrit.

WALTHER. Ne peuvent-ils pas se protéger eux-mêmes?

TELL. Là le voisin n'ose se fier à son voisin.

WALTHER. Mon père, je serais mal à mon aise dans ce pays; j'aime mieux rester sous les avalanches.

TELL. Oui, mon enfant, mieux vaut être près des glaciers que près des hommes méchants. (*Ils veulent poursuivre leur route.*)

WALTHER. Regarde, mon père, le chapeau placé sur cette perche!

TELL. Que nous importe ce chapeau! Viens, suis-moi. (*Pendant qu'ils s'éloignent, Friesshardt s'avance avec sa pique.*)

FRIESSHARDT. Au nom de l'empereur, arrêtez et n'allez pas plus loin.

TELL *saisit la pique.* Que voulez-vous? pourquoi m'arrêtez-vous?

FRIESSHARDT. Vous avez violé l'ordonnance, suivez-nous.

LEUTHOLD. Vous n'avez pas fait la révérence à ce chapeau.

TELL. Mon ami, laissez-moi passer.

FRIESSHARDT. Allons, allons, en prison.

WALTHER. Mon père, en prison? Au secours! au secours! (*Ils courent sur la scène.*) Ici, braves gens, aidez-nous! prêtez-nous votre appui. (*Ils l'emmènent prisonnier. Le curé et le sacristain viennent avec trois autres hommes.*)

LE SACRISTAIN. Qu'y a-t-il?

LE CURÉ. Pourquoi mets-tu la main sur cet homme?

FRIESSHARDT. C'est un ennemi de l'empereur, un traître.

TELL, *le secouant rudement.* Moi, un traître!

LE CURÉ. Tu te trompes, ami; c'est Tell, un homme d'honneur et un brave citoyen.

WALTHER *aperçoit Walther Furst, et court au-devant de lui.* Au secours, grand-père! on fait violence à mon père.

FRIESSHARDT. En prison, marche.

WALTHER FURST, *accourant.* Je suis sa caution, arrêtez. Au nom de Dieu, Tell, qu'est-il arrivé? (*Melchthal et Stauffacher entrent.*)

FRIESSHARDT. Il méprise la puissance suprême du gouverneur et ne veut pas la reconnaître.

STAUFFACHER. Tell se serait-il conduit ainsi?

MELCHTHAL. Tu mens, coquin.

LEUTHOLD. Il n'a pas salué ce chapeau.

WALTHER FURST. Et pour cela il faut qu'il aille en prison ? Mon ami, accepte ma caution et laisse-le libre.

FRIESSHARDT. Garde ta caution pour toi, nous obéissons à la consigne. Allons, qu'on l'emmène.

MELCHTHAL. C'est une violence révoltante. Souffrirons-nous qu'on le dérobe ainsi impunément à nos yeux ?

LE SACRISTAIN. Nous sommes les plus forts, mes amis, ne souffrez pas ceci, nous devons nous aider l'un l'autre.

FRIESSHARDT. Qui osera résister à l'ordre du gouverneur ?

TROIS PAYSANS, *accourant*. Nous vous aiderons. Qu'y a-t-il ? Jetez-les par terre. (*Hildegarde, Mathilde et Élisabeth reviennent.*)

TELL. Je me secourrai moi-même. Allez, braves gens, croyez-vous que si je voulais employer la force, j'aurais peur de leurs hallebardes ?

MELCHTHAL, *à Friesshardt*. Oserais-tu l'enlever au milieu de nous ?

WALTHER FURST *et* STAUFFACHER. Soyez calme et patient.

FRIESSHARDT *crie*. A la révolte ! à la sédition ! (*On entend des cors de chasse.*)

LES FEMMES. Voici le gouverneur.

FRIESSHARDT *élève la voix*. A la révolte ! à la sédition !

STAUFFACHER. Crie, coquin, jusqu'à ce que tu crèves.

LE CURÉ *et* MELCHTHAL. Veux-tu te taire ?

FRIESSHARDT, *à haute voix*. Au secours ! au secours ! Soutenez les agents de la loi.

WALTHER FURST. C'est le gouverneur ; malheur à nous ! Que va-t-il arriver ? (*Gessler à cheval, le faucon sur le poing ; Rodolphe de Harras, Berthe, Rudenz et une suite nombreuse de valets armés qui forment un vaste cercle autour de la scène.*)

RODOLPHE. Place ! place au gouverneur !

GESSLER. Dispersez-les ! Pourquoi cet attroupement ? Qui a crié au secours ? Qu'était-ce ? (*Silence général.*)

Je veux le savoir. (*A Friesshardt.*) Avance. Qui es-tu? et pourquoi tiens-tu cet homme? (*Il remet son faucon à un serviteur.*)

FRIESSHARDT. Puissant seigneur, je suis un de tes soldats placés en sentinelle près de ce chapeau. J'ai saisi cet homme au moment où il refusait de le saluer; je voulais l'arrêter selon tes ordres, et le peuple veut me l'enlever avec violence.

GESSLER, *après un moment de silence.* Méprises-tu donc ainsi l'empereur et moi qui tiens sa place, toi qui refuses de montrer du respect envers ce chapeau que j'ai fait suspendre ici pour éprouver votre obéissance? Tu trahis par là tes mauvaises intentions.

TELL. Mon bon seigneur, pardonnez-moi; j'ai agi par inadvertance et non point par mépris. Je vous demande grâce; aussi vrai que je m'appelle Tell, cela n'arrivera plus.

GESSLER, *après un moment de silence.* Tell, tu es un maître archer; on dit que tu atteins à chaque coup ton but.

WALTHER. C'est vrai, monseigneur; mon père abat une pomme à cent pas.

GESSLER. Est-ce là ton enfant, Tell?

TELL. Oui, monseigneur.

GESSLER. As-tu plusieurs enfants?

TELL. J'ai deux fils, monseigneur.

GESSLER. Et lequel aimes-tu le mieux?

TELL. Monseigneur, tous les deux sont également mes enfants chéris.

GESSLER. Eh bien! Tell, puisque tu abats une pomme à cent pas, il faut que tu me donnes une preuve de ton adresse. Prends ton arbalète; justement tu la tiens à la main... Prépare-toi à abattre une pomme placée sur la tête de ton enfant. Mais je te conseille de viser juste, et de frapper la pomme du premier coup; car si tu la manques, il t'en coûtera la tête. (*Tous donnent des signes d'effroi.*)

TELL. Monseigneur, quelle horrible chose me commandez-vous? Moi abattre, sur la tête de mon enfant... Non, non, mon bon seigneur, cela ne peut venir à votre esprit... Que le Dieu des miséricordes m'en préserve... Vous ne pouvez sérieusement exiger cela d'un père.

GESSLER. Tu viseras une pomme placée sur la tête de ton enfant !... je le veux et l'ordonne.

TELL. Moi viser avec mon arbalète la tête de mon propre enfant !... je mourrai plutôt.

GESSLER. Tu tireras, ou tu mourras avec ton fils.

TELL. Être le meurtrier de mon enfant !... Monseigneur, vous n'avez point d'enfant... vous ne savez pas ce qui se passe dans le cœur d'un père.

GESSLER. Par ma foi, Tell, te voilà devenu tout à coup bien prudent ! On dit que tu es un rêveur, que tu t'éloignes des habitudes des autres hommes, que tu aimes l'extraordinaire, voilà pourquoi je t'ai choisi une action hasardeuse. Un autre réfléchirait, mais toi, tu vas fermer les yeux et prendre bravement ton parti.

BERTHE. Ne plaisantez pas, monseigneur, avec ces pauvres gens. Vous les voyez pâles et tremblants devant vous ; ils ne sont pas habitués à prendre vos paroles comme un passe-temps.

GESSLER. Et qui vous dit que je plaisante ? (*Il s'approche d'un arbre et cueille une pomme.*) Voici la pomme. — Faites place. Qu'il prenne sa distance selon l'usage. Je lui donne quatre-vingts pas, ni plus ni moins. Il se vante d'atteindre son homme à cent pas. Maintenant, tire, et ne manque pas le but.

RODOLPHE. Dieu ! cela devient sérieux. — Enfant, tombe à genoux et demande grâce pour ta vie au gouverneur.

WALTHER FURST, *à Melchthal, qui peut à peine maîtriser son impatience.* Contenez-vous, je vous en prie ; soyez calme.

ACTE III, SCÈNE III.

BERTHE, *au gouverneur*. Assez, monseigneur ; il est inhumain de se jouer ainsi de l'angoisse d'un père. Quand ce pauvre homme aurait, par sa faute légère, mérité la mort, ne vient-il pas de souffrir dix morts ? Laissez-le retourner dans sa cabane, il a appris à vous connaître, et lui et ses petits-enfants se souviendront de cette heure.

GESSLER. Allons, faites place. Que tardes-tu ? Tu as mérité la mort ; je puis te la faire subir, et, regarde, dans ma clémence, je remets ton sort entre tes mains habiles. Celui-là qu'on laisse maître de sa destinée n'a point à se plaindre de la rigueur de sa sentence. Tu t'enorgueillis de la sûreté de ton regard ; eh bien ! chasseur, il s'agit ici de nous montrer ton adresse. Le but est digne de toi ; le prix a son importance. Toucher le milieu d'une cible, tout autre peut le faire ; mais le vrai maître, c'est celui qui partout est sûr de sa dextérité, et dont le cœur ne trouble ni la main ni l'œil.

WALTHER FURST *se jette à genoux devant lui*. Seigneur gouverneur, nous reconnaissons votre pouvoir ; mais préférez la clémence au droit ; prenez la moitié de mes biens, prenez-les tous ; seulement épargnez une telle horreur à un père.

WALTHER. Grand-père, ne te mets pas à genoux devant ce mauvais homme. Dites où je dois me placer, je n'ai pas peur pour moi ; mon père atteint les oiseaux au vol, il ne frappera pas le cœur de son enfant.

STAUFFACHER. Monseigneur, l'innocence de cet enfant ne vous touche-t-elle pas ?

LE CURÉ. Oh ! pensez qu'il y a un Dieu dans le ciel à qui vous rendrez compte de vos actions.

GESSLER, *montrant l'enfant*. Qu'on le lie à ce tilleul.

WALTHER. Me lier ! Non, je ne veux pas être lié ; je serai tranquille comme un agneau, et je ne respirerai même pas. Mais si vous me liez, non, je ne le souffrirai pas, si vous me liez, je me débattrai.

RODOLPHE. On va seulement te bander les yeux, mon enfant.

WALTHER. Pourquoi ? Pensez-vous que je craigne une flèche lancée par la main de mon père ? Je veux l'attendre avec fermeté et ne pas sourciller. Allons, mon père, montre-lui que tu es un franc archer. Il ne te croit pas, et il pense nous perdre. — Au grand chagrin de cet homme cruel, tire et atteins ton but. (*Il va sous le tilleul ; on lui met la pomme sur la tête.*)

MELCHTHAL, *à ses compagnons.* Quoi ! ce crime s'accomplirait-il sous nos yeux ? Pourquoi avons-nous fait serment ?

STAUFFACHER. C'est inutile ; nous n'avons point d'armes, et voyez cette forêt de lances autour de nous.

MELCHTHAL. Oh ! si nous avions accompli notre œuvre sur-le-champ ! Que Dieu pardonne à ceux qui ont conseillé le retard !

GESSLER, *à Tell.* A l'œuvre ! On ne porte pas des armes impunément. Il est dangereux de marcher avec un instrument de mort, et la flèche revient sur celui qui la lance. Ce droit orgueilleux que le paysan s'arroge offense le seigneur de la contrée, personne ne doit être armé que celui qui commande. Si donc vous vous réjouissez de porter l'arc et les flèches, c'est bien ; moi je vous donnerai le but.

TELL *tend son arbalète et y met un trait.* Écartez-vous ! Place !

STAUFFACHER. Quoi ! Tell, vous voudriez... Non, jamais... Vous frémissez, votre main tremble, vos genoux chancellent.

TELL *laisse tomber son arbalète.* Les objets tourbillonnent devant moi.

LES FEMMES. Dieu du ciel !

TELL, *au gouverneur.* Épargnez-moi ce coup. Voici mon cœur, ordonnez à vos soldats de me tuer.

GESSLER. Je ne veux pas ta vie, je veux que tu tires. — Tu peux tout, Tell, rien ne t'effraie ; tu manies la rame comme l'arbalète ; nul orage ne t'épouvante s'il faut sauver quelqu'un ; à présent, sauve-toi toi-même, puisque tu sauves tous les autres. (*Tell est dans une violente agitation, ses mains tremblent. Tantôt ses yeux se tournent vers le gouverneur, tantôt ils s'élèvent vers le ciel. Tout à coup il prend dans son carquois une seconde flèche et la cache dans son sein. Le gouverneur remarque tous ses mouvements.*)

WALTHER, *sous le tilleul.* Tirez, mon père ; je n'ai pas peur.

TELL. Il le faut. (*Il rassemble ses forces et s'apprête à tirer.*)

RUDENZ, *qui, pendant ce temps, a cherché à se maîtriser, s'avance.* Seigneur gouverneur, vous ne pousserez pas cela plus loin. Non, ce n'était qu'une épreuve... Vous avez atteint votre but... Une rigueur poussée trop loin ne serait pas conforme à la prudence, et l'arc trop tendu se brise.

GESSLER. Taisez-vous, jusqu'à ce qu'on vous interroge.

RUDENZ. Je veux parler, je le dois ; l'honneur du roi m'est sacré. Par une telle conduite, on ne s'attire que la haine. Ce n'est pas là l'intention du roi, j'ose l'affirmer ; mes concitoyens ne méritent pas une telle cruauté, et votre pouvoir ne s'étend pas jusque-là.

GESSLER. Comment ! vous osez !...

RUDENZ. J'ai longtemps gardé le silence sur toutes les mauvaises actions dont j'étais le témoin, je fermais les yeux sur ce que je voyais : j'ai renfermé dans mon sein l'indignation qui soulevait mon cœur ! mais se taire plus longtemps serait tout à la fois une trahison envers ma patrie et envers l'empereur.

BERTHE *se jette entre lui et le gouverneur.* O Dieu ! vous irritez encore davantage ce furieux.

RUDENZ. J'ai abandonné mes concitoyens, j'ai renoncé à ma famille, j'ai rompu tous les liens de la nature pour m'attacher à vous. Je croyais agir pour le mieux en affermissant ici la puissance de l'empereur. Le bandeau tombe de mes yeux. Je me vois avec effroi entraîné dans un abîme ; vous avez égaré ma pensée imprévoyante et trompé mon cœur confiant. Avec la volonté la plus noble je perdais mes compatriotes.

GESSLER. Téméraire ! parler ainsi à ton seigneur !

RUDENZ. L'empereur est mon seigneur, et non pas vous. Je suis né libre comme vous, je puis me mesurer avec vous pour toutes les qualités de chevalier, et si vous n'étiez pas ici au nom de l'empereur, que j'honore même dans le lieu où vous l'outragez, je jetterais ici le gant devant vous, et, d'après les lois de la chevalerie, vous devriez me rendre raison. Oui, faites signe à vos soldats ; je ne suis pas ici sans armes comme le peuple ; j'ai une épée, et celui qui m'approchera...

STAUFFACHER *crie.* La pomme est tombée ! (*Pendant que tout le monde était tourné du côté du gouverneur et de Rudenz. Tell a lancé sa flèche.*)

LE CURÉ. L'enfant vit !

PLUSIEURS VOIX. La pomme est abattue ! (*Walther Furst chancelle et paraît prêt à s'évanouir ; Berthe le soutient.*)

GESSLER, *étonné.* Il a tiré ? Comment ce démon !...

BERTHE. L'enfant vit ; revenez à vous, bon père.

WALTHER *accourt avec la pomme.* Mon père voici la pomme ; je savais bien que tu ne ferais pas de mal à ton enfant. (*Tell, lorsque la flèche est partie, est resté le corps penché, comme s'il voulait la suivre ; puis il a laissé tomber l'arbalète, et quand il voit son enfant revenir, il court au-devant de lui les bras étendus, et le presse avec ardeur sur son sein. Alors la force l'abandonne, et il est près de s'évanouir. Chacun le regarde avec émotion.*)

BERTHE. Oh ! bonté du ciel !

WALTHER FURST. Mes enfants ! mes enfants !

STAUFFACHER. Que Dieu soit loué !

LEUTHOLD. C'est là un coup mémorable ; on en parlera dans les temps les plus reculés.

RODOLPHE. On parlera de l'archer Tell aussi longtemps que ces montagnes resteront sur leur base. (*Il présente la pomme au gouverneur.*)

GESSLER. Par le ciel! la pomme est traversée au beau milieu. C'est un coup de maître, il faut lui rendre justice.

LE CURÉ. Le coup est bien; mais malheur à celui qui a forcé cet homme à tenter la Providence.

STAUFFACHER. Revenez à vous, Tell, levez-vous; vous vous êtes bravement conduit, et vous pouvez retourner chez vous en liberté.

LE CURÉ. Allez, allez, et rendez ce fils à sa mère. (*Ils veulent l'emmener.*)

GESSLER. Tell, écoute.

TELL *revient*. Qu'ordonnez-vous? monseigneur.

GESSLER. Tu as caché une seconde flèche dans ton sein. Oui! oui, je l'ai bien vue. Quelle était ton intention?

TELL, *embarrassé*. Monseigneur, tel est l'usage des chasseurs.

GESSLER. Non, Tell, je n'accepte pas ta réponse; tu avais quelque autre pensée. Dis-moi la vérité librement et franchement. Quoi qu'il en soit, je te promets que ta vie est en sûreté. Que voulais-tu faire de ta seconde flèche.

TELL. Eh bien! monseigneur, puisque vous me promettez la vie sauve, je vous dirai la vérité tout entière. (*Il tire la flèche de son sein, et la montre au gouverneur avec un regard terrible.*) Si j'avais atteint mon enfant chéri, je vous aurais frappé avec cette seconde flèche, et certes, ce coup-là, je ne l'aurais pas manqué.

GESSLER. Bien, Tell, je t'ai assuré la vie, je t'ai donné ma parole de chevalier, je la tiendrai; mais, puisque je connais tes mauvaises intentions, je veux te faire conduire dans un lieu où tu ne verras jamais ni le soleil ni la lune. Là je serai à l'abri de tes flèches. Saisissez-le et liez-le. (*Tell est lié.*)

STAUFFACHER. Comment, monseigneur, vous pourriez traiter ainsi un homme que Dieu protége si visiblement?

GESSLER. Voyons si Dieu le délivrera une seconde fois. Portez-le sur ma barque; je le suis à l'instant, je le conduirai moi-même à Kussnacht.

LE CURÉ. Vous ne l'oserez pas faire ; l'empereur ne l'oserait pas, cela est contraire à nos lettres de franchise.

GESSLER. Où sont-elles? L'empereur les a-t-il confirmées ? Il ne les a pas confirmées ; c'est par votre obéissance que vous obtiendrez cette faveur. Vous êtes des rebelles envers la justice de l'empereur, et vous entretenez des projets audacieux de révolte. Je vous connais tous, je lis dans votre cœur. Je saisis dans ce moment cet homme au milieu de vous, mais vous avez tous pris part à sa faute. Que celui qui est sage apprenne à se taire et à obéir. (*Il s'éloigne ; Berthe, Rudenz, Rodolphe et des hommes d'armes le suivent. Friesshardt et Leuthold restent.*)

WALTHER FURST, *dans une violente douleur.* Il part, il a résolu de me perdre, moi et toute ma famille.

STAUFFACHER, *à Tell.* Oh! pourquoi avez-vous excité la rage de ce furieux.

TELL. Peut-on se maîtriser, quand on éprouve une telle douleur?

STAUFFACHER. Oh! c'en est fait, c'en est fait! Avec vous nous sommes tous enchaînés et tous asservis. (*Tous les paysans environnent Tell.*) Avec vous s'en va notre dernière consolation.

LEUTHOLD *s'approche.* Tell, j'ai pitié de vous, mais il faut que j'obéisse.

TELL. Adieu.

WALTHER, *avec douleur, et s'attachant à son père.* Oh! mon père, mon père ; mon cher père!

TELL *élève la main vers le ciel.* Là-haut est ton père, invoque-le.

STAUFFACHER. Tell, ne dirai-je rien à votre femme de votre part.

TELL *prend son fils avec tendresse.* L'enfant est sain et sauf, Dieu me viendra en aide! (*Il s'éloigne et suit les gens du gouverneur.*)

ACTE QUATRIÈME.

SCÈNE I.

La rive orientale du lac des Quatre-Cantons. Des rochers escarpés et d'une forme étrange bornent la vue à l'ouest. Le lac est agité, et le bruit des vagues se mêle au tonnerre et aux éclairs.

KUNZ DE GERSAU, UN PÊCHEUR ET SON FILS.

KUNZ. Vous ne pouvez me croire, mais je l'ai vu de mes propres yeux; tout s'est passé comme je vous le dis.

LE PÊCHEUR. Tell est prisonnier et conduit à Kussnacht! Le meilleur homme de la contrée, le bras le plus ferme, s'il fallait combattre pour la liberté.

KUNZ. Le gouverneur le conduit lui-même par le lac. Ils étaient prêts à s'embarquer lorsque j'ai quitté Fluelen ; mais l'orage qui s'avançait déjà et qui m'a forcé à aborder ici peut bien avoir arrêté leur départ.

LE PÊCHEUR. Tell dans les fers? Tell au pouvoir des gouverneurs? Oh! croyez qu'on va l'ensevelir dans une prison assez profonde pour qu'il ne revoie pas la lumière du jour, car Gessler doit redouter la juste vengeance de l'homme libre qu'il a cruellement traité.

KUNZ. Notre ancien landamman, le noble seigneur d'Attinghausen, touche, dit-on, à sa fin.

LE PÊCHEUR. Ainsi la dernière ancre à laquelle s'attachait notre espoir va se briser. C'était là le seul homme qui osât encore élever la voix pour défendre les droits du peuple.

KUNZ. La tempête s'accroît. Adieu, je vais chercher un gîte dans le village, car aujourd'hui on ne peut plus penser à partir.

(Il sort.)

LE PÊCHEUR. Tell prisonnier, et le baron mort! Lève ton front impudent, tyrannie, abjure toute honte! la bouche de la vérité est muette, le regard clairvoyant est éteint, le bras qui devait nous délivrer est enchaîné.

LE FILS DU PÊCHEUR. La grêle tombe abondamment, mon père; il ne fait pas bon à rester en plein air.

LE PÊCHEUR. Que les vents se déchaînent, que les éclairs flamboient, que les nuages crèvent, que les torrents tombent du ciel et inondent la terre! Périssent dans leur germe les générations à venir, que les éléments en fureur soient sans frein, que les ours et les loups s'emparent de nouveau de la terre dévastée! Qui voudra vivre ici sans liberté?

LE FILS DU PÊCHEUR. Ecoutez, quel bruit dans l'abîme! comme le vent mugit! Jamais une telle tempête n'a soulevé ces vagues.

LE PÊCHEUR. Abattre une pomme sur la tête de son propre enfant! Jamais on n'avait donné un tel ordre à un père! Et la nature ne doit-elle pas se soulever avec fureur après une telle action? Oh! je ne serais pas surpris de voir ces rochers tomber dans le lac, ces aiguilles et ces remparts de glace, immobiles depuis la création, se confondre jusqu'à leur cime élevée, ces montagnes se briser, les antiques cavernes s'abîmer, et un second déluge inonder la demeure des vivants. (On entend sonner.)

LE FILS DU PÊCHEUR. Entendez-vous comme les cloches sonnent sur la montagne? Sans doute on a vu une barque en danger, et l'on sonne pour demander des prières. (Il monte sur une hauteur.)

LE PÊCHEUR. Malheur à la nacelle qui navigue en ce

moment et qui est balancée sur ces vagues terribles ; là le pilote est inutile ainsi que le gouvernail. L'orage est le maître, le vent et les flots se jouent des efforts de l'homme. Là il n'y a aucun asile où il puisse se réfugier ; les rocs escarpés ne lui offrent aucune retraite et ne lui présentent que leur rude surface.

LE FILS DU PÊCHEUR, *regardant à gauche*. Mon père, c'est un bateau qui vient de Fluelen.

LE PÊCHEUR. Que Dieu aide les pauvres gens ! Quand la tempête a pénétré dans ce gouffre, elle s'agite avec la colère d'une bête féroce qui frappe les barreaux de fer de sa grille, elle gémit et cherche en vain un passage, car de tous côtés les rocs élevés jusqu'au ciel l'arrêtent et lui ferment toute issue. (*Il monte sur la hauteur.*)

LE FILS DU PÊCHEUR. Mon père, c'est la barque du gouverneur d'Uri ; je la reconnais à sa tenture rouge, à son drapeau.

LE PÊCHEUR. Justice de Dieu ! Oui, c'est lui-même, c'est le gouverneur qui est là. Il vient ici, il apporte avec lui son crime. La main du vengeur céleste l'a promptement atteint ; maintenant il voit qu'il y a un pouvoir au-dessus du sien, ces vagues ne cèdent point à sa voix, ces rochers ne se courbent point devant son chapeau. Enfant, ne prie pas, n'arrête pas la main du juge.

LE FILS DU PÊCHEUR. Je ne prie pas pour le gouverneur, je prie pour Tell, qui se trouve avec lui sur la barque.

LE PÊCHEUR. O fureur aveugle de la tempête ! pour atteindre un coupable, faut-il que tu anéantisses la barque avec le pilote ?

LE FILS DU PÊCHEUR. Vois, vois, ils ont déjà heureusement passé le Buggisgrat ; mais la violence de l'orage que renvoie le Teufelmunster, les rejette vers le grand rocher d'Axenberg ; je ne les vois plus.

LE PÊCHEUR. Le Hackmesser, où plus d'un bateau

s'est déjà brisé, est là; s'ils ne gouvernent pas prudemment, la barque va se briser contre le rocher escarpé qui s'élève du fond du lac. Ils ont un bon pilote à bord; si quelqu'un peut les sauver, c'est Tell; mais ses bras sont enchaînés.

(*Tell, son arbalète à la main, arrive à grands pas, regarde autour de lui avec surprise et paraît vivement agité. Parvenu au milieu du théâtre, il se jette par terre, pose ses mains sur le sol, puis les élève vers le ciel.*)

LE FILS DU PÊCHEUR. Regarde, mon père, quel est cet homme agenouillé là?

LE PÊCHEUR. Il saisit la terre avec ses mains et paraît hors de lui.

LE FILS DU PÊCHEUR *s'avance*. Que vois-je, mon père? Viens, regarde.

LE PÊCHEUR *s'approche*. Qui est-ce? Dieu du ciel! Quoi! c'est Tell! Comment êtes-vous ici? Parlez.

LE FILS DU PÊCHEUR. N'étiez-vous pas sur cette barque prisonnier et enchaîné?

LE PÊCHEUR. Ne devait-on pas vous conduire à Kussnacht?

TELL *se lève*. Je suis délivré.

LE PÊCHEUR A SON FILS. Délivré? O miracle de Dieu!

LE FILS DU PÊCHEUR. D'où venez-vous?

TELL. De la barque.

LE PÊCHEUR. Comment?

LE FILS DU PÊCHEUR. Où est le gouverneur?

TELL. A la merci des flots.

LE PÊCHEUR. Est-il possible? Mais vous, comment vous trouvez-vous ici? comment avez-vous échappé à vos liens et à la tempête?

TELL. Par la clémente providence de Dieu. Écoutez.

LE PÊCHEUR ET SON FILS. Ah! parlez, parlez!

TELL. Vous savez ce qui s'est passé à Altdorf?

LE PÊCHEUR. Je sais tout; parlez.

TELL. Vous savez que le gouverneur m'avait fait prendre et attacher pour me conduire à la forteresse du Kussnacht.

LE PÊCHEUR. Et qu'il s'est embarqué avec vous à Fluelen, nous savons tout cela; racontez-nous comment vous vous êtes échappé.

TELL. J'étais dans la barque, lié fortement avec des cordes, sans défense et résigné. Je n'espérais plus revoir la riante lumière du jour ni la douce figure de ma femme et de mes enfants, et je jetais un regard désespéré sur le désert des eaux.

LE PÊCHEUR. O pauvre homme!

TELL. Nous avancions de la sorte, le gouverneur, Rodolphe de Harras, les domestiques et moi. Mon carquois et mon arbalète étaient sur le derrière de la barque, près du gouvernail. Au moment où nous arrivions près du petit rocher d'Axenberg, tout à coup, par la providence de Dieu, une tempête effroyable sort des défilés du Saint-Gothard; le courage des rameurs faillit, et tous s'imaginent qu'ils vont être submergés. Alors j'entends qu'un des valets s'adresse au gouverneur et lui dit: Vous voyez, monseigneur, votre danger est le nôtre; la mort est là devant nous; les rameurs effrayés ne savent plus conduire la barque; mais voilà Tell qui est un homme vigoureux et qui s'entend à tenir le gouvernail, qu'en pensez-vous? Si dans notre péril nous avions recours à lui? — Le gouverneur me dit: Tell, si tu crois pouvoir nous sauver de l'orage, je te ferai ôter tes liens. — Oui, monseigneur, répondis-je, avec l'aide de Dieu j'espère pouvoir vous arracher d'ici. Alors on m'enlève mes liens, je me place au gouvernail et je manœuvre bravement. Mais je regardais du côté où était mon arme, et je cherchais avec attention sur le rivage un endroit où je pusse m'élancer. J'aperçois un rocher plat qui s'avance dans le lac.

LE PÊCHEUR. Je le connais, il est au pied du grand Axenberg; mais je ne pensais pas qu'il fût possible de l'atteindre en sautant d'une barque, car il est si escarpé.

TELL. Je crie aux rameurs de manœuvrer vigoureusement jusqu'à ce que nous arrivions devant ce rocher. Là, leur dis-je, le plus grand péril sera passé. Arrivés à force de rames auprès de cet endroit, j'invoque le secours de Dieu, j'appuie de tout mon pouvoir le derrière de la barque contre le rocher, puis, saisissant à la hâte mon arbalète, je m'élance sur le rocher aplati, et d'un coup de pied vigoureux je repousse la barque dans les eaux, où elle peut flotter au gré de Dieu. Pour moi, me voici délivré de la violence de l'orage et de la méchanceté des hommes.

LE PÊCHEUR. Tell, Tell, le Seigneur a fait pour vous sauver un miracle visible; à peine puis-je en croire mes sens. Mais, dites-moi, où comptez-vous aller maintenant? Il n'y a plus de sécurité pour vous, si le gouverneur échappe à la tempête.

TELL. Lorsque j'étais encore lié sur la barque, je lui ai entendu dire qu'il voulait débarquer à Brunnen, et de là me conduire à sa forteresse en passant par Schwitz.

LE PÊCHEUR. Voulait-il donc prendre le chemin de terre?

TELL. C'était son intention.

LE PÊCHEUR. Oh! alors, cachez-vous sans retard; Dieu ne vous délivrera pas deux fois de ses mains.

TELL. Indiquez-moi le chemin le plus court pour aller à Arth et à Kussnacht.

LE PÊCHEUR. La grande route passe par Steinen; mais mon fils, en prenant un sentier plus court et peu connu, pourra vous conduire par Lowerz.

TELL *lui donne la main.* Que le ciel vous récompense de votre bonne action! Adieu. (*Il s'éloigne et revient.*) N'avez-vous pas aussi prêté serment au Rutli? Il me semble avoir entendu prononcer votre nom.

LE PÊCHEUR. Oui, j'étais là, et j'ai prêté le serment d'alliance.

TELL. Eh bien! faites-moi l'amitié d'aller à Burglen. Ma femme est dans l'anxiété; dites-lui que je suis délivré et en sûreté.

LE PÊCHEUR. Où lui dirai-je que vous vous êtes retiré?

TELL. Vous trouverez chez elle mon beau-père et d'autres conjurés du Rutli. Dites-leur qu'ils aient bon courage, que Tell est libre, qu'il peut faire usage de son bras, et qu'ils apprendront bientôt quelque chose de moi.

LE PÊCHEUR. Quel dessein méditez-vous? dites-le-moi franchement.

TELL. Quand cela sera fait, on en parlera.
(*Il sort.*)

LE PÊCHEUR. Montre-lui le chemin, Jenni. Que Dieu soit avec lui, et qu'il achève ce qu'il a entrepris!
(*Il sort.*)

SCÈNE II.

Une salle du château d'Attinghausen.

LE BARON, *dans un fauteuil, mourant;* WALTHER FURST, STAUFFACHER, MELCHTHAL *et* BAUMGARTEN, *empressés autour de lui.* WALTHER TELL, *à genoux devant lui.*

WALTHER FURST. C'en est fait de lui; il n'est plus.

STAUFFACHER. Il n'est cependant pas encore mort... Voyez, le poil de ses lèvres remue, son sommeil est tranquille et ses traits sont paisibles et riants. (*Baumgarten va vers la porte et parle à quelqu'un.*)

WALTHER FURST, *à Baumgarten.* Qui est-ce?

BAUMGARTEN. C'est votre fille Hedwige qui veut vous parler et voir son enfant. (*Walther Tell se lève.*)

WALTHER FURST. Puis-je la consoler? Ai-je moi-même une consolation? Toutes les douleurs s'amassent sur ma tête.

HEDWIGE, *entrant.* Où est mon enfant? Laissez-moi, je veux le voir.

STAUFFACHER. Remettez-vous, songez que vous êtes dans la maison de la mort.

HEDWIGE *se précipite vers l'enfant.* Mon Walther! Oh! tu vis pour moi.

WALTHER TELL, *dans les bras de sa mère.* Ma pauvre mère!

HEDWIGE. Est-ce bien sûr? N'est-tu pas blessé? (*Elle le regarde avec anxiété.*) Est-il possible? A-t-il pu tirer sur toi? Comment l'a-t-il pu? Oh! il n'a point de cœur... Lancer une flèche sur la tête de son propre enfant!

WALTHER FURST. Il l'a fait avec angoisse, avec une douleur qui lui déchirait l'âme; il l'a fait forcément, car il y allait de la vie.

HEDWIGE. Oh! s'il avait eu un cœur de père, avant de s'y résoudre il serait mort mille fois.

STAUFFACHER. Vous devriez louer la providence de Dieu qui a si bien conduit son bras.

HEDWIGE. Puis-je oublier ce qui aurait pu arriver? Dieu du ciel! quand je vivrais quatre-vingts ans, je vois toujours cet enfant enchaîné, son père qui tire sur lui, et toujours ce trait me traverse le cœur.

MELCHTHAL. Si vous saviez comme le gouverneur l'a irrité!

HEDWIGE. O cœur insensible des hommes! Quand leur orgueil est blessé, ils ne connaissent plus rien; dans leur colère aveugle, ils jouent la tête d'un enfant et le cœur d'une mère.

BAUMGARTEN. Le sort de votre mari n'est-il déjà pas assez cruel? Pourquoi y ajouter encore l'amertume de vos reproches? N'avez-vous point pitié de ses souffrances?

HEDWIGE *se retourne vers lui et le regarde fixement.* Et toi, n'as-tu que des larmes pour le malheur de ton ami? Où étiez-vous, quand on a chargé de liens le meilleur des hommes? Quel secours lui avez-vous donné? Vous avez vu cette violence horrible, et vous l'avez laissée s'accomplir; vous avez souffert patiemment qu'on enlevât votre ami au milieu de vous. Est-ce ainsi que Tell a agi envers vous? Est-il resté là à vous plaindre, lorsque vous aviez d'un côté les cavaliers du gouverneur qui vous poursuivaient, et, de l'autre, le lac mugissant? Est-ce par de vaines larmes qu'il vous a manifesté sa compassion? Non; il s'est élancé dans le canot, il a oublié sa femme et ses enfants pour te sauver.

WALTHER FURST. Que pouvions-nous faire pour le délivrer, nous qui étions en si petit nombre et sans armes?

HEDWIGE *se jette dans les bras de son père*. O mon père! et toi aussi tu l'as perdu, et le pays, et nous tous nous l'avons perdu! Il nous manque à tous, hélas! et nous lui manquons à lui! Que Dieu préserve son âme du désespoir! Pas un ami ne lui portera quelque consolation dans les profondeurs de son cachot! S'il devenait malade!... Hélas! dans l'obscurité, dans l'humidité de sa prison, il deviendra malade. La rose des Alpes pâlit et se fane dans le vallon marécageux. Et lui, il ne peut vivre qu'avec la lumière du soleil et le souffle de l'air pur. Lui, prisonnier? lui qui ne respirait que la liberté? Il ne pourra vivre dans les vapeurs du souterrain.

STAUFFACHER. Calmez-vous, nous travaillerons tous à le faire sortir de sa prison.

HEDWIGE. Que pouvez-vous faire sans lui? Aussi longtemps que Tell fut libre, il y avait encore de l'espoir; l'innocence avait encore un ami, et l'opprimé un défenseur. Tell vous eût tous délivrés, vous tous réunis ne pouvez rompre ses fers! (*Le baron se réveille.*)

BAUMGARTEN. Il se réveille, silence!

ATTINGHAUSEN, *se relevant*. Où est-il?

STAUFFACHER. Qui?

ATTINGHAUSEN. Il me manque, il m'abandonne au dernier moment.

STAUFFACHER. Il pense à son neveu ; l'a-t-on envoyé chercher ?

WALTHER FURST. On y est allé. Consolez-vous, il a écouté la voix de son cœur, il est à nous.

ATTINGHAUSEN. A-t-il parlé pour sa patrie ?

STAUFFACHER. Avec un courage de héros.

ATTINGHAUSEN. Pourquoi ne vient-il pas recevoir ma dernière bénédiction ? je sens que ma fin approche.

STAUFFACHER. Non, mon noble seigneur ; ce court sommeil vous a rafraîchi, et votre œil est animé.

ATTINGHAUSEN. Vivre, c'est souffrir. C'en est fait de la souffrance ainsi que de l'espoir. (*Il aperçoit l'enfant.*) Qui est cet enfant ?

WALTHER FURST. Bénissez-le, monseigneur ; c'est mon petit-fils, et il n'a plus de père ! (*Hedwige tombe à genoux avec l'enfant devant le mourant.*)

ATTINGHAUSEN. Et je vous laisse tous sans père. Malheur à moi ! mes derniers regards ont vu la ruine de la patrie ! Devais-je donc arriver à cet âge si avancé pour mourir avec toutes mes espérances ?

STAUFFACHER, *à Walther Furst*. Mourra-t-il dans ce profond chagrin ? Ne pourrons-nous faire luire sur ses derniers moments un doux rayon d'espoir ? Noble baron, revenez de votre abattement ; nous ne sommes pas entièrement abandonnés, nous ne sommes pas perdus sans ressource.

ATTINGHAUSEN. Et qui vous sauvera ?

WALTHER FURST. Nous-mêmes ; écoutez. Les trois cantons se sont promis de chasser les tyrans ; l'alliance est conclue, un serment sacré nous lie. Avant qu'une nouvelle année recommence son cours, nos projets seront accomplis, et votre cendre reposera sur une terre libre.

ATTINGHAUSEN. Oh ! dites-le-moi, l'alliance est-elle conclue ?

MELCHTHAL. Le même jour, les trois cantons se soulèveront. Tout est préparé, et, jusqu'à présent, le secret a été bien gardé, quoique plusieurs centaines de personnes le sachent. Le sol est miné sous les pas des tyrans ; les jours de leur règne sont comptés, et bientôt on n'en trouvera même plus les vestiges.

ATTINGHAUSEN. Mais les forteresses de la contrée ?

MELCHTHAL. Elles tomberont toutes le même jour.

ATTINGHAUSEN. Les nobles ont-ils pris part à cette alliance ?

STAUFFACHER. Nous comptons, s'il le faut, sur leur secours ; jusqu'à présent, les paysans seuls ont fait serment.

ATTINGHAUSEN *se lève lentement et avec une grande surprise.* Les paysans ont osé entreprendre une telle chose eux-mêmes et sans le secours des nobles ! Se fient-ils tant à leur propre force ? Alors on n'a plus besoin de nous, et nous pouvons sans regret descendre dans le tombeau ; notre temps est fini. La dignité de l'homme se maintiendra par un autre pouvoir. (*Il passe ses mains sur la tête de l'enfant, qui est à genoux devant lui.*) Du moment où la pomme fut placée sur la tête de cet enfant, date une liberté nouvelle et meilleure. L'ancien ordre de choses est renversé, les temps sont changés, et une nouvelle ère fleurit sur les ruines.

STAUFFACHER, *à Walther Furst.* Voyez comme son œil s'anime ; ce n'est pas le rayon d'une nature expirante, c'est celui d'une vie nouvelle.

ATTINGHAUSEN. La noblesse descend de ses anciens châteaux pour venir dans la ville prêter son serment de bourgeoisie. Déjà l'Uechtland, déjà la Turgovie ont commencé ; la noble ville de Berne élève sa tête souveraine ; Fribourg est l'asile assuré des hommes libres ; Zurich arme ses corporations et en fait une troupe guerrière ; la puissance des rois se brise au pied de ces murailles éternelles. (*Il prononce les paroles suivantes d'un ton prophétique et avec exaltation.*) Je vois les princes et les nobles seigneurs, revêtus de leur noble armure, s'avancer ici pour combattre un pauvre peuple de bergers. On se livre des batailles à mort, et plus d'un défilé est illustré par des victoires sanglantes. Le paysan se jette la poitrine nue, comme une victime volontaire, dans une forêt de lances ; il l'entr'ouvre ; la fleur de la noblesse tombe, et la liberté élève ses drapeaux victorieux. (*Il prend la main de Walther Furst et de Stauffacher.*) Tenez-vous unis étroitement et toujours. Qu'aucune contrée ne soit étrangère à la liberté d'une autre contrée ; du haut de vos montagnes veillez à ce que les confédérés viennent à la hâte au secours des confédérés. Soyez unis, unis, toujours unis. (*Il retombe sur son fauteuil. Ses mains inanimées tiennent encore celles de Furst et de Stauffacher, qui le regardent longtemps en silence, puis se retirent et se livrent à leur douleur. Pendant ce temps, les serviteurs du baron sont entrés. Ils s'approchent avec toutes les apparences d'un violent chagrin. Les uns s'agenouillent près de lui, d'autres versent des larmes sur ses mains. Pendant cette scène muette, la cloche du château sonne.*)

RUDENZ *entre à la hâte.* Vit-il encore ? Oh ! dites-moi, pourra-t-il m'entendre ?

WALTHER FURST *montre Attinghausen en détournant le visage.* Vous-êtes à présent notre seigneur et notre protecteur, et ce château a changé de maître.

RUDENZ *regarde le corps de son oncle, et reste saisi d'une violente douleur.* O Dieu ! mon repentir a été trop tardif. Que n'a-t-il pu vivre quelques instants de plus, pour voir le changement de mon cœur ? J'ai méprisé sa noble voix quand il jouissait encore de la lumière. Maintenant il n'est plus ; il nous a quittés pour toujours, et il me laisse une grande dette à acquitter. Oh ! dites, est-il mort courroucé contre moi ?

STAUFFACHER. En mourant, il a appris encore ce que vous avez fait, et il a béni le courage avec lequel vous avez parlé.

RUDENZ, *à genoux devant le mort.* Oui, restes sacrés de celui que j'aimais, corps inanimé, je le jure sur ces mains glacées par la mort, j'ai rompu pour toujours les liens étrangers, je suis revenu à mes compatriotes, je suis et je veux être de toute mon âme un vrai Suisse. (*Il se lève.*) Pleurez sur votre ami, sur votre père, mais ne désespérez pas. Je n'hérite pas seulement de ses richesses ; son cœur et son esprit descendent en moi, et une verte jeunesse accomplira ce que vous avait promis son vieil âge. Mon vénérable père, donnez-moi votre main, et vous aussi, Melchthal, et vous aussi. Oh ! n'hésitez pas, ne vous détournez pas, recevez mes aveux et mes serments.

WALTHER FURST. Donnez-lui votre main ; son cœur qui revient à nous mérite la confiance.

MELCHTHAL. Vous avez traité avec dédain le paysan. Parlez, que peut-on attendre de vous ?

RUDENZ. Oh ! ne pensez pas à l'erreur de ma jeunesse.

STAUFFACHER, *à Melchthal.* Soyez unis, tel a été le dernier mot de notre père. Pensez-y.

MELCHTHAL. Voici ma main. La promesse d'un paysan, noble seigneur, est aussi une parole d'honneur. Que serait le chevalier sans nous ? Notre profession est plus ancienne que la vôtre.

RUDENZ. Je l'honore, et mon épée la protégera.

MELCHTHAL. Seigneur baron, le bras qui dompte et qui féconde un sol ingrat peut aussi nous défendre.

RUDENZ. Vous me défendrez, et moi je vous défendrai. En nous soutenant l'un l'autre, nous serons forts. Mais à quoi bon parler, quand la patrie est encore la proie de la tyrannie étrangère ? C'est lorsque le sol sera délivré de ses ennemis que nous formerons en paix notre contrat. (*Après un moment de silence.*) Vous vous taisez ? Vous n'avez rien à me dire ? Comment ! n'ai-je pas encore mérité que vous ayez confiance en moi ? Eh bien ! il faut donc que j'entre dans votre alliance malgré vous. Vous avez été au Rutli, vous avez prêté serment, je le sais ; je sais tout ce que vous avez fait, et quoique tout cela ne m'ait pas été confié par vous, je l'ai gardé comme un dépôt sacré. Je n'ai jamais été l'ennemi de mon pays, croyez-moi, et je n'ai jamais agi contre vous. Mais vous avez mal fait de différer : le temp presse, et il faut des actions promptes. Tell a été la victime de vos retards.

STAUFFACHER. Nous avons juré d'attendre jusqu'aux fêtes de Noël.

RUDENZ. Je n'étais pas là, je n'ai pas juré. Attendez ; moi, j'agis.

MELCHTHAL. Quoi ! vous voudriez...

RUDENZ. Je me compte au nombre des chefs du pays, et mon premier devoir est de vous protéger.

WALTHER FURST. Rendre à la terre cette dépouille précieuse est notre premier, notre plus saint devoir.

RUDENZ. Quand nous aurons délivré le pays, nous poserons sur le cercueil la couronne de la victoire. O mes amis ! ce n'est pas seulement votre cause que je défends contre les tyrans, c'est la mienne. Écoutez. Ma Berthe a disparu ; elle a été secrètement enlevée au milieu de nous avec une indigne audace.

STAUFFACHER. Le tyran a-t-il pu exercer une telle violence envers une personne libre et noble ?

RUDENZ. Mes amis, je vous ai promis mon secours, et je dois d'abord invoquer le vôtre. On a saisi, on a enlevé ma bien-aimée. Qui sait où le furieux la cache ? à quelle violence coupable il peut avoir recours pour jeter son cœur dans des liens odieux ? Ne m'abandonnez pas, aidez-moi à la sauver. Elle vous chérit, et elle mérite par son dévoûment pour la patrie que tous les bras s'arment pour la défendre.

WALTHER FURST. Que voulez-vous entreprendre ?

RUDENZ. Le sais-je ? Hélas ! dans l'obscurité qui enveloppe son sort, dans l'affreuse anxiété de mon incertitude, je ne puis m'arrêter à aucune pensée déterminée. Une seule chose apparaît clairement à mon âme, c'est que je ne pourrai la découvrir que sous les débris de la tyrannie, et que nous devons nous emparer de toutes les forteresses pour pénétrer dans son cachot.

MELCHTHAL. Venez, conduisez-nous, nous vous suivons. Pourquoi remettre à demain ce que nous pouvons faire aujourd'hui? Tell était libre quand nous avons prêté serment au Rutli, ces violences monstrueuses n'étaient pas encore arrivées. Le temps nous impose de nouveaux devoirs. Qui serait assez lâche pour différer encore?

RUDENZ, *à Stauffacher et à Walther Furst*. Armez-vous et tenez-vous prêts. Attendez le signal du feu qui brillera sur les montagnes, et qui vous annoncera votre victoire plus rapidement que la voile du batelier. Quand vous verrez ces heureuses flammes, tombez sur l'ennemi comme l'éclair, et renversez l'édifice de la tyrannie. (*Ils s'en vont.*)

SCÈNE III.

Un chemin creux près de Kussnacht. On descend là entre des rochers, et avant que les voyageurs arrivent sur la scène, on les voit sur la hauteur. Des rochers de tous côtés ; un d'eux forme un avancement couvert d'arbrisseaux.

TELL *s'avance avec son arbalète*. Il faut qu'il passe par ce chemin creux, il n'y en a point d'autre pour aller à Kussnacht. C'est ici que j'accomplirai mon projet. L'occasion est favorable : caché derrière ces arbrisseaux, je puis l'atteindre avec ma flèche : l'étroit espace du chemin ne permet pas à ses gens d'être à côté de lui. Règle ton compte avec le ciel, Gessler ; c'en est fait de toi, ton heure a sonné.

Je vivais innocent et paisible, je ne dirigeais mes traits que contre les animaux des bois, le meurtre n'avait pas souillé ma pensée ; tu es venu jeter l'épouvante dans ma vie tranquille, tu as changé en poison la douceur de mes pieuses pensées, tu m'as habitué aux choses monstrueuses. Celui qui peut tirer sur la tête de son enfant peut aussi atteindre le cœur de son ennemi.

Il faut que je les protége contre ta rage, gouverneur ! mes pauvres innocents enfants et ma fidèle femme. Quand j'ai tendu la corde de mon arbalète, quand ma main tremblait, quand tu me forçais avec une ruse infernale à viser à la tête de mon enfant ; quand j'étais devant toi, suppliant et sans force, j'ai fait au fond de mon cœur un horrible serment que Dieu seul a entendu : j'ai juré que ton cœur serait le but de mon premier coup. Ce que je me suis promis dans mon infernale angoisse de ce moment est une dette sacrée, je veux l'acquitter.

Tu es mon maître et le représentant de mon empereur ; mais l'empereur ne se serait pas permis ce que tu as osé. Il t'a envoyé dans ce pays pour exercer la justice, une justice plus sévère, car il était irrité, mais non pas pour te faire un jeu cruel du meurtre et de l'atrocité ; il y a un Dieu pour punir et pour venger. Viens, toi qui as été l'instrument d'une douleur amère, toi qui es maintenant mon bien, mon trésor le plus cher : je veux te donner un but qui a été jusqu'à ce jour inaccessible aux prières les plus tendres, mais qui ne te résistera pas. Et toi, fidèle corde de mon arc, qui m'as si souvent servi dans les amusements joyeux, ne m'abandonne pas dans cette terrible circonstance. Cette fois encore, ô ma corde fidèle ! sois ferme, toi qui as si souvent lancé le trait rapide. S'il tombait tout à l'heure sans force de mes mains, je ne pourrais lui en envoyer un second. (*Des voyageurs passent sur la scène.*)

Je veux m'asseoir sur ce banc de pierre qui s'offre au voyageur pour le reposer un instant, car ici il n'y a point d'habitation. Les passants se succèdent, étrangers l'un à l'autre, sans s'informer mutuellement de leurs peines. Ici viennent le marchand soucieux et le pèlerin léger, le moine pieux, le brigand au regard sombre, le joyeux ménétrier, et le colporteur avec son cheval lourdement chargé, qui revient des contrées lointaines ; car chaque route conduit au bout du monde. Ils suivent tous le chemin qui mène à leurs affaires, et le mien mène au meurtre. (*Il s'asseoit.*)

Autrefois, mes chers enfants, lorsque votre père revenait à la maison, c'était une joie, car jamais il ne rentrait sans vous apporter quelque chose, tantôt une belle fleur des Alpes, ou un oiseau rare, ou un coquillage pétrifié qu'il trouvait en parcourant la montagne. Aujourd'hui il s'en va à la recherche d'une autre proie ; il est assis dans un lieu sauvage avec une pensée de meurtre ; c'est la vie de son ennemi qu'il veut surprendre. Et cependant, mes chers enfants, c'est à vous encore qu'il pense maintenant... C'est pour vous défendre, c'est afin de protéger votre douce innocence contre la rage du tyran, qu'il prépare son arc pour le meurtre. (*Il se lève.*)

J'attends une noble proie. Le chasseur passe souvent sans regret des jours entiers à errer dans la rigueur de l'hiver, à sauter de rocher en rocher, à gravir des murailles de glace qu'il teint de son propre sang, tout cela pour atteindre un pauvre gibier. Ici, il s'agit d'un but bien autrement précieux, du cœur de mon ennemi mortel qui voudrait me perdre. (*On entend dans le lointain une musique joyeuse qui s'approche.*) J'ai passé toute ma vie à manier l'arc, à m'exercer selon les règles du chasseur ; j'ai souvent, au tir, atteint le milieu de la cible et gagné le prix ; aujourd'hui, je veux faire mon coup de maître et remporter le plus beau prix qu'il puisse y avoir dans l'étendue des montagnes. (*On aperçoit une noce sur la hauteur. Tell la regarde appuyé sur son arbalète.*)

STUSSI *le messier s'approche de lui.* C'est le métayer du couvent de Marlischachen qui célèbre aujourd'hui sa noce, un homme riche, qui possède bien dix troupeaux sur les Alpes. La fiancée est d'Imisée ; cette nuit il y aura grande fête à Kussnacht. Venez avec moi, chaque honnête homme est invité.

TELL. Un convive sombre ne va pas à une noce.

STUSSI. Si quelque chagrin vous oppresse, rejetez-le gaîment de votre cœur. Prenez les choses comme elles viennent; les temps sont rudes, voilà pourquoi l'homme doit saisir à la hâte un moment de joie. Ici un mariage, ailleurs un enterrement.

TELL. Et souvent l'on passe de l'un à l'autre.

STUSSI. Ainsi va le monde maintenant. Il y a assez de malheurs partout. Une partie du mont Ruiff s'est écroulée dans le canton de Glaris et a enseveli tout un côté du pays.

TELL. Les montagnes s'écroulent elles-mêmes. Il n'y a donc rien de ferme sur la terre?

STUSSI. Ailleurs, on raconte des choses merveilleuses. Je viens de parler à un homme qui arrive de Bade; il m'a raconté qu'un chevalier s'était mis en route pour aller voir le roi. Le long du chemin il rencontre un essaim de frelons qui s'attachent à son cheval, et le tourmentent tellement que l'animal tombe mort, et le chevalier arrive à pied chez le roi.

TELL. Le faible a aussi son aiguillon. (*Hermengarde arrive avec plusieurs enfants, et se place à l'entrée du chemin.*)

STUSSI. On craint que cela ne présage quelque grand malheur pour le pays, quelque fait contre nature.

TELL. Chaque jour il se passe des faits de ce genre, et nul signe merveilleux ne le présage.

STUSSI. Heureux celui qui cultive paisiblement son champ, et reste sans souci au milieu des siens!

TELL. L'homme le meilleur ne peut vivre en paix si cela déplaît à un méchant voisin. (*Tell regarde avec impatience du côté du chemin.*)

STUSSI. Adieu. Vous attendez quelqu'un?

TELL. Oui.

STUSSI. Je vous souhaite un heureux retour parmi les

vôtres. Vous êtes d'Uri. Notre gracieux maître, le gouverneur, doit en revenir aujourd'hui.

UN VOYAGEUR *qui arrive*. N'attendez pas le gouverneur aujourd'hui. Les eaux ont été enflées par les grandes pluies, et le torrent a rompu tous les ponts. (*Tell se lève.*)

HERMENGARDE *s'avance*. Le gouverneur ne viendra pas.

STUSSI. Avez-vous quelque chose à lui dire?

HERMENGARDE. Oui, vraiment.

STUSSI. Pourquoi vous placez-vous sur son passage dans ce chemin creux?

HERMENGARDE. Ici, il ne pourra m'échapper. Il faudra qu'il m'entende.

FRIESSHARDT *s'avance sur le chemin et crie*. Écartez-vous du chemin! Voici monseigneur le gouverneur qui me suit à cheval. (*Tell se retire.*)

HERMENGARDE, *vivement*. Le gouverneur vient! (*Elle vient avec ses enfants sur le devant de la scène. Gessler et Rodolphe se montrent à cheval sur la hauteur.*)

STUSSI, *à Friesshardt*. Comment avez-vous traversé les rivières, puisque les ponts ont été emportés?

FRIESSHARDT. Nous nous sommes débattus sur le lac, mon ami, et nous ne craignons plus les rivières.

STUSSI. Vous étiez sur une barque pendant la terrible tempête?

FRIESSHARDT. Oui, nous y étions, et toute ma vie j'y penserai.

STUSSI. Oh! restez, racontez-nous...

FRIESSHARDT. Laissez-moi; il faut que j'aille en avant pour annoncer l'arrivée du gouverneur au château. (*Il s'éloigne.*)

STUSSI. Si ce bateau eût porté de braves gens, il eût été entièrement submergé; mais il y a des hommes sur qui le feu et l'eau ne peuvent rien. (*Il regarde autour de lui.*) Où donc est allé ce chasseur avec qui je parlais? (*Il s'éloigne.*)

GESSLER, *à cheval, causant avec Rodolphe de Harras.* Dites ce que vous voudrez, je suis l'agent de l'empereur, et je dois songer à lui plaire. Il ne m'a pas envoyé dans ce pays pour flatter le peuple et le traiter doucement. Il veut qu'on lui obéisse, et la question est de savoir si c'est le paysan qui sera maître du pays ou si c'est l'empereur.

HERMENGARDE. Voici le moment. Je vais m'adresser à lui. (*Elle s'approche avec inquiétude.*)

GESSLER. Je n'ai pas fait placer ce chapeau à Altdorf par raillerie, ni pour éprouver le cœur de ce peuple; je le connais depuis longtemps. Je l'ai placé là pour qu'ils apprennent à courber devant moi cette tête qu'ils lèvent superbement. J'ai mis cet importun chapeau sur la route par laquelle ils doivent passer, pour qu'il frappe leurs regards, et leur rappelle le maître qu'ils oublieraient.

RODOLPHE. Le peuple a cependant certains droits.

GESSLER. Ce n'est pas le temps de les peser... Des combinaisons importantes sont en mouvement. La maison impériale veut grandir. Ce que le père a glorieusement commencé, le fils veut l'achever. Ce petit peuple est un obstacle sur notre route. D'une façon ou de l'autre... il faut qu'il se soumette. (*Ils veulent passer. Hermengarde se jette à genoux devant le gouverneur.*)

HERMENGARDE. Miséricorde! monseigneur. Grâce! grâce!

GESSLER. Pourquoi vous placez-vous sur le chemin devant moi? Retirez-vous.

HERMENGARDE. Mon mari est en prison. Mes enfants demandent du pain... Mon puissant seigneur, ayez pitié de notre grande misère.

RODOLPHE. Qui êtes-vous? qui est votre mari?

HERMENGARDE. Mon bon seigneur, c'est un pauvre journalier du Rigi qui allait faucher l'herbe sur les rocs escarpés, dans les lieux où les bestiaux n'osent pas monter.

RODOLPHE, *au gouverneur.* Par le ciel ! c'est une pauvre et malheureuse vie ! Je vous en prie, relâchez cet homme, quelques fautes qu'il ait commises ; son affreux métier est une assez grande punition. (*A Hermengarde.*) On vous rendra justice. Venez au château, présentez votre requête. Ce n'est pas ici le lieu.

HERMENGARDE. Non, non, je ne quitterai pas cette place que le gouverneur ne m'ait rendu mon mari. Il y a déjà six mois qu'il est en prison, et qu'il attend vainement une sentence de juge.

GESSLER. Femme, voulez-vous donc employer envers moi la violence ? Retirez-vous.

HERMENGARDE. Justice, gouverneur ! Tu es juge dans ce pays au nom de Dieu et de l'empereur. Fais ton devoir. Si tu veux qu'il te soit fait justice au ciel, rends-nous justice ici...

GESSLER. Allons. Éloignez de mes yeux ce peuple insolent.

HERMENGARDE *saisit la bride de son cheval.* Non, non, je n'ai plus rien à perdre. Tu n'iras pas plus loin, gouverneur, avant de m'avoir rendu justice. Fronce le sourcil, roule tes yeux menaçants. Notre malheur est tellement sans bornes, que nous ne nous soucions plus de ta colère.

GESSLER. Femme, fais-moi place, ou mon cheval te passera sur le corps.

HERMENGARDE. Eh bien ! pousse-le... Tiens... (*Elle pousse ses enfants par terre et se met avec eux au milieu du chemin.*) Me voici avec mes enfants... Écrase ces pauvres orphelins sous les pieds de ton cheval ; ce ne sera pas la plus affreuse de tes cruautés...

RODOLPHE. Femme, vous êtes donc folle ?

HERMENGARDE, *avec plus de force.* Tu foules bien depuis longtemps la terre de l'empereur à tes pieds. Oh ! je ne suis qu'une femme ; si j'étais homme, je sais bien qu'il y aurait quelque chose de mieux à faire que de me prosterner dans la poussière. (*On entend de nouveau la musique sur la hauteur, mais dans le lointain.*)

GESSLER. Où sont mes serviteurs? Qu'on arrache cette femme d'ici, ou je ne me retiens plus, et je ferai ce que je ne voudrais pas faire.

RODOLPHE. Vos serviteurs n'ont pas encore pu venir. Ce chemin est obstrué par une noce.

GESSLER. Je suis pour ce peuple un maître trop doux. Les langues sont encore libres; ces gens ne sont pas domptés comme ils devraient l'être. Mais cela changera, je le promets. Je briserai cette rude obstination, je ferai plier cet impudent esprit de liberté, et je donnerai à cette contrée une autre loi... Je veux... (*Un trait le frappe. Il porte la main sur son cœur et chancelle. D'une voix étouffée, il dit :*) Mon Dieu, soyez-moi miséricordieux !

RODOLPHE. Monseigneur! Dieu! qu'est-ce donc? D'où vient cela ?

HERMENGARDE. Au meurtre! au meurtre! Il chancelle; il tombe; il est tué.

RODOLPHE *saute à bas de son cheval*. Quel horrible événement! Dieu !... Seigneur chevalier! invoquez la clémence du ciel. Vous êtes un homme mort.

GESSLER. C'est la flèche de Tell. (*Il tombe dans les bras de Rodolphe, qui le dépose sur le banc de pierre.*)

TELL *se montre sur le haut du rocher*. Tu connais la main qui t'a frappé, n'en cherche pas une autre. Les chaumières sont libres, l'innocence n'a plus rien à craindre de toi. Tu n'affligeras plus cette contrée. (*Il disparaît. Le peuple accourt.*)

STUSSI. Qu'y a-t-il? que s'est-il passé?

HERMENGARDE. Le gouverneur a été percé d'une flèche.

LE PEUPLE. Qui a été frappé? (*Pendant qu'une partie de la noce s'avance sur la scène, le reste est encore sur la hauteur, et la musique continue.*)

RODOLPHE. Il perd tout son sang ; allez lui chercher

du secours. Poursuivez le meurtrier. Malheureux homme ! mourir ainsi ! Mais tu ne voulais pas écouter mes avis.

STUSSI. Par le ciel ! il est là pâle et inanimé.

PLUSIEURS VOIX. Qui a fait le coup ?

RODOLPHE. Ce peuple est-il donc fou de continuer ainsi sa musique auprès d'un mort ? Faites-le taire. (*La musique cesse. La foule augmente.*) Parlez, seigneur gouverneur, si vous avez encore quelque connaissance... N'avez-vous rien à me confier ? (*Gessler fait un signe de la main, puis le répète avec vivacité en s'apercevant qu'il n'est pas compris.*) Où dois-je aller ?... A Kussnacht ?... Je ne vous comprends pas... Oh ! soyez résigné... Quittez les pensées terrestres... Songez à vous réconcilier avec le ciel. (*Toute la noce entoure le mourant sans pitié.*)

STUSSI. Voyez comme il pâlit ! Maintenant la mort gagne le cœur... Ses yeux sont éteints.

HERMENGARDE *élève un de ses enfants dans ses bras.* Voyez, mes enfants, comme un scélérat meurt.

RODOLPHE. Femmes insensées ! n'avez-vous donc aucun sentiment ? Pouvez-vous repaître vos regards de cet affreux spectacle ? Aidez-moi ; approchez-vous de lui... N'est-il donc personne ici qui veuille arracher cette flèche de sa poitrine ?

LES FEMMES *reculent.* Nous, toucher à celui que Dieu a frappé !

RODOLPHE. Que la malédiction éternelle tombe sur vous ! (*Il tire son épée.*)

STUSSI *le prend par le bras.* N'essayez pas, seigneur... Votre pouvoir est fini ; le tyran du pays est tombé. Nous ne supporterons plus aucune violence ; nous sommes libres.

TOUS, *en tumulte* La contrée est libre !

RODOLPHE. En sommes-nous venus là ? La crainte et l'obéissance ont-elles sitôt cessé ? (*Aux hommes d'armes qui s'approchent.*) Vous voyez l'affreux événement qui vient de se passer; tout secours est inutile, et c'est en vain qu'on voudrait poursuivre le meurtrier. D'autres soins nous réclament... Allons à Kussnacht; conservons à l'empereur sa forteresse; car dans ce moment tous les liens du devoir, toutes les règles établies sont rompus, et l'on ne peut plus compter sur la fidélité d'aucun homme. (*Il se retire avec sa suite, et l'on voit arriver six religieux.*)

HERMENGARDE. Place! place! voici les religieux.

STUSSI. La victime est là ; les corbeaux descendent.

LES RELIGIEUX *forment un demi-cercle autour du mort, et chantent d'une voix sombre :* « La mort atteint l'homme » en un instant ; nul délai ne lui est accordé. Il est » renversé au milieu de sa carrière, il est emporté dans » la plénitude de la vie. Qu'il soit prêt ou non à partir, » il faut qu'il paraisse devant son juge. » (*Pendant qu'on chante ces derniers mots, le rideau tombe.*)

ACTE CINQUIÈME.

SCÈNE I.

La place publique d'Altdorf. Dans le fond, à droite, le château fort d'Uri avec ses échafaudages; à gauche, la vue de plusieurs montagnes au-dessus desquelles brillent les signaux de feu. Le jour commence, les cloches sonnent de différents côtés.

RUODI, KUONI, WERNI, LE MAITRE TAILLEUR DE PIERRE *et beaucoup d'autres habitants ;* DES FEMMES *et* DES ENFANTS.

RUODI. Voyez-vous sur les montagnes ces signaux de feu ?

LE TAILLEUR DE PIERRE. Entendez-vous les cloches qui sonnent de l'autre côté de la forêt ?

RUODI. Les ennemis sont chassés.

LE TAILLEUR DE PIERRE. Les forteresses sont prises.

RUODI. Et nous, habitants d'Uri, nous souffrons encore ce château des tyrans sur notre sol ! Serons-nous les derniers à nous déclarer libres ?

LE TAILLEUR DE PIERRE. Faut-il laisser subsister ce moyen d'oppression ? Allons, renversez-le.

TOUS. A bas ! à bas ! à bas !

RUODI. Où est la trompe d'Uri ?

LA TROMPE D'URI. Me voici ; que faut-il faire ?

RUODI. Allez sur la hauteur et sonnez de votre trompe. Que ce bruit éclatant résonne au loin dans les cavernes, éveille l'écho de chaque grotte de granit, et convoque à la hâte les hommes des montagnes ! (*La trompe d'Uri s'en va. Walther Furst arrive.*)

WALTHER FURST. Arrêtez, amis, arrêtez ! nous ignorons encore ce qui s'est passé à Unterwald et à Schwitz. Attendons un message.

RUODI. Pourquoi attendre ? Le tyran est mort, le jour de la liberté s'est levé.

LE TAILLEUR DE PIERRE. Et ces feux allumés sur toutes les montagnes qui nous environnent ne sont-ils pas un message suffisant ?

RUODI. Venez, venez, mettez la main à l'œuvre. Hommes et femmes, brisez ces échafaudages ; faites tomber les voûtes, renversez les murailles. Qu'il n'en reste pas pierre sur pierre !

LE TAILLEUR DE PIERRE. Venez, compagnons ; nous avons bâti cet édifice, nous saurons le détruire.

TOUS. Renversons-le ! (*Ils se précipitent de tous côtés sur le château.*)

WALTHER FURST. Les voilà en action ; je ne puis plus les retenir. (*Entrent Melchthal et Baumgarten.*)

MELCHTHAL. Quoi ! cette forteresse subsiste encore, tandis que Sarnen est en cendres et que Rossberg est détruit ?

WALTHER FURST. Est-ce vous, Melchthal ? Nous apportez-vous la liberté? Dites, le pays est-il délivré de ses ennemis?

MELCHTHAL *l'embrasse.* Notre sol est libre. Réjouissez-vous, noble vieillard ; au moment où je vous parle il n'y a plus de tyran sur la terre de Suisse.

WALTHER FURST. Oh! dites, comment vous êtes-vous emparés de la forteresse?

MELCHTHAL. C'est Rudenz qui, avec une mâle audace, s'est rendu maître du château de Sarnen. La nuit précédente, moi, j'étais monté au Rossberg. Mais écoutez ce qui est arrivé. Nous avions déjà chassé les ennemis du château, et nous venions d'allumer avec joie un incendie dont la flamme s'élançait vers le ciel, lorsque Diethelm, le valet de Gessler, accourt et s'écrie que la dame de Bruneck est la proie du feu.

WALTHER FURST. Juste Dieu! (*On entend les échafaudages s'écrouler.*)

MELCHTHAL. C'était elle-même ; elle avait été enfermée secrètement dans ce château par ordre du gouverneur. Rudenz s'élance avec rage, car nous entendions déjà les poutres et les portes massives qui s'écroulaient, et les cris de détresse de la malheureuse perçaient à travers la fumée.

WALTHER FURST. Est-elle sauvée?

MELCHTHAL. Il fallait de la résolution et de la promptitude. Si Rudenz n'eût été qu'un gentilhomme, nous aurions pris garde à notre vie ; mais c'était notre allié, et Berthe honorait le peuple. Ainsi nous avons bravement risqué notre vie, et nous nous sommes précipités dans le feu.

WALTHER FURST. Est-elle sauvée?

MELCHTHAL. Oui, elle l'est. Rudenz et moi nous l'avons emportée du milieu des flammes, tandis que les poutres craquaient et se brisaient derrière nous. Et lorsqu'elle s'est vue sauvée et qu'elle a ouvert les yeux à la lumière du ciel, le baron s'est jeté dans mes bras ; j'ai reçu en silence le serment d'une alliance qui, après avoir subi l'ardeur du feu, résistera à toutes les épreuves du destin.

WALTHER FURST. Où est Landenberg?

MELCHTHAL. Dans les montagnes de Brunig. S'il jouit encore de la lumière, celui qui a rendu mon père aveugle, cela n'a pas dépendu de moi. J'ai couru à sa poursuite, je l'ai atteint, je l'ai traîné aux pieds de mon père. Déjà mon épée s'était levée sur sa tête, il a imploré la miséricorde du vieillard aveugle et elle lui a sauvé la vie. Mais il a juré de s'exiler du pays et de n'y jamais revenir. Il tiendra son serment, car il a senti la force de notre bras.

WALTHER FURST. C'est bien à vous de n'avoir pas souillé de sang cette noble victoire.

DES ENFANTS *accourent sur la scène avec les débris de l'échafaudage.* Liberté! liberté! (*La trompe d'Uri résonne avec force.*)

WALTHER FURST. Voyez quelle fête! Ces enfants, lorsqu'ils seront devenus vieux, s'en souviendront encore. (*Des jeunes filles portent le chapeau sur une perche. Le peuple envahit le théâtre.*)

RUODI. Voici le chapeau devant lequel nous devions nous courber.

BAUMGARTEN. Eh bien! dites, qu'en faut-il faire?

WALTHER FURST. Dieu! c'est sous ce chapeau qu'était mon petit-fils.

PLUSIEURS VOIX. Détruisez ce monument de la tyrannie. Jetez-le au feu.

WALTHER FURST. Non; laissez-le subsister. Il devait servir d'instrument à la tyrannie; qu'il soit le signe éternel de la liberté! (*Les paysans, hommes, femmes, enfants, sont assis ou debout sur les débris des échafaudages et forment des groupes pittoresques.*)

MELCHTHAL. Nous voilà joyeusement debout sur les débris de la tyrannie. Confédérés, ce que nous avons juré au Rutli est noblement accompli.

WALTHER FURST. L'entreprise est commencée, mais

non pas achevée. Il nous faut encore du courage et une union assurée; car, soyez en sûr, le roi ne tardera pas à vouloir venger la mort de son bailli, et à ramener de force ce que nous avons chassé.

MELCHTHAL. Qu'il vienne avec son armée ! Nous qui avons chassé l'ennemi intérieur, nous ne craignons pas de rencontrer celui du dehors.

RUODI. Pour entrer dans ce pays, il n'y a qu'un petit nombre de passages. Nous y ferons une barrière de nos corps.

BAUMGARTEN. Nous sommes unis par un lien éternel, et ses troupes ne nous effrayeront pas. (*Le curé et Stauffacher viennent.*)

LE CURÉ. Les jugements du ciel sont terribles.

LES PAYSANS. Qu'y a-t-il?

LE CURÉ. Dans quel temps nous vivons !

WALTHER FURST. Parlez! qu'est-ce donc? Ah ! vous voici, Werner; quelle nouvelle nous apportez-vous?

LES PAYSANS. Qu'y a-t-il?

LE CURÉ. Écoutez et restez confondus.

STAUFFACHER. Nous sommes délivrés d'une grande crainte.

LE CURÉ. L'empereur a été assassiné.

WALTHER FURST. Dieu de miséricorde ! (*Les habitants se pressent en tumulte autour de Stauffacher.*)

TOUS. Assassiné! Quoi ! l'empereur ! Écoutez ! l'empereur !

MELCHTHAL. Cela n'est pas possible. D'où vous vient cette nouvelle?

STAUFFACHER. Cela est certain. L'empereur Albert est tombé, près de Brück, sous les coups d'un assassin. Un homme digne de foi, Jean Müller, a apporté cette nouvelle de Schaffouse.

WALTHER FURST. Qui a osé commettre cette horrible action?

STAUFFACHER. Le nom de l'assassin le rend plus horrible encore. C'est son neveu, le fils de son frère, le duc Jean de Souabe, qui a commis ce meurtre.

MELCHTHAL. Quelle raison a pu le porter à ce parricide ?

STAUFFACHER. L'empereur gardait son héritage paternel et le refusait à ses impatientes réclamations. On dit même qu'il avait le projet d'en finir en donnant à son neveu la mitre épiscopale. Quoi qu'il en soit, le jeune prince a écouté les méchants conseils de quelques-uns de ses compagnons d'armes, et avec les seigneurs d'Eschenbach, de Tegerfeld de Wart et de Palm, il a résolu, puisqu'on lui refusait justice, de se venger de sa propre main.

WALTHER FURST. Dites-nous comment cet événement affreux s'est passé.

STAUFFACHER. L'empereur s'en allait de Stein à Bade pour rentrer à Rheinfeld, où est la cour. Il y avait avec lui les princes Jean et Léopold et une suite nombreuse de grands seigneurs. Quand il fut arrivé près de la Reuss, à l'endroit où on la traverse en bateau, les meurtriers se hâtèrent d'entrer dans la barque, de manière à séparer l'empereur de sa suite. De l'autre côté de la rivière, lorsque l'empereur passait dans un champ labouré, près des ruines d'une ancienne cité construite par les païens, en face de l'antique forteresse de Habsbourg, d'où est sortie sa race illustre, le duc Jean lui a donné un coup de poignard dans la gorge, Rodolphe de Palm l'a percé de sa lance, et Eschenbach lui a fendu la tête. L'empereur est tombé baigné dans son sang au milieu des siens, égorgé par les siens. Ses compagnons voyaient ce fait de l'autre côté du rivage ; mais, séparés de lui par la rivière, ils ne pouvaient que pousser des cris de douleur impuissants. Une pauvre femme était assise au bord de la route. L'empereur a expiré sur son sein.

MELCHTHAL. Ainsi celui dont l'avidité était insatiable n'a fait que descendre avant le temps au tombeau.

STAUFFACHER. Une frayeur terrible règne dans la

contrée. Tous les passages des montagnes sont fermés, chaque canton garde ses frontières. La vieille ville de Zurich même a fermé ses portes pour la première fois depuis trente ans, tant on craint les meurtriers, et plus encore ceux qui voudraient venger ce meurtre ; car la reine de Hongrie, la sévère Anne, étrangère à la douceur de son sexe, s'approche armée de la proscription, pour venger le sang royal de son père sur toute la race des meurtriers, sur leurs serviteurs, leurs enfants et leurs petits-enfants, et sur les pierres mêmes de leurs châteaux. Elle a juré d'immoler sur le tombeau de son père des générations entières et de se baigner dans le sang comme dans une fraîche rosée.

MELCHTHAL. Sait-on où les assassins ont fui ?

STAUFFACHER. Aussitôt après avoir commis leur crime, ils ont pris des chemins différents et se sont séparés pour ne plus se revoir. Le duc Jean doit errer dans les montagnes.

WALTHER FURST. Leur crime ne leur sera d'aucune utilité. La vengeance ne porte point de fruits. Elle s'alimente d'elle-même ; sa jouissance est le meurtre, et c'est par la cruauté qu'elle s'assouvit.

STAUFFACHER. Le crime ne sera d'aucune utilité pour les assassins ; mais nous, nous recueillerons d'une main pure la riche moisson de ce sanglant attentat, car nous sommes maintenant délivrés d'une grande crainte ; le plus puissant ennemi de notre liberté est tombé, et l'on croit que le sceptre passera de la maison de Habsbourg à une autre race. L'empire veut maintenir la liberté de son élection.

WALTHER FURST *et plusieurs autres*. En avez-vous appris quelque chose ?

STAUFFACHER. Le comte de Luxembourg est désigné par le plus grand nombre de suffrages.

WALTHER FURST. Nous avons bien fait de rester fidèles à l'empire. A présent, nous pouvons en espérer justice.

STAUFFACHER. Le nouvel empereur a besoin d'amis dévoués, et il nous protégera contre la vengeance de l'Autriche. (*Les paysans s'embrassent l'un l'autre.*)

LE SACRISTAIN *entre avec un messager de l'empire.* Voici les dignes chefs de notre pays.

LE CURÉ *et plusieurs autres* De quoi s'agit-il?

LE SACRISTAIN. C'est un messager de l'empire qui apporte cette lettre.

TOUS, *à Walther Furst.* Ouvrez et lisez.

WALTHER FURST *lit.* « Aux bons habitants d'Uri, de Schwitz et d'Unterwald, la reine Elisabeth souhaite salut et prospérité. »

PLUSIEURS VOIX. Que veut la reine? son règne est fini.

WALTHER FURST *lit.* « Au milieu de sa grande douleur, dans le veuvage où la jette la mort sanglante de son époux, la reine a pensé à l'antique fidélité et à l'amour des Suisses. »

MELCHTHAL. Dans le temps de son bonheur elle n'y a jamais pensé.

LE CURÉ. Silence! écoutez!

WALTHER FURST *lit.* « Elle est persuadée que ce peuple fidèle éprouvera un juste sentiment d'horreur envers les hommes maudits qui ont commis ce crime. Elle espère que les trois cantons ne donneront aucune assistance aux meurtriers, et qu'au contraire ils s'emploieront fidèlement entre les mains de la justice, se souvenant de l'amour et de la faveur que la maison de Rodolphe leur a toujours accordés. » (*Signe de malveillance parmi les paysans.*)

PLUSIEURS VOIX. L'amour et la faveur,

STAUFFACHER. Nous avons reçu des témoignages de faveur du père ; mais en quoi pouvons-nous nous louer du fils? A-t-il confirmé nos lettres de franchise, comme tous les empereurs l'avaient fait avant lui? A-t-il rendu la justice d'après les principes équitables, et prêté son appui à l'innocence opprimée? A-t-il seulement voulu entendre les messagers que nous lui avons envoyés dans notre anxiété? Non, il n'a rien fait de tout cela : et n'a-t-il pas fallu conquérir nos droits nous-mêmes par notre courage? Nos souffrances ne le touchaient point. De la reconnaissance envers lui !... Il n'a pas semé la reconnaissance dans ces vallées. Dans sa haute situation, il pouvait être le père de ses peuples et il ne s'est occupé que de sa famille. Que ceux dont il a fait la fortune pleurent sur lui !

WALTHER FURST. Ne nous réjouissons pas de sa perte, ne pensons pas aux maux que nous avons éprouvés; ils sont loin de nous. Mais venger la mort d'un souverain qui ne nous a fait aucun bien, et poursuivre ceux qui ne nous ont pas nui, cela ne nous convient pas et ne peut nous convenir. Ce serait un libre sacrifice d'amour, car la mort nous délivre de toute contrainte. Nous n'avons plus aucun devoir à remplir envers lui.

MELCHTHAL. Que la reine pleure dans sa retraite, que sa douleur passionnée accuse le ciel. Ici vous voyez un peuple, affranchi de son angoisse, rendre graces au ciel. Celui qui veut mériter des larmes doit traiter les autres avec amour. (*Le messager s'en va.*)

STAUFFACHER, *au peuple*. Où est Tell? Doit-il seul nous manquer, lui qui a fondé notre liberté? C'est lui qui a accompli la plus grande œuvre, et qui a souffert la plus cruelle douleur. Venez tous, venez. Allons le chercher dans sa demeure, et saluer notre libérateur à tous. (*Tous s'en vont.*)

SCÈNE II.

Le vestibule de la maison de Tell. Le feu est allumé dans le foyer. La porte d'entrée est ouverte.

HEDWIGE, WALTHER et GUILLAUME.

HEDWIGE. Votre père revient à vous, mes enfants; mes chers enfants, il vit, il est libre, et nous sommes tous libres. C'est votre père qui a délivré le pays.

WALTHER. Et moi aussi, ma mère, j'ai pris part à tout cela, et mon nom sera prononcé. Ma vie était exposée à la flèche de mon père, et je n'ai pas tremblé.

HEDWIGE *l'embrasse.* Oui, tu m'as été rendu. Deux fois le ciel t'a donné à moi, deux fois j'ai souffert pour toi les douleurs de l'enfantement. A présent, c'en est fait, je vous possède tous deux, tous deux, et aujourd'hui votre père chéri revient. (*Un moine paraît à la porte.*)

GUILLAUME. Voyez, ma mère, voyez : voilà un bon religieux qui vient sans doute demander une aumône.

HEDWIGE. Fais-le entrer pour que nous lui donnions quelque chose, et il verra qu'il est venu dans une maison heureuse. (*Elle entre et revient aussitôt avec un vase.*)

GUILLAUME, *au moine.* Venez, brave homme, ma mère veut vous donner de quoi vous rafraîchir.

WALTHER. Venez vous reposer, et vous sortirez d'ici avec de nouvelles forces.

LE MOINE, *avec un regard effrayé et des traits décomposés.* Où suis-je ? Dans quelle contrée, dites-moi ?

WALTHER. Êtes-vous égaré ? Vous ne savez dans quel pays vous êtes ? Eh bien ! vous êtes à Burglen, dans le canton d'Uri, sur la route de la vallée de Schachen.

LE MOINE, *à Hedwige qui revient.* Êtes-vous seule ? Votre mari est-il à la maison ?

HEDWIGE. Je l'attends au moment même. Mais qu'avez-vous ! Votre visage ne me semble pas d'un heureux augure. Qui que vous soyez, vous êtes dans le besoin, prenez. (*Elle lui présente le vase.*)

LE MOINE. Quoique mon cœur et mes lèvres soient altérés, je ne toucherai rien que vous ne m'ayez dit...

HEDWIGE. Ne touchez pas à mes vêtements, ne m'approchez pas. Restez à distance si vous voulez que je vous écoute.

LE MOINE. Par ce feu qui brille dans votre demeure hospitalière, par vos enfants chéris que j'embrasse... (*Il prend ses enfants.*)

HEDWIGE. Étranger, quelle est votre pensée ? Éloignez-vous de mes enfants. Vous n'êtes pas un religieux, non, vous ne l'êtes pas. Cet habit est un symbole de paix, et la paix ne respire point sur votre visage.

LE MOINE. Je suis le plus malheureux des hommes.

HEDWIGE. La voix des malheureux pénètre l'âme, mais vos regards m'ôtent tout élan.

WALTHER *s'élance*. Ma mère, voici mon père. (*Il court dehors.*)

HEDWIGE. O mon Dieu! (*Elle veut courir dehors, puis elle tremble et s'arrête.*)

GUILLAUME *sort*. Mon père!

WALTHER, *dehors*. Te voilà de retour?

GUILLAUME, *dehors*. Mon père! mon cher père!

TELL, *dehors*. Me voilà revenu. Où est votre mère? (*Ils entrent.*)

WALTHER. Elle est là sur la porte, et ne peut avancer. Elle tremble de peur et de joie.

TELL. O Hedwige, Hedwige, mère de mes enfants, Dieu nous a secourus! Nul tyran ne peut désormais nous séparer.

HEDWIGE *se jette dans ses bras*. O Tell, Tell, quelle angoisse ai-je souffert pour toi! (*Le moine devient attentif.*)

TELL. Oublie-la maintenant, et ne vis plus que pour la joie. Me voilà revenu; voici ma demeure. Je me retrouve au milieu des miens.

GUILLAUME. Où est ton arbalète, mon père? je ne la vois pas.

TELL. Tu ne la verras plus; elle est déposée dans un lieu saint; je ne la porterai plus à la chasse.

HEDWIGE. O Tell, O Tell! (*Elle recule, et abandonne sa main.*)

TELL. Qui t'effraie encore, ma chère femme?

HEDWIGE. Quoi!... quoi! te voilà revenu... cette main... je puis encore la presser... cette main... ô Dieu!

TELL, *d'un ton tendre et résolu.* Cette main vous a défendus, elle a sauvé le pays. Je puis l'élever librement au ciel. (*Le moine paraît vivement ému; Tell l'aperçoit.*) Qui est ce religieux?

HEDWIGE. Ah! je l'oubliais. Parle-lui. Son aspect me fait peur.

LE MOINE *s'approche.* Êtes-vous ce Tell dont la main a tué le gouverneur?

TELL. Oui, je le suis; je ne le nierai devant aucun homme.

LE MOINE. Vous êtes Tell. Ah! c'est la main de Dieu qui m'a conduit sous votre toit.

TELL *fixe ses regards sur lui.* Vous n'êtes pas un religieux. Qui êtes-vous?

LE MOINE. Vous avez frappé le gouverneur qui avait été cruel envers vous; moi j'ai tué un ennemi qui me refusait mes droits... C'était votre ennemi comme le mien. J'ai délivré la contrée de cet homme.

TELL, *se retirant.* Vous êtes... oh! c'est horrible... Enfants, enfants, rentrez... Va, ma chère femme... va. Malheureux! vous seriez...

HEDWIGE. Dieu! qui est-il?

TELL. Ne le demande pas. Va, va, tes enfants ne doivent pas l'entendre... sors de la maison... éloigne-toi... Tu ne peux rester sous le même toit que cet homme.

HEDWIGE. Malheur! qu'est-ce donc! Venez. (*Elle sort avec les enfants.*)

TELL, *au moine.* Vous êtes le duc d'Autriche? Vous l'êtes; vous avez tué l'empereur votre oncle et votre maître?

JEAN LE PARRICIDE. Il m'avait ravi mon héritage...

TELL. Tué votre oncle, votre empereur! Et la terre vous porte encore! et le soleil vous éclaire encore!

LE PARRICIDE. Tell, écoutez-moi, avant de...

TELL. Et couvert encore du sang de ton père, du sang de ton empereur, tu oses entrer dans mon honnête maison, tu oses montrer ta figure à un brave homme, et réclamer de lui l'hospitalité ?

LE PARRICIDE. J'espérais trouver de la commisération près de vous, car aussi vous avez tiré vengeance de votre ennemi.

TELL. Malheureux ! oses-tu comparer l'œuvre sanglante de l'ambition avec la juste défense d'un père ? Avais-tu à défendre la tête chérie de tes enfants ? Devais-tu protéger le sanctuaire de ton foyer ? Fallait-il préserver les tiens de la plus terrible catastrophe ? J'élève vers le ciel mes mains pures, et je te maudis, toi et ton crime. J'ai vengé les droits sacrés de la nature ; toi, tu les as profanés. Je n'ai rien de commun avec toi ; j'ai défendu ce que j'avais de plus cher, et toi tu as assassiné.

LE PARRICIDE. Je suis sans consolation, sans espoir, et vous me repoussez ?

TELL. J'éprouve un sentiment de terreur quand je te parle. Va-t-en, poursuis ton horrible route, ne souille pas la paisible maison où habite l'innocence.

LE PARRICIDE *se détourne pour sortir.* Je ne puis plus, je ne veux plus vivre.

TELL. Pourtant, j'ai pitié de toi... Dieu du ciel ! si jeune et d'une race si noble, le petit-fils de Rodolphe, de mon empereur et de mon maître, poursuivi comme meurtrier, est là, sur le seuil de ma porte, sur mon pauvre seuil, suppliant et se désespérant. (*Il détourne la rue.*)

LE PARRICIDE. Oh ! si vous pouviez pleurer ! Laissez-vous émouvoir par mon sort, il est affreux. Je suis un prince, je l'étais, je pouvais vivre heureux si j'avais réprimé l'impatience de mes désirs. Mais l'envie me rongeait le cœur... Je voyais la jeunesse de mon cousin Léopold embellie par les honneurs, élevée à la souveraineté ; et moi, qui étais du même âge que lui, j'étais retenu dans une servile minorité.

TELL. Malheureux ! ton oncle te connaissait bien

quand il te refusait tes domaines et tes vassaux. Par la promptitude de ton action féroce et insensée, tu as toi-même cruellement justifié la prudence de ses décisions. Où sont les complices sanglants de ton crime?

LE PARRICIDE. Où les furies vengeresses les ont poussés. Depuis notre malheureux attentat, je ne les ai plus revus.

TELL. Sais-tu que la proscription te poursuit? que nul ami ne peut te recevoir, et qu'on doit te traiter en ennemi?

LE PARRICIDE. Voilà pourquoi j'évite les chemins fréquentés, voilà pourquoi je n'ose frapper à aucune porte. Je tourne mes pas vers le désert, je porte ma propre terreur à travers les montagnes, et quand ma malheureuse image se reflète dans un ruisseau, je recule avec effroi devant elle. Oh! si vous éprouviez quelque sentiment de pitié et d'humanité... (*Il se prosterne devant lui.*)

TELL, *se détournant.* Levez-vous! levez-vous!

LE PARRICIDE. Non, jusqu'à ce que vous m'ayez tendu une main secourable...

TELL. Puis-je vous aider? Que peut faire un pauvre mortel? Mais levez-vous... Si affreux que soit votre crime, vous êtes homme, vous êtes mon semblable... Personne ne quittera Tell sans consolation. Ce que je puis faire, je le ferai.

LE PARRICIDE *se lève et lui prend la main avec vivacité.* O Tell! vous sauvez mon âme du désespoir!

TELL. Laissez ma main, partez; vous ne pouvez rester ici sans être découvert; et si vous êtes découvert, vous ne pouvez compter sur mon appui. Où pensez-vous aller? Où espérez-vous trouver du repos?

LE PARRICIDE. Le sais-je? hélas!

TELL. Écoutez ce que Dieu m'inspire. Il faut que vous alliez en Italie, dans la ville de saint Pierre. Jetez-vous aux pieds du pape, confessez votre crime, et délivrez votre âme.

LE PARRICIDE. Ne me livrera-t-il pas à ceux qui me poursuivent?

TELL. Quoi qu'il fasse, soumettez-vous à la volonté de Dieu.

LE PARRICIDE. Comment arriver dans cette terre inconnue? J'ignore le chemin, et je n'oserai me joindre aux voyageurs.

TELL. Je veux vous indiquer la route. Écoutez bien : vous monterez le cours de la Reuss, qui se précipite impétueusement du haut des montagnes sauvages.

LE PARRICIDE. Reverrai-je la Reuss? C'est sur ses bords que j'ai commis mon crime.

TELL. Le chemin suit le bord de l'abîme; on y trouve un grand nombre de croix élevées en mémoire des voyageurs ensevelis sous l'avalanche.

LE PARRICIDE. Si je pouvais dompter les souffrances démesurées de mon cœur, je ne craindrais pas les horreurs de la nature.

TELL. Tombez à genoux devant chaque croix, expiez votre crime par les larmes d'un ardent repentir ; et si vous parvenez à suivre heureusement ce terrible chemin, si du haut des montagnes les tourbillons de vent ne descendent pas sur vous, vous arriverez sur le pont. S'il ne s'écroule point sous le poids de votre crime, si vous le traversez sans accident, alors vous verrez une sombre entrée dans les rochers. Le jour n'y a pas encore pénétré. Vous la traverserez, et elle vous conduira dans une riante et heureuse vallée. Parcourez-la d'un pas rapide, car vous ne devez pas vous arrêter aux lieux où l'on trouve le repos.

LE PARRICIDE. O Rodolphe! Rodolphe! est-ce ainsi que ton petit-fils passe sur le sol de ton empire?

TELL. En montant toujours, vous arrivez sur la cime du Saint-Gothard, où deux lacs sont perpétuellement alimentés par les eaux du ciel. Là vous quittez la terre Allemande, et le cours riant d'un autre fleuve vous conduira en Italie, où est votre but. (*On entend le ranz des*

ACTE V, SCÈNE III.

raches et le son des trompes.*) J'entends du bruit. Allez.

HEDWIGE *accourt.* Où es-tu, Tell ? Voici mon père et l'assemblée joyeuse des confédérés.

LE PARRICIDE. Malheur à moi ! Je ne puis m'arrêter parmi les heureux.

TELL. Va, ma chère femme. Donne à cet homme ce qu'il faut pour le rafraîchir, et charge-le de provisions, car sa route est longue, et il ne trouvera point de gîte. Va, hâte-toi. On vient.

HEDWIGE. Qui est-il ?

TELL. Ne le demande pas ; et quand il partira, détourne les yeux, afin de ne pas voir la route qu'il prend. (*Le parricide s'approche de Tell avec émotion. Celui-ci lui fait un signe de la main et s'éloigne. Quand tous deux sont sortis d'un côté différent, la scène change.*)

SCÈNE III.

Le fond de la vallée devant la maison de Tell ; près de là, le coteau couvert de paysans qui forment différents groupes. D'autres descendent des hauteurs par un sentier qui conduit vers le Schachen. WALTHER FURST *s'avance avec les deux enfants,* MELCHTHAL, STAUFFACHER *et quelques autres. Au moment où* TELL *paraît, on l'accueille avec des démonstrations de joie.*

TOUS. Vive Tell le chasseur et le libérateur ! (*Pendant que ceux qui sont sur le devant de la scène se pressent autour de Tell et l'embrassent, apparaissent Rudenz qui embrasse les paysans, et Berthe qui embrasse Hedwige. La musique accompagne cette scène muette. Un moment après, Berthe s'avance au milieu du peuple.*)

BERTHE. Amis et confédérés, admettez dans votre alliance l'heureuse femme qui, la première, a trouvé assistance sur la terre de la liberté. Je dépose mes droits entre vos fortes mains ; voulez-vous me protéger comme votre concitoyenne ?

LES PAYSANS. Oui, nous vous secourrons avec nos biens et notre sang.

BERTHE. Eh bien! je donne ma main à ce jeune homme. La libre citoyenne suisse devient l'épouse de l'homme libre.

RUDENZ. Et moi, je déclare libres tous mes serfs.

(*La musique recommence. Le rideau tombe.*)

FIN DE GUILLAUME TELL.

TABLE.

Prologue prononcé pour la rentrée du théâtre de Weimar.	1
Wallenstein.	5
Première partie. — Le camp de Wallenstein. . . .	5
Deuxième partie. — Les Piccolomini.	39
Troisième partie. — La mort de Wallenstein. . . .	123
La Fiancée de Messine	253
Guillaume Tell.	343

www.ingramcontent.com/pod-product-compliance
Lightning Source LLC
Chambersburg PA
CBHW070541230426
43665CB00014B/1776